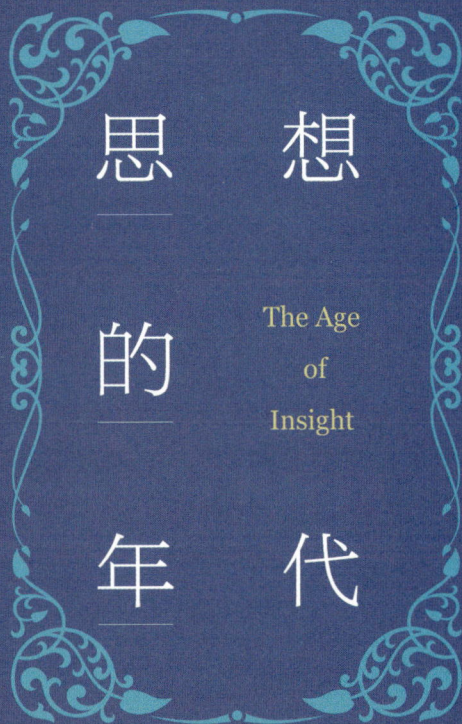

思想的年代

The Age
of
Insight

对话维也纳的艺术、思想与科学

（1900年至今）

The Quest to Understand the
Unconscious in Art,
Mind, and Brain, from Vienna 1900
to the Present

〔美〕埃里克·R.坎德尔　著

杨小虎　译

重庆大学出版社

Contents

1

目 录

2

3

4

5

第四部分

关于艺术观赏者的情感反应的生物学研究

第五部分

视觉艺术和科学之间不断发展的对话

前 言

奥古斯特·罗丹是伟大的法国雕刻艺术家。当他于1902年6月访问维也纳时，著名艺术评论家、维也纳最著名沙龙的核心人物贝尔塔主动邀请他与奥地利最有成就的画家古斯塔夫·克里姆特一起喝咖啡、吃蛋糕，共度了一个典型的维也纳式下午。贝尔塔在自传中回忆了这个难忘的下午：

克里姆特和罗丹坐在两位靓丽的年轻女性身旁，罗丹如痴如醉地注视着她们……大客厅的两扇门敞开着，阿尔弗雷德·格林菲尔德就坐在大客厅里的钢琴前。他曾是德国皇帝威廉一世的宫廷钢琴师，现居维也纳。克里姆特走上前，问道："能为我们来一段舒伯特的曲子吗？"格林菲尔德嘴上叼着雪茄，其演奏的旋律如梦幻之声般在空中飘荡，与那缕缕烟雾交织在一起。

罗丹侧身与克里姆特谈道："我从未体验过这种氛围！你让我看到了悲壮而宏伟的贝多芬壁画，刻骨铭心、奇妙神秘的展览……而我眼前这座"花园"有如云的美女、美妙的音乐、孩童般的快乐……这一切得以产生的原因究竟是什么呢？

克里姆特慢慢地点点头，用一个词漂亮地回答道："奥地利。"

克里姆特与罗丹一起分享了对奥地利理想化、浪漫生活的看法，但这一观点与现实的差距也同样深刻地铭刻在我的脑海里。我在小时候就被迫离开了维也纳，但在那个世纪之交的维也纳的知识分子的生活却流淌在我的血液里：在后半生里，我的心脏为此跳动不息。

　　《思想的年代》这本书的创作，既是出于我对维也纳1890年到1918年思想史的迷恋，也是源于我对奥地利现代主义艺术、精神分析学、艺术史及本人毕生从事的大脑科学的浓厚兴趣。本书探讨了自19世纪末肇始于维也纳的科学与艺术之间展开的对话及其三个主要发展阶段。

　　第一阶段是现代主义艺术家与维也纳医学院成员之间关于无意识心理过程的观点交流。第二阶段以第一阶段为基础，探讨20世纪30年代由维也纳艺术史学院引入的艺术与艺术认知心理学之间的互动。第三阶段大约始于本书出版的20年以前，主要指出了认知心理学与生物学的相互作用为情感方面的神经美学奠定了基础：理解我们对艺术作品的感知、情感与移情反应。

　　就大脑科学与艺术而进行的此类对话和研究一直持续到今天。这让我们对旁观者（也就是欣赏者）在观赏艺术作品时大脑中所产生的活动及其工作过程有了初步了解。

　　21世纪科学界所面临的核心挑战是从生物学的角度了解人类的思想。在20世纪后期，随着认知心理学、思维科学与神经科学、大脑科学的相互结合，迎接该挑战有了可能。其结果是一种新的思维科学的出现，它能使我们解决一系列有关人类自我的问题：我们是如何感知、学习、记忆的？情感、移情、思想与意识的本质是什么？自由意愿的界限是什么？

　　这种新的思维科学非常重要，不仅因为它让我们更深刻地认识到自己是谁，而且它会在大脑科学和其他学科之间建立有意义的对话。这类对话可以帮助我们探索大脑中形成感知与创造力的机制，无论其是出现在艺术、科学、人文还是日常生活之中。从广义上来说，这类对话都有助于科学成为共同文化体验的一部分。

　　在《思想的年代》中，我重点关注新的思维科学是如何与艺术相融合的。在重新审视此类对话时，为了获得一个意义深刻、一致连贯的重心，我有意将探讨的内容限定为肖像画这类艺术形式，且将对象限定为20世纪初期的维也纳现代主义。这样做，我不仅可以将讨论的中心放在关键的问题上，而且可以更好地阐明这一时期艺术的典型特征是创新性地使艺术与科学相结合。

肖像画是一种非常适合科学探索的艺术形式。现在我们对认知心理及生理方面的理性认识有了一个令人满意的开端。我们已懂得如何从感知、情绪及移情方面对他人的面部表情及体态姿势进行回应。"维也纳1900"中的现代主义肖像画尤为合适,因为艺术家所关注的表象下的真相与科学医学、心理分析及文学中类似的无意识心理过程有着相通之处,并受其影响。因此,维也纳现代主义艺术家有意识地尝试着表现出作品中人物的内心感受,其作品就心理学和生物学的洞见何以丰富人类与艺术之间的关系提供了理想的案例。

在这一背景下,我研究了当时的科学思想与"维也纳1900"的广泛知识环境对三位艺术大师(克里姆特、奥斯卡·柯克西卡、埃贡·席勒)的影响。当时维也纳生活的一个重要特征就是艺术家、作家、思想家与科学家之间持续而轻松的交流。而与医学专家、生物学家以及精神分析学家之间的沟通大大影响了这三位艺术大师的肖像画作品。

维也纳的现代主义艺术家在其他方面也适合这种分析。我们可以对他们进行深度探讨,因为本书仅涉及三位关键的艺术家,同时,无论是作为一个整体还是作为单独的个人来讲,他们在艺术史上都非常重要。作为一个整体,他们试图在油画及素描中表现出人的无意识、本能的努力。同时,每一位艺术家都通过面部表情、手及身体姿态等鲜明的方式来传达他自己的思想。这样,每一位艺术家对现代艺术都有着独特的概念及技术贡献。

20世纪30年代维也纳艺术史学院的学者们在推动克里姆特、柯克西卡以及席勒的现代主义艺术议程上起了重要作用。他们强调,现代艺术家的作用不是传达美,而是表达新的真理。此外,维也纳艺术史学院的成员也在一定程度上受到了西格蒙德·弗洛伊德心理学著作的影响,逐步发展出一门以科学为基础的艺术心理学,并且这门心理学最初关注的是旁观者。

现在,新思维科学已经足够成熟到可以参与并有助于艺术与科学之间侧重于旁观者的新对话。为了将当今的大脑科学与"维也纳1900"的现代主义绘画联系起来,我为普通读者及艺术与思想史专业的学生简单概括了我们目前对认知心理学、神经生物学在感知、记忆、情感、移情与创造力方面的基础理解。然后,我探讨了关于认知心理学与大脑生物学如何结合起来共同探寻观众对艺术的感知与反应。我的例子取自现代主义艺术，尤其是奥地利表现主义艺术，但观众对艺术的反应原则适用于任何时期的绘画。

为什么我们要鼓励科学与艺术以及在更高层次上的科学与文化之间的对话呢？大脑科学与艺术代表了思想上两种截然不同的观点。一方面，通过科学，我们知道我们所有的精神生活源于大脑活动，因此，通过观察这些活动，我们开始理解人们对于艺术作品的反应过程。通过眼睛收集的信息是如何转化为视觉的？思想是如何转变为记忆的？行为的生物学基础是什么？另一方面，艺术能够洞察越来越短暂的思想及其体验特征、某种体验的感觉等。大脑扫描能够揭示神经抑郁的迹象，但是贝多芬交响曲揭示了神经抑郁的感觉。如果我们要完全领会思想的本质，这两种视角都有必要，但它们却很少被放在一起研究。

"维也纳1900"的知识与艺术背景标志着两种视角的早期交流，进而引发了探讨人类思想发展的巨大浪潮。这种交流对现在的社会有什么样的好处呢？谁又能从中获利呢？它对大脑科学的益处是显而易见的：生物学的一项终极挑战就是弄清大脑如何有意识地察觉感知、经验与情感。这种交流对艺术收藏者、艺术欣赏者以及理智的历史学家，甚至是艺术家本身都是有益的，这一点同样是显而易见的。

对视觉感知与情绪反应过程的洞察很可能激发一种全新的艺术语言与艺术形式，甚至可能会激发艺术创造力的全新表现形式。列奥纳多·达·芬奇及其他文艺复兴时期的艺术家通过人体解剖学的启示来更加准确、生动地描绘人体。同样的，许多当代艺术家可以创造新的表现形式来展示大脑是如何工作的。能够理解艺术背后的生物学见解、灵感以及欣赏者对艺术的反应对想要提高创造力的艺术家来说是无价之宝。从长远来看，大脑科学也能够给创意本身提供线索。

科学为了理解复杂的过程，会将其简化至基本行为并研究这些行为之间的相互作用。而这种简化的方法也延伸到了艺术界。实际上，我关注的这一艺术流派虽仅由三个主要的代表人物组成，却是一则典型的例子。有些人担心，简化分析将减少我们对艺术的迷恋、轻视艺术并剥夺其特殊力量，从而减损欣赏者的普通大脑功能。相反，我认为，通过鼓励科学与艺术之间的对话，鼓励一次关注一个心理过程，简化论可以扩大我们的视野，有关艺术的本质与创造能为我们提供新的见解。这些新的见解使我们感知到艺术不为人知的方面，其产生于生理与心理现象之间的相互联系。

简化论及大脑生物学无法否认人类感知的丰富性及复杂性，也无法减少我们对面孔及身体线条、肤色、情感的欣赏与享受。现在，我们对心脏有了良好的科学认识，它作为一个肌肉器官，促进血液流向身体各处及大脑。结果，我们不再把心脏看作情感的源泉。然而，新的见解并不会减少我们对心脏的钦佩，也不会减弱心脏的重要性。同样，科学能够解释艺术的方方面面，但它无法取代艺术所唤起的灵感、旁观者对艺术的欣赏、创造性的冲动及目标。相反，对大脑生物学的理解很可能有助于艺术史、美学及认知心理学形成更广泛的文化体系。

我们从一件艺术品中所发现的许多趣味盎然、引人注目的地方是无法用当前的科学思想进行解释的。然而从古老的洞窟壁画到当代艺术品，所有这些视觉艺术都有重要的视觉、情感及移情成分，我们现在能够在一个新的水平上理解它们。对这些成分的更深刻的理解不仅能阐明艺术的概念性内容，也能解释旁观者如何将记忆、经验与一件艺术品相联系，从而将艺术的各个方面融入更为广阔的知识体系之中。

大脑科学及人文科学各自仍会有一些独特的关注点，此书的目的是想说明我们如何就某些共同的智力问题开始从思维科学和人文科学的视角给予关注。始于"维也纳1900"的关于艺术、心灵与大脑的对话在未来几十年将继续展开。这种可能性促使我在《思想的年代》结尾处从历史的角度思考更加广泛的问题：科学与艺术在过去是如何互相影响的？未来这些跨学科的影响将如何丰富我们的科学、艺术知识及享受？

第一部分

精神解析心理学及无意识情感艺术

▲ 图1-1 古斯塔夫·克里姆特的作品，《阿黛尔·布洛赫鲍尔》（1907）。
画布上使用了油画颜料、金银饰品。

第一章

1900年维也纳的转向

〜〜〜〜〜

　　罗纳德·劳德是奥地利表现主义艺术收藏家,纽约新画廊及表现主义博物馆的联合创始人。在2006年时,他花1.35亿美元重金只买了一幅画:古斯塔夫·克里姆特的一幅用黄金镶嵌的作品——阿黛尔·布洛赫鲍尔夫人的迷人画像。阿黛尔夫人是维也纳的社会名流,也是艺术家的赞助人。劳德14岁时参观维也纳上贝尔弗第宫博物馆时第一次目睹了克里姆特这幅作于1907年的作品并被深深地吸引住。这幅画像似乎集中体现了世纪之交的维也纳:丰富多彩、性感妩媚、改革创新。多年来,劳德笃信克里姆特的这幅阿黛尔的画像(图1-1)是描绘女性神秘感最成功的代表作之一。

　　以阿黛尔的服装元素为证,克里姆特的确是19世纪新艺术传统中娴熟的装饰画家。但是这幅画还有一层历史意义:它是克里姆特尝试从传统的三维空间转向现代扁平空间的第一批作品之一。艺术家使作品在扁平空间里清晰明亮。这幅画表明克里姆特为奥地利现代主义艺术的诞生进行了创新并作出了主要贡献。研究克里姆特的历史学者索菲·莉莉及格奥尔格·高古斯奇从以下几个方面对阿黛尔·布洛赫鲍尔夫人的画像进行描述:

　　　　克里姆特的绘画不仅体现了布洛赫鲍尔夫人令人无法抗拒的美丽
　　与性感,且其复杂的装饰与异国情调的图案预示着现代化的来临以及
　　从根本上建立一种新身份的文化意图。通过这幅画,克里姆特创造了一
　　个不朽的偶像,它代表着世纪末维也纳整整一代人的愿望。

在这幅作品中，克里姆特没有像意大利文艺复兴初期的画家那样在画布上的二维空间用日益增加的现实感来重建三维世界。他就像其他同样面对着摄影技术出现的现代艺术家一样，寻求着不能被相机捕捉的新真理。克里姆特，特别是他年轻的门徒奥斯卡·柯克西卡及埃贡·席勒，努力使艺术家的视角向内转换，从三维外部世界转向多维度的内在自我与意识思想。

这幅画除突破了过去的艺术外，还向我们展示了现代科学，尤其是现代生物学如何影响了克里姆特的艺术，如同"维也纳1900"（即1890年到1918年的维也纳文化）对艺术产生的影响。艺术史学家艾米丽·布劳恩曾这样写道：克里姆特在阅读达尔文的作品时被细胞结构深深地吸引，而细胞结构是世界万物的基本组成部分。因此，阿黛尔礼服上的小图案并不像新艺术时期的图案一样只是简单的装饰，相反，它们是象征男性、女性的微小符号：矩形精子与圆形卵子。这些受生物学启发的符号与阿黛尔夫人诱人的脸蛋及完全成熟的生殖能力相匹配。

阿黛尔·布洛赫鲍尔夫人的画像华美至极，足够卖出1.35亿美元的高价，这也是迄今（2010年）为止单幅卖价最高的画作。考虑到克里姆特最初的作品虽技艺精湛，却卖价普通，这件事情便显得更加不可思议。克里姆特是一位优秀的传统画家，剧院、博物馆及其他公共建筑的室内装修设计师，他擅长仿效老师汉斯·马卡特的传统风格（图1-2）。马卡特是一位伟大的历史学家、才华横溢的色彩师，也被崇拜他的维也纳艺术赞助人称为"新鲁本斯"。克里姆特像其老师一样对寓言和神话主题的大型肖像画进行着色（图1-3）。

直到1886年，克里姆特的作品才开始出现大胆创新的转变。那一年，他和同学弗朗茨·玛奇应邀为老城堡剧院的礼堂举行纪念仪式，因为这座礼堂即将被拆除，并被一个现代化的建筑取而代之。玛奇在入口处画上了一个舞台，克里姆特则描绘了老剧院的最后一场演出。但他所画的既不是舞台也不是演员，而是能从舞台上看到的具体、清晰的观众。这些观众并没有观看演出，他们沉浸在自己的内心世界之中。如克里姆特的作品所暗示的一样，维也纳真正的戏剧不是在舞台上，而是在观众心中的私人剧院里（图1-4，图1-5）。

▶ 图1-2 汉斯·马卡特的油画作品,《比利时公主斯蒂芬妮》(1881)。

▼ 图1-3 古斯塔夫·克里姆特的油画作品,《寓言故事》(1883)。

克里姆特给老城堡剧院作画后不久，一位年轻的神经学家西格蒙德·弗洛伊德开始用催眠与心理治疗相结合的方法对歇斯底里症患者进行治疗。当病人开始敞开心扉、自由交谈私人生活与个人想法时，弗洛伊德将他们的歇斯底里症状与病人过去的"经历"联系起来。这一原创的治疗模式的灵感来自约瑟夫·布罗伊尔对一位聪明、年轻的维也纳女子安娜·欧的研究。弗洛伊德的老同事布罗伊尔发现安娜的家庭生活很单调并缺少足够的脑力劳动，养成了做白日梦的习惯，这被安娜称为"私人剧院"。

克里姆特后期的作品具有非凡的洞察力，这一特点的出现与弗洛伊德的心理研究同属一个时期，也预示着朝向内心世界的转换将渗透"维也纳1900"的各个领域。这一时期的作品试图与过去的作品形成鲜明对比，并在艺术、建筑、心理、文学及音乐领域探索新的表现形式，而维也纳现代主义也诞生在这一阶段。它促使人们不断地将各个学科相互融合。

维也纳凭借现代主义的出现，在1900年前后一度成为欧洲文化之都，这一角色在有些方面与中世纪的君士坦丁堡及15世纪的佛罗伦萨类似。维也纳自1450年以来一直是哈布斯堡王朝的中心，且一个世纪之后当它成为德语民族神圣罗马帝国的中心时，其重要性更加突显。神圣罗马帝国不仅包括讲德语的国家，也包括波希米亚及匈牙利–克罗地亚王国。在随后的三百年里，这些不同的国土东拼西凑在一起，仍然没有统一的文化。但哈布斯堡神圣罗马帝国君主的持续统治使其形成一个单独的统一体，直至1806年在拿破仑的强令下才解体、覆亡。1867年，匈牙利坚持要求平等公平，奥地利帝国遂与之签约改组为二元君主国，史称奥匈帝国。

18世纪哈布斯堡帝国势力正处于顶峰时期，如果按所占有土地的规模来计算，在欧洲，它仅次于俄罗斯帝国。而且，哈布斯堡帝国管理有方，国内稳定。但19世纪下半叶的一系列军事活动及20世纪初的内乱削弱了帝国延续下来的政治势力，哈布斯堡家族不得不放弃地缘政治野心，转而关心民众，尤其是中产阶级的政治、文化意愿。

1848年奥地利的自由中产阶级变得精力充沛，迫使由弗朗茨·约瑟夫统领

▲图1-4 古斯塔夫·克里姆特的油画作品,《老城堡剧院的礼堂》(1888)。

▶图1-5 礼堂画面中有西奥多·比尔罗特,他是欧洲顶级的外科医生;卡尔·卢埃格尔,10年后他成为维也纳市的市长;卡塔琳娜·施拉特,弗朗茨·约瑟夫皇帝的情人兼女演员。

的绝对封建君主制国家沿着更加民主的路线发展。奥地利在保持作为一个进步的、君主立宪制国家的前提下，效仿了英国、法国的举措，进行了改革。改革以开明的中产阶级与贵族之间的文化及政治伙伴关系为主要特征。这一关系旨在对国家进行改革，支持国家的世俗文化生活，形成自由市场经济，而这一切的基础是必须拥有以理性与科学替代信仰与宗教的现代思想。

19世纪60年代，大多数奥地利人感觉到他们的国家正处于转型期。中产阶级通过与君主的谈判，成功地将维也纳转变为世界上最美丽的城市之一。1857年，约瑟夫下令拆除旧城墙及包围城市的防御工事为环城大道腾出空间，这是他送给市民的圣诞礼物。环城大道两侧将修建的宏伟公共建筑包括国会大厦、市政厅、歌剧院、古城堡剧院、美术博物馆、自然历史博物馆、维也纳大学、贵族宫殿，还将为比较富裕的中产阶级修筑大型公寓楼。同时，环城大道也将店主、商人、劳动者居住的郊区与市中心紧密地联系起来。

中产阶级与君主的进步观点对犹太社区产生了特别重要的影响。1848年，犹太宗教仪式合法化，并且犹太人特别税得以被废除。同时，犹太人首次被允许在专业领域及政府部门工作。1867年的《基本法》及1868年的《互相忏悔法案》使犹太社区获得了大多数天主教徒及奥地利人所拥有的民事及刑事权利。在奥地利历史上的这一时期中，反犹太主义为社会所不能接受。这些法律除了引入宗教信仰自由外，还推行国家教育，允许基督教徒与犹太人通婚，这在过去是绝对禁止的。

奥地利政府此前曾限制公民在哈布斯堡帝国内自由旅行，但这一情形在1848年得到了缓解，相关法律也在1870年被废除。维也纳具有充分活力的文化生活与经济机遇吸引了来自全国各地的人才，尤其是犹太人。因此，维也纳的犹太人虽在1869年只占维也纳城市人口总数的6.6%，到1890年却已占到12%，这对现代主义的出现产生了极大的影响。旅游限制的取消也增加了学者及科学家们的社会文化交流。大量来自不同宗教、社会、文化、种族及教育背景人才的涌入对维也纳大有裨益。再加上教育的现代化，这些进一步推动了维也纳研究型大学的诞生。而科学与技术引起的变革创造了一个充满活力又相互交流的知识氛围，为之后维也纳现代主义的出现创造了重要条件。

到1900年，维也纳人口有近两百万，其中许多人因这座城市注重知识成果及文化成就而被吸引过来。他们中的许多人是一系列现代主义运动的先驱。在哲学领域，开始形成以莫里茨·施利克为中心的维也纳圈子，之后还包括鲁道夫·卡尔纳普、赫伯特·费格尔、菲利普·弗兰克、库尔特·歌德，更重要的是还有路德维希·维特根斯坦，他们试图将所有知识编入一个单独的标准科学语言体系之中。维也纳经济学院则由卡尔·门格尔、欧根·博姆巴维克及路德维希·冯·米塞斯创立起来。伟大的作曲家古斯塔夫·马勒继承了海顿、莫扎特、贝多芬、舒伯特和勃拉姆斯这些杰出音乐人物的重要影响，为以阿诺德·勋伯格、阿尔班·贝尔格、安东·韦伯恩为首的新一代作曲家的出现奠定了基础。

建筑大师奥托·瓦格纳、约瑟夫·玛丽亚·奥尔布里希、阿道夫·洛斯对环城大道上模仿哥特式、巴洛克式及文艺复兴时期建筑风格的公共建筑物的回应是，通过创造更简练的功能型建筑从而为20世纪20年代德国包豪斯学派的出现铺平了道路。瓦格纳坚持认为建筑既是现代的也是原创的，他明白交通及城市规划的重要性。这一点可以通过他为维也纳铁路系统设计的30多个铁路站台、高架桥、隧道及桥梁得以证明。瓦格纳作出所有努力，力争在艺术和目的之间保持和谐。因此，维也纳也拥有了欧洲主要城市中一项最先进的基础设施。维也纳工坊（或者说维也纳工场），也就是由约瑟夫·霍夫曼及科罗曼·莫塞尔所领导的艺术与设计学院，它通过对珠宝、家具及其他用品的优雅设计提升了日常生活之美。在文学领域，阿瑟·施尼茨勒、雨果·冯·霍夫曼斯塔尔组建了"年轻的维也纳"，这是一个包含小说、戏剧与诗歌的现代学派。更重要的是，从卡尔·冯·罗基坦斯基到弗洛伊德，我们看到许多科学家针对人类心理建立了一种全新的动态视图，彻底改变了对人类思维的思考。

医学、生物学和物理学的乐观主义填补了由精神颓靡造成的空白，而艺术、艺术史及文学领域的创造性活动也与科学界及医学界的成就齐头并进。事实上，世纪之交的维也纳生活为科学家、作家及艺术家在沙龙与咖啡馆聚会提供了机会，让他们沉浸在鼓舞人心、乐观积极的氛围之中。生物学、医学、物理学、化学及逻辑学、经济学等相关领域所取得的进步使他们明白，科学不再只是科学家的狭隘领域，科学已经成为维也纳文化不可分割的一部分。这种态度促成人文学科与多门科学之间的紧密联系，直到今天，它仍为人类如何实现一种开放的对话提供了典范。

而且，"维也纳1900"的自由主义知识分子精神与大学科学教师的进步态度促进了女性的政治解放与社会解放，这正是施尼茨勒及三大艺术家在其作品中所倡导的。

弗洛伊德的理论、施尼茨勒的作品，以及克里姆特、席勒、柯克西卡的绘画对人类本能生活的本质有着共同的见解。从1890年到1918年，这五位男性对非理性日常生活的洞察帮助维也纳成为现代思想与文化中心。而我们今天仍然生活在这种文化之中。

现代主义肇始于19世纪中期，它是对日常生活中的限制与虚伪的回应，也是对启蒙运动对人类理性行为的重视所作出的回答。启蒙运动（或者说理性时代）的特点是世界的一切都是好的，因为人类行为受理性的支配。正是通过理性，我们才获得启示，因为我们的思维能控制我们的情绪与感觉。

16、17世纪的科学革命是导致18世纪启蒙运动出现的直接原因，它包括天文学领域的三次重大发现：开普勒发现了行星运动的定律；伽利略认为太阳是宇宙的中心；艾萨克·牛顿发现万有引力且发明了微积分（威廉·莱布尼兹与牛顿在同一时期发明微积分），并且用微积分描述了运动的三大定律。这样牛顿就将物理学与天文学结合起来，说明了人类可以用科学的方法来揭示宇宙中最深邃的真理。

为纪念这些重大贡献，1660年世界上第一个科学学会——英国伦敦皇家自然知识促进学会成立了，并于1703年推选牛顿为主席。英国皇家学会的创始人认为上帝是一位数学家，并且上帝是根据逻辑与数学原理来设计宇宙功能的。科学家作为自然哲学家的作用就是采用科学的方法去发现宇宙中潜在的物理原理，从而解读上帝创造宇宙时所使用的密码本。

科学领域的进步使18世纪的思想家们认为，人类其他方面的行为，包括政治行为、创造力以及艺术，都能因为理性而得到发展进步，并最终为全人类创造一个更加进步和完善的社会环境。对理性与科学领域的这种信心影响了欧洲政治与社会生活的方方面面,且很快在北美殖民地也传播开来。在那里,理性可以改变社会,理性的人们拥有追求幸福的自然权利,人们认为这些启蒙思想对我们今天在美国所享有的杰斐逊式民主有着重大贡献。

现代主义对启蒙运动的反应发生在工业革命之后,工业革命的残酷影响表明现代生活并不是完美无瑕、确定无疑、开明理性的,并不像18世纪人们在享有当时所取得的成就时所满怀期待的那样。真理并不总是美丽的,也不总是容易让人发现的。相反,它常常隐藏于人们的视野之外。而且,人类的思想不只是受理性的支配,也受非理性情感的影响。

正如天文学和物理学启发了启蒙运动一样,生物学启发了现代主义。达尔文在1859年出版的《物种起源》一书中指出,人类并不是由独一无二的万能上帝创造的,而是从更简单的动物祖先那里进化而来的生物。达尔文在之后的著作当中详细阐明了这些观点,并指出任何生物的主要生物学功能就是自我繁殖。既然我们是从更简单的动物进化而来的,我们就肯定拥有与其他动物相似的、极其明显的本能行为。因此,性也就必然是人类行为的中心。

这一全新观点导致了艺术界对人类存在的生物本质的重新审视,而在爱德华·马奈1863年的油画《草地上的午餐》中尤为明显,该作品无论从主题还是风格方面来看都堪称第一幅真正意义上的现代主义绘画。马奈的画作既出色迷人又令人震惊,揭示了现代主义议程的核心主题:男女之间及幻想与现实之间的复杂关系。马奈描绘了两位着装工整保守的男士坐在树木繁茂的公园的草地上,一边享用午餐一边交流,而一位裸体浴女就坐在他们旁边。过去,画作中的裸体女人代表女神或神话人物。但在这幅画中,马奈打破传统,描绘了一位真实存在的、活生生的当代巴黎女人的裸体,这是他最爱的模特——维克托里娜·莫涵(图1-6)。

尽管维克托里娜性感迷人、充满诱惑,但画作中的他们相互之间漠不关心。两位男士似乎在相互交谈,而这位裸体女人正享受着男人对性欲的拒绝,她只关心一旁的观赏者。这幅作品除了有令人惊叹的现代主题外,其创作风格

▲ 图1-6 爱德华·马奈的油画作品，《草地上的午餐》（1863）。

也是出乎意料的现代。在塞尚开始将三维空间分解为二维空间的几十年前，马奈的这幅作品就通过提供较少的深度来适应观众的透视感。

艺术史学家恩斯特·贡布里希对维也纳现代主义艺术后来的成就作了详尽的阐述：

> 艺术是那些当我们面朝它时能让我们获得惊喜的创作之物。之所以会产生这种感觉是因为我们认为偶尔为之的震撼对身体大有裨益。否则，我们会轻易陷入默守成规的状况，无法再适应生活对我们提出的新要求。换句话说，艺术的生物学功能是一种彩排预演，是对精神的历练，这样更能让我们接受出乎意料的事物。

维也纳现代主义有三个主要特征。第一大特征是它认为人类的思维就其本质而言在很大程度上是非理性的。维也纳现代主义者彻底打破了过去的束缚，对社会是建立在人类的理性行为之上这一观点提出质疑。他们认为，无意识的冲突存在于每个人的日常行为之中。现代主义者通过将这些冲突暴露出来，用新的思维和情感方式来直面传统的态度与价值观，他们质疑是什么构成了现实，在人类、物体及事件表象之下又隐藏着什么。

因此，当其他地方的人们想要更好地掌握外部世界、生产手段及知识传播时，维也纳的现代主义者关注的是内心世界，他们试图去理解人类本质的非理性状态以及非理性行为如何在人与人之间的相互关系之中得以体现。他们发现，在优雅、文明的外表下，人们不仅怀有无意识的情欲，还有针对自己及他人的无意识的侵略性冲动。后来，弗洛伊德将这些黑暗的冲动称为死亡本能。

我们的大脑在很大程度上是非理性的。这一发现关联着人类思想史上最激进、最有影响力的三次革命。正如弗洛伊德所说，这三次思想革命决定了我们如何看待自己及我们在宇宙中的位置。第一次思想革命是16世纪哥白尼发现地球不是宇宙的中心，而是一个围绕太阳公转的小行星。第二次思想革命是19世纪达尔文发现我们不是由上帝创造的独一无二的生物，而是通过自然选择的过程从低级动物进化而来的。第三次思想革命就是"维也纳1900"的弗洛伊德式革命，它揭示了我们不是有意识地控制自己的行为，而是受无意识动机的驱使。第三次思想革命引出了这样一个想法：导致哥白尼和达尔文得出了他们的理论的人类创造力源于有意识地接触潜在的无意识力量。

与哥白尼、达尔文式的思想革命不同，我们的心理机能在很大程度上是非理性的，这是由几位思想家不约而同得出的结论，其中就包括19世纪的弗里德里希·尼采。深受达尔文与尼采影响的弗洛伊德，人们常常认为是他引领了第三次思想革命，因为他是影响最大、最善于表达的倡导者。然而，他并不是孤军奋战，与其同时代的施尼茨勒、克里姆特、柯克西卡以及席勒也发现了我们无意识精神生活的各个方面，并进行了探索。他们比弗洛伊德更了解女性，尤其是女人的性欲及母性本能。他们也比弗洛伊德更清楚地认识到婴儿与其母亲关系的重要性。他们甚至比弗洛伊德更早地认识到侵略性本能的重要性。

此外，弗洛伊德并不是第一个思考无意识心理过程在我们的精神生活中的作用的人。几个世纪以来，思想家们一直关注着这一点。公元前4世纪时的柏拉图就讨论过无意识的知识，他指出，我们生而具有很多的知识，只是这些知识一直以潜在的形式内藏于心灵中。在19世纪，叔本华和自称为"第一代心理学家"的尼采在他们的著述中都讨论过无意识和无意识冲动的问题。而不同时代的艺术家也研究过男性和女性的性行为。19世纪伟大的物理学家和生理学家赫尔曼·冯·亥姆霍兹进一步发展了无意识的观点，他指出潜意识在人类的视觉感知中有着关键性的作用，他的观点对弗洛伊德有重要的影响。

维也纳的知识分子和弗洛伊德之所以与众不同，是因为他们成功地发展并统一了这些想法，而且用异常现代、连贯、戏剧性的语言将其表达出来，从而让公众知道了有关人类思想，尤其是女性思想的新看法。正如奥托·瓦格纳发展形成了简练的水平线条，使现代建筑设计能摆脱早期形式的束缚，而弗洛伊德、施尼茨勒、克里姆特、柯克西卡及席勒统一并扩展了前人关于无意识本能冲动的思想，并用令人信服的、现代的方式展现了它们。他们帮助解放了男性与女性的情感生活，为我们今天在西方所享有的性自由奠定了基础。

维也纳现代主义的第二大特征是自我审视。弗洛伊德、施尼茨勒、克里姆特、柯克西卡及席勒在寻找支配人类个性本质的规则时，他们不仅渴望调查他人，更渴望审视自我，不仅关注外在的表象，更注重内心世界及个人想法与感受的特质。就像弗洛伊德研究他自己的梦，并教精神分析学家去研究反移情（治疗者对病人的情感及反应）一样，施尼茨勒及其他艺术家，特别是柯克西卡与席勒，大胆地探索了他们自己的本能冲动。他们借用自我分析的方法深入自己的内心以理解并描述他人的本能冲动及其反应过程中的情感。这种自我审视的趋向可以说定义了"维也纳1900"。

维也纳现代主义的第三大特征是试图整合并统一知识，这一尝试受到科学的驱动及达尔文主张的启发，达尔文认为必须像理解其他动物一样从生物学的角度来理解人类。"维也纳1900"为医学、艺术、建筑、艺术批评、设计、哲学、经济学及音乐打开了全新的视角。它开启了生物科学与心理学、文学、音乐和艺术之间的对话，从而开创了知识的整合，直到今天我们仍参与其中。它同样也改变了维也纳的科学，尤其是医学。在罗基坦斯基这位达尔文追随者的领导之下，维也纳医学院使医学实践更加系统和科学化：它定期将临床病人的检查与病人死后的尸检结果结合起来，从而阐明发病过程并获得准确的诊断结果。医学界的科学方法为现代主义者探究现实提供了借鉴：只有透过表面现象，我们才能发现本质。

最终，罗基坦斯基的观点从医学院传播开来，成为维也纳知识分子及艺术家生活和工作中不可或缺的文化的一部分。因此，维也纳人对现实的关注就从医疗诊所及咨询室延伸到艺术家的工作室，并最终延伸到神经科学实验室。

虽然弗洛伊德与罗基坦斯基没有直接往来，但1873年他便在维也纳大学开始了自己的医学训练，当时罗基坦斯基正处在个人影响力的顶峰时期。因此，弗洛伊德早期思想的形成在某些重要方面受到了罗基坦斯基精神的影响。罗基坦斯基从医学院退休后，人们仍继续发扬这一精神：弗洛伊德的两位导师，恩斯特·威廉·冯·布吕克与西奥多·迈纳特及其同事约瑟夫·布罗伊尔与他一起共同研究。

施尼茨勒也是罗基坦斯基领导时期医学院的一名学生，并与罗基坦斯基的同事埃米尔·祖卡坎德尔一同工作。施尼茨勒在自己的文学作品中就借鉴了无意识的心理过程。他对自己生气勃勃、永不满足的性欲进行了分析性描述，深刻地影响了同一时代的维也纳青年。与弗洛伊德一样，施尼茨勒也探讨了性欲与侵略性的无意识心理。

克里姆特、柯克西卡及席勒的绘画作品中也表现出明显的无意识倾向。他们也受到罗基坦斯基的影响，但他们更进一步地打破了过去艺术的影响并用新的方式来描绘性欲及侵略性。弗洛伊德和施尼茨勒都是医学院培养出来的学生，而克里姆特则和祖卡坎德尔一起非正式地研究生物学。席勒又通过克里姆特受到罗基坦斯基的间接影响。柯克西卡则自行专注于表象的深处，他常在画作中洞穿人物内心深处的思想与欲望。

虽然弗洛伊德、施尼茨勒及现代主义艺术家们都认为无意识本能是理解人类行为的关键，并且对此深深着迷，但他们的工作步调却不一致。毫无疑问，这些艺术家都深受弗洛伊德、施尼茨勒的影响，但每个人在应对"维也纳1900"的影响时都能自成一章。

弗洛伊德的思想比其他4位更加系统，他用精练、优雅的语言阐明了罗基坦斯基的时代精神，并通过穿透精神表象的心理冲突把它应用于思维之中。更重要的是，弗洛伊德用这一观点发展出一套连贯、细致且丰富的"心理理论"，借此理论来解释正常行为与异常行为。弗洛伊德的理论不同于施尼茨勒和其他艺术家的观点，甚至与尼采的观点相异，他认为精神属于经验科学的领域，而非哲学思辨的平台。弗洛伊德构建心理理论的尝试发展为后来被人们称为"认知心理学"的学科，该学科试图依据大脑对外部世界的系统的内部表征来解释人类思想与情感的复杂性。最后，弗洛伊德部分基于自己的心理认知理论设计了一种旨在缓解个人痛苦的特别疗法。

当代哲学家保罗·罗宾逊用罗基坦斯基一代的语言强调了弗洛伊德的知识遗产：

> 现代主义倾向于寻求行为表象下的意义，它能永远警惕着人类行为的"真实"（或潜在）意义，而他正是这一倾向的动力源泉。他使我们坚信，如果我们能对过去或久远的行为进行追根溯源……那么现在它们将变得更加透明。最终，他塑造了我们对情色的高度敏感，其水平高于它在竞技场中的所有存在……而这正是前几代人所忽略之处。

弗洛伊德强调大部分精神生活是无意识的，只有当它们变成文字或图像的形式时才呈现为有意识状态。这正是弗洛伊德、施尼茨勒、克里姆特、柯克西卡及席勒在文字及绘画作品中所取得的成就。他们除了在共同文化中处理相同的问题外，每个人在自己的作品中都对人类的思想与情感展现出强大的好奇心，这也是"维也纳1900"的典型特征。

第二章

探寻隐藏在表象下的真理：
医学科学的起源

维也纳医学院在努力整合"维也纳1900"特有的知识体系的过程中发挥了关键的作用。西格蒙德·弗洛伊德和阿瑟·施尼茨勒都是在那里学习医学，并且该医学院影响了克里姆特对艺术与科学的思考。除了广义上的文化成就外，维也纳医学院还确立了一种科学的医学标准，直到现在该标准仍然影响着医学实践。

如今，几乎在世界上任何地方，当走进医生办公室的病人抱怨呼吸急促时，医生就会戴上听诊器，把听诊头放在病人的胸部，倾听病人呼吸时肺部发出的声音。如果能听到啰音（肺部病变导致的异常声音），医生会怀疑病人的心脏功能正在衰竭。为了进一步确认，医生便会轻叩病人的胸部并听回声来证实这种猜测。如果回声听起来比正常声音更沉闷，医生会再次使用听诊器，这一次是用来听心跳声与杂音，心跳声可以揭示心律异常的潜在迹象，而杂音则表示心脏二尖瓣或主动脉瓣有不良状况。通过这种方法，训练有素的医生可以用简单、现成的工具来诊断心脏或肺部的病况。

现代医生将听诊器置于体外来听辨体内声音的方法遵循了一个世纪以前在维也纳医学院得到完善的科学程序。这种医学方法的主要目的是通过表面症状来诊断表皮之下的病况。医学界的这种方法是怎么产生的呢？

现代历史学家将系统科学的起源追溯到17世纪，因此直到18世纪初期欧洲医学才进入科学发展时期这一点并不足为奇。当时了解病情的主要途径是通过病人的自我描述及医生在病床前的观察。在那个时代，自然科学与人文科学并非两种截然不同的文化：医学学位的价值很高，不仅在于它所赋予的治疗能力，还在于它所鼓励的高水平的人文学术。事实上，医学正是当时研究自然世界的最佳途径，狄德罗、伏尔泰和卢梭等法国启蒙运动时期的伟大思想家为了拓展自己的人文知识都曾学过医学。

对文化及科学的重视源于这样一个事实：直到18世纪，许多医生仍然按照两千多年前的古希腊医生希波克拉底开出的处方及公元170年加伦编订的条律行医。加伦是一位颇具影响力的古希腊医生。为了理解人体结构，他对猴子进行解剖，通过这种方式对生物学有了一些非凡的见解，比如他提出了神经控制肌肉的观点。但加伦对人类生物学及人类疾病也持有诸多错误的观点。特别是他和希波克拉底一样都认为疾病不是由特定的身体机能失调所引起的，而是体内黏液、血液、黄胆汁与黑胆汁的失衡导致的。此外，他认为这四种体液还有影响心理的功能，因此，当黑胆汁占主导地位时，人容易抑郁。

因此，当时的医生并不关注病症的源头，而是考虑的整个身体，具体地说就是通过放血或灌肠等手段来使四种体液恢复平衡。尽管也有人对这些疗法一再提出质疑，如基于16世纪40年代安德雷亚斯·维萨里的身体解剖和实验观察、1616年威廉·哈维发现的血液循环体系以及1750年乔瓦尼·巴蒂斯特·莫尔加尼建立的病理学理论，但在19世纪初期以前，加伦的某些思想一直影响着欧洲医学教学与临床实践。

法国大革命之后，王室对医学实践及尸体解剖的各种严格限制被取消，法国医学因之向前迈出了重大的一步，形成了更有系统性、更具科学依据的学科。法国内科医生、外科医生及生物科学家随后重新组织了医学教育与医学实践，规定学医者必须在医院或诊所进行临床实习。

巴黎医学院当时的领导是让·尼古拉斯·科维萨尔·德·马雷，他曾是拿破仑的私人医生，并且是叩诊专家。叩诊即叩击胸部以区分肺炎与心力衰竭，而这两种症状都能导致肺部充血。还有三位医生为创办初期的巴黎医学院作出了历史性贡献，他们分别是玛丽·弗朗索瓦·泽维尔·比沙、雷·奈克及菲利普·皮内尔。比沙是欧洲的第一批病理学家之一，他强调理解人体解剖对医学实践至关重要。他发现人体的每个器官均由多个不同类型的组织构成，也就是说多个细胞集合在一起共同发挥作用。比沙认为器官中的特定组织才是疾病的真正目标。奈克发明了听诊器，他用听诊器来听辨心脏的各种声音，并将其与尸体解剖的结果联系起来。皮内尔则将精神病学作为一门医学学科独立出来，他将仁爱及心理导向的原则应用到对精神疾病患者的照护之中，试图与病人建立起个人的心理治疗关系。皮内尔认为，精神疾病是一种医学疾病，当有精神疾病遗传倾向的人们感受到过度的社会或精神压力时便会出现精神疾病。这一观点与我们目前大多数精神疾病病因学的见解非常接近。

高学术水平的集中式教育体系及法国在生物学与医学领域所取得的长足进步拓展了该国探索新科学领域的能力。巴黎医学院为基础医学及临床实践设定了标准并塑造了1800年到1850年的欧洲医学。

鉴于法国临床医学辉煌的开端，特别是生物研究领域涌现出的拥有创造性思维的巨人（如克劳德·伯纳德与路易·巴斯德等），所以，令人惊讶的是，自19世纪40年代之后，该国临床医学竟然呈衰落趋势，这或许是因为路易·菲利普领导下的七月王朝及拿破仑三世掌权下的法兰西第二帝国在政治上趋向保守。法国的集中式教育体系变得刻板僵化，导致了科学创造力与科学研究质量的下降。据历史学家欧文·阿克内希特的说法，到1850年，法国医学界最终把自己逼进了死胡同。

法国临床医学实践与教育的开拓性精神的枯竭这一点很快就得到了印证，因为大量外国医科学生从巴黎转往维也纳及其他德语城市学习。后者那里出现了一股显著的趋势：新型研究型大学、研究机构逐渐形成，以实验为基础的医学不断发展。所有的一切与巴黎的情形形成了鲜明的对比，德语国家的所有大型医院自1750年以来都是作为大学的一部分运行的。在维也纳，所有临床实践都是应大学学术要求而展开的，并且必须达到大学的高标准、高要求。到1850年，维也纳大学已成为所有用德语进行教学的大学中规模最大、知名度最高的大学，而维也纳医学院在欧洲也是首屈一指，只有柏林的医学院才能与之媲美。

　　早在一个世纪以前，维也纳基础医学科学首次迈出了重大的一步，当时皇后玛丽亚·特蕾莎重建了维也纳大学。皇后及其儿子约瑟夫二世对发展高质量医学事业给予高额奖金，因为他们把医学教育与医学护理看成必不可少的国家福利。

　　玛丽亚·特蕾莎想在欧洲寻找一位杰出的内科医生领导医学界作出新的努力，并于1745年聘请了荷兰著名医生杰拉德·冯·施威腾。冯·施威腾建立了被称为"维也纳第一医学院"的医科学校，该校着手改变维也纳医学，将以人文哲学为基础的行医方式与希波克拉底及加伦的思想相结合，并将它们转变为以自然科学为基础的实践行为。

　　1783年约瑟夫二世委托了一项综合医疗设施设计的任务，1784年冯·施威腾的继任者约瑟夫·安德里亚斯·冯·斯特福特创办了宏伟的维也纳总医院。随后城市周围的小医院都纷纷关闭，将所有的医疗设备都集中在这家大型综合医院里。该医院有一幢中心大楼、一座妇产科医院、一座婴儿医院、一所学校医务室以及一座精神病医院。这是欧洲最大的医疗机构，它渴望成为一个现代化的科学医学中心。维也纳医学院被细胞病理学之父——柏林的鲁道夫·魏

◀ 图2-1　卡尔·冯·罗基坦斯基（1804—1878）。罗基坦斯基通过引入病症与病因之间的联系，为医学奠定了良好的科学基础。他连任四届维也纳医学院院长，在1852年成为维也纳大学第一位民众自由选举的校长。此后，罗基坦斯基被任命为维也纳联邦内政部的医学顾问，他于1865年拍摄了这张照片。

尔啸称为"医学上的麦加"。

卡尔·冯·罗基坦斯基（图2-1）为维也纳医学院院长，他在1844年接替了斯特福特的位置，将现代主义引入到生物学及医学之中。罗基坦斯基受达尔文观点的影响，坚持认为应该像理解其他动物一样从生物学角度了解人类，在随后的30年里，他带领维也纳医学院（后被重组为维也纳第二医学院）的临床实践以全新的科学为依据，从而使该医学院享有国际盛誉。

罗基坦斯基将临床观察结果与相关的病理学结果系统地联系起来，使医学建立在更加科学的基础之上。在巴黎，每一位临床医生都是自己的病理学家。结果是内科医生进行的病理分析太少，而无法成为诊断方面的专家。罗基坦斯基将临床医学与病理学分到不同的科室，并由训练有素、能力超强的执业医生接管。内科医生负责检查每个病人，病人死后则由病理学家检查，最后将两者的检查结果联系起来。

这一发展有两个根源。首先，正如以前提到的，在维也纳总医院去世的每一位病人都会在一位训练有素的病理学专家的监督下进行尸检。1844年，罗基坦斯基开始担任这一职务。在30多年的职业生涯中，他和助理共进行了60000多次尸检，他也从中获得了大量器官疾病与组织疾病的相关知识。第二个根源是因为维也纳总医院有一位伟大的临床医生，罗基坦斯基的学生也是他的同事约瑟夫·斯柯达，斯柯达在临床诊断上的聪明才智与罗基坦斯基在病理诊断方面的杰出才能不相上下。他们两人经常一起合作，建立起了深厚的情谊，从而弥补了他们不同专业之间的鸿沟。

维也纳医学院所施行的严谨缜密、相互协作的规程，能更有效地将临床上获得的某种疾病见解与尸体解剖室的收获联系起来，并将这种系统化的联系转化为一个用以了解疾病的理性、客观方法，从而达到准确的诊断。该规程有助于对临床与病理之间的关系有全新的了解，自此以后这种关系便成为现代医学的显著特征。

罗基坦斯基在学术上继承了意大利伟大病理学家莫干尼的观点：临床症状是由于个体器官紊乱导致，病症是问题器官的呼喊，这与加伦的教义恰恰相反。为了解疾病，首先得找到病源在体内的位置。莫干尼还认为可以用尸体解剖来检测在临床检查中形成的观点，他的学说导致了一种全新的激进观念，紊乱疾病应该用生物源来命名，如果可能，可以用引发疾病的特定器官来命名，例如阑尾炎、肺癌、心脏衰竭或胃炎。

罗基坦斯基认为，内科医生在治疗病人之前，必须对病情有正确的诊断。仅仅检查病人，对其表象与病症进行评估将无法获得正确的诊断，因为同一器官的不同部位甚至是不同的疾病都可能产生相同的体征或症状。在病人死后只对其进行尸检也无法评估其体征及症状。因此，只要有可能，应该将病理检查与临床检查相结合。

令人高兴的是，斯柯达欣然采纳罗基坦斯基的科学方法，并应用于对病人的检查之中。斯柯达是心肺疾病方面的专家，他显著地提高了叩诊和听诊的实际运用及理论基础。通过使用奈克的听诊器，斯柯达详细地研究了他所听到的病人的各种心跳声及杂音，然后将这些声音与罗基坦斯基的成果——病人在死后其心脏肌肉及瓣膜的损害相联系。此外，为了更好地理解心跳声的物理基础，斯柯达对尸体展开了多次实验。因此，他首次能够区分心脏瓣膜张开或关闭时的正常声音与瓣膜功能失常时的杂音。这样，斯柯达不仅能清晰地辨听心跳声，而且对解剖及病理意义给出了非凡的讲解，为当时的临床实践设定了标准。

斯柯达用同样严格的方法对肺部进行检查，他用听诊器倾听病人的呼吸声，使用了维也纳的维瑟夫·利奥波德·奥恩布鲁格在早些时候发明的听诊技术，他将听诊器胸件放在病人胸部之上，倾听从胸腔发出的异常声响。斯柯达提高了诊断的准确性，赢得了"现代医学诊断之父"这一国际荣誉，形成了首个全面科学检查病人的方法。埃尔纳·莱斯基这样写道："感谢斯柯达，他将医疗诊断的准确性推向如此高度，这在以前是无法想象的。"直到今天，对于因心脏瓣膜损伤导致的多种疾病，医生首先采取的步骤是用听诊器仔细倾听，并用斯柯达设定的声音标准对其进行解释说明。

罗基坦斯基与斯柯达的合作，使他声名鹊起。1849年初，他出版了自己的主要著作——《病理解剖学手册》（三卷本）。这是第一本病理学课本。书中主要讨论各种器官系统的病理解剖学。并且，罗基坦斯基把此书作为一个平台来强调自己的想法，也就是，内科医生为了理解并最终治疗一种成型的疾病，就必须研究病源及疾病的自然进程。

维也纳医学院取得如此高的成就后，大量外国学生涌向这里。医学院有着日益增长的卓越声誉，再加上其提供尸体用于解剖，这对美国学生尤其具有吸引力。相比之下，19世纪的美国医学教学及临床实践发展落后。罗基坦斯基对医学院的领导以及同一时期环城大道上豪华建筑的修建，再加上维也纳已经转变为精彩非凡的现代化大都市及欧洲最漂亮的城市之一，所有这一切更加增强了学生前往维也纳学习的决心。

思想文化史学家艾伦·雅尼克及斯蒂芬·图尔明认为，美国现在在医学科学领域所取得的成就有部分原因在于成千上万名医学专业的学生在美国医学水平较低时来到维也纳学习。事实上，美国医学学术界的几位奠基人包括威廉·奥斯勒、威廉·霍尔斯特德及哈维·库欣在确立自己的领导地位之前都曾在维也纳学过医学。

罗基坦斯基在维也纳医学院担任院长期间所取得的成就并不是独创了临床与病理学，而是他出色的组织管理能力与广泛的影响。他不仅把病理解剖学作为维也纳现代医学科学的中心，而且作为整个西方世界科学的中心。他强调在治疗病人之前，须先从生物学角度理解疾病。罗基坦斯基及维也纳大学全体教职员工都倡导那个已经成为现代科学医学基础的理念：研究与临床实践两者不可分割并相互启发，病人就是大自然的一次实验，床边就是医生的实验室，大学的附属医院是大自然的学校。罗基坦斯基与斯柯达通过对比同一疾病的不同阶段还为疾病发展过程这一概念提供了科学依据，他们认为每一种疾病都有一个自然发展史，也有发展进程，疾病从产生到终止需要经过一系列阶段。

罗基坦斯基对医学界有着广泛的影响，他将起源于18世纪法国与意大利的各种生物学知识综合在自己的观点与教学之中。而且，他系统地研究了临床与病理间的相关性，他将古希腊哲学家阿那克萨哥拉（公元前500年）的见解应用到医学之中。阿那克萨哥拉是原子学说理论的创始人，他认为："现象是本质的外表的表现形式。"罗基坦斯基认为若要发现真理，我们必须透过表面看其底下。西奥多·迈纳特、理查德·冯·克拉夫特–埃宾这些名家以及他们对约瑟夫·布罗伊、西格蒙德·弗洛伊德与阿瑟·施尼茨勒的影响，使这一想法扩展到神经病学、精神病学、精神分析学与文学领域之中。在维也纳现代主义发展的大背景下，特别有意思的是，罗基坦斯基的影响力通过其同事——解剖学家埃米尔·祖卡坎德尔影响到克里姆特，并最后影响了维也纳表现主义艺术家。

此外，罗基坦斯基作为皇家科学院主席及教育部专家顾问，成了维也纳科学界的主要发言人，他坚定地认为研究的合法性不应受政治因素的影响。罗基坦斯基被君主弗朗茨·约瑟夫指定为奥地利上议院成员后成了一名政府的知识分子。他是一位颇具影响力的发言人，充分利用自己的知名度与影响力向维也纳市民宣传自己的思想。在罗基坦斯基死后很长时间内，其观点继续影响着维也纳医学界，甚至维也纳文学界，最后促使现代主义去寻求能影响人类行为的根深蒂固的生物学规律。

第三章

维也纳艺术家、作家及科学家
在祖卡坎德尔沙龙相聚

维也纳医学院的卡尔·冯·罗基坦斯基的观点是如何影响到维也纳现代主义艺术家的呢？在世纪之交，维也纳艺术家、作家、医生、科学家及记者形成了令人惊讶且联系紧密的小圈子。与纽约、伦敦、巴黎的精英不同，而伦敦的布鲁斯伯里团体也是一个特例，维也纳知识分子并没有生活在一起，专业领域也相对分开，但他们定期互相交流。因此，他们大多数人都有其他专业领域的朋友。

这种相互交流始于大学入门阶段，最早发生在文法学校里。因为文法专业的学生接受高水平的人文及科学知识，他们对各种文化有着广泛的兴趣。这些学生所接受的教育能使他们轻松地架起自然科学、人文科学及艺术之间的桥梁。正如卡特·施普林格所指出的那样，维也纳圈内的哲学家有着明显的热忱，他们谈到有可能首先将自然科学结合起来，然后用共同的文法统一艺术与自然科学。

另外，维也纳只有一所重点大学，里面有许多大楼，而每幢大楼之间及它们与总医院的距离都很近。当人们在维也纳大学碰面并交流想法后，可以在格林斯坦咖啡馆或中央咖啡馆等之类不错的咖啡屋里继续他们的探讨。

犹太人与非犹太人之间自由而广泛的交流也有利于19世纪末期创造力的涌现。事实上，犹太学者、科学家及艺术家与基督徒同事之间的相互交流极大地提高了他们的创造力。因此，犹太学者对"维也纳1900"文化上的贡献可以与8~12世纪黄金时代里犹太人为西班牙摩尔人所作的杰出贡献相媲美。基督徒与犹太人之间的相互往来甚至持续到了12世纪初期，然而自那以后，犹太人在行政部门及社会生活的很多方面都再次受到歧视。

　　维也纳人也会相聚在充满活力、引人注目的沙龙里。在那里，思想家与艺术家可以交流思想与价值观，可以与商界精英及职业精英相互沟通，这些精英人士颇为自己的教育、文化及艺术兴趣感到自豪。当时的沙龙是指在私人住宅中定期举行的聚会，其中多数在犹太妇女家中。这些犹太妇女把沙龙看作文化机构而非社会或宗教机构。维也纳一个特别重要的沙龙是贝尔塔·祖卡坎德尔家中的聚会，许多作家、艺术家及科学家聚集在此。贝尔塔是一位才华横溢的作家，是《维也纳汇报》的一位极具影响力的艺术评论家，同时还是萨尔茨堡音乐节的创始人之一。他学习生物学及达尔文进化论，后与罗基坦斯基的助理、解剖学家埃米尔·祖卡坎德尔共结连理（图3-1，图3-2）。

　　贝尔塔认识维也纳每一位拥有特权的人们。她写道，"奥地利人活跃在我的长沙发上"。弗洛伊德是她的一位熟人，华尔兹王小约翰·施特劳斯将其称为"维也纳最非凡最机智的女人"。阿瑟·施尼茨勒是她的一位朋友，并经常参与她家的沙龙。就是在她家里，阿瑟遇见了伟大的剧场导演马克斯·莱因哈特与作曲家古斯塔夫·马勒。事实上，在贝尔塔的沙龙里，马勒也遇见了他未来的妻子阿尔玛·辛德勒。贝尔塔的常客有克里姆特，还有许多生物学、医学科学家，以及精神疾病研究人员理查德·冯·克拉夫特-埃宾、尤利乌斯·瓦格纳·尧雷格、外科医生西奥多·比尔罗特和奥特·祖卡坎德尔（埃米尔的兄弟）。

　　贝尔塔·祖卡坎德尔的父亲是维也纳自由派的重要报纸《新维也纳日报》的出版商，同时还是奥匈帝国法定继承人、储君鲁道夫的核心顾问。鲁道夫在1889年自杀身亡。贝尔塔的父亲热爱科学，在1901年成立了奥地利第一份大众科学杂志《百姓知识》，吸引许多知识分子及政治家涌向其家中。据贝尔塔所说，她不仅继承了父亲的求知欲望与社会风度，而且还有年轻人难以拥有的交际圈。从1880年结婚到1938年离开维也纳飞往法国，在此期间，贝尔塔领导着沙龙。

　　这是一个真正的现代主义沙龙，而贝尔塔是其最大的支持者。她带头购买了弗朗兹·克萨韦尔·梅塞施密特的两件"头部"雕塑作品，弗朗兹提前一个世纪用心理夸张手法来揭示人物的心理状态。贝尔塔在自己的艺术与文化专栏里强烈捍卫克里姆特的艺术，由克里姆特领导的一批艺术家在她的沙龙里首次探讨了维也纳分离派的观点。（这是一个激进的现代主义流派，与当时保守的

◀ 图3-1　贝尔塔·祖卡坎德尔（1864—1945）。她是艺术评论家、作家，也是萨尔茨堡音乐节的创始人之一，是一位非常有影响力的沙龙女主人，她在自家客厅招待艺术家、科学家、作家及思想家。这张照片拍摄于1908年。

▶图3-2　埃米尔·祖卡坎德尔（1849—1910）。一位杰出的科学家，是维也纳医学院解剖学主任，他使古斯塔夫·克里姆特对生物学和医学产生了浓厚的兴趣。

艺术家机构分道扬镳。）贝尔塔的影响力超出了维也纳的范围。她的妹妹苏菲远嫁给了法国总理乔治·克里孟梭的兄弟保罗·克里孟梭；通过苏菲，贝尔塔成了罗丹及其他巴黎艺术家的朋友。

有两大因素决定了贝尔塔的影响力。第一，她真正感兴趣的是人类并对其表现出广泛的求知欲望。第二，她是一位高效又善于沟通的艺术与文学评论家，她对自己所钦佩的人才肝胆相助。她与家人积极推销克里姆特的绘画作品。埃米尔的兄弟维克多，他是一位艺术品收藏家，拥有克里姆特的《帕拉斯·雅典娜》及其他许多重要的风景画。而且，贝尔塔为艺术家个人提供经济担保，出资建设维也纳分离派的房屋建筑。这批艺术家摆脱了维也纳某个重要展示厅的束缚，独自举行年度展览，不仅展示了奥地利年轻画家的作品，还有来自欧洲其他地区艺术家的画作。

科学与艺术思想的自由交流是贝尔塔沙龙精神不可分割的一部分。贝尔塔本人对生物学有着浓厚的兴趣并在此方面知识渊博。她对丈夫及其同事的工作很着迷，对罗基坦斯基的工作及其维也纳医学院的社交圈相当熟悉，当然她丈夫也在这个圈子里。这方面最重要的是埃米尔是一位卓越非凡、广受欢迎的解剖学讲师。贝尔塔与埃米尔·祖卡坎德尔都曾是克里姆特的生物学老师，也是他们把他引入到达尔文与罗基坦斯基的思想当中。

埃米尔·祖卡坎德尔于1849年出生于匈牙利的拉布，曾就读于维也纳大学。1873年他成为罗基坦斯基病理解剖学的助理。1888年，祖卡坎德尔成为维也纳大学病理学系的第一位主任，他一直在此工作直到1910年去世。祖卡坎德尔对生物学有着广泛的兴趣爱好。他对鼻子、脸部骨架、听觉器官及大脑解剖学的研究为学界作出了一定的贡献。直到现在，一些发现仍带有他的名字，包括祖卡坎德尔包涵体（与自主神经系统相联系的大量组织）、祖卡坎德尔脑回（大脑前面的一层薄薄的皮层——灰质）。

祖卡坎德尔邀请克里姆特观看他解剖尸体，也正是这一观察使克里姆特对人体结构有了更深的理解并在工作中反复运用。克里姆特受祖卡坎德尔见解的启发，要求他举办系列讲座，为一批艺术家、作家及音乐家讲解生物学及解剖学知识。祖卡坎德尔在这些讲座中为观众揭开了生命中的一个伟大谜团：精子与卵子如何受精，又如何发育成胚胎，胚胎又如何经过无数阶段成长为婴儿。贝尔塔在自传中描述她的丈夫在一次讲座中如何向其观众证明一个不可思议的新世界，这个世界要远远超过观众的"创造性幻想"。祖卡坎德尔在漆黑的房间里，投射彩色显微组织样本的幻灯片，揭示了细胞的内部世界。他告诉观众，"只要有一滴血，一点点大脑物质，就可以把你带入到一个童话世界当中"。

祖卡坎德尔不仅向克里姆特介绍了胚胎学，还介绍了达尔文进化论，这两大领域的不同主题被反复运用到克里姆特作品的背景图案中。事实上，他对裸体妇女的描写比较激进，但艺术史学家艾米丽·布劳恩认为其反映出自然主义及后达尔文学说的观点，即"在达尔文之后，绘画中的身体仅仅代表其本身：一个生物物种与其他生物一样，需经历相同的生殖过程"。

该观点在克里姆特最具争议的作品《希望Ⅰ》中表达得最为明显，画中他描绘了一位将要临产的裸体女人，突出了她鲜红色的阴毛（图3-3）。布劳恩指出深蓝色的原始海洋生物形态缠绕在大肚女子的背后，这与当时普遍的观点不谋而合，即人类胚胎的发展与人类进化的过程一致。德国生物学家恩斯特·海克尔提出的"胚胎重演律"源于这样一个信念：人类胚胎具有鳃和尾巴，能让人联想到类似鱼的原始祖先，但随着发展进化也就失去了这些特征。正如达尔文与弗洛伊德公开要求我们通过无比强大、原始、古老的性冲动来思考保育，克里姆特要求《希望Ⅰ》的欣赏者用一种自然发展的眼光来看待人类的生殖与发展过程。

同样，克里姆特将生物符号用于自己的画作《宙斯来到娜厄》（图3-4）之中。在这幅画中，左边的金色雨滴和黑色方框象征着宙斯的精子，而右边象征着孕育的早期胚胎形状则由左边发展而来！

贝尔塔意识到了当代科学对克里姆特作品的影响，她写道，艺术家描绘了"无止境的间断与发展"，布劳恩用一个短语进行补充，"事物表象之深处"，"克里姆特的进化故事使他流入后达尔文主义与前弗洛伊德学说的义化母体中"。贝尔塔在自传中描述了克里姆特对生物学的兴趣是如何从她丈夫的精彩演讲中显露出来。医学历史学家塔季扬娜给出了详尽的阐述：

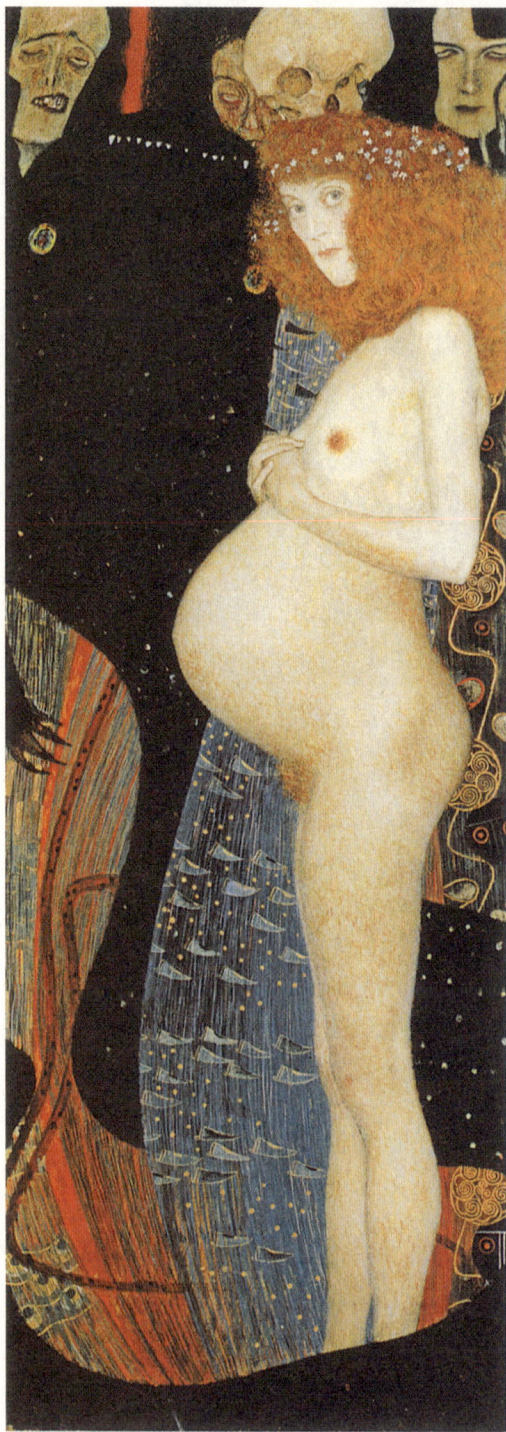

▲ 图3-3　古斯塔夫·克里姆特的油画作品，《希望 I》（1903）。

▲ 图3-4 古斯塔夫·克里姆特的油画作品,《宙斯来到达娜厄》(1907—1908)。

　　贝尔塔认为克里姆特的着色方案与维也纳工作室的观赏剧目都取自大自然宝库。事实上,仔细观察克里姆特1903年之后的作品,不难发现里面形状丰富,让人想起细胞质里带有黑色"胞核"的上皮细胞。

　　正是克里姆特艺术作品的这一面反映了生物学对他产生的深远影响。

　　克里姆特对生物标志的使用表达了表面下的真相,这与西格蒙德·弗洛伊德、阿瑟·施尼茨勒、奥斯卡·柯克西卡以及埃贡·席勒的作品之观点相一致。而且,这五位现代主义者的作品都发自内心地称赞贝尔塔·祖卡坎德尔及她组织的沙龙,贝尔塔在知识上的激励促进了科学家与艺术家之间的交流,从而使罗基坦斯基的观点成为"维也纳1900"文化的一部分。

第四章

探索颅骨下的大脑：
精神病学的起源

现代主义者的人类思维观点强调无意识本能在决定人类行为中所起的作用。维也纳医学院从三方面推动这一观点的形成。第一，它提出所有心理过程在大脑里都有生物学基础（心理生物学）。第二，所有的精神疾病都是生物性的。第三，医学院教师西格蒙德·弗洛伊德发现人类的大多数行为是非理性的，并以无意识心理过程为基础。他指出，若想从生物学的角度理解无意识心理的复杂性，首先有必要建立一个连贯一致的精神心理学。

希波克拉底认为所有的心理功能都源于大脑，但这一观点被严重忽略了。直到18世纪末，弗朗茨·约瑟夫·加尔才试图将心理学与脑科学相连接。从1781年到1785年，加尔就读于维也纳医学院，毕业后，他在维也纳行医并取得成功。心理学与大脑生物学的结合使他产生了另一个想法：大脑，特别是它的外壳——大脑皮层，不是作为一个单独的器官发挥作用。该想法成为心理生物学的核心，即不同部位产生不同的心理功能。

加尔充分利用了有关大脑皮层的已知知识，他意识到大脑皮层双边对称，并分为四叶：额叶、颞叶、顶叶与枕叶（图14-3）。然而，他发现这四叶本身不足以解释心理学家于1790年所描绘的40多种特色鲜明的心理机能。因此，他开始触诊数百位音乐家、演员、画家，甚至是罪犯的头部，将头皮下某些骨的隆起或凹陷与它们主人的天赋或缺陷联系起来。加尔以头颅触诊为基础，将大脑皮层分成约40个区域，每个区域都是一个具有特定心理功能的器官。他将智力功能（如比较、因果及语言）归为大脑前部；将情感功能（如父母之爱、恋爱与好斗性）归为大脑后部；将情绪（如希望、崇拜与灵性）归为大脑中部（图4-1）。

加尔理论中所有的心理过程都源于被证明是正确的大脑，但他归属特定功能的方法却出现了严重的错误，因为这些方法不是以我们目前认为的有效证据为基础。加尔没有解剖病人的大脑，没有将特定区域的损伤与精神缺陷相联系，也就没有将自己的观点进行实证检验。他不相信已患病的大脑，并且不认为它能揭示正常行为。相反，他提出了一个想法：随着每一种心智功能的使用，大脑中负责该功能的特定区域就会扩大，就像锻炼后肌肉的膨胀一样。最终他认为，一个如此变化的特定区域将挤压头骨，使头部产生肿块。

加尔探查了许多人的颅骨，包括有特定心理优势的人、心理失常者、非常聪慧的学生、心理变态者、宗教狂及色情狂，他的探查使他坚信典型的肿块与这些特征相关。依据大脑过度使用导致尺寸变大这一理论，加尔将每一特征归为位于相关肿块下的大脑区域。他的发现使他进一步认为，即使像谨慎、隐匿、希望、崇高、父母之爱等这些人类最抽象、最复杂的行为都是由大脑皮层中的单个区域进行调节的。我们现在知道虽然加尔的整个理论方向是正确的，但这些想法完全不切实际。

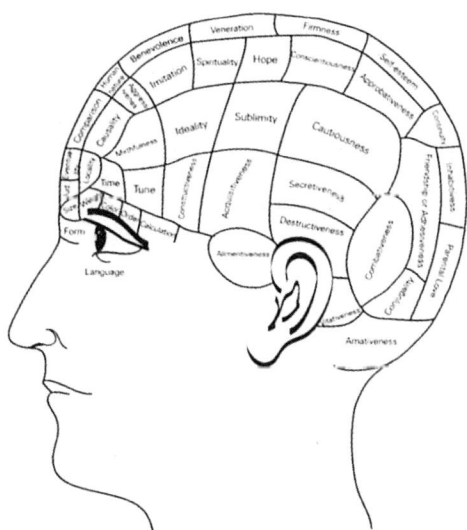

▶图4-1 约瑟夫·加尔依据主体个性与颅骨外部尺寸的关系将特定心理功能划分到大脑的特定区域，从而研究并创建了颅相学系统。

约一代人时间后，法国神经学家皮埃尔·保罗·布洛卡与德国神经学家卡尔·韦尼克提出了一个能确定心智功能的更具说服力的方法。布洛卡与韦尼克单独对有语言障碍的患者头脑进行尸检，发现特定语言障碍与大脑特定区域的损伤有关。因此，他们确定可以将语言局部化。语言的理解位于大脑皮层的后面（上颞叶回的左后方），语言表达位于大脑皮层的前面（额叶的左后方），两个位置由一束神经纤维连接起来。

加尔的总体观点是心智功能位于大脑的不同区域，并得到了上述发现及其他探索的证实。然而，这些发现却没有指明包括语言在内的复杂心智功能属于大脑中的单个区域。相反，布洛卡与韦尼克的检查结果表明复杂心智功能需要有一个相互连接的区域网络（图4-2）。他们两人的工作促进了一系列发现，包括肌肉运动皮层的精确位置。

对某些科学家来说，这些成绩的取得是一次严重的挫折。因为他们认为大脑皮层功能是一个整体，其子域一般没有特定功能。该观点的支持者错误地认为并不是大脑损伤的位置而是损伤程度或面积大小决定了所丢失的心智功能。

卡尔·冯·罗基坦斯基也为大脑研究作出了一定贡献。1842年，年仅38岁的他发现压力及其他本能反应都来自大脑，更确切地说，来自一个深藏在大脑中的小锥形，称为下丘脑。罗基坦斯基发现大脑底部感染会使下丘脑干扰胃部正常功能，并会导致胃部大出血。脑部外科医生哈维库森之后对其进行了扩展，他表明了下丘脑损伤将产生压力，使胃部形成我们现在所称的"压力溃疡"。其他科学家随后的工作说明下丘脑控制着下垂体和自主神经系统，因此它在调解性行为、攻击行为与防卫行为及控制饥饿、干渴和其他自我平衡方面起着关键作用。

西奥多·迈纳特是第一个深入颅骨表层之下研究精神疾病的心理医生。迈纳特为大脑解剖学作出了三大贡献。

第一，他研究了大脑如何发展。他对比了人类大脑与动物大脑，知道人类大脑包含通过进化得以保存的区域，如，控制反射运动的基底神经节、控制动

语言加工的
第一步

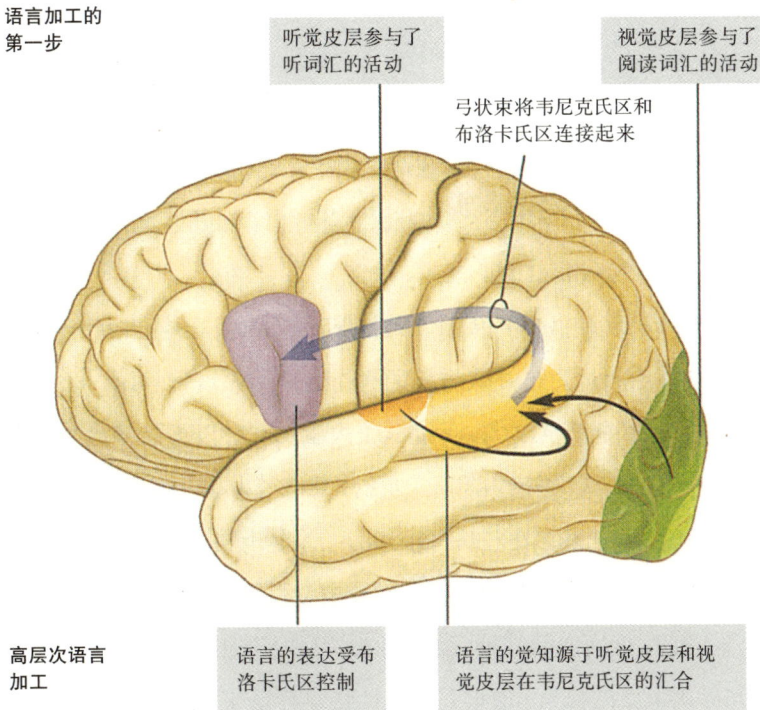

听觉皮层参与了
听词汇的活动

视觉皮层参与了
阅读词汇的活动

弓状束将韦尼克氏区和
布洛卡氏区连接起来

高层次语言
加工

语言的表达受布
洛卡氏区控制

语言的觉知源于听觉皮层和视
觉皮层在韦尼克氏区的汇合

▲图4-2　韦尼克氏复杂行为模式：类似于语言这类复杂行为与大脑中几个相互关联的区域相关。

作技能的小脑，这与所有脊椎动物非常相似。而且，受查尔斯·达尔文思想的影响，迈纳特提出人类大脑中更早进化的区域会首先发展。这一想法使他认为位于大脑皮层的原始结构调解与生俱来的无意识本能。此外，迈纳特提出本能功能受人类进化与发展中出现的大脑皮层的控制。迈纳特认为大脑皮层是执行官或是大脑中的具有自我意识功能的部位，控制复杂行为、意识学习与反射行为。

第二，迈纳特在大脑解剖学中的对比方法使他得以观察袋鼠用来跳跃的超大后肢与其巨大的运动路径之间的联系。因此，他发现了大脑内感觉与运动表象的基本原则：大脑内表象所占某一主体面积的大小决定了该主体对动物的功能重要性。

第三，迈纳特发现大脑皮层有六个不同层面，每个层面由不同种群的神经细胞构成。而且，他发现虽然从皮层的一个区域到另一区域层面数量不变，但细胞类型却发生变化，皮层的不同区域有着不同种群的神经细胞。

迈纳特的三大贡献及罗基坦斯基的强烈支持使他在国际上享有盛誉，他迅速成为维也纳大学精神病学部主任。作为主任，迈纳特将罗基坦斯基的想法扩展到脑部学科。他坚持认为精神病学决定着应赋予解剖学基础科学学科性质。为此，迈纳特在对各种精神疾病追根溯源上作出了重大努力，并将其定义为大脑特定区域内的特殊异常情况。迈纳特寻找着精神疾病的解剖基础。然而直到今天，这一探寻仍在进行之中。

迈纳特除了将精神疾病直接归于大脑外，他不同意奥地利及德国医学院持有的总体看法，他们认为精神疾病是无法逆转的退化过程（痴呆）。迈纳特的发现使他对精神疾病产生了两大新观点：大脑的发育障碍能够成为精神疾病的诱因；以及正如菲利普·皮内尔所发现的，某些精神疾病能够逆转。

最后一个想法使迈纳特对精神疾病的结果持有更加乐观的看法。他引入术语"智力缺陷"来表明某些由头部创伤或中毒引发的急性精神病是完全可逆转的。将温和的、可治愈的精神病（现称为迈纳特精神病）独立出来为精神疾病的研究提供了新的视角。最早采用活性特定疗法来治疗精神疾病的四人都是迈纳特的学生：约瑟夫·布罗伊尔和弗洛伊德用精神分析法来治疗歇斯底里症；尤利乌斯·瓦格纳·尧雷格用热疗法来治疗梅毒；曼弗雷德·扎克尔则引入了胰岛素昏迷法来治疗精神疾病，这绝非偶然。这种疗法与皮艾尔创立的非特定人性疗法是恰恰相反的。

维也纳大学精神病学部第二位主任理查德·冯·克拉夫特–埃宾却采取了不同的策略。他像迈纳特一样对病人大脑进行解剖检查，并对连接精神病学与神经病学很感兴趣。但与迈纳特不同的是，埃宾首先是一名医生。而且，克拉夫特–埃宾将精神病主要看成一门观察性与描述性的临床科学，而非分析性科学。因此，他淡化了临床精神病学在大脑科学中的重要性。克拉夫特–埃宾是一位杰出的描述性精神病学家，写了两本有关法医（法律）精神病学及临床精神病学著作，同时他是首位关注日常性行为功能的精神病学家，因此他使人们开始能对医学界及其他领域里难以言表的内容畅所欲言。

1886年，克拉夫特–埃宾在其经典著作《性心理疾病，尤其是性倒错问题》中描述了一系列性行为并预见了性本能的重要性，之后这两种思想都出现在精神分析学中。事实上,他不仅紧密联系正常性功能与异常性功能概述了性本能的重要性,而且基于艺术、诗歌及其他创造性活动。他引入了施虐、受虐狂及恋童癖等术语来描述特定类型的性行为,从而为现代性病理学奠定了基础。为了赢得医学观众,同时劝告青少年不要阅读轰动性文学,该课本首次用拉丁文出版,但却吸引了一大批读者,其中包括艺术家与科学家,他们很可能愿意首次使用在文法学校里学到的拉丁文。

克拉夫特-埃宾是人类性行为学的创始人之一,曾对现代性行为的特点做过广泛研究。他的著作在当时有着深刻的见解,然而他的一些想法与现在的观点不相符合。克拉夫特-埃宾没有从贪图享受的角度来看同性恋及其他性行为,他认为此类行为异常,是一种疾病。据维也纳医学历史学家塔季扬娜·布克里加斯所说,许多同性恋者都接受了埃宾的观点并积极接受治疗。

弗洛伊德与阿瑟·施尼茨勒在维也纳医学院就读时,都是迈纳特的学生,都受到了克拉夫特-埃宾的影响。但在这一问题上他们与埃宾观点不同,虽然他们两人并不总是非常成功,却试图避免作出道德评判。两人穷其一生来接受并探查性行为变化,在集体经验的灯光下揭露了一直隐藏在紧锁大门背后的秘密。

▶ 图4-3 西格蒙德·弗洛伊德(1856—1939)。
这张半身肖像照拍摄于1885年,这一年他正在巴黎师从法国著名神经学家让-马丁·沙尔科进行学习。

西格蒙德·弗洛伊德（图4-3）于1856年出生在摩拉维亚的小镇弗赖贝格的一个犹太家庭。该小镇现属于捷克共和国。1859年举家搬迁至维也纳，弗洛伊德便一直在此生活，但1938年为反抗德国对奥地利的吞并，他移民至英格兰。1939年9月23日逝世。弗洛伊德死后，英国诗人威斯坦·休·奥登发表评论说，弗洛伊德思想不再代表他个人的想法，而是整体舆论的倾向。弗洛伊德的思想在他漫长的人生中不断发展变化，但主要可分为两大阶段。第一阶段是从1874年到1895年，当时他是一位神经学专业的学生，集中精力用基础神经生物学术语来描述精神生活。第二阶段是从1900年到1939年，他提出了一种独立于脑部物理学的新思维心理学。

在利奥波德施塔特中学，弗洛伊德一直是班上最优秀的学生，他于1873年进入维也纳大学学习，而就在前一年出现了股市大崩盘，也就导致了严重的失业问题，并且人们再次对犹太人怀有偏见与敌意。弗洛伊德在1924年的《自传研究》中将自己的独立归因于在大学里所经受的孤独：

> 1873年，我第一次来到大学，却感到非常失望。首先，我发觉因为自己是犹太人，就觉得低人一等，像个外星人。我绝对不愿意被人看不起。我一直无法理解我为什么会因为自己的出生或者因为别人张口说我的"种族"而感到羞愧。虽然我忍受着不能被社区接受的痛苦，但并没有太多的遗憾，因为对我来说，即使有这种排斥，一位积极的学者一定能够在人类群体里发现属于自己的某个角落或藏身之所。然而，大学里的第一印象在后面被证明是非常重要的，因为从小我就知道反对派的遭遇，也知道在"坚不可摧的大多数人"的禁令下的命运。这些在一定程度上为自己的独立判断能力奠定了基础。

弗洛伊德开始想当律师，但17岁时决定就读医学院。

从各种意义来看，弗洛伊德都是维也纳及医学院所培育出来的。但他进入医学院时，罗基坦斯基仍然是该院的领导。事实上，罗基坦斯基花了一定时间来了解弗洛伊德早期的神经解剖学研究。1877年1月至3月，弗洛伊德陈述了为奥地利科学院所做工作而撰写的论文，罗基坦斯基两次均有参加。每一次罗基坦斯基都积极参与探讨，因此人们认为这些论文质量高，乐意接受。但1878年，罗基坦斯基不幸去世，这件事情影响了弗洛伊德，也影响了医学院的每个人。弗洛伊德在给朋友爱德华·西尔伯斯坦的信中写道："今天我们埋葬了罗基坦斯基"，并将棺材送到了墓地。1905年弗洛伊德写了篇散文，题为"笑语及其与无意识的关系"，文中他提到了"伟大的罗基坦斯基"。在随后的岁月里，弗洛伊德的书房里一直放着罗基坦斯基1862年的一份重要讲稿的副本《生物研究自由》，这篇文章强调医学科学的物质基础，强调有必要保护科学不受政治的影响。

弗朗茨·亚历山大是弗洛伊德的年轻同事，也是柏林精神分析学院未来的领导人之一，他在弗洛伊德的讣告中谈到了弗洛伊德在维也纳医学院所受的教育，也谈到了其领导人罗基坦斯基，因为后者为弗洛伊德之后的工作奠定了基础。弗里茨·威特斯这位精神分析学家于1898年进入维也纳医学院学习，之后成为弗洛伊德的助理，他同样认为罗基坦斯基是弗洛伊德"科学摇篮"的关键人物。威特斯写道：

> 在精神分析学里存在着有一定危险的疯狂解释，使精神分析脱离观察，朝向巧妙的意识形态，最终回到浪漫主义。斯柯达与罗基坦斯基的思想使弗洛伊德避免了这种错误。

弗洛伊德对基础生物学非常着迷，并受到了达尔文著作的强烈影响，他打算攻读比较动物学学位及医学学位。在医学院的8年时间里，与其说他是一位医学专业的学生，不如说他是一位初级科学家。首先，弗洛伊德在研究训练方面接受了恩斯特·冯·布吕克的指导，并在其基础科学研究室里工作了6年；之后得到了迈纳特的帮助，进入维也纳总医院工作。布吕克是医学院心理学部主任，他对弗洛伊德的谆谆教诲使其一生认同基础性实证主义科学。

布吕克和他同时代的人赫尔曼·冯·亥姆霍兹、埃米尔·杜·博伊斯·雷蒙及卡尔·路德维格启动了一项旨在用现代生物还原论来代替活力论的研究项目，从而改变了哲学与医学科学的性质。活力论认为细胞与生物体都由生命力控制，而生命力不符合物理与化学规律，因此不能对其展开科学的研究。1842

年埃米尔·杜·博伊斯·雷蒙对小组意见进行了总结，"布吕克和我庄严承诺全身心投入这一真理：生物体中常见的物理化学力最为活跃。"弗洛伊德这样评价布吕克："他是我人生中对我影响最大的一个人。"

弗洛伊德受布吕克研究神经系统的影响，完成了对低等脊椎动物七鳃鳗与小龙虾的两项研究。他发现无脊椎动物神经系统的细胞与脊椎动物神经系统的细胞并不存在根本上的区别。由于这项工作，弗洛伊德与拉蒙各自发现了神经细胞（即神经元）是所有神经系统里的基本结构与信令系统，但是拉蒙没有意识到观察的重要性。弗洛伊德在1884年发表了一篇题为"神经系统元素的结构"的论文，文中他强调脊椎动物的大脑与无脊椎动物大脑的区别不是神经细胞的类型，而是神经细胞的数量以及细胞间如何互相联系。大脑学科的优秀学生奥利弗·萨克斯指出，弗洛伊德的早期著作支持了达尔文关于进化是一个缓慢过程这一观点，他将相同的基础解剖结构应用到各种日益复杂的布局中。

这个充满希望的开端使弗洛伊德进入了富有成效的科学事业。然而，全职做研究需要有个人收入，但他没有。布吕克知道弗洛伊德的未婚妻是玛莎·伯奈斯，建议他不要待在实验室，而是进行临床医学实践。弗洛伊德听从了布吕克的建议，他首先是与精神病学专家迈纳特一同共事，之后又在医院的其他科室工作，共积累了三年的临床经验。弗洛伊德在与迈纳特共同研究的过程中，他希望自己能成为一位神经病学家，于是便待在维也纳总医院的病房里以提高诊断能力。在这期间，弗洛伊德为延髓神经解剖学作出许多贡献（包含呼吸与心律中心的神经系统），并对脑瘫和失语症展开了一些重要的临床神经学研究。

1891年，弗洛伊德在研究失语症的过程中遇到了这样的病人，他们虽然拥有一只正常的眼睛、视网膜与视神经，却无法识别视觉世界中的物体。他将这种失明现象称为"失认症"，并推断该症状是由大脑中某个缺陷造成的。他还利用可卡因开展了一组毫不相关的实验，最终使他明白这种物质可用作眼外科医生使用的局部麻醉剂。迈纳特对弗洛伊德的才干赞赏有加。正如弗洛伊德在其《自传研究》中写道的："有一天迈纳特……建议我应全身心地投入到大脑解剖学中，并承诺将其授课工作交给我负责。"

维也纳有许多神经病学家，但这方面的病人却又太少。弗洛伊德寻找着既能作出巨大贡献又能挣到可观收入的医学相关领域，他开始对神经质疾病很感兴趣，特别是歇斯底里症，而1880年维也纳又有很多病人遭受着这种折磨。弗洛伊德的朋友约瑟夫·布罗伊尔是维也纳最有成就的内科医师，他们在朴尔克实验室里相识，是他激发了弗洛伊德对歇斯底里症的兴趣。两人的友谊在弗洛伊德1886年结婚后变得更加深厚。事实上，弗洛伊德用布罗伊尔妻子的名字玛蒂尔德给大女儿取名。1891年弗洛伊德将他的第一本独立完成的著作《失语症》送给了布罗伊尔以表示友谊与尊重。

布罗伊尔也是一位犹太人，比弗洛伊德年长14岁。他于1859年考入维也纳医学院，与罗基坦斯基及斯柯达一起学习，并受到了朴尔克的强烈影响。布罗伊尔毕业后成为医学院的一名研究助理，因两个世界级的发现使他在科学界一举成名。这两项发现是：中耳的半规管控制着人体平衡；呼吸通过迷走神经（郝林–布罗伊尔反射）控制条件反射。布罗伊尔有了第三个发现，包括一位笔名为"安娜·欧"的病人。该发现最能激起弗洛伊德的兴趣，使他进入了职业生涯的第二阶段。事实上，正是安娜·欧这位病人使布罗伊尔与弗洛伊德为维也纳医学院作出了最重大的贡献：无意识心理过程存在于临床环境中；无意识心理斗争能引起精神症状；如果能将潜在的记忆（即无意识因素）带入到病人的意识思维之中，那么精神症状能得以缓解。

精神分析学首先源于布罗伊尔的开创性工作，后由弗洛伊德作为一门动态的内省心理学进行发展；而内省心理学就是现代认知心理学的先导。但精神分析学有个严重的缺点：它不依据实践，因此不能接受实践的检验。结果，弗洛伊德的思维理论要素被证明是错误的，而且他对精神分析理论其他许多要素的假设均未经过验证，关于这两点都不足为奇。

然而，弗洛伊德的三个主要思想是正确的，并且对现代神经科学非常重要。第一个思想是包括情感生活在内的大多数精神生活在任何特定时刻都是无意识的，只有非常少的一部分是有意识的。第二个思想是侵略性本能与性冲动本能与其他吃喝本能一样构成人的精神，形成人的基因组，而且，这些本能冲动在生命初期更明显。第三个思想是正常的精神生活与精神疾病构成一个连续统一体，精神疾病往往代表着正常心理过程的夸张形式。

　　由于这三大重要思想，人们一致认为弗洛伊德的思维理论为现代思想作出了不朽的贡献。尽管存在着没有经验这一明显缺点，但一个世纪以后，他对人类心智活动的观点可能仍然是最具影响力、最具连贯性的。

第五章

探索精神与大脑：
以大脑为基础的心理学的发展

❧

我们无法离开那些勇敢的人们，是他们提出新观点，然后予以证明。

——西格蒙德·弗洛伊德

弗洛伊德最初试图从生物学角度来探索人类的精神，也就是说依据大脑的功能来探索精神。这种早期的尝试始于其与约瑟夫·布罗伊尔的合作，弗洛伊德非常关注布罗伊尔的病人安娜·欧。弗洛伊德在其1924年的《自传研究》中描述了布罗伊尔最初对安娜·欧这一病例的着迷："布罗伊尔给我反复阅读了许多有关这一疾病的病史，我记得与之前的观察相比，反复阅读使他对神经症有了更多的理解。"

安娜·欧的真名是贝莎·帕彭海姆，当时只有21岁。她聪明伶俐，后来成了德国女权主义运动的领袖。1880年，第一次来见布罗伊尔时，贝莎·帕彭海姆患有严重的咳嗽，左边身体失去了知觉并患上了运动麻痹症，连听、说都有困难，而且还出现周期性意识丧失。布罗伊尔对她的神经系统进行了一次彻底的检查，但检查结果显示一切正常。因此，他将帕彭海姆确诊为歇斯底里症，患者会表现出神经系统疾病的症状，如肢体瘫痪、言语困难，但缺乏疾病相应的器质性损害。

当时在维也纳，布罗伊尔有能力将病人确诊为歇斯底里症，这不足为奇。不同寻常的是布罗伊尔的治疗方法，这当然也是年轻的神经学家弗洛伊德最感兴趣之处。受法国神经学家让-马丁·沙尔科使用催眠术的影响，布罗伊尔也对帕彭海姆催眠，但增加了一个新的方法，他鼓励病人谈论自己及自己的疾病。帕彭海姆称自己就是被这种所谓的"谈心疗法"式综合疗法逐渐治愈的。

布罗伊尔与帕彭海姆共同发现她左边身体的瘫痪等歇斯底里症的根源是过去有过的重创性经历。催眠时帕彭海姆将各种事件与情感自由联系起来，她讲述了其父亲近期因结核性脓肿逝世，而之前在照顾父亲时，父亲常常将头靠在她身体左侧，恰好目前这一侧瘫痪了。弗洛伊德后来回忆道：

> 帕彭海姆在觉醒状态下和别的病人一样无法描述病症的起因，认为自己的病症与生活经历不存在联系。但在催眠状态下，她立刻发现所忽略的相关性。原来，她所有症状的起因是在照顾父亲时经历的各种感动。也就是说，她的症状有着一定的意义，是那些情感状态的延伸或回忆。布罗伊尔发现帕彭海姆在父亲的病床边时，不得不压抑自己的一些想法或冲动等，因此后来出现的病症是前面压抑的代替品。但一般来说，病症的出现并不是由单个重创性经历所致，而是由大量类似情形共同引发。当病人在催眠状态下用幻觉形式来回忆重创性经历时，她就处在自由情感状态下，她原本压抑的心理行为、她曾出现的病症没有了，也不会再出现了。布罗伊尔经过漫长而痛苦的努力，通过催眠，他成功地消除了帕彭海姆所有的病症。

在布罗伊尔将注意力及其重要的治疗手段集中在贝莎·帕彭海姆身上之前，歇斯底里症患者经常被认为是装病逃差者，他们被认为是假装生病以引起人们的注意或获得其他一些间接好处。而且，歇斯底里症患者在向医生描述病症史时，他们坚持认为自己完全不知道病症从何而来。弗洛伊德最初甚至认为：任何一个健康的人如果出现了瘫痪、哭泣、情感暴发等歇斯底里症状，那么这个人肯定知道是哪些事情或哪些侮辱导致了病症的出现。但弗洛伊德后来的总结是：

> 如果我们坚持认为必须说明相应的心理过程，如果病人否认时我们还是相信，如果我们能将病人自己都没有意识到的许多迹象汇总，如果我们能了解病人生活的经历并发现某个诱因、某个创伤，这将能适当地唤起对情感的准确表达，那些一切都得到了答案：病人正处于一种

特殊的心理状态，在这种状态下他所有的印象、所有的回忆都无法连贯起来；在这种状态下，病人有可能通过躯体现象来呈现一段回忆，而自我意识等其他心理过程却不了解或不会干预。如果我们能记起睡眠与清醒状态之间熟悉的心理差异，我们假设中的陌生感就不会那么强烈了。

帕彭海姆病例也使弗洛伊德想起了罗基坦斯基的格言——"透过身体表象寻找真理"，这一医学格言也适用于精神生活。但是随着调查部位从头部转向潜藏在病人心里的过去的活动，医疗器皿也从反射锤子及针头变为谈论与回忆。我们看到，弗洛伊德用语言探测无意识状态的能力与现代画家描绘无意识状态的能力有着惊人的相似之处。

布罗伊尔与帕彭海姆所取得的成功激起了弗洛伊德对歇斯底里症及催眠术的兴趣。1885年秋，弗洛伊德获得了留学半年的奖学金，前往巴黎萨伯特医院在沙尔科门下学习。在其职业生涯早期，沙尔科描述了几个重要神经系统的异常情况，其中包括肌肉萎缩性侧索硬化症与多发性硬化症。当弗洛伊德来到医院时，沙尔科已经到了职业生涯后期，他的兴趣从单纯的神经学转向了歇斯底里症。医学界最初认为催眠是一种欺骗行为，但后面的观点得以转变，认为是一种具有诊断与治疗作用的调查方法。沙尔科在其中所作出的贡献比任何人都大。作为一位敏锐的观察者、一位优秀的临床医生，他每周在公共会议上都会展示充满魅力而又扣人心弦的催眠术，展示活动的拍摄为其有效性提供了科学依据。

沙尔科发现在催眠状态下歇斯底里症患者的病症能得以缓解，而正常人会出现一些与歇斯底里症难以区分的症状。此外，他对歇斯底里症患者及常态志愿者给予了一些催眠暗示，建议他们去完成一些特定的任务或感受某些特定的情感。从催眠状态醒来后，他们会去完成特定任务、去经历某些情感，却又不知道自己为什么要遵章行事。无意识动机可以控制人的行为，这一论断坚定了弗洛伊德与布罗伊尔早前讨论的观点：一些颇具影响力的心理过程可能不会出现在人的意识中。

弗洛伊德了解到一个人在催眠状态下能回想起痛苦的情感并表达出来，醒来时却不记得刚刚表达的任何内容，就好像性格的意识元素没有参与其中一样。他的结论是病人无法通过情感释放（放声大哭或开怀大笑）、运动或正常的社会交往来面对或自由表达强烈的痛苦时，这些痛苦就会通过歇斯底里症状表现出来。在沙尔科的指导及其与布罗伊尔的共同观察的叠加影响下，弗洛伊德发现了后来成为精神分析理论基石的"心理压抑"。压抑是一种预防性反应，是指当意识到无法接受的情感、愿望及行为习惯时所表现的精神抵抗。弗洛伊德对克服心理压抑方法的寻求，最终使他提出自由联想法。

从巴黎留学归国后，弗洛伊德回到了维也纳。他请求布罗伊尔教授传授给他对病人帕彭海姆所使用的治疗方法。当时弗洛伊德经济困难，主要依赖于给犹太人及布罗伊尔介绍的移民看病来挣钱，布罗伊尔也提供了一些贷款，于是弗洛伊德得以私人身份开业行医。弗洛伊德将布罗伊尔的方法反复应用到许多歇斯底里症患者身上，他观察到布罗伊尔的研究结论在每一个病例中都得到了确认。随后他提出他们应该合作发表文章。

1893年两人发表了一篇文章，主题是对歇斯底里症患者的治疗。1895年两人出版了《歇斯底里症研究》一书，此书共有五个病例，弗洛伊德编写了前四例病例，布罗伊尔编写了第五例（安娜·欧）的病史以及理论探讨部分。

但弗洛伊德与布罗伊尔也有分歧，他们对歇斯底里症患者努力记住的经历的本质持不同观点。弗洛伊德认为：

> 现在我知道……并不是任一情感刺激，而是日常的（特别的）性本色导致神经衰弱现象的产生，无论是当前的两性冲突还是早期性经历的影响……目前我已经迈出了重要的一步。我超越了歇斯底里症领域，开始调查所谓的神经衰弱者的性生活，他们在诊疗时分批拜访我。这一实验……让我相信……所有性功能受到严重虐待的病人都在场。

歇斯底里症的"诱惑理论"将一种较常见的精神病病因归结于性诱惑这一唯一来源，性诱惑似乎非常激进，布罗伊尔及维也纳医学界许多人都不认同。结果使布罗伊尔与弗洛伊德两人绝交，最终布罗伊尔"退出了我们的共同研究，"留下弗洛伊德成为"他遗产的唯一管理人"。1896年，弗洛伊德在《遗传及神经官能症的病因学》中写道："我的研究方法的鲜明特点是我将这些性影响归为具体的原因。"从这个观点来看，引发歇斯底里症的重创性事件一定是对身体的性虐待行为，如病人作为一个孩子受到了父亲或近亲的诱惑。因此弗洛伊德的早期思想从本质上来看是与生存环境相关，他认为歇斯底里行为代表了一个人对伴随有诱惑的外部感官刺激的反应。

弗洛伊德的环境论观点在1895年的一篇题为"科学心理学项目"的文章中得以反映，他大胆地尝试将精神科学知识与大脑科学知识结合起来，却又有点混乱。该项目与美国哲学家、心理学家及大脑科学专业学生威廉·詹姆斯所展开的工作形成了鲜明的对比。詹姆斯于1890年出版了《心理学的原则》，著作观点清晰、文字优美，而弗洛伊德的作品晦涩难懂。显然这是一篇未完成的论文，缺乏清晰的思路，没有其他已出版作品中的风格特色。因此，弗洛伊德在他有生之年都没有发表这篇论文。但在他死后几十年，著名艺术史学家、精神分析学家、弗洛伊德的学生恩斯特·克里斯发现了这篇文章，随后进行了编辑并于1950年将其发表。

在这篇论文中（原名为《神经学家的心理学》），弗洛伊德试图发展一门从神经元到复杂心理状态的科学心理学，目的是能对"自然科学进行拓展"，但未能取得成功。换句话说，弗洛伊德希望精神科学（即心理学）能在生物学中打下坚实的基础。

弗洛伊德和詹姆斯试图建立一门科学心理学，他们所承担的这一挑战性工作使心理学的发展超前了一个世纪。事实上，他们想使精神科学在生物学中打下基础这一目标与我们在21世纪初期才追求的目标是一致的。然而，詹姆斯继续沿着目标努力，但是弗洛伊德很快就放弃了。那么他为什么又要定下这个雄心壮志呢？既然定下这个目标，为什么又轻易放弃了呢？查看了弗洛伊德在这一时期的关键著作后，我得出的结论是他相信自己能够开发一个关于人类思维及思维混乱的生物模型，因为他已经对大脑如何工作这个思想作了简化。

有三大因素使弗洛伊德开发了一个简单、抽象的生物模型。第一，他相信环境刺激（即外部感官事件）才是歇斯底里症的实际诱因。虽然他后来意识到内部刺激或本能驱力的重要作用，但他最初只关注对外部刺激的感知。因此，他提出大脑如果想实现重要的心理过程，只需要三个相互联系的体系：感知（外部世界传递的感官信息）、记忆（从无意识状态回想的信息）以及意识状态（对记忆的意识）。

第二，弗洛伊德还受到了英国伟大神经学家约翰·赫林克斯·杰克逊的影响，他最初像加伦一样，认为大脑活动不会引起心理活动，甚至现在许多大脑科学家也持相同观点，但是实际上心理活动与大脑活动是同时展开的。弗洛伊德在1891年出版了一本文字优美、论证充分的著作《论失语症》，他在书中解释："神经系统中的生理活动链与心理过程的关系很有可能并不是因果关系之一……心理与生理是相平行的两个系列。"

第三，"较高的认知功能可以集中在大脑的特定区域及区域组合里"。弗洛伊德对此表示怀疑。同时代大多数颇具影响力的解剖学家及神经学家，如皮埃尔·保罗·布洛卡、卡尔·韦尼克、西奥多·迈纳特及圣地亚哥·雷蒙·卡哈尔，他们的想法，甚至是我们现在的看法与这一观点也迥然不同。弗洛伊德强烈质疑布洛卡与韦尼克有关语言本地化的经典结论并将他们称为"失语症的图表制造者"，因为他们关注语言精确的神经回路。

弗洛伊德对建构主义视角下的大脑定位印象深刻，当时他正在恩斯特·冯·布吕克的指导下学习，而这一观点正好由布吕克的助理及学生西格蒙德·埃克斯纳所提出。埃克斯纳对狗展开的实验表明大脑皮层区域并不明确。这些实验使他断定皮层区域会出现一定程度的重叠，因此提出了"适度本地化"概念。

埃克斯纳的部分论证是以对失语症患者的研究为基础的。脑损伤不会破坏言语区，但会毁坏周边区域，从而出现言语缺失现象。弗洛伊德不认为言语缺失是由完好区域与其他言语区域之间的路径中断而引起的，他解释是因为没有精确的解剖定位。事实上，他认为布洛卡与韦尼克所描述的不同言语接收区与表达区可以构成一个大型的连续区。因此，弗洛伊德提出的想法是整体语言器官应包括动态功能中心，即他所说的皮层区。该中心不是由结构界线而是由大脑特定功能区来界定的。

　　这一想法使弗洛伊德得以自由思考精神的功能模式,而不用担心大脑的特定意识功能与无意识功能的所在位置。他只需以一组三个抽象神经网络为功能模式的基础,并且每个网络都有不同的特性来调节不同的功能:一个调节感知,一个调节记忆,还有一个调节意识。而这三个体系都不处在大脑的特定区域之中。然后,弗洛伊德用这种模式的部分功能来说明压抑的主要防御措施如何产生(图5-1)。詹姆斯过去在《心理学的原则》一书中也曾尝试将精神科学与大脑科学相结合,但有趣的是,他在这方面强调了心理功能定位的重要性,同时又提醒读者该理论没有被普遍接受(图5-2,图5-3)。

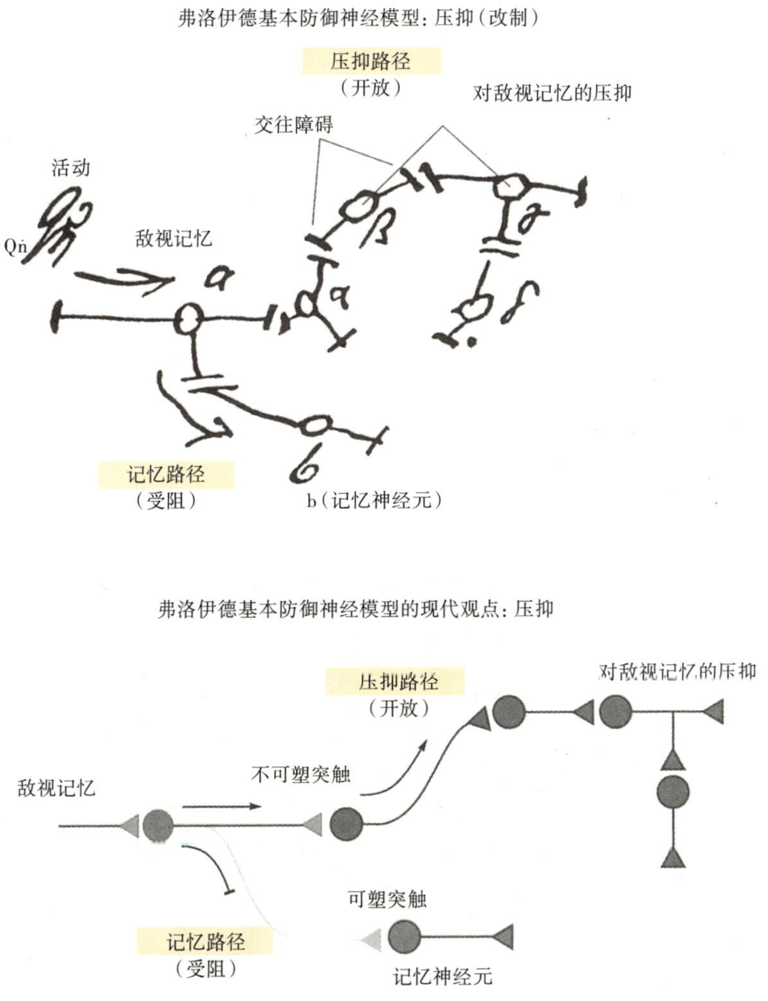

▲图5-1　基于弗洛伊德大脑神经模型的压抑神经回路。

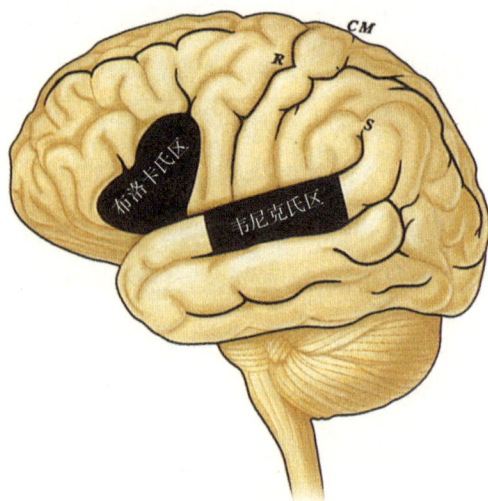

▲图5-2　改制于威廉·詹姆斯的《心理学的原则》：大脑左半球的剖面图。

　　弗洛伊德为什么会放弃他的精神生物模式呢？原因之一是该模式未能适应他对无意识过程修正后的观点，该观点源自对布罗伊尔谈话疗法的改进。

　　1895年《歇斯底里症研究》一书出版后不久，弗洛伊德在治疗法中去掉了催眠术。随后，他完全依赖自由联想法。自由联想是指那些警觉的病人所产生的联想，他们会描述他们想到的任何东西。催眠术使弗洛伊德与病人之间形成了一段可控距离，而"谈心疗法"使两者关系更亲近。这一变化使移情增加，也就是病人能将体现他们重要关系，特别是童年关系的无意识情感直接告诉给治疗师。弗洛伊德分析了病人的移情，发现了人们用来应对烦恼事的无意识防

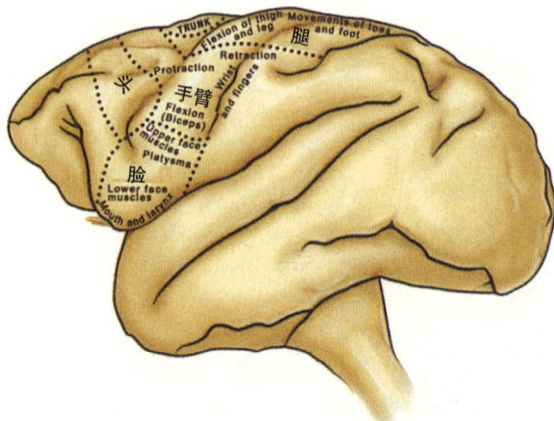

▲图5-3　改制于威廉·詹姆斯的《心理学的原则》：猴子大脑左半球简图。

御机制的新维度。

特别令弗洛伊德印象深刻的是病人将色诱幻想投射在他脑海中的频率。他意识到童年时期的性虐待也不可能如此普遍，不可以都用来解释大多数患有歇斯底里症的女性。因此他认为病人告知的内容不是以真实事件为基础，而"仅仅是病人编造的，或是我强加给他们的一些幻想"。这使他改变了他的诱惑理论。现在他不会将病人所经历的重创性色诱看成实际身体行为，而是一种想象的与患者父（母）亲的身体体验，这种想象普遍存在。

1897年，对诱惑理论的修改，对弗洛伊德思想的多个方面非常重要。它反映出弗洛伊德逐渐发展的思想，即性爱愿望与欲望以变相的形式出现在多种精神生活中，该思想因移情分析而日臻成熟。此外，他认为成年人的情色生活总是源于童年时期。最后，他坚信官能无意识状态之类的心理活动在现实与幻想之间没有任何区别。

弗洛伊德认为他早期与周围环境相关的精神模型过于简单化。他对内心本能驱使的崭新诠释使他能用成熟的观点来看待精神。弗洛伊德认为精神是一个功能体，既会受到内心（无意识的）刺激也会受到外部（环境的）影响。我们应该会注意到，不仅仅是弗洛伊德，还有阿瑟·施尼茨勒、古斯塔夫·克里姆特、奥斯卡·柯克西卡、埃贡·席勒以及维也纳其他无意识思想的探索者都认为寻求人类社会行为外表下的情形是一种动力。

弗洛伊德放弃他的生物模型的另一个重要原因是他相信努力将行为、精神与大脑这三种不同水平的分析连接起来的这一想法还不够成熟。弗洛伊德对大脑科学的前沿领域展开了研究，他意识到很少有人了解大脑内部的运转方式，现在需由他付出艰辛的努力，一步跨越知识界的两大鸿沟：临床表现与临床思维之间的差异；思维与大脑之间的差异。

结果，1895年年底，弗洛伊德对大脑内部的运转模式才了解了几个月，他就放弃了生物模型，完全否认他有关"科学心埋学"的手稿。弗洛伊德意识到论文里的生物模型太过于简单、内容太不充分，他自己也无法理解他根据心理状态构建的心理学，"这似乎是一种失常"。于是他写信给他的知己威廉·弗利斯（一位鼻外科医生，曾拜读过他的早期论文）。

对弗洛伊德来说，要放弃生物模型是一件困难的事，因为他不曾想过要拒绝生物学，也不想将自己的工作与生物学相分离。相反，他认为有必要做出这个决定：他希望心理学与生物学的短暂分离，能空出足够的时间使精神心理学及大脑生物学这两门学科在最终成为一门学科之前各自能逐渐成熟。这种想法在当时比较激进。他认识到在将人类行为与大脑科学相互连接之前，需发展一门连贯的动态心理学。这种思想中内含一个连接行为与大脑的三层法（图 5-4）。在这一方法中，可观察到的临床行为处于最底层，动态心理学居中间位置，最上层是大脑生物学。

在展开这一想法时，弗洛伊德采用了科学界曾多次使用的一个策略。该策略基于的信念是如果能对一门学科进行系统的观察与描述，将很有可能透析内部的各种原因。例如，牛顿从开普勒的天文观察记录中发现了万有引力；达尔文从林奈的动植物详细分类中提出了进化论。赫尔曼·冯·亥姆霍兹的思想也许对弗洛伊德产生了最直接的影响。亥姆霍兹既是朴尔克的密友也是他的同事，是19世纪最有影响力的科学家之一。他使物理学、化学与心理学结合起来。在一本有关视觉感知的著作中，亥姆霍兹指出心理学是理解脑部心理的基础。

弗洛伊德对心理分析的概念性意见，此意见意在建立认知心理学，这一心理学
可以作为研究行为与大脑间的关系的过渡学科

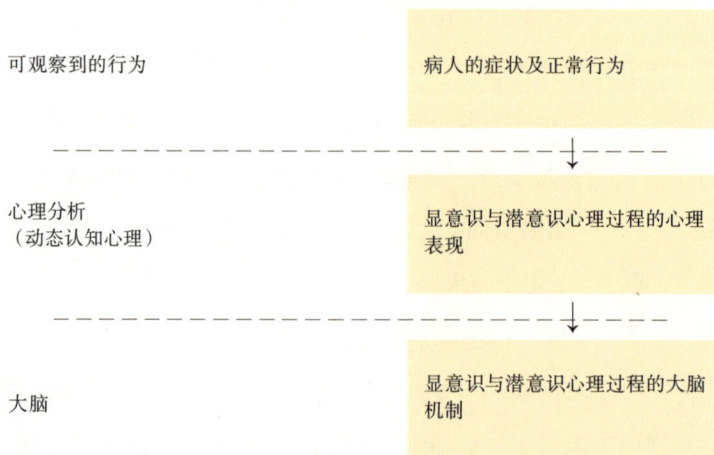

可观察到的行为	病人的症状及正常行为
心理分析（动态认知心理）	显意识与潜意识心理过程的心理表现
大脑	显意识与潜意识心理过程的大脑机制

▲图5-4　弗洛伊德对心理过程的生物分析三层法。对可观察到的情感进行生物分析要求分析知觉和情感如何以心理–认知心理分析的术语来进行表现，此为至关重要的一步。经过发展和完善的三层分析法在21世纪开创了新的大脑科学研究领域。

弗洛伊德将精神分析心理学从大脑科学中分离出来,该举措被证明在长时间内有益于心理学的发展。因为能使弗洛伊德描绘心理过程,虽然不是以实验观察为基础,但也绝非取决于对神经机制的模糊分析。1938年一位迥然不同的心理学家、残酷的实验行为主义者B.F.斯金纳认为,目前从科学上来说,依照行为主义与大脑科学相分离的类似路线是很有必要的,这一客观事实巩固了弗洛伊德判断的可靠性。

尽管这是一种自我强制的分离,但弗洛伊德预期大脑科学最终能彻底改变他的思想观念。在1920年完成的《超越快乐原则》这本书中,他写道:"我们必须记住,我们所有关于心理学的临时想法可能有一天会以有机结构为基础。"他又继续补充说:

> 如果我们已经用生理学或化学术语来替代心理学术语,很可能就不会再出现描绘上的不足……我们能预期(生理学与化学)将给出最令人惊讶的消息,我们却无法猜测几十年后我们不得不提出的问题的答案会是什么。这些答案也许会否定我们整个人为的研究假设结构。

为了发展一门能为新思维科学提供基础的心理学,弗洛伊德需克服两大困难。第一,他发展的心理学必须比巴甫洛夫和爱德华·桑代克两位学生的更为广泛。这两位伟大的学生采用了由亚里士多德提出的联想式学习,亚里士多德指出我们是通过关联想法进行学习。英国的经验主义者、现代心理学的先驱约翰·洛克对其作了详细的阐述。巴甫洛夫和桑代克进一步发展,他们拒绝了无法观察的思维心理构想,支持反射动作这一可观察的行为构想。对桑代克和巴甫洛夫而言,学习不是各想法之间的联系,而是刺激与行为之间的联系。这种模式在思想中的转换使对学习的研究服从于经验分析:可以客观地测量反应,并且可以指定甚至修改与刺激反应相连接的奖赏及惩罚。

尽管弗洛伊德在精神决定论原理(指记忆联想与人生大事有因果联系)中使用了关联想法,但他的心理学理论比巴甫洛夫和桑代克的要广泛得多。弗洛伊德认识到人类精神里有许多事物都超出了联想的范围,超出了对赏罚的学习。他所期望的心理学能包含认知过程的心理表象，从而干预刺激与反应：认知、思想、幻想、梦想、野心、矛盾、爱情和仇恨。

第二，弗洛伊德不想将自己限制在精神病理学中。他的目标是要建立一门日常生活的生理学，可以用来解释正常的心理状态和精神病理。弗洛伊德的目标以不同寻常的顿悟为基础，它不同于许多神经系统疾病、精神障碍和普通精神病理，这些是对正常心理过程的扩展与扭曲。

因此，在乌尔里克·奈瑟创造"认知心理"这一词汇之前的半个多世纪，弗洛伊德就发展了首个"认知心理学"学科。虽然该学科存在科学上的不足，但仍被看作后来的认知心理学的先驱。奈瑟用许多弗洛伊德术语来定义认知心理学：

> "认知"是指一种感官刺激被转化、减少、合成、存储、恢复及使用的全过程。
>
> 它关注的是这些过程在没有相关刺激时的情形，如图像与幻觉……
>
> 鉴于这种笼统的定义，显然认知可能包含人类所做的一切，第一心理现象都是认知现象。

奈瑟和他同时代人最初关注的是"已知官能"，将认知心理学限定于感知、思考、推理、规划与行动等知识的转换中，而不考虑情感与无意识过程。而目前这一领域的思维更加广阔，包括行为的各个方面：感情、社会、基于知识的意识状态与无意识状态。在这个意义上，当代认知心理学的目标与弗洛伊德最初的动力心理学目标一致。然而，与弗洛伊德心理学不同，奈瑟与他同时代人的认知心理学完全是根据经验，他们认为可以分离基本原理，可以测试有效性。

为什么认知心理学作为行为学与大脑生物学之间的过渡学科如此重要，现在回想起来，答案非常明显。在过去的20年里，大量的实证研究已经开始测试弗洛伊德的某些想法。他们发现弗洛伊德最初关注的某些认知心理特征，如情色和侵略性本能，它们对于生存至关重要，已被进化过程所选定并得以保留。感知、情感、移情和社会进程的基本成分也在进化中保留下来，而且简单动物也有这些基本成分。最近的研究结果仍支持达尔文的观点：动物与人类都保留了情感与社会行为。

然而，与"维也纳1900"有着直接联系的是弗洛伊德将行为、思想及大脑相连的三层法，该方法在20世纪30年代被弗洛伊德的助理恩斯特·克里斯采纳，之后又被克里斯的合作者恩斯特·贡布里希采用来试图连接艺术与科学。在这种情况下，克里斯与贡布里希提出了首个艺术认知心理学，它是一门知觉与情感的跨学科心理学。该想法可能最终为感知、情感及移情的生物方法奠定了基础。正如贡布里希所预言的，"心理学就是生物学。"

第六章

探索大脑外的心理：
动力心理学的起源

弗洛伊德从生理到心理的思想探索转变始于一次生活中的创伤，即他父亲在1896年的去世。当时弗洛伊德46岁，后来他将父亲的死称为"男人一生中最重要的事件、最悲痛的损失"。

奇怪的是，弗洛伊德从两方面来应对这一损失。他开始收集古董。由于他早年对历史、神话、考古非常着迷，而且对海因里希·谢里曼于1871年所发现的伊利昂特别感兴趣，这一切便点燃了他的全新热情。伊利昂是特洛伊城的所在地，现在这里是土耳其的沿海平原。弗洛伊德意识到心理治疗师的工作与考古学家的工作之间的相似之处，他甚至用考古的比喻说法表达精神分析思想。正如他曾给一个名叫狼人（塞奇·潘克耶夫）的病人解释说："像考古学家挖掘一样，精神分析师在获得最深处、最有价值的宝物之前，必须揭开病人的层层心理。"

父亲的去世也使弗洛伊德接纳了一位新病人，他非常负责任地记录下这位病人夜晚的梦境，并且在余生中还对该梦境提供了层层解释。1897年，他在写给弗利斯的信中说道："我忙于治疗的病人其实是我自己。"每个工作日结束前的30分钟，他都会用来进行自我分析。这样，自我分析表面隐藏下的东西就成为他毕生努力追求的一部分了。弗洛伊德对自我心理的剖析使他开始关注梦境的意义。

人类的经历往往都会渗透到梦境之中。虽然梦是一种普遍现象，但在历史上却一直是个谜。梦是什么呢？我们为什么会做梦呢？这些梦又意味着什么呢？梦是一种神圣的沟通方式吗？它们会是预言的景象吗？它们是对日常生活事件的重写吗？或者说它们只是大脑机器中的噪声而已？

弗洛伊德在他的自我分析中回答了这些问题，并在其著作《梦的解析》中记录积累下来。在此书中，弗洛伊德概述了他对有意识与无意识心理过程的想法，所有这些都能全面应用于梦境中。他认为梦境是对一个人的无意识本能愿望的掩盖。人在清醒状态下通常都不会接受这些愿望。因此，这些愿望是对潜意识的稽查，最后体现于梦境中。

对弗洛伊德来说，梦是典型的心理体验，梦境分析为通往潜意识状态铺就了一条康庄大道，为揭示人类大脑如何工作提供了有力的线索。通过对梦境的分析，弗洛伊德推断出日常事件、本能性驱动和防御机制这三大精神成分之间的相互影响。这一套见解使弗洛伊德在心理过程而非大脑解剖的基础上发展了一种新的思维模式。

弗洛伊德现在开始相信，所有形式的精神生活，无论是恐惧、口误还是笑话，都按照梦境的形式出现。而且，冲突是所有人类心理活动的中心，就像精神的一部分与另一部分相抵触。正常人的梦境与弗洛伊德病人的症状就是这种潜在斗争直接结果的伪装形式。因此，《梦的解析》之于弗洛伊德的工作，如同梦境之于潜意识思想。虽然此书是在1899年的最后几个星期完成的，但出版商却将此书的出版日期定在了1900年，以便突出弗洛伊德对此书所赋予的信念，即他认为它代表了20世纪的全新心理学。

在《梦的解析》这本书第一章的前几句中，弗洛伊德介绍了他对梦境的激进理论。文中他采用了优雅清晰、打动人心的写作风格，这也是他之后的写作特点。

　　我将在下面的篇章中证明有一种心理技术能解释梦境。而这种技术的应用将揭示出每个梦境都是一个充满意义的心理结构，并且在清醒状态下可能会占据心理活动中的特定位置。此外，我将努力阐明奇特、晦涩梦境背后的形成过程，努力推断精神力量的本质，因为这些力量间的冲突或合作构成了我们的梦想。

　　他从《旧约·创世纪》中约瑟对梦境的解析开始回顾古代梦境的概念。古人认为梦与超自然世界相联系，它们"从神和恶魔那里带来灵感"。弗洛伊德认为普通人认为梦境具有意义的信念比大多数医学科学家的怀疑论更接近真理。他提议通过应用自己与布罗伊尔研究的自由联想技术将梦的解析建立在科学基础之上。

　　1895年7月，弗洛伊德在旅游胜地格林津度假时，住在附近科本兹河边的望景宫（又译贝尔维尤宫）里。而他所描述并分析的第一个梦境就在这里。弗洛伊德的梦境与他的职业生活相关，梦里有他年轻的病人及世交艾玛·埃克斯坦。弗洛伊德称她为厄玛，将梦境称为"厄玛注射"。他描述了清醒状态下的自由联想法，该方法让他发现了梦境中希望实现的潜在愿望，即他所犯下的一个诊断错误应怪罪于他的一位同事，而非他本人。这个梦也让他看到在梦里一个人可以被另一个人所替代且不可接受的负罪感会通过其他形式表现出来。

　　弗洛伊德入住的望景宫是他为妻子玛莎精心策划的生日派对的场地，当时妻子怀有他们最小的女儿安娜。弗洛伊德邀请了几位医生朋友以及一些病人前来参加聚会。其中一位病人就是艾玛，她在接受治疗时已经消除了一些躯体症状。弗洛伊德提出度假时停止对艾玛的治疗。但是他的朋友及支持者威廉·弗利斯最近对这位年轻女子的鼻子做了常规治疗。弗洛伊德将弗利斯这位朋友看得非常重要，因为那时他与布罗伊尔的关系恶化。即使他并不确定是否有必要做手术，但还是推荐朋友来做。

　　1895年2月，弗利斯对艾玛做了手术，并负责她的术后护理。但在手术过程中，弗利斯不小心将一块纱布垫遗忘在艾玛的鼻腔里，造成了感染。到3月时，艾玛开始流血，差点死去。其他几位医生对艾玛展开手术，取出纱布垫。但她仍感觉疼痛，鼻子仍会流血。弗洛伊德没有承担手术过错，而是坚持把责任推给了弗利斯，并在一定程度上怪罪艾玛本人。他认为她的病症是心理上的，非医学上的。在接下来的几个星期里，艾玛的病情有所好转，她仍感到胃部不适，行走困难。就在做梦的那天，弗洛伊德的一位医生朋友奥斯卡·雷告诉他，艾玛治疗不成功，还是感觉疼痛。

　　梦中，弗洛伊德看见自己在一个宽敞的大厅里接待前来参加生日聚会的客人。其中一位就是艾玛，他将艾玛引到一边并再次保证她仍感疼痛是心理原因，是她自己的过错造成的。艾玛回应说："我希望你能知道我所遭受的痛苦。"弗洛伊德考虑到自己可能忽略了一个实际的身体疾病，便请艾玛张开嘴伸出舌头，这样可以向下看到她的喉咙。弗洛伊德在喉咙处看到一大排灰白色的疤痕，并请医生朋友检查以确认自己看到的情形。其中一位朋友惊叹道："毫无疑问，这是感染。"

此时，弗洛伊德在梦境中看到三甲基胺的化学公式浮现在他眼前，这种物质被认为是性行为的基础。艾玛实际上最近接受了注射，这一点弗洛伊德是知道的。他想着艾玛使用的注射器不是无菌的，他谴责医生（大概是弗利斯）做事太粗心。

弗洛伊德解释梦是对他内心自责的反映。除了自己以外，他怪罪每个人，包括弗利斯、艾玛及其他的医生，最后居然想到三甲基胺："许多重要的事物集中在一个词上。三甲基胺不仅对性行为这无比强大的因素是一个暗示，而且对弗利斯也是，每当我感觉孤立无援时都会满意地想起与弗利斯之间的约定。"梦同样也反射出弗洛伊德的焦虑，即玛莎的怀孕是"轻率注射"的结果，而他并不期望玛莎怀孕。但最重要的是，他相信梦境的重叠信息是性，是所有神经症的根源。该观点是他一直渴望证明的。

这份梦的解析读起来像是一个医疗侦探故事。弗洛伊德试图怀着探索神经质患者病症一样的热情，来破解梦中人物、元素及事件的意义。伟大的精神分析师查尔斯·布伦纳对一般梦境的描述如下：

> 睡眠中及觉醒后的意识状态里所出现的主观体验被沉睡者称为梦境。它是睡眠时潜意识心理活动的最终结果，从其本质及紧张度来看，可能会影响睡眠本身。沉睡者没有醒来，而是在做梦。他醒来后可能会也可能不会记起睡眠中的有意识体验，这一体验被称为显性梦。梦中的各种要素被称为"梦的显意"。我们将可能唤醒沉睡者的潜意识思想与愿望称为"梦的隐意"。梦的隐意通过潜意识心理活动转化为显性梦，我们把它称为梦想工作。

梦的两大特点：梦的显意，指梦中的故事线索（聚会、艾玛的出现及她的治疗状况等）；梦的隐意，梦主的潜在愿望与欲望。弗洛伊德根据梦的特点解释了这个重要的梦境中的扭曲现象。他认为心理压抑掩盖了梦的隐意并阻止未经加工审查的数据成为梦的显意。他继续解释心理压抑如何将无法接受的隐意转变为可接受的显意，最后他讲到了梦境心理功能中最重要的见解："解释完后，我们认为梦境是一个愿望的实现。"弗洛伊德在9年后出版的《梦的解析》第二版中对愿望的实现进行了扩展，他认为大多数梦境里都有性并且都表达出情色欲望。

这本书不仅解析了梦境的神秘性，还包含弗洛伊德最初的俄狄浦斯情结。该情结源自一则古希腊故事，主人公俄狄浦斯·雷克斯在不知不觉中杀死了父亲，娶了自己的母亲。弗洛伊德认为男孩在几岁时对母亲怀有性愿望，同时希望能除掉关爱母亲的竞争对手——父亲。女孩则会产生相反的愿望。弗洛伊德沿续了早期的思想，即要了解一个人的现在就必须知道他的想法并理解他在童年时期的经历及内心世界。

即使是粗略描绘也能表明《梦的解析》是弗洛伊德不同寻常事业中的开创性成就。他很快便以此为豪。1900年6月12日，他在写给弗利斯的信中说他要再访望景宫，5年前他在那做了一个梦，叫"厄玛注射"："你认为会不会有这么一天，那座房子里有一张大理石桌子，上面刻着1895年7月24日，西格蒙德·弗洛伊德博士在此知道了梦的奥秘。"弗洛伊德在余生中一直都保留有这份自豪感。1931年，他在该书英文译本的前言中写道："即使依据我现在的判断来看，该书也包含了我有幸获得的所有最具价值的发现。像这样的领悟很可能会发生在一个人的命运中，但一生只有一次。"

弗洛伊德源于《梦的解析》的思想理论是一门连贯性的认知心理学，它的理论基础是所有的心理行为在大脑里都有其起因及内部表现形式。这一理论包含四个主要观点：

第一，心理过程主要是在潜意识状态下展开的；有意识的思想与情感是例外而不是常规。这个假设是弗洛伊德试图探索精神生活表象下的真实内心的一种延伸。

第二,心理活动的任意一面都不是大脑机器的噪声。精神活动并不是偶然发生的,它有着一定的科学依据。具体地说,心理活动遵循精神决定论原则,即一个人的记忆与他(她)的现实生活有一定联系。每个心理活动由之前的实际活动所决定。联想既控制着潜意识的精神生活也控制着有意识的精神生活,但其线路与大脑中的线路截然不同。

第三,弗洛伊德认为非理性本身并不是异常现象,人类思维里潜藏在最深处的潜意识层的通用语言是揭开人类无意识秘密的关键。

第四,正常的心理功能与异常的心理功能互相影响。对病人来说,每一个神经质的症状无论有多么奇怪,对潜意识思想都不足为奇,因为那都与早期的心理过程相连。

弗洛伊德后来指出,前两个观点虽被布伦纳称为"精神分析的两个基本假设",但并非完全原创。他对潜意识心理过程的思考受到所学哲学,尤其是亚瑟·叔本华与弗里德里希·尼采的哲学书籍的影响。同样,弗洛伊德认为一个人的内心生活并不是偶然产生。该想法源自最先指出记忆需要联想的古希腊哲学家亚里士多德。之后约翰·洛克与英国经验主义哲学家,甚至是后来的行为主义心理学家伊万·巴甫洛夫及爱德华·桑代克对记忆需要联想作了详细的阐述。

对弗洛伊德来说,潜意识思想状态中的联想法解释了精神决定论。口误、明显无关的想法、笑话、梦境及梦中的画面都与之前的心理活动相关,都对一个人今后的精神生活产生直接的积极影响。因此,他从中推断出自由联想法是精神分析治疗的核心方法论。

弗洛伊德最具影响力的原创观点是心理活动遵循一定的科学规律。虽然亚里士多德、尼采等哲学家对人类思想有着深邃的见解,但他们中没有一个人提出思想受控于科学原理。虽然弗洛伊德后的行为主义哲学家进行了实证研究,但他们基本忽略了介于刺激与反应间的心理过程。

在接下来的30年里,弗洛伊德为思维结构理论提出了三大观点。在他看来,思维由三种相互作用的精神力量构成:自我、超我及本我。它们在认知风格、目标、作用及是否直接进入意识状态方面都截然不同。1933年,弗洛伊德

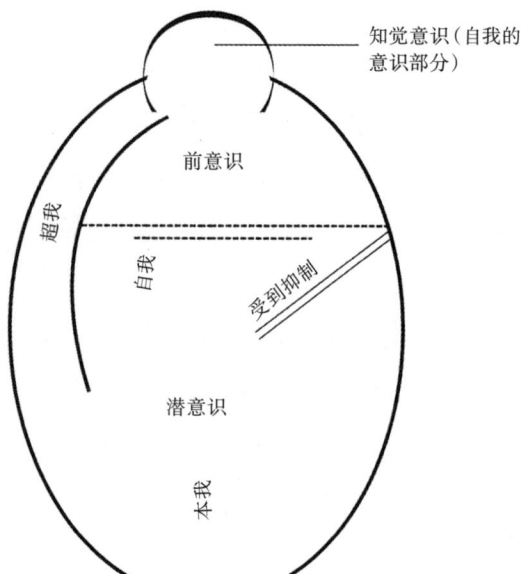

▲图6-1　弗洛伊德的结构理论。弗洛伊德设想的三大心理结构：自我、本我与超我。知觉意识（自我的意识部分）能接收感知刺激并与外部世界相连。它还拥有前意识部分，是已进入意识状态的部分无意识过程。本我是性本能与侵略性本能的发起者。超我是道德价值观的潜意识载体。虚线部分表示进入意识状态与完全潜意识状态之间的分界线。（改编自1933年的《精神分析新入门讲座》）

在原理图（图6-1）中描绘了精神的三大部分。

　　自我（我或自传体式的我）是执行机构。弗洛伊德设想的精神部分包含自我意识以及对外部世界的感知。而自我既包含意识成分也包含潜意识成分。有意识成分通过视觉、听觉、触觉、味觉和嗅觉这些感觉器官来直接接触外部世界；有意识成分关注的是感知、推理、行动计划、快乐或痛苦的经历。自我中的无冲突成分有条理地展开并受现实原则的指导。其中，潜意识成分所关注的是心理防御（压抑、否认及升华）、自我抑制机制、自我引导机制并使本我的性冲动与侵略性冲动重新转向。弗洛伊德提出动力潜意识心理活动会受到压抑从而影响有意识的心理过程。

　　超我影响并审查自我，是道德价值观的心理表征。弗洛伊德认为超我是由婴儿对父母道德价值体系的认同所构成，但同时也是内疚感的来源。超我也会压抑本能冲动，从而威胁自我，影响自我计划能力与逻辑思维能力。因此，超我被用以调节自我与本我之间的冲突。

本我（他）是弗洛伊德向尼采借用的词汇，是指完全潜意识状态。它既不受逻辑也不受现实的掌控，只依照寻求快乐的享乐主义原则，并且要避免痛苦。本我代表了婴儿的简单想法，也是与生俱来的唯一心理结构。本我是推动人类行为并受享乐原则主导的本能冲动之源。弗洛伊德在构想初期将所有的本能冲动归咎于性本能。之后，他又补充了一个侵略性本能。

弗洛伊德认为神经疾病是由被压抑的性冲动与意识成分之间的冲突所致。动态潜意识状态以享乐原则为指导，而主要思维过程不受逻辑或者时空感的制约，不受矛盾的影响，并且不会容忍愉快的滞后。这种思想风格也是创造过程的重要组成部分。相比之下，意识体验依靠次级思维过程，这一过程连贯有序、理性冷静还能推迟享乐。超我是潜意识的道德行为，是人类愿望的体现。

弗洛伊德在后来的结构理论著作中对无意识状态的概念进行了修改并在三方面加以利用。第一，他用潜意识状态来指代活跃的或压抑的潜意识状态。经典的心理分析著作仍然称其为潜意识状态。这不仅包含本我，还包括潜意识冲动、防御及冲突等部分自我。在活跃的潜意识状态中，冲突与互动信息受压抑等强大防御机制的影响而无法进入意识状态。

第二，弗洛伊德认为自我的另一部分也是潜意识的，但并不压抑；这就是现在所说的隐性潜意识。目前我们认识到隐性潜意识在潜意识精神生活中所占的比重远远大于弗洛伊德最初的估算。它所关心的不是本能驱动或本能冲动。相反，它关心的是生活习惯、知觉及含有程序性（隐性）记忆的运动技能。虽然隐性潜意识没有受到压抑，却永远无法到达意识状态。著名生理学家赫尔曼·冯·亥姆霍兹提出大脑处理的大量感知信息是在潜意识状态中进行的。

第三，弗洛伊德在前意识等更广泛意义上使用潜意识这一词语，用它来描述几乎所有的精神活动、大多数想法及所有的记忆。虽然所有的记忆是潜意识的但都能轻松进入意识状态。弗洛伊德认为一个人没有完全意识到他（她）所有的心理过程，但认真注意后可以有意识地轻松获取。从这个角度来看，大多数精神生活在大部分时间里是潜意识的，只有作为文字、图像及情感等感观知觉对象时才能变成有意识的。

如果与弗洛伊德所持观点一样，大部分精神生活是潜意识的，那么意识的作用是什么呢？弗洛伊德提出，之后我们应该在神经学家安东尼奥·达马西奥的研究基础上来考虑该问题，即意识是达尔文主义的：它使我们体验思想、情感、快乐与痛苦，而所有这些对物种传播非常重要。

弗洛伊德虽然将其注意力进行了转移，想去发展一门不以大脑甚至不以实验证据为基础的心理学，但他仍然把自己看成一名科学家。他写道，期待阿瑟·施尼茨勒和维也纳现代派的艺术家也认为"用生物方法来研究歇斯底里症一无所获，但是对心理过程的详细描述，例如我们习惯通过想象力丰富的作家作品再配上一些心理规则的运用，能至少使我们对这一痛苦的过程有一定的见解"。弗洛伊德在策划精神分析学这门课程时，他把咨询室当成实验室；而梦境、自由联想、包括最重要病人在内的不同病人的行为甚至他自己，都成了他的观察对象。尽管弗洛伊德未能成功地测验他对潜意识经验的看法，他却强烈地感到在缺乏实验验证的情况下，良好的科学直觉足以保证有意义的科学结论。但这一观点是错误的。

尽管弗洛伊德承认他大部分的理论含有一定的推测性，但并不认为自己的精神科学是一项哲学练习。在他的整个人生里，弗洛伊德坚持认为其目的是建立一门脱离哲学的科学心理学，架起一座通往心理生物学的桥梁。他强调自己的科学起源与科学目的，保留了本能的想法以及从生物学中推出的记忆痕迹来作为心理分析学的基本结构概念。正如我们已经看到的，弗洛伊德的作品通常始于科学研究中的某个想法，并在此基础上再进一步研究。

在他的整个职业生涯中，弗洛伊德深受达尔文的影响。这种影响在弗洛伊德的早期神经解剖学工作中是显而易见的，该工作揭示了无脊柱动物神经细胞的特点存在于脊椎动物的细胞之中，也存在于后来的进化中。达尔文对弗洛伊德随后的职业产生了更加深刻的影响。在《人类的由来及性选择》《物种起源》等书中，达尔文探讨了性选择在进化过程中的作用。他认为性是人类行为的核心，因为无论是植物还是动物，任何生物的主要生物功能就是自我繁殖。因此，性吸引力和择偶是进化的关键。在自然选择的过程中，雄性之间互相竞争为获得雌性，最终雌性也会作出选择。弗洛伊德所强调的性本能、潜意识的驱动力及性在人类行为中的核心作用，可以说是对达尔文观点的再次呈现。

弗洛伊德阐述了达尔文有关本能行为更普通的想法。达尔文认为由于人是从低级动物进化而来，因此人肯定拥有如其他动物的明显本能行为，不仅包括性行为，还有饮食。相反，低级动物的每个本能行为就如人类的本能行为一样，必须受认知过程引导向前发展。弗洛伊德将达尔文的本能行为概念看作对大部分人类固有行为方式的解释。最后，1872年，达尔文在他最后一本著作《人与动物的情绪表达》中概述了弗洛伊德的享乐主义原则，即寻求快乐、避免痛苦的享乐主义。达尔文在此书中指出，情感事实上构成了一种原始的用于避免冲突的普通体系。该体系的目的是寻求快乐、减少痛苦，它存于多种文化之中并通过进化得以保存。弗洛伊德经常被称为"精神上的达尔文"，他将达尔文有关自然选择、本能与情感方面的革命性思想拓展到自己关于潜意识心理的观点之中。

弗洛伊德也受到了克拉夫特–埃宾思想的影响。在1905年出版的第一本有关人类性行为的理论著作《性学三论》中，他提出性欲（即各种性冲动的表现形式）是推动潜意识精神生活的主要本能。弗洛伊德认为性欲可以呈现出多种表现形式，就像埃宾已经指出表象下面就是享乐原则，渴望满足的本能与生俱来。在描述各种人类情色体验与行为时，他意识到这种满足不仅是对性欲或情色，还可以升华为爱情、感情纽带与依恋之情。此外，弗洛伊德进一步发展了埃宾的思想，本能驱力的升华产生了艺术、音乐、科学、文化与文明结构。

虽然弗洛伊德的见解深刻，但他对女性情欲却知之甚少，这种无知可能是他想在检查病人时测验一下自己想法的极端表现。弗洛伊德对自己的探索侃侃而谈，即使谈论的是反向移情，他似乎也经常没有意识到观察者的不悦。弗洛伊德在《性学三论》及1931年一篇有关女性性欲的论文中，坦率地承认自己对女性性生活了解得太少。尽管如此，弗洛伊德在生命尽头仍表达了对女性情欲的强烈看法，我们在（第七章）他对病人多拉的描述中可以看到，他把性欲定义为"无论是发生在男性或女性身上，也不管其对象是男人还是女人，总是也必须有一位男性"。他继续用男性过分简单化的观点来看待女性发展，认为是一种退而求其次的或普通的发展。因此，弗洛伊德在生命的最后时刻写道："我们将所有强壮、主动的生物称为雄性，将所有软弱、被动的生物称为雌性。"精神分析学家罗伊·沙弗尔的推断是，弗洛伊德对女孩及妇女的总结无论是对他的精神分析法还是临床发现都不太公正。

令人出乎意料的是，弗洛伊德直到1920年才注意到攻击性是一种单独的本能性驱力。他在目睹了第一次世界大战的残忍、侵略性及无情后，思想发生了重大转变。他一直认为寻求享乐、减少痛苦是使人类存在的唯一心理力量，但他意识到了需转变自己所坚持的观点。了解到战争前线发生的杀戮后，弗洛伊德开始懂得人的精神里与生俱来的一种侵略性本能，一种独立的本能成分，其力量与意义完全能与性本能相媲美。

在这点上，弗洛伊德假定人类心理功能受求生本能（厄洛斯）与死亡本能（塔纳托斯）相互作用的驱使，这两大与生俱来的本能有着同等重要性。求生本能包括对种类、性行为、爱情与饮食的保存，死亡本能则反映在侵略性与绝望之中。直到第一次世界大战结束时，弗洛伊德才没有把死亡本能作为一个单独的内驱力，而是作为性本能的一个分支。相比之下，古斯塔夫·克里姆特在作品《死与生》（图8-24）和《朱迪思》（图8-22）中将侵略性与性行为连接起来，这比弗洛伊德要早10年。

现在，我们很容易就能看到从"维也纳1900"，尤其是从维也纳医学院中产生的道德及文化，是如何使弗洛伊德对潜意识及约束行为的关注放在了本能驱动力上面。虽然弗洛伊德坚持认为他在提出自己的想法时，希望科学严谨、细致入微且有自我批评，但事实上有关本能的类似想法产生的时期更早，形式不够细致微妙，并且已经成为维也纳知识分子共同语言的组成部分。

但是弗洛伊德并不只是简单地阐述了"维也纳1900"的共同想法。尽管有一些错误的判断，但他有着广阔的视野与深邃的思想，同时坚信科学是一种思维方式、一种调查方法。而且，他的文学天赋，仅这一项就可以确保他在现代文化中的持久地位。弗洛伊德的作品清晰明了、波澜起伏，使人们阅读人类行为及潜意识过程的研究时感觉是在读侦探小说，但是他研究的秘密只不过是人类精神的活动方式。多拉、小汉斯、河鼠人、史海博以及狼人是弗洛伊德五大案例分析中的病人，令人不可思议的是，他们已经成为现代文学及陀思妥耶夫斯基作品中的人物代表。

虽然弗洛伊德的许多结论存在一定的缺陷及不确定性，但他对现代主义思想的影响重大。他最重要的成就是将精神这一概念从哲学领域中提取出来，使它成为新兴哲学科学的核心。这样做，弗洛伊德明白了支配精神分析科学的原则最终必须超越临床观察的界线，并且他也突出强调了这一点。但罗基坦斯基所应用的人体科学及雷蒙·卡哈尔所应用的脑部科学的相同实验分析会对这些原则产生影响。

第七章
寻找文学中的内在含义

西格蒙德·弗洛伊德出版著作《梦的解析》的同一年，阿瑟·施尼茨勒把内心独白引入奥地利文学，为现代精神观奉献了力量。这种文学技巧使他在虚构的人物里再现个人想法及幻想的自然形态。施尼茨勒摒弃了传统的叙事方式，他让读者直接进入虚构人物的内心世界，接触人物自由表露的冲动、期待、愿望、观点、印象以及感知。这种方式与弗洛伊德使用自由联想法来了解病人的内心有一定相似性，施尼茨勒从而创造了自己的故事。为了使虚构人物能表达心声，他让读者来总结人物的动机。

施尼茨勒首次将内心独白用于1900年出版的中篇小说《古斯特少尉》之中。古斯特是一位以自我为中心的年轻贵族，是奥匈帝国军队的一位军官，但他并不快乐。他必须面对将在次日的一场决斗中死去的可能性，由于他对一位面包师前辈言辞轻率，在一场音乐会后与其发生了小小的争执。古斯特害怕等待他的命运，正重新审视一生中重要的人际关系。因为所遵守的法规禁止军人与平民决斗，所以古斯特曾考虑过自杀来避免损害他军官的荣誉。最后，古斯特知道了面包师中风严重，这让他如释重负。施尼茨勒在整个小说中就是隐形的，他没有给出任何评价，却让古斯特的思想贯穿整个故事。

小说以古斯特在争执前去参加音乐会作为开场，表明了施尼茨勒如何利用内心独白这一手法描绘古斯特平庸的思想过程：

> 这场音乐会将持续多长时间呢？我来看看手表……在如此严肃的一场音乐会上，这个举止不太雅观，但是有谁会注意到呢？要真是有人注意到了，他也不会比我更在意，所以我真不需要感觉尴尬……现在离10

点都还差15分？……但我感觉好像已经听了足足3个小时了。好吧，我只是还不习惯……现在唱的是什么呢？让我来看看节目单……哦，就是清唱剧！我觉得这太长了，这类剧只适合在教堂里唱。

施尼茨勒还为奥地利文学引入了新的实质性向度。在同代人眼中，他不讲道德，以史无前例的开放程度讨论性行为。与同时代其他作者相比，他所描绘的女性更加敏感；他的小说人物反映了社会价值观的衰落；同时由于第一次世界大战的临近，许多维也纳人认为生活失去了意义。年轻人感觉生活无聊、没有方向，不幸的生活充满了欺骗、失望与空虚。他们的愿望与所获成就相差甚远。小说中的年轻人努力争取爱情却又徒劳一场。他们渴望婚后亲密无间，却又难以维持。他们急切地渴望被接受，渴望快乐，却又满怀失望。

独立于弗洛伊德，施尼茨勒了解到人们对性行为的普遍重视。他从17岁开始直至老去都坚持写日记。施尼茨勒从16岁时开始就定期去妓院，他在日记里描绘了他曾有过的多种不同性经历、他所体验的每一次高潮。他对自传的痴迷从他笔下的不同人物表现出来，他们大多数都享受过极度活跃、自我感知的性行为。施尼茨勒反复写到维也纳一位寻求享乐的贵族或中上层阶级（如他自己）与目前情人之间的调情挑逗及风流韵事，这种人很快又会再换情人。

1893年施尼茨勒将自我分析延伸到《阿纳托尔》中，这是他的第一部也是最著名的戏剧之一。在连续七幕剧中，阿纳托尔这位年轻的调情男卷入各种桃色事件之中。施尼茨勒反常的双重标准在第一幕中就表现出来，并题为"别问了！你什么故事都不会听到"。施尼茨勒怀疑情妇不忠时，就会对情妇施催眠术以获得真相。然而，情妇一旦被催眠后，他又不想再问。他会相信与其有染的妇女肯定会忠诚于他，这样就不会破坏他的无知愚昧。施尼茨勒即使备受怀疑折磨，仍会自欺欺人。阿纳托尔的行为悖论反映了施尼茨勒的矛盾性格，体现了弗洛伊德所说的"双重道德准则"。与施尼茨勒一样，阿纳托尔在每段男女关系中都不忠诚，但却希望每个情妇尽忠竭力。毫无疑问，这种自恋幻想的破灭使施尼茨勒笔下的男性放弃了与情妇或爱人的性爱生活。

　　施尼茨勒也将政治引入到奥地利文学之中。他最重要的政论作品《开放的道路》（或译《通往自由的道路》）于1908年出版，主要讲述了维也纳日益高涨的反犹太主义及新兴的犹太复国主义运动。作者通过重点关注参加埃伦贝格家庭沙龙的一群朋友，描绘了维也纳犹太人的世界。在这里，施尼茨勒介绍了反犹太主义，弗洛伊德后来在《摩西与一神论》里概括说反犹太主义是一种俄狄浦斯情结。在这里，俄狄浦斯情结指儿子讨厌父亲的信仰。作品中的沙龙主人奥斯卡·埃伦贝格是一位富足的工业大亨，他对自己的犹太身份深感骄傲，引起了其他趋炎附势的家庭成员的反感，尤其是他那一心想效仿罗马天主教贵族的儿子。埃伦贝格家庭沙龙的成员对维也纳日益激涨的反犹太主义思潮深感不安。他们无休止地谈论自己的犹太人身份，以及他们认为自己主要是奥地利人还是犹太人。他们满怀激情地倾听并响应忠诚于犹太复国主义新兴力量的号召，他们抱有对生活在巴勒斯坦的可能性的希望。

　　《开放的道路》这部作品的中心主题是自由主义、社会主义、党派反犹主义及犹太复国主义等条条道路通向自由，但是它们之间却又相互限制。当埃伦贝格家庭沙龙中的每一位成员沿特定路线逃向自由时，就会受到另一位成员的阻挠。困境之中，年轻一代选择艺术作为政治的替代形式来唤醒长辈。弗洛伊德的隐含意义是艺术是通往自由的唯一道路，这也许是对维也纳文化一种愤世嫉俗的看法。毕竟，逃跑在《世纪之末的维也纳》这本书中已司空见惯，是指从现实世界逃往自己脑海中的剧场。

　　施尼茨勒（图7-1）最初并不是一位小说家，而是一名医生。他于1862年生于维也纳的一个犹太家庭中。他的父亲约翰·施尼茨勒，是一位著名的耳鼻喉科专家，同时也是维也纳大学的教授。施尼茨勒于1879年进入维也纳医学院学习并于1885年毕业。虽然当时罗基坦斯基刚刚退休，但施尼茨勒与其同事埃米尔·祖卡坎德尔共同开展研究，因此也受到了罗基坦斯基思想方式的影响。施尼茨勒与西格蒙德·弗洛伊德在同一时期学习医学。像弗洛伊德一样，他早期受到了西奥多·迈纳特、理查德·冯·克拉夫特–埃宾等精神病学家的影响，后来他对心理学非常的着迷，也对歇斯底里症及神经衰弱症很感兴趣。1903年，

▲图7-1　阿瑟·施尼茨勒（1862—1931）。这张照片拍摄于1908年，当时他刚刚完成小说《开放的道路》，他在书中探讨了社会学以及奥地利社会中不断增长的反犹太主义个体心理学。

当时41岁的施尼茨勒与年仅21岁的犹太裔女演员奥尔加·古斯曼结为夫妻。而此前，两人相恋已有3年，并在结婚前育有一子。1910年，又有了第二个小孩莉莉。1921年，两人最终离婚。1927年，莉莉嫁给了比她年长20岁的一位男士，婚后生活不幸，1928年，莉莉选择自杀结束了这段不幸的经历。莉莉的死对施尼茨勒来说，是一个无法化解的心头之痛。3年之后，他死于脑出血。

施尼茨勒对梦境及催眠术非常着迷。他曾是法国著名神经学家让-马丁·沙尔科的助理，撰写了有关催眠术的论文，并用于治疗那些失音的病人。施尼茨勒第一篇论文的主题是《通过催眠与暗示来了解并治疗功能性失音》，这篇文章涉及一些约瑟夫·布罗伊尔及弗洛伊德曾讨论过的问题。弗洛伊德很重视施尼茨勒的论文，并于1905年在他的多拉病例分析中提到这篇论文。"多拉"是精神分析文献中的一种固定表达方式。

父亲死后，施尼茨勒便弃医从文。他因精通独幕剧、短篇小说及中篇小说之类的简短文学形式而享誉世界，但他也写过两本长篇小说。正如弗洛伊德成为精神分析运动的领袖，克里姆特成为奥地利现代主义艺术家的带头人，施尼茨勒是青年维也纳先锋派文学运动的中心。像弗洛伊德一样，施尼茨勒作为一名医生时就意识到临床案例研究的文学力量。他懂得医生所写的病人病历就如同一个故事，这个故事既取决于病人的病况，也取于医生如何进行阐述。

病例研究形成了特别的剧本，因为医生与病患之间的关系很容易转换成人物与观众之间的关系。事实上，施尼茨勒多年来主要是为剧院写作。他了解剧院的观众，就如同精神学家仅仅从人类行为中就能直接得出结论。作为人类行为学的一名聪明学生，施尼茨勒从他个人的大量不同寻常的性行为以及周围人的经验中认识到一个人的快乐及痛苦在很大程度上都受到本能冲动的驱使。

施尼茨勒受弗洛伊德作品，特别是受《梦的解析》的影响，这一点在他1925年的《绮梦春色》中尤为明显。这部中篇小说后来被斯坦利·库布里克拍摄成电影《大开眼界》，小说以一对年轻夫妇（即维也纳医生弗里多林与妻子艾伯丁）在两晚内的突然分手及迟疑不决的复合为线索。为使他们的欲望与事件间的界限变得模糊，施尼茨勒探索了梦想、幻想及现实之间的阈限空间。弗里多林与艾伯丁互相承认，在参加化装舞会时都与陌生人有过无害调情，这就导致了夫妻间隔阂的产生。坦白过后，两人在梦中都发现对方有婚外情的欲望。

弗里多林知道妻子内心渴望情色生活后大发雷霆，即使他自己也承认有相同想法后仍不释恨。在城市里深夜出诊给他创造了机会，报复妻子情感不忠的幻想让他再次燃起欲望。他在性行为上开始运气不佳：不同女性给予的挫败感以及一次掩盖了高潮的秘密。随着夜色降临，他表现出日益增强的如梦似幻、超现实主义的特点。当他终于回到家里时，艾伯丁承认做了一个情色梦，梦中她与一位在上次假日里认识的海军军官发生了性行为。这一次，艾伯丁的梦里含有对弗里多林不断加深的怨恨，最终使弗里多林恼羞成怒。因此，艾伯丁只有通过梦境才能挣脱丈夫的不理不睬；梦境使她释放出自己的潜意识愿望。但是弗里多林不仅是做梦，而且他有可能在外部世界中实现自己的幻想，使梦境成为现实。

梦境对施尼茨勒的作品既有益也有害，梦境像他的内心独白一样能揭露人物的内心世界。毫不费力地将情欲反映在梦中表明施尼茨勒理解了弗洛伊德对梦的工作原理的解析，即梦将当天剩下的活动与本能冲动结合起来，这些本能冲动若得到满足将非常愉悦，但却受到压抑，因为它们是社会所不可接受的。弗洛伊德将施尼茨勒的作品内容描写为"被低估且备受非议的情欲"，从他的角度来说，他的解析与这些内容之间有一定的知识渊源。事实上，这种渊源关系似乎已经处于敌对状态。1922年5月14日，就在施尼茨勒60岁大寿的前夕，弗洛伊德写给他一封不同寻常的信：

> 我应该向你承认我希望你身体安康……但为什么这些年来我从未想过与你为伴呢？这个问题一直困扰着我……我想我已从一种达到"双重品格"的敬畏之情中将你避开……你的决定论与你的怀疑论……你对潜意识及人的生物本性的深刻见解……你的思想在一定程度上都是爱情与死亡的截然对立；所有这一切给我一种出奇熟悉的感觉，让我感动……一直让我铭记在心的是你通过直觉来了解，而事实上是通过细致入微的自我观察，我都是通过勤勤恳恳的工作来发现他人的一切。事实上，我认为从根本上来说你是一位深度剖析家。

施尼茨勒与弗洛伊德两位都是潜意识剖析家，但在了解女性方面，施尼茨勒可能称得上是一位更出色的"资深心理学家"。他非常了解工薪阶层女性与拥有较高社会地位的自恋男人之间的风流韵事，因此他认为，每个人，无论社会阶层如何，都有性欲。他尤其对"达斯·西丝·马德尔"的性格特征作了剖析，"马德尔"是指长相甜美、年轻单纯、尚未结婚的女性，她们认为能自由追求对性的好奇。埃米莉·巴尼是一位学识渊博的历史学家，她描绘了施尼茨勒对年轻女性及其风韵之事的看法：

> "西丝·马德尔"是一位温顺、漂亮的女孩，来自下层阶级。上流社会的男人都想要她做自己的情人，其原因是：与妓女相比，患疾病的风险要小；她的男性亲属没有强大的社会地位能与这些男人展开决斗；

> （从理论上来看）当他们轻率地对她，扔给她几件礼物、几件奢侈品时，马德尔会报以无尽的爱。

1925年，施尼茨勒出版了著名中篇小说《艾尔泽小姐》，小说的主要人物马德尔不是来自下层阶级，她是一位来自上层社会的年轻女士。这里，施尼茨勒作为一位女性心理学家展示了一种全新的技能水平。学者玛格丽特·谢菲尔是施尼茨勒作品的译员。她表示施尼茨勒为回应弗洛伊德20年前在一个著名的案例分析中对他的病人多拉麻木不仁的描绘，编写了中篇小说《艾尔泽小姐》。

在小说《艾尔泽小姐》中，施尼茨勒采用了一种更激进的内心独白形式，让读者见证19岁的艾尔泽在面临一种看似难以承受的性爱时，心理状态的变化。艾尔泽是一位浪漫的犹太女孩，但已被维也纳完全同化。目前正与阿姨、表弟保罗以及保罗的女朋友茜茜在一个高雅的温泉区度假。艾尔泽为自己的犹太血统感到自豪，施尼茨勒也正是利用这一特点，将犹太教与强烈性欲联系起来，从而发展成了一种维也纳模式。度假时，母亲给艾尔泽发来一封电报，说父亲因债台高筑，马上要被判刑入狱，想知道艾尔泽是否愿意去拜访世交赫尔·冯·多丝德，为父亲筹够保释金。虽然艾尔泽极度恐惧，仍与多丝德在院子里碰面并提出她的要求。多丝德好色淫荡，一开始就公然提出发生性关系，看到艾尔泽难以置信的反应后才有所收敛。多丝德转而要求，若艾尔泽私下里赤裸裸地站在他面前15分钟，就把钱给她。艾尔泽对多丝德的提议感到异常震惊，立刻就掩面离去了。

在接下来的内心独白里，施尼茨勒抓住了艾尔泽在权衡有限选择时内心无比激烈的思想斗争。艾尔泽像是个人舞台上的一位演员，她所面对的两个人需要对她所陷入的突如其来的圈套承担责任。

> 不，我不会出卖自己。决不，我永远都不会出卖自己。我会献出自己。是的，必须等我遇到合适的人，我才这样做。但我不会出卖自己。我可能是位水性杨花的女人，但绝不是妓女。赫尔·冯·多丝德，你的如意算盘打错了。父亲也想错了。他应该早就预料到有这么一天。毕竟，他

懂得人情世故，更懂多丝德。他肯定猜到多丝德不会无条件地付出。否则，父亲早就自己发来电报或是亲自来访。但是现在这样做更简单、便捷，不是吗，父亲？如果有人有这么漂亮的女儿，为什么还要去坐牢呢？妈妈一直思想过于简单，只会坐下来写信。

当艾尔泽试图去理解父亲对赌博的狂热时，她的情感发生了很大的变化。现在父亲高高累起的债台使她变成用于淫秽交易的商品。虽然艾尔泽对父亲的行为准则进行强烈的反抗，她努力掌控自己的情绪与身体，但最终还是被占统治地位的男权主义压迫着屈服。

> 父亲穿着条纹囚衣接待我们……他看上去没有生气，只是伤心——他可能会想，艾尔泽，要是你当时给我拿到了保释金……但他一个字也没有说。他不忍心指责我。他很有爱心；只是不负责任……他也没对那封信进行深思熟虑。或许他从未想过多丝德想趁机猥亵我。多丝德可是我们家的世交；曾借给父亲8000基尔德。父亲怎么会怀疑这位"正人君子"能做出这样的事呢？父亲肯定是黔驴技穷。他又曾经受过怎样的遭遇才会让母亲来写这封信呢？他肯定开口向每个朋友借钱了……却受到那些哥儿们的冷眼。现在多丝德是他最后的希望，他唯一的希望。如果凑不到钱，他就会自杀。

实际上是艾尔泽选择了自杀，与亨里克·易卜生笔下的海达·高布乐、奥古斯特·斯特林堡笔下的朱莉小姐有着一样戏剧性的人生。看到母亲发来第二封电报——要求得到5万基尔德，艾尔泽便在床边的桌子上放了大量镇静药。她脱掉衣服，只穿了一件外套就跑去找多丝德。发现他房间里空无一人时，便留了一张便条，写下了父亲所需的巨款。最后，她却在一个座无虚席的独奏会小房间里看到了多丝德。为了引起他的注意，艾尔泽有意无意地把外套敞开，让房间里的每一个人都看到她赤裸裸的身体。音乐停止了。艾尔泽晕了过去，保罗与茜茜将她背了回来。多丝德极其沮丧，随后便离开了，也许是给她父亲送钱去了。艾尔泽一个人待在房间时，便服下了早已准备好的过量镇定药。

在《艾尔泽小姐》这部作品中，施尼茨勒描写了一位毫无阅历的年轻妇女在父母情感、背叛、责任及个人深深的羞愧感中不断挣扎，创造出深表同情的画面。艾尔泽最终成为男性主导的世界的牺牲品，这个世界与她所想象的浪漫生活背道而驰。

奥地利文学学者W.E.耶茨指出施尼茨勒意识到了女性被剥夺了她们所需的理解，并赞扬他是女性"平等权利的先驱"。耶茨引用了克拉拉·布卢姆在施尼茨勒死后不久发表的一篇文章，她在文中写道：

> 妇女在社会、工作及爱情中呼吁平等权利，这在施尼茨勒看来是理所应当的。但现在人们仍没有把它看成是理所当然的事情，因此，我们不能把施尼茨勒看作过去的时代代表，而应看作时代先锋，而且是一位有想法的病人先锋，他所做的斗争依然属于前沿，这位推广情色领域平等观念的先驱仍然处于公众关注的中心。

弗洛伊德对多拉的个案研究与施尼茨勒对艾尔泽的同情形成了鲜明的对比。多拉的真名称叫艾达·鲍尔，年仅18岁，却反复遭到一位世交的引诱，这位富有的老男人控制欲极强。弗洛伊德于1900年10月14日开始医治多拉，但在11周后就停止了对她的治疗。1902年4月1日，弗洛伊德与这位病人有了简短的交流，又经过一番深思熟虑，于3年后出版了这一个案研究。从许多方面来看，这是对《梦的解析》的延续。当然，它不同于弗洛伊德早期对约瑟夫·布罗伊尔的研究。

多拉的父亲是位富足的生产商，他把女儿交给弗洛伊德治疗。因为他在婚前曾患有梅毒，就是由弗洛伊德治愈的。多拉的症状包括沮丧、躲避社交（有自杀的念头）、头晕、呼吸困难以及失音。这种病况极其复杂，因为鲍尔的家庭成员与K家庭的朋友既有社交往来，性行为方面也相互交织。多拉的母亲是一位有高度强迫症的女性，会花大量的时间打扫房间，这显然让丈夫得不到性满足。后来鲍尔先生通过寻求与K夫人之间的鱼水之欢来弥补这一不足。因妻子对K夫人的间接拒绝，使他把注意力转向多拉。多拉已经开始表现出一些症状，特别是偏头痛与紧张咳嗽，从而使弗洛伊德认为她患上了歇斯底里症。随着时间的推移，多拉的症状变得更加严重。

多拉之前很喜欢也很信任K先生，但为了解释自己的沮丧情绪以及对K的厌恶，她描绘了此人如何三番五次性侵自己。年仅14岁的多拉有一天出现在K的办公室，他突然将她紧紧抱住，激情热吻。多拉感觉又气又恼，扇了他一耳光。16岁时，多拉变得美丽迷人，她开始公开表达对K的厌恶，以及K的所做所为让她非常反感。K否认了多拉的指控，仍不断接近她，并声称多拉在看色情文学，只在乎性。多拉的父亲将女儿的指责当作幻想，站在K先生一边。多拉认为父亲不相信自己的抱怨是由于他与K夫人之间的风流韵事，使他不愿意挑起与K先生之间的争执。从这个意义上来说，多拉感觉自己是父亲外遇的帮凶。

弗洛伊德在对多拉的分析过程中，发现其父亲故事中的各种矛盾并决定保留意见。也许这是弗洛伊德对这位女孩最同情的时刻。随着两人关系的发展，他们变得彼此互不信任，多拉对弗洛伊德表现出惊人的冷漠。弗洛伊德没有承认K先生失去了多拉的信任，他解释说因为多拉讨厌K先生的亲吻，从而彻底改变了她对K先生的感觉。

弗洛伊德无法理解为什么多拉没有因一位成熟男人的挑逗而兴奋不已。他坚持认为K先生浪漫的情色进攻不能解释多拉明显的歇斯底里症。弗洛伊德总结说歇斯底里症肯定是早就存在。他将症状归因于多拉对父亲、K先生、K夫人强烈的潜意识欲望。弗洛伊德写道："这肯定能唤起一位14岁无知少女的性兴奋感。"他与多拉的父亲及K先生形成了一条战线，认为她对K先生的强烈反感是一种神经性防御。弗洛伊德无法理解一位青春少女会被信任的世交所伤害。他没有顾及多拉的感受、扭曲了她的故事，只是加重了病人之前所受的伤害。最后多拉放弃了治疗。

多拉是一个令人伤心的案例，是弗洛伊德职业生涯的低谷。它经常被看作弗洛伊德没有能力从女性的角度设想性骚扰的典型例子。弗洛伊德承认对多拉的治疗是一个失败，但他认为是只看到病人的表面原因（即多拉的移情，多拉对他具有潜意识的性趣）而造成的。当然，弗洛伊德的失败有着更深层次的根源。他没有详细阐述自己反移情作用的本质、他对多拉本人的潜意识反应及性趣。尽管弗洛伊德坚持认为对病人率真，容易被病人接纳，但在早期的几个病例中他习惯于将自己的解释强加给病人，就像强加给多拉一样。艾玛出现在弗洛伊德一个叫作"厄玛注射"的梦中，他并不同情多拉的遭遇，反而谴责她的有意诱惑。

正如我们所看到的，弗洛伊德多次承认自己无法理解女性的性生活。他指责受害人多拉，认为是她自己切断了与其父亲之间的关系。对比之下，施尼茨勒将艾尔泽的命运归咎于她的父母亲及其生命中的其他男性。事实上，他表现出非同寻常的坦诚与自我探究。如谢弗所写，他认为自己就是一个恶棍，还欠下了大量赌债。

我们看到作者的性格特征与作品之间的典型矛盾。我们很容易就可以撕下施尼茨勒的一页日记并声称他对女性进行了探究，或者将阿纳托尔对女性的反常态度作为施尼茨勒的最终态度。说它容易是因为施尼茨勒表现得自私且不同情女性，但从其作品中又可清楚地看到他是从情感层面来理解女性的。作为一名作家，施尼茨勒很同情女性，他敏感而深刻的人物刻画使读者感同身受。事实上，他使自己的风流特性得以增强，而且从对女性的理解中获益。

施尼茨勒笔下丰富多彩的女性角色与维也纳世纪之末的大多数女性极其相似。他描绘的女性激进、复杂、性感。她们的内在心声形成了一种压抑的欲望，在100多年的时间长河里不停地回荡，以反对试图压制她们的社会结构。女性挣扎的声音受男权世界的操控却又得以生存，施尼茨勒这类男性占据着整个男权世界，却又受到施尼茨勒这类作家的挑战。

第八章

艺术作品中对现代女性性行为的描绘

正如施尼茨勒大胆描绘了女性丰富而又微妙的内心世界，以及她们为追求独立于男性的社会地位及性别身份所作的斗争，古斯塔夫·克里姆特则是奥地利艺术在这方面的前沿与之平行发展的先驱。奥地利现代主义绘画从为艺术而发展到成为真正的现代流派，不仅需要表达出现代的情感，而且还要忠实地刻画出激励男女的潜意识力量。对克里姆特及其门徒奥斯卡·柯克西卡和埃贡·席勒来说，绘画类似于创意写作与精神分析，要能够深入挖掘维也纳人对性行为及侵犯行为严格态度下的真实情况，揭露人们真正的内心世界。如柯克西卡所说，"表现主义与弗洛伊德精神分析学的发展属同一时期，并能与之相媲美。"他可能会说，"我们都是弗洛伊德的信徒，我们都是现代主义艺术家，我们都想透过表象深入观察。"

克里姆特是维也纳艺术新现代主义运动公认的领袖人物。他是透过表象进行深入挖掘的第一位奥地利艺术家，打破了19世纪上半叶奥地利画家特有的戏剧性历史风格，从而成为印象派和维也纳表现主义的爆炸性线条风格之间的关键性过渡人物。克里姆特将青年艺术（国际新艺术风格装饰的维也纳版本）与平面描述（源于塞尚等法国后印象派艺术家以及拜占庭艺术）这种抽象的现代主义形式相结合。

但克里姆特不仅是一位风格先驱，还是第一位敢于在画中面对死亡、描绘女性性欲与侵略性行为等禁忌话题的奥地利现代主义艺术家。克里姆特与维也纳艺术前辈不同，他认为无须压抑眼前裸体模特的性欲，无须用寓言或象征性符号来掩饰。在克里姆特精致又感性的绘画作品中，他关注的是性的乐趣；他在其他作品中也描绘了女性的攻击能力。因此，从风格来看，克里姆特是一位装饰方面的新艺术家；从主题来看，他又是一位表现主义艺术家。他为柯克西卡和席勒这两位伟大的表现主义艺术家奠定了基础。

克里姆特用他的绘画作品将维也纳艺术引入现代主义时期，此外，还领导着一群有着不同意见的维也纳艺术家。成立于1861年的艺术家协会，与颇具影响力的艺术学院关系紧密，许多协会成员都来自艺术学院。但随着时间的推移，艺术家协会的品位与观点变得越来越狭隘。1897年，19位觉醒的艺术家从协会中退出，成立了维也纳分离派。克里姆特当选为第一任主席。分离派建立了自己的展厅后，得以展出梵高等国外艺术家及新兴年轻艺术家的作品。事实上，克里姆特为柯克西卡和席勒的早期作品提供了重要的支持。

克里姆特经历了无数浪漫趣事，也从中对女性有了深入理解。他对女性性行为的深邃解读再加上其天工巧匠般的卓越才能，使他描绘出的裸体女性栩栩如生、惟妙惟肖：他抓住了女性特征的本质。克里姆特的绘画用一种全新的方式表现出模特的自我意识以及模特对艺术家的反应。阿尔伯特·爱尔森对此的形容是：

> 模特并没有在各种小道具的支撑下，摆弄出生儿育女的姿势……她似乎遗忘了观众的存在，只知私会一位对她一往情深的男士，此时她不是灵感之源，是一位女人。

克里姆特用铅笔、炭笔及蜡笔绘出的无数幅画作表现出他大胆的创造力，他公开描绘了女性可以从男性伴侣或女性伴侣，甚至是从自己手中获得强烈的性快感。如此，他将观察女人性生活的全新视角引入到西方艺术之中（如他于1913年完成的作品《手扶椅上的女人》以及1912—1913年完成的作品《向右倾斜的裸体女人》）。画中的女性仿佛弗洛伊德的病人般迷失在自己的梦幻世界之中，迷失在幻想与现实的交错中。克里姆特的灵感很可能来自同代人奥古斯特·罗丹的裸体女性自我满足的作品、奥布里·比亚兹莱艺术作品中对性爱的强调，以及后象征主义艺术家的作品，于是他对性爱生活有了真实的描绘。克里姆特还从罗丹身上学会了直接观察模特。罗丹提出可以绘制模特的轮廓像，这样在绘画过程中视线不用离开模特；而早期的艺术家不对照着模特，主要依靠记忆中的印象进行绘画。

以今天的标准来看，克里姆特有关女性的绘画只能代表男性眼中的女性性行为。毕竟作品中的人物是模特。她们所摆出的各种姿势可能是由克里姆特提议的，也有可能是因为模特认为这种姿势更能取悦他。即使克里姆特只抓住了女性性生活的某些方面，这些方面对大多数的艺术观赏者来说都是新鲜的。毫无疑问，克里姆特对女性心理的洞察比弗洛伊德更加清晰，人类性行为学者露丝·韦斯特海默也强调了这一点。在一本有关绘画与雕塑的著作《觉醒的艺术》中，她描述了一幅参考克里姆特画作而绘制的蜡笔画作品——席勒的《躺着的裸体女人》（1918）。

> 然而，这些作品很容易沦为男性的视觉盛宴，从而贬低女性。当然也可以认为这些画表达了女性性生活自我满足的意识在不断提高。这些意识自然地发展，虽然较慢，但也体现了女性在生活的各个领域中变得更加独立。如果弗洛伊德目睹了这些作品，也许他不会强加自己虚构的故事：女性需要插入阴道才能达到高潮。他还有可能意识到刺激阴蒂既不是退化也不是不成熟的表现，而是妇女自我愉悦或从别人那里获得快感的一种健康方式。

与油画不同，克里姆特现存的4000幅素描作品中，大部分都是自己的私人收藏品。其中许多都未署名。他创作这些女性画面是为了取悦自己，而不愿使其他的男性观察者想入非非。但有一个例外，克里姆特于1906年将一组15幅素描作品赠给了书本《妓女对话》的全新翻译版供其使用（该书讲述了一群受过良好教育、思想深邃、天资聪颖的妓女对爱情、性爱、忠贞的讨论，此书在公元2世纪由亚述神学家琉善所著）。因此克里姆特所捐赠的作品进入了公众的视野，这与他私人收藏的其他作品非常相似，尽管当时大部分作品都未公开，但最后都展示在公众面前了。艺术史学家托比亚斯·G.纳特尔对《妓女对话》这本书曾写下了自己的看法，用下面一段话描述了书中的图画：

> 克里姆特描绘了性高潮中的女人，说明了自我幻想的性爱魅力，呈现了女同性恋者的撩人主题……通过这些作品，克里姆特界定了或帮助

创造了一种现代女性……欧洲或美国艺术界在20世纪20年代以前，将
不会再现这种大胆创作。

虽然克里姆特对女性性生活的描述对"维也纳1900"而言是一种激进革
新的表现，但在艺术史上却不足为奇。史前艺术对性爱的描写栩栩如生、大胆
夸张。情色一直都是历史上，东方艺术特别是印度艺术的重要主题。日本木版
版画（比如歌丸从1803年起开始制作的两卷作品《图画书：笑饮者》）就对克里
姆特有一定的影响，那些作品展现出女性可以在性生活方面独立，并给自己带
来性快感。

情色在早期西方艺术中也很明显，其中著名的有古希腊的花瓶、罗马庞贝
古城中的雕像与壁画、朱里奥·罗马诺的作品。威尼斯学派中伟大的矫饰主义
画家乔尔乔内、提香、丁托列托、委罗内塞与他们的导师拉斐尔及门徒鲁本斯、
戈雅、普桑、安格尔、库尔贝、马奈及罗丹都曾赞美裸体女性。而且，乔尔乔内
与提香等还描绘了罗马爱神维纳斯的自慰画面（图8-1至图8-4）。

乔尔乔内的《熟睡中的维纳斯》（1508—1510）及提香的《乌尔比诺的维纳
斯》（1538年以前），两人作品中女神的手都放在前胸侧面，手指弯曲。这个位
置如此微妙又充满暧昧，作品人物的情色随时可能因旁观者而抑制，事实上是
反复被抑制。这种姿态被释为女性的羞怯而不是自慰。艺术史学家大卫·伯格
的著作《图像的力量》中有一章讲述"对感官的审查"，他强调除特殊情况外，
即使是专业的艺术史学家也曾抑制过自己的性反应。他对这些画作不予评论，
将注意力转向对肖像的解读以及对形式、颜色、构图及其他趣味特征的审美评
价。相比之下，对观赏者来说，要抑制住对克里姆特裸体女性的自我愉悦的性
反应几乎不可能。

西方裸体艺术的伟大历史传统、乔尔乔内和提香的维纳斯画作、戈雅的
《风流女伯爵》（约1800）以及马奈的《奥林匹亚》（1863）都从克里姆特作品
中获得真正的现代主义视角。马奈的《奥林匹亚》用一位活生生的现代女性来
取代爱神维纳斯，但缺少克里姆特作品中大胆的性欲。与许多早期的西方艺术
家不同，克里姆特并没有罪恶感，因此他认为没有必要来掩饰模特的性欲。其
作品中的裸体女性与前辈们的不同，她们不是神话人物，她们是真实存在、毫

◀ 图8-1　乔尔乔内·达·卡斯特弗兰科的布面油画作品，《熟睡中的维纳斯》（1508—1510）。

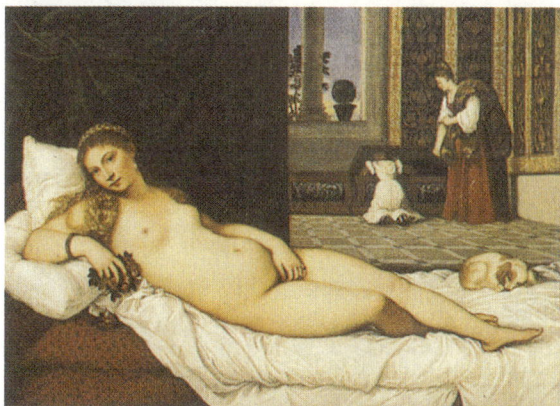

◀ 图8-2　提香的布面油画作品，《乌尔比诺的维纳斯》（1538年以前）。

◀ 图8-3　弗朗西斯科·戈雅的布面油画作品，侧面画，《风流女伯爵》（约1800）。

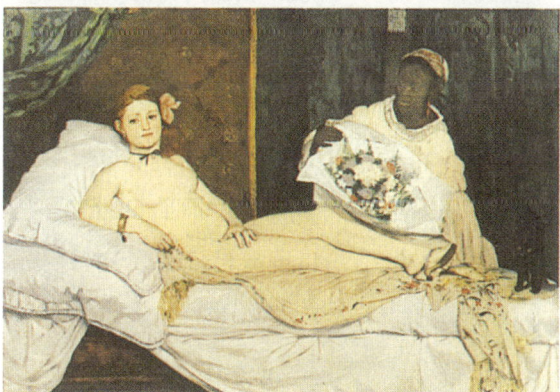

◀ 图8-4　爱德华·马奈的布面油画作品，《奥林匹亚》（1863）。

不约束的现代女性。克里姆特将性欲看作生活的一部分，是一种常有的自然行为。这一点在他的作品中非常明显，画中女性的性欲被唤起并且开始自慰时，仍穿着衣服。大多数早期裸体模特坐在画布上向外看着观众，希望能够共同分享安静的情色，仿佛没有男性伴侣就没有完整的性爱。但是，克里姆特的裸体模特对男性的凝视，有时熟视无睹，有时毫不关心；她们完全沉浸在自我及所幻想的生活之中。在这些画作中，观赏者并没有与正在看他的模特积极交流，而是顺从地观察一个私人行为。

这种动态形式意味着画作的对象不仅可以在性生活上自给自足，还允许观赏者窥看。因此，这些作品同时揭示了画作对象与观赏者的内在性欲望。莫迪里阿尼是后期的一位艺术家，他的裸体模特都较为朴实，因为女性的身体如果过于耀眼，就无法让我们洞察女性的内心世界，也无法理解克里姆特般的男性目光。从其他艺术家的这些作品中，我们懂得了使裸体女性充满诱惑而又唤起性欲的实质，但对女性自己如何看待及体验性行为却了解得太少。

克里姆特（图8-5）于1862年出生于维也纳金匠及雕刻家恩斯特·克里姆特的家中。早年起，他就表现出非凡的绘画技能；他精彩逼真的素描把握了场景的每个细节，逼真度能与摄影相提并论。他直接跳过高中，小小年纪就在维也纳工艺品学校学习建筑装饰。

维也纳环城大道的纪念性建筑快要竣工时，他便完成了学业。汉斯·马卡特是设计环城大道的伟大艺术家，专门从事宏伟的历史画、寓言画和官方肖像画。作为一个年轻人，克里姆特按马卡特的风格为省级剧场及其他官方建筑进行绘画装饰。马卡特于1884年去世后，克里姆特和他的弟弟恩斯特受邀服务于环城大道最后两栋宏伟建筑——艺术博物馆和新城堡剧院。克里姆特负责装饰古城堡剧院演艺厅（见第一章）。画作《1888》是表明克里姆特转变风格，不再受马卡特影响的第一幅作品，并形成了有个人格调的原创风格。

1892年，克里姆特个人生活中几个重要事件相继发生。首先是父亲的去世。此后不久，弟弟恩斯特不幸死亡。克里姆特承担起照顾恩斯特遗孀海伦及其女儿的责任。后来，他遇到了海伦的妹妹埃米莉，她也是一名艺术家，两人坠入爱河。人们认为这一连串的情感事件是这位艺术家创作的转折点，使他的

▲图8-5　古斯塔夫·克里姆特（1862—1918）。这张照片大约拍摄于1908年，那一年他绘制了作品《亲吻》。

绘画及肖像画形成一种全新高度的原创风格。

　　并不是每个人都欣赏克里姆特新风格的转变。1894年他受国家文化宗教及教育部的委任，为维也纳大学礼堂绘制3幅壁画，以庆祝医学、法律及哲学学院的成立。他们要求克里姆特描绘"战胜黑暗的光明"。1900年他展出了作品《哲学》，1901年展出了作品《医学》（图8-6，图8-7），1903年展出了作品《法学》。这些壁画都受到比利时象征主义画家费尔南·诺夫的影响，但是许多教员一致认为它们寓意晦涩，不尽如人意。壁画被批评过于色情，象征意义过重，难以理解。此外，克里姆特所描绘的身体被认为是丑陋的。作为所有不满意的教授的代表，哲学家弗里德里希·乔迪解释说，他们抗议并不是因为反对裸体艺术，而是反对丑陋的艺术。

　　维也纳艺术史学院教授弗朗茨·维克霍夫和贝尔塔·祖卡坎德尔为克里

◀ 图8-6　古斯塔夫·克里姆特的布面油画作品，《许癸厄亚》（1900—1907），实为作品《医学》中的细节。

▶ 图8-7　古斯塔夫·克里姆特的布面油画作品，《医学》（1900—1907）。1945年被大火烧毁。

姆特所受的批评大力辩护。哲学学会曾举办了一场极具影响力的演讲会，题为
"论丑陋"。维克霍夫在会上指出，现代时期有着自己的感受力，那些认为现代
艺术丑陋的人将无法面对现代真理。艺术史学院的创始人阿洛伊斯·里格尔对
维克霍夫的观点表示支持，他认为艺术中的真理就像生活中的真理一样，它不
一定是漂亮的。里格尔解释说，每个时期都有自己的价值体系与感受力，这在
当代艺术家身上及其作品中得到了体现。因此，维克霍夫坚持认为克里姆特的
作品"就像是夜空中的明星"一般耀眼出众。

这些壁画无论是其内容还是构成都具有挑衅性。从文艺复兴时期开始，艺术
家们创作的绘画模拟出了一个真实的三维空间，他们把画作当成一扇窗户，使旁
观者透过窗户就能见到里面的风景。克里姆特采取了不同的方法。例如，《医学》
作品里，人物展现在三维空间中，但他们的位置相对于另一个人来说并不是立体
的。在一个真空的无限领域里，各人物层层相叠。因此，与其说这幅壁画是一个连
贯的三维空间画面，不如说是视觉上的意识流；与其说是一个旁观者能进入的场
景，不如说是一个梦境——事实上，它类似于弗洛伊德对梦境中潜意识的描述，
是"视觉画面中互不相连的片段"。因此，克里姆特用一种从未有过的方式，把握
住潜意识心理的零碎特性，而没有描绘出一个真实的外部世界。

克里姆特在面对大学对壁画的拒绝时，将观点过渡到贝多芬空间。从1902
年开始，他持续好几年都在使用金箔。到了20世纪初，人们对贝多芬的理解达
到了新的高度，部分原因是作曲家理查德·瓦格纳和哲学家尼采曾高度赞扬他
的工作。为了认识维也纳在贝多芬生活中的重要性，分离主义艺术家计划将建
筑、雕塑、绘画和音乐等艺术结合起来，纪念这位伟大的作曲家，并在分离主
义博物馆这幢新大楼的开幕式上表演。作曲家古斯塔夫·马勒指挥演奏了贝多
芬的第九交响曲，雕塑家马克斯·克林格尔创作了贝多芬的半身塑像，克里姆
特在雕像所在房间四周的墙顶上绘制了一条装饰图案。这幅长作是根据理查
德·瓦格纳对贝多芬第九交响曲的理解而完成的：人类渴望得到并努力争取幸
福与爱情，并且在艺术统一中达到最高成就。克里姆特认为艺术能通向理想王
国，艺术就是世外桃源、人间天堂。在艺术里人们可以找到单纯的快乐、纯真
的爱情。而克里姆特在长作的最后两幅图画中将这种快乐与爱情表现为天使

的合唱与拥抱的爱人。

三幅壁画及随后的贝多芬乐曲主题长作令学院教师大为震惊，并对柯克西卡和席勒产生了强烈的影响。正如凯瑟琳·辛普森所说："展示出主要人物的裸露、病态、痛苦、愤怒及丑陋的图片，才是最真实的。"克里姆特曾将艺术与真理相结合，柯克西卡和席勒绘成的作品大胆挑战了人们对美及美与真理之间关系的审美关注。

克里姆特的新风格也包含另一种现代理念，即旁观者与艺术的关系。20世纪初最有影响力的艺术史学家阿洛伊斯·里格尔首次以连贯、系统的方式指出，观众的参与对完成艺术作品至关重要。

里格尔的更大的目标是将艺术史发展为连接艺术与文化的一种方式，其中就包含里格尔对旁观者的专注。为做到这点，里格尔引入了一个正式的方法来分析艺术作品。他认为，艺术作品绝不能简单地用理想或抽象的美学概念来看待。相反，必须根据它创作的历史时期内所盛行的风格来考虑。里格尔将这点称为艺术意图，一种文化中的审美冲动。他认为艺术意图可以推动视觉表达新形式的发展。里格尔与维克霍夫共同提出一组新的价值观，即每个年龄段必须定义自己的审美观。因此，从广义上来说，里格尔与维克霍夫为艺术史研发了一种新方法，旨在帮助公众了解创新在艺术中的作用。

里格尔和维克霍夫的美学观点不是以层级为基础，没有将古典艺术中传统的"美"置于顶部，"丑"置于底部。他们对艺术中丑的看法与早期艺术史学家截然不同；事实上，也与许多同行的看法不同。这一点我们已经从他们对克里姆特壁画的辩护中看出。正如康德1790年在其《判断力批判》中指出的，自然与艺术不同，对于自然中丑陋的事物，我们可以在艺术中发现它的美。罗丹曾为艺术家说话："艺术中没有丑陋的东西，只有没有个性的东西，也就是说，没有个性就不能表现出外在的或内在的真理。"也许这句话给出了最好的答案。

这种说法解决了一大艺术悖论：古往今来的艺术家在观赏者心中引起了同样的情感，然而人们对艺术永不厌倦。为什么我们不感到满足？为什么我们继续寻求并应对新的艺术形式呢？里格尔的回答是，每个时代的艺术家都在含蓄地教育公众重新审视艺术,发现真理的新维度。他认为20世纪艺术家的作品对旁观者唤起的情感完全不同于17世纪、18世纪或19世纪艺术家的作品所唤起的情感,当然对生活在17世纪、18世纪及19世纪人们的影响也截然不同。人们的品位是不断进化的,部分原因是艺术家塑造了它,而旁观者对它作出了反应。

克里姆特与其追随者柯克西卡及席勒告诉旁观者,无意识本能冲动的新真理就在他们生活的表象之下。当然他们自己并没有意识到自己的所为。建筑师奥托·瓦格纳将现代主义时代看作"他的真实面目"的见证人,他与克里姆特赞同19世纪末艺术评论家路德维希·赫维希对呐喊的理解:"对时代来说,这是艺术;对艺术本身而言,是自由。"

里格尔非常重视艺术作品产生的时间、旁观者的参与对作品完成的重要性等历史背景,他否定了艺术实现普遍真理的主张,把艺术作为一种被放在合适的环境之中并在特殊时间与地点产生的事物。他的思想影响了恩斯特·克里斯、恩斯特·贡布里希以及后世的艺术史学家,使他们形成了更加客观和严谨的艺术史观,就像罗基坦斯基的思想影响了弗洛伊德、施尼茨勒及他们那一代的医生,使临床医学建立在更科学的基础之上。

里格尔在其经典著作《荷兰团体肖像画》中展开了自己的想法。该书于1902年出版,恰好就在克里姆特与他的现代主义者发起的奥地利艺术分离主义运动之后短短几年。该书将5世纪到16世纪的意大利艺术与荷兰16、17世纪的艺术相对比。

拜占庭式、哥特式及文艺复兴时期许多意大利艺术的设计旨在描绘基督教永恒的真理,并激起观赏者内心的虔诚、忠心、遗憾、悲怆、恐惧和热情。罗马天主教会用宗教的层次结构确立并公布了自己的意见,该结构反映在当时的团体肖像画中,其中就包括马萨乔约在1427年完成的作品《三位一体》(图8-8)。这幅作品画在佛罗伦萨圣母玛利业教堂的一片墙上,艺术家出神入化地刻画了耶稣受难像,将人物按等级排序。每个人都知道他或她在世界上的正确位置:观众在画框之外,捐赠者在画布前面,他们身后是悲痛的玛丽和约瑟夫,两人站在被钉在十字架上奄奄一息的耶稣的旁边,上帝则高悬于耶稣之上。线

▲图8-8　托马索·马萨乔的壁画作品，《三位一体》（1427—1428）。

性视角进一步强调了等级制度。因此，一个三维景象就映现在墙体的二维表面之上。尽管玛丽建议我们直观向外观看，并用手指向我们眼前的景象，但是画面本身就是一个完整的戏剧：完成故事不需要观众的参与。这是许多拜占庭式、哥特式和文艺复兴时期的自给自足的绘画特点，并证明了里格尔所说的"内在一致性"。

16、17世纪的荷兰社会是一个团结一致的民主社会，人们相互尊重，很有责任感。但也有一些例外，里格尔认为，意大利绘画中的等级结构明显违反了荷兰艺术家平等主义的审美要求，他们在行动及绘画中强调"关注"，或彼此间尊重与开放。荷兰艺术家在世界上率先强调了社会地位与人类的平等。因此，即使法兰斯·哈尔斯1616年的油画作品《圣乔治市国民卫队军官之宴》（图8-9）中存在等级差别，但是绘画更强调了仆人也能参与的共享价值观。

与马萨乔的内在一致性相比，荷兰艺术家创造了里格尔所说的"外在一致性"，其中观众的参与对故事与绘画的完成至关重要。不仅画作里的人们相互平等，画框外的观众也同样享有积极参与的权利。在一些早期的作品中，艺术家主要通过眼神接触来实现这种平等；在后期的绘画中，观众被邀请到画作的故事之中。里格尔承认"旁观者的参与"有利于艺术家思考观众对艺术的反应，我们将要在下面的作品中领会到。贡布里希后来阐述了这一观点，将其称为"旁观者的重要性"。

克里姆特的作品《舒伯特弹钢琴》（图8-10）于弗朗茨·舒伯特百年诞辰两年后的1899年完成。艺术评论家沃尔夫冈·坎普认为这幅作品可以看作对荷兰

▲图8-9　法兰斯·哈尔斯的布面油画作品，《圣乔治市国民卫队军官之宴》（1616）。

▲图8-10　古斯塔夫·克里姆特的布面油画作品，《舒伯特弹钢琴》（1899），毁于第二次世界大战战乱之中。

集体肖像的延续。与荷兰绘画一样，它完全遵从于"关注准则"：对舒伯特音乐的关注、舒伯特四位听众的关注、一位听众（左边的女子）对观众的关注，从而使观众进入画面并完成这种循环。

克里姆特、柯克西卡和席勒对观众的角色有两大想法。首先，他们想创造出一种不同的艺术，其外部一致性不以观众与作品中人物间的社会平等为基础，而是观众与人物间的情感（移情）平等。荷兰画家邀请观众进入画作的物理空间，而维也纳艺术家使观众认同并体验作品中人物的本能冲动。维也纳绘画的构成经专门设计以唤起情感反应。荷兰绘画中常有大群人出现在不同的社交场合。维也纳绘画与之不同的是，通常只有单个人或两三人的小群体出现在私人空间里，观众与画中人物可相互直视，不受组图、理论或礼仪形式的影响。

其次，与外部社会一致性相比，外部感情一致性要求更高，更难以实现。由此，维也纳艺术家认为他们并不是教育所有公众，而是教育与他们有着共同价值观，或随时能与他们感同身受的一组观众。克里姆特与其门徒试图帮助观众用一种全新的、在情感上更自省的方式来欣赏艺术及自身，从而承认画中人物的内心世界，阐明每个人的无意识焦虑及本能冲动。为了传达无意识情感，艺术家夸张并扭曲了人形。通过这种方式,他们试图从现代、世俗的观众中引出一种强大的情感,类似于宗教观众在欣赏哥特式雕塑及矫饰主义艺术时所表现出的强烈感情。但与宗教艺术不同,奥地利现代主义艺术不以痛苦、怜悯和恐惧等情感为中心,所关注的是无意识狂喜与侵略性。

里格尔、维克霍夫及其学生在将维也纳艺术史学院从古典主义转向现代主义的过程中,他们在传统与创新间发现了一种新的方法,为改变美的观点开创了一种新的哲学兴趣。里格尔的两位年轻助理——马克斯·德沃夏克与奥托·贝内施,他们认为奥地利表现主义是创新典范,能改变美的观点。克里斯的导师德沃夏克开始支持柯克西卡,贝内施支持席勒。

人们对克里姆特壁画的抵触使他非常反感。有些人在艺术所应表达的内容等方面的观点与克里姆特存在分歧,因此他不希望自己的作品被他们收入囊中或遭到他们的评头论足。因此,他干脆把画买了回来。他再次转向内心,并将壁画中的表现主义主题不断融入新的艺术装饰风格之中。

克里姆特与同时代许多艺术家一样,他意识到技术改进日新月异,摄影技术逐步普及,其中包括巴黎1850年裸体摄影的涌现。他的反应是摄影中的现实主义也能在自己作品中得以体现,画中他从字面描述转向用更多的符号进行表现(图8-11到图8-18)。贡布里希的观点是:

> 曾经属于画家的工作慢慢地被摄影师所取代,因此他们开始寻找可替代的工作。绘画装饰就属于其中一种,它放弃自然现实主义,支持形式和谐;另一种替代工作将重点放在诗歌想象力上,超越那些由刻骨铭心的符号绘制的图片,以唤起梦境般的心情。并不是这两种替代工作格格不入,它们有时也融合在世纪之末个别大师的作品中。当然,古斯塔夫·克里姆特富有争议的作品……在维也纳1900年左右的艺术景观中独占鳌头。

克里姆特画作的微妙之处,以及他对所理解的女性内心世界的刻画也与同时代的摄影形成了鲜明对比。克里姆特的女性创造了一个感官上的白日梦,在一个只有自己本人的世界自立自足,不为任何一台摄像机矫揉造作。艺术家往往用标志性的两性符号装饰在她们周围，以增加遐想，并进一步扩大了画作中女性内心深处探索与摄影现实之间的鸿沟（图8-12，图8-14，图8-16，图8-18）。

克里姆特在1898年至1909年不断发展的风格，体现了他着力于透过表象关注画中人物的情感状态。克里姆特透过意识表面首次进行深入挖掘，他意识到自己必须突破布面油画所固有的局限性。弗洛伊德可以用比喻说法来解释潜意识的力量如何构成人类的行为，施尼茨勒可以用内心独白来揭示这些力量对不同人物的作用，但是若要用二维平面描绘人类的内心世界，克里姆特需要新的艺术策略。在构想这些策略时，克里姆特从一种更早的绘画风格中寻找灵感，即拜占庭艺术。

贡布里希曾指出，西方艺术史的特点是向现实主义取得了系统性进步，是在二维平面上描绘出真实可信的三维世界。克里姆特为了拜占庭艺术中二维平面的立体效果而放弃了现实的三维空间。他在作品中，将三维图案装饰法与大面积的平面镀金装饰相结合，从而创造出令人叹为观止、栩栩如生的推拉效果，使作品更加光芒四射、性感迷人。二维平面曾出现在马奈和塞尚的画作之中，它将在整个20世纪被立体派艺术家及其他大师们采纳并得以发展。

现代主义艺术家只采用二维空间的基本原理是艺术不应该试图重现物理现实，因为它根本就无法做到。此外，不存在单一的现实：艺术应该争取一个更高水平、更具象征性的真理，或者干脆以一个实物体现出来。艺术评论家及抽象表现主义绘画的领军人物特克莱门特·格林伯格于1960年撰写了一篇有关现代绘画的开创性论文，文中写道：

> 现代主义的精髓在于……用一门学科的表征方法来批评学科本身……现代主义用艺术呼吁对艺术的关注。绘画媒介的限制包括：平面设计、支撑体的形状及颜料的性能，大师们认为只能含蓄地或间接地承认这些因素具有负面影响。现代主义却认为这些限制因素有着积极的作用，并公开承认……因为平面性为绘画艺术所特有。（20世纪40年代及50年代）现代主义绘画转向平面就等于未发生任何转变。

▶ 图8-12 古斯塔夫·克里姆特用铅笔在纸上绘成的作品,《双臂交叉脑后,裸体坐着的女子》(1913)。

▲ 图8-11 奥托·施密特拍摄的照片,《裸体女子》(约1900)。

▲ 图8-13 奥托·施密特拍摄的照片,《裸体女子》(约1900)。

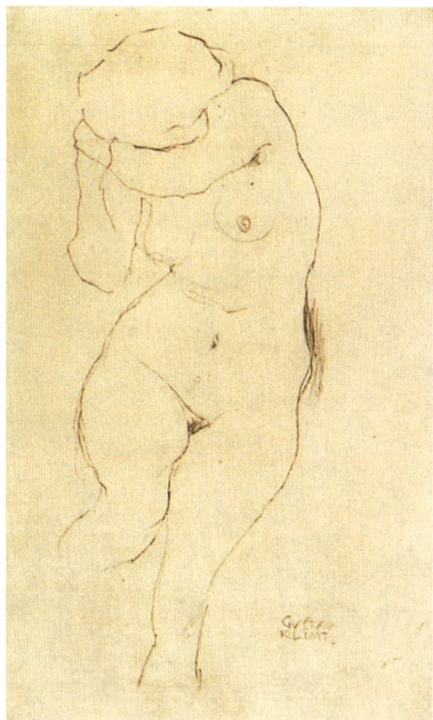

▲ 图8-15　奥托·施密特拍摄的照片，《裸体女子》（约1900）。

◀ 图8-14　古斯塔夫·克里姆特用铅笔在纸上绘成的作品，《手臂遮住脸的裸体女子》（1913）。

▲图8-16　古斯塔夫·克里姆特用蓝色铅笔在纸上绘成的作品，《小腿遮住的裸体女子斜躺着》（1914—1915）。

▼ 图8-17　奥托·施密特拍摄的照片,《裸体女子》(约1900)。

▲ 图8-18　古斯塔夫·克里姆特用铅笔在纸上绘成的作品,《斜躺着的半裸女子》(1914)。

克里姆特现在将平面视为真理。1898年，他便开始尝试将平面与金色装饰应用于《帕拉斯·雅典娜》之中。但1903年，他又迈出了重大的一步，他前往意大利拉文纳研究拜占庭镶嵌画。基督教艺术早期典范的特点是平面性与金色背景，前者强调墙壁上镶嵌图案的材料性质，后者强调灵性与现实，这也正是克里姆特想要体现的特点。拉文纳是6世纪到8世纪的拜占庭帝国意大利区域的中心，也是中世纪欧洲的重要文化与艺术中心之一。这座城市的镶嵌图案范围宽广，并用耀眼黄金、五彩玻璃及稀世珍宝装饰而成。

圣维塔莱教堂中的镶嵌画的主角——狄奥多拉皇后，查士丁尼大帝的妻子，就能使克里姆特深深着迷。人们认为这位皇后美丽动人，她身穿一件紫色长袍，头戴一顶嵌有蓝宝石、祖母绿及其他奇珍异石的王冠，闪闪发亮（图8-19）。克里姆特意识到平面维度使皇后的形象抽象永恒、富有韵律，这与当代试图模仿自然的画作迥异。

受拜占庭镶嵌画的影响，克里姆特开始将平面维度与绘画的高水平装饰风格相结合。他使用方形帆布、黄金及金属色系等装饰性元素，并在贝多芬长画

▲图8-19 《狄奥多拉皇后与她的随行人员》（约547）。拱点镶嵌画。

中首次使用了在父亲金铺中所了解的金属色。为了加强画作人物的心理意义及深度，克里姆特用形象的性符号来装饰画布。他在参加埃米尔·祖卡坎德尔妻子贝尔塔的沙龙时，向其了解了性细胞器官的形态（见第三章）。此外，艺术史家艾米丽·布劳恩已经记录证明克里姆特知道达尔文和进化论。他所拥有的四卷《动物王国自然史（插画版）》（1882—1884）里面有显微镜下的精子、卵子及胚胎图形。克里姆特用那些图片的程式性版本作为画作人物的装饰图案。他用这种装饰表示人类生命的潜在形式。

平面维度与装饰图案这两种风格的变化，代表着克里姆特的黄金期，即1903年他从维也纳回来到1910年的一个相对短暂的时期。《亲吻》（1907—1908），可能是克里姆特最受欢迎的作品，画中平面维度与金色装饰的结合达到了顶峰（图8-20）。两位恋人的身体几乎由衣服全部遮盖，且衣服与二维平面及黄金装饰背景相融合。这幅作品独特的风格成功地展现出欲望；事实上，两

▲图8-20　古斯塔夫·克里姆特的布面油画作品，《亲吻》（1907—1908）。

人动作如此亲密，乍一看，两个身体合二为一。此外，女子宛如跪在绚丽芬芳的花坛之上，而他们的衣服都以性图标作为装饰。男人大衣上竖立的长方形象征着精子，与女子长裙上象征着卵子的椭圆形及花卉相配。两种界定的性图标在视野里相互平行，又因它们共有的平坦空间——那张充满活力的黄金布匹而相互对立。因此，研究克里姆特的学者亚历山德拉·卡米尼认为，圆形与垂直形式的华丽相交完美地展现了亲密欲望的最后高潮。

虽然克里姆特在他漫长的职业生涯中刻画了许多女子，但他最有名的肖像画都在人生中的黄金期完成（图8-21），而且全都描绘的是理想化的女性，这些画作本身超凡脱俗。与他的素描相比，这些画没有挖掘画中人物的内心世界。相反，她们的脸上焕发出一种特殊的神秘、典型的光芒与情感上的暧昧。

罗纳德·劳德于2006年购买的1907年画作《阿黛尔·布洛赫鲍尔》（图1-1），也许是克里姆特最著名的肖像画。他将画中人物逼真的三维画面融入黄金装饰的抽象水平背景之中。克里姆特在1903年就开始绘制这幅作品，当年他去了拉文纳研究拜占庭镶嵌画，已完成的画像显示出了《狄奥多拉皇后与她的随行人员》画作的影响力。像皇后一样，实际上阿黛尔被几何图形环绕（可比较图8-19和图1-1），虽然不是很明显，但她正端坐在宝座上，那是一把华丽的用螺旋图形装饰的软垫扶手椅。

这幅肖像画体现了克里姆特新风格的一个重要因素：画作中各种元素之间故意模糊的界限。观众难以界定阿黛尔的礼服、椅子及背景。事实上各界限相互转变，在观赏者的空间及形式感知里创造出一种银光闪闪的脉动感。克里姆特通过平面背景以及与阿黛尔礼服的融合，打破了传统的绘画，这在肖像画中尤为显著，使人物与背景、人物与表面装饰相统一。阿黛尔礼服的中心部位，即最贴近身体的那件衣服上面布满了矩形、卵形的性图标，这与克里姆特的其他画作（如《亲吻》）非常相似。阿黛尔交叉的双手映射了《亲吻》中两位恋人的手。后来，柯克西卡，还有席勒，就阐述了克里姆特使用手来象征情感。

画作中不断变化的边界线以及礼服上密集的象征性纹饰表达的观点是，鲜明有序的几何图形构成的背景是受限的并为社会所强加。但阿黛尔礼服上的图标却揭露了她的本能驱力。研究克里姆特的历史学者索菲·莉莉以及格奥尔

▲图8-21　古斯塔夫·克里姆特的布面油画作品，《阿黛尔·布洛赫鲍尔Ⅱ》（1912）。

格·高古斯奇对这种矛盾冲突的评价是"克里姆特的绘画中出神入化的视觉效果表达了弗洛伊德的理论"。换句话说，"埋藏在潜意识中的情感通过乔装形式在表面上呈现出来"。

伦勃朗在不定形视野中将画作人物的双手与脸部分开，努力揭示其灵魂。克里姆特与他一样，只露出阿黛尔·布洛赫鲍尔的手和脸。但与《狄奥多拉皇后与她的随行人员》的精神意象不同，阿黛尔肖像画刻画出她丰满的嘴唇、绯红的脸蛋、半闭的双眼以及逼真诱人、难以忘怀的微笑。红蓝宝石镶嵌的钻石项链令人将注意力转向阿黛尔的脸蛋，项链与她左手腕上的金手镯共同表现出她殷实的家境。

克里姆特能将画中人物描绘得如照片一样逼真，加上他堪称完美的装饰技能，给作品配上了黄金礼服与背景。很快他就发现自己极需成为一名肖像画画家，但几乎画的都是女性。相比之下，柯克西卡和席勒乐此不疲地画着自己，克里姆特却没有自画像："我从未画过自画像。我不太喜欢把自己作为画中人物，我所感兴趣的是别人，尤其是女人。"

因父亲与弟弟的相继去世以及与埃米莉的婚姻，克里姆特的主导思想表现在两大主题上：性欲和死亡。其作品也从新艺术派转变成现代主义派。因此，克里姆特与弗洛伊德及施尼茨勒同时展开了对驱使人类行为的无意识本能的探索。他成为无意识画家，着力揭示女性的内心世界。

克里姆特不仅清楚地意识到女性情色充满诱惑，而且还具有毁灭性的力量。他的部分作品没有描绘娴静端庄的女性，而是一些看起来相似又缺少深度心理剖析的画面。之后他大胆公开地描绘性感妩媚的尤物，能唤起男人同样的情感：痛苦与欢乐；死亡与生命。他像爱德华·蒙克和其他前辈一样开始探索女性危险而又非理性的力量，由此说明性行为并不总是愉悦的。这批作品中的第一幅是1901年绘成的《朱迪思》（图8-22），克里姆特揭示了女性的力量完全可以吓倒男人。

《朱迪思之书》讲述的是一个犹太女英雄的故事。朱迪思是一位年轻寡妇，但她的胆略勇识、强大力量及聪明智慧却救下了许多人。大约在公元前590

▲图8-22　古斯塔夫·克里姆特的布面油画作品，《朱迪思》(1901)。

年，由荷罗孚尼领导的一支巴比伦-亚述军队围攻伯图里亚城。没过多久，攻城使当地居民付出了沉重的代价，朱迪思却想出了一个妙计来拯救他们。她假装与女仆一起逃离这座城市，在这个过程中遇到了荷罗孚尼。荷罗孚尼因其美貌而为之倾倒，随后下令设宴款待美女。席中，朱迪思不停地给他灌酒。宴后，朱迪思与荷罗孚尼一起退回帐篷并设法引诱他。酒足饭饱的荷罗孚尼倒头大睡。朱迪思拔下悬在他头上的利剑将其斩首。随后她将荷罗孚尼的头颅带到伯图里亚城内，市民见状一举击败了巴比伦人。

在《朱迪思》这幅作品当中，克里姆特对这位妇女的刻画入木三分，将其描绘为女性性爱冲动这一毁灭性力量的象征。朱迪思薄面透纱、全身上下充满诱惑，借此杀害了荷罗孚尼。她的头发是亚述树金色树枝间的黑暗天空，而大树的生育能力则代表了她的情欲蛊惑。这位年轻、亢奋、放纵的女人用她半闭的双眼凝望着观赏者，表现出一种兴奋狂喜的遐想。画作中，朱迪思在引诱观赏者进入她那欣喜若狂的激情状态时，侧露出了荷罗孚尼首级的小部分。绘画中的杀人主题通过朱迪思的黄金项链进一步展开：在金色镀金风格的背景中得到了渲染，它从形式上将朱迪思的头颅与其身体断开。虽然此幅作品的名称是《朱迪思》，与《阿黛尔·布洛赫鲍尔》一样，但这位危险的美人如同维也纳当代上层社会的一位优雅女士，如同克里姆特画笔下与他曾有过花前月下故事的女性。朱迪思的首饰风格古老，但显然产自现代，质地上乘的长袍则是维也纳工坊标志性的工艺美术风格。

将克里姆特的《朱迪思》与1599年卡拉瓦乔的《朱迪思与荷罗孚尼》（图8-23）相对比，将非常有趣。像克里姆特一样，卡拉瓦乔的确打破了惯例。他无视古典的美人观点，希望以一种全新的方式来解读艺术。卡拉瓦乔被指控试图给公众带来视觉冲击，这一点也与克里姆特类似。然而，克里姆特的朱迪思令观赏者陶醉于其致命的诱惑之中，而卡拉瓦乔的朱迪思看起来纯真无瑕，却让人对她的行动及性欲产生反感。

克里姆特的朱迪思是一个真正的女中豪杰：她既能唤起男性的欲望，又使他们感到恐惧，而自己又从中获得快乐。我们能理解为什么荷罗孚尼爱上了她，因为她美丽大方又性感诱人。此外，虽然画中出现了断头，却没有一丝血迹或

▲图8-23　米开朗琪罗·梅里西·达·卡拉瓦乔的布面油画作品，《朱迪思与荷罗孚尼》(1599)。

暴力。朱迪思对荷罗孚尼的谋杀只是一种象征。因此，该绘画揭示了弗洛伊德的预言：随着女性性行为的开放，一个心理问题随之产生——男人对性的焦虑以及对性行为与侵略性行为（即生与死相互关系）的恐惧。在克里姆特意识到此问题之前，弗洛伊德曾写过一篇关于阉割焦虑的文章。

　　这幅画更有趣，因为它扩大了我们对妇女性欲的理解。克里姆特在栩栩如生的作品中主要刻画了性行为的愉悦感，妇女取乐时，享受着与情侣的性生活，或完全沉浸在自我放纵的性幻想之中。但在《朱迪思》这幅画中，克里姆特也揭示了性欲的破坏性，从而扩大了我们对性爱情感范围的理解，妇女能够经受与男性类似的情感。

　　克里姆特在一系列作品中都采用爱情与死亡这两大主题，而其画作中的生命周期可能最为有名。1911年他的作品《死与生》（图8-24）中，许多人（生命的力量）簇拥在画作的右边，左边是死亡的孤独身影。克里姆特用不同的色区将死亡融入生命之中：死亡将自己包裹在夜色之中，而代表生命与爱情的人类身体色彩斑斓，饰品活泼亮丽。爱情与死亡在《希望I》中被刻画得淋漓尽致。一位裸体孕妇的闪亮红发与她毫不遮掩的阴毛相呼应，她充满了对孩子的无限想象，却没有意识到自己正处在死亡骷髅的笼罩之下（图3-3）。

因此，克里姆特的追随者柯克西卡和席勒也用非常原始的方法探索了性、侵略性、死亡以及人类行为下的无意识本能，这应该不足为奇。

▲图8-24　古斯塔夫·克里姆特的布面油画作品，《死与生》（约1911）。

第九章
艺术中的心理描写

从视觉上看，克里姆特的作品呈现出绚丽多彩的装饰风格，虽然奥斯卡·柯克西卡的早期画作受其强烈影响，但他很快就摆脱了这种影响。柯克西卡认为青年派艺术（新艺术）没有深入表层之下，"它只是美化了表面，却没有描绘出内心世界"。他批评克里姆特的绘画作品通过象征性符号与装饰表现性欲，称其描绘了玩弄性的社会女性。而且，他认为克里姆特画中的女性是没有感情的。

柯克西卡将心理分析的顿悟与表现主义风格相结合，并在肖像画中体现出来。在绘制中，他坚信艺术中的真理是以所见到的内心世界为基础的。他将自己描绘为一个"心理锡罐的开瓶器"：

> 绘画时，我所关心的不是人物的外表，不是宗教中或现世的显赫声
> 名，也不是其社会根源……我的肖像画之所以使人们感到震惊，是因为
> 我试图通过面部表情、手势动作来感知某个人的实质。

柯克西卡努力挖掘画中人物的心理，这使他成为奥地利首位表现主义画家。

柯克西卡后来标榜自己与弗洛伊德一起发现了人类潜意识的广阔世界。弗洛伊德层层挖掘病人的真实性格，柯克西卡与前者一样，他认为自己探索了自己与画中人物内在的心理过程。柯克西卡在1971年出版的自传中大胆地吹嘘，并坚定地认为表现主义绘画"是在弗洛伊德精神分析学上的发展及马克斯·普朗克发现量子理论的现代版本及竞争对手。这是一个时代的标志，而不是艺术的时尚"。

　　像克里姆特一样，柯克西卡对生物学非常着迷。柯克西卡曾这样描述他的青年期："未识字之前，父亲给我的第一本读物是扬·阿莫斯·夸美纽斯的《世界图解》，它对我一直非常有用……书中描绘了有生命及无生命领域的现象，并把人放在宇宙中的正确位置上。"《世界图解》于1658年发行初版，后不断更新至1810年，它是第一本儿童百科全书。书中有丰富的插图，试图提供关于已知世界及其居民的概要知识。柯克西卡对生物图画很感兴趣，尤其是骨架、肌肉及皮肤下内部器官的具体解剖插图（图9-1）。

　　作为一位成年人，柯克西卡也受到医疗中所用X射线的影响。1895年，德国物理学家伦琴发现X射线可以穿过身体表面，使人们看到内部骨架。维也纳新闻界很快就传播了这一重大发现，并引起了轰动。研究柯克西卡的学者克劳德·努奇对此的描述是："能看穿不透明物质！能看清一个封闭的盒子！透过表皮与血肉看清胳膊、腿、身体的骨骼。至少可以说，这样的发现与我们现在所考虑的具有确定性的所有物品完全不同。"

　　此外，柯克西卡很可能通过阅读弗洛伊德的书籍或与维也纳建筑师阿道夫·洛斯等学者的紧密联系，了解到弗洛伊德的精神分析工作。洛斯对社会评论家、剧作家卡尔·克劳斯的报纸《骰子凡客》有过投资，该报纸经常发表弗洛伊德的观点。

　　《世界图解》中的解剖图、医疗界所用的X射线以及弗洛伊德对精神的理解等，都有助于柯克西卡提出自己的想法，即要想描绘画中人物的内心世界，就

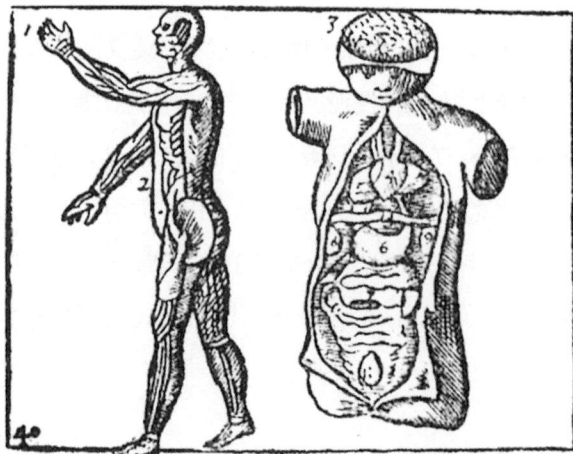

◀ 图9-1　扬·阿莫斯·夸美纽斯《世界图解》（1672）的解剖插图。

必须透过现象看本质。他用画中人物的面部表情、姿势及态度来剥离这个人的社会假面,揭露他或她的真实情绪状态。在开始绘制肖像画时,他会鼓励他的模特走动、谈话、阅读或沉浸在自己的想法之中,从而不会察觉到艺术家的存在。精神分析学家会用同样的方式要求病人躺在沙发上,背对治疗师,这样病人就能忘掉治疗师的存在,在感觉足够舒适后开始自由联想。

丹麦艺术评论家卡琳·米凯利斯(1911年柯克西卡绘制了她的肖像画)曾这样评价柯克西卡,"他像精神病医生一样一眼看穿别人,他找到了其中最隐秘的弱点、悲伤或恶习"。洛斯认为柯克西卡其实具有"X射线般的眼睛"。正如努奇所写的:

> 新维也纳艺术史学院建立的实际运作模式中隐含着一种非常理性和解释性的假设……它认为不能简单地从外层观察人的身体,人体是一个空间实体,一个三维的有机体,其"真相"不是通过外观而是通过其隐藏的基本结构显示出来……相同的位置为罗基坦斯基的医疗实践提供了核心方法以及知识支柱……事实上,柯克西卡能将其视觉实验与哲学真理相联系,洛斯将那些同样的实验与X射线的发现及医学用途相结合,艺术史学家用某种方式找到了解剖的象征意义,并用这种有效的方法来描述柯克西卡的视觉实验,这些都与医学的思维方式有莫大的关系。

1886年柯克西卡出生在多瑙河畔的一个小镇拉恩,小镇在维也纳以西约60英里(约96千米)处。与克里姆特一样,他也出身于一个金匠家庭,尽管其父亲起初是一家珠宝公司的旅行推销员,后来又在维也纳一家书店当了记账员。柯克西卡开始也是学的工艺美术,这也与克里姆特一样。从1904年到1908年,他就读于奥地利应用艺术博物馆艺术与工业学校,在那里他学会了素描、绘画、版画及书籍插画。

1906年,柯克西卡先后受奥古斯特·罗丹、爱德华·蒙克画作以及保罗·高更塔希提画作的影响,他开始描绘裸体青年男女。在此,他的绘画反映了另一种想法,他与弗洛伊德都认为,不仅成年人会表现出包括性及侵略性在内的本能冲动,儿童与青少年也会有这种冲动。1905年《性学三论》出版后,儿童性欲这一主题便出现在维也纳。弗洛伊德在论文里将青春期的生理成熟描述为幼年性成熟。然而，公众对将青年性行为作为画作主题还未做好心理准备，更不能接受柯克西卡对性行为的大胆描述。

柯克西卡在描绘青年模特的性欲时，他既把握了他们的自然开放，又体现了他们的羞涩不安。如，1907年他的画作《手托下巴站着的裸体女孩》（图9-3），模特别扭的站姿表达着做裸体模特的不适。从这幅作品以及《双手放在脑后的裸体女性》（图9-2）中，我们可以看到柯克西卡非常着迷的是动作如何背叛心理特质或社会尴尬。此外，两幅作品中少年般的身材与轮廓突出了画中人物的青春。画中的青年模特很像莉莉丝，她是应用艺术学院年仅14岁的学生。这些早期作品，尤其是《躺着的裸体女性》（图9-4）说明了柯克西卡如何通过身体轮廓透露年轻女模特自由奔放、毫无约束的动作以及她们的无意识情感冲动。

1907年，还只是一位学生的柯克西卡开始在维也纳工作室工作，他在这里设计出海报与明信片、装饰扇子。工作期间，他将青春期的初恋幻想写成了一首表现主义的诗歌，并与八色石版画相结合，就产生了《做梦的少年》一书，于1908年出版。此书被认为是20世纪最伟大的艺术书籍之一。

柯克西卡用充满性意味的插图记录了青少年丰富的性幻想生活，这也正是弗洛伊德从成年患者的临床研究中所推断出来的。著名艺术评论家恩斯特·贡布里希指出，柯克西卡在最初几年，主要关注儿童艺术以及他们的原创性和独立意识。这种倾向在《做梦的少年》略显尴尬的描绘中非常明显。与青春期的裸体画作一样，柯克西卡21岁时完成的装饰插图仍然显露出克里姆特的强大影响力。事实上，这本设计优雅的书是为了向克里姆特致以敬意，第二幅图像也是如此，描绘了柯克西卡倾向克里姆特以寻求支持（图9-5）。

与柯克西卡的早期表现主义诗歌及其戏剧一样，《做梦的少年》一书所涉及的不仅是梦想，还有婴幼儿和青少年的性爱倾向以及情色与侵略性的融合。所有这些主题弗洛伊德早几年在《梦的解析》中都有介绍。说柯克西卡曾阅读过《梦的解析》或《性学三论》，这都是不可能的，但他很可能已经熟悉了这些想法，因为这些已经成为文化的一部分。当然，版画、他们的梦想、青少年性行为、他们对父亲的反抗及俄狄浦斯情结可能受到了弗洛伊德著作的影响。

▲图9-2　奥斯卡·柯克西卡用钢笔、墨水、水彩、铅笔画在封面纸上的作品,《双手放在脑后的裸体女性》（1913）。

　　此书的最初设计是作为维也纳工作室赞助的儿童系列童话书之一,书中石版画明亮的颜色及其厚厚的黑色轮廓确实像儿童读物的封面。但这本书不是写给儿童的,也不是以现有童话故事为基础。相反,它是一封写给莉莉丝的高度原创、充满诗意的情书,目的是想打探出她的性感成熟度,而当时莉莉丝年仅16岁。她曾是柯克西卡的模特,两人从1907年到1908年有过一段不解之缘。但当这本书出版时,柯克西卡曾希望能带他们步入婚姻殿堂的这段爱情却走到

▶ 图9-3 奥斯卡·柯克西卡用铅笔、水彩画于纸上的作品，《手托下巴站着的裸体女孩》（1907）。

▼ 图9-4 奥斯卡·柯克西卡用水彩、水粉、铅笔画在深褐色编织纸上的作品，《躺着的裸体女性》（1909）。

▲图9-5　奥斯卡·柯克西卡的彩色版画作品，插图：*Die Träumenden Knaben*（1908）。

了尽头。据柯克西卡所说，是因为他占有欲太强。

　　石版画属高度原创的艺术作品（图9-6），平整光滑，可用于装饰又充满程式化，类似于拜占庭式艺术与原始艺术以及日本木版画与新艺术风格的结合。虽然石版画平整、几何图形多样，但相比于克里姆特作品的感性，柯克西卡的线条更加棱角分明、强劲有力，更加具有书法的特质。正像他描绘青春期少年（可能是艺术家）内心骚动的那首诗中的少年一样，他在寻找梦中女孩（莉莉丝）时，饱受体内性欲觉醒的折磨。

　　这对少年恋人在大多数情况下是被分开描绘的，落景于奇特的风景《伊甸园》之中，园中有金鱼游玩的池塘，有鹿、鸟、蛇生活的岛屿。但在现代版的《亚当和夏娃》之中，两位恋人在最后一幅作品中才一同出现，这表明他们被逐出了伊甸园（图9-6）。意识到自己赤裸的身体，他们分开站立，两人之间的爱情仍有残缺。当他们离开天堂，褪去青涩，步入成人世界时，充满了性爱欲望，但又无比焦虑。

这些图片是即将出现的表现主义艺术的强有力证明。特别是，最后一幅裸体自画像是埃贡·席勒几年后大量绘制该类画像的先兆。正如艾米莉·布劳恩指出的，20世纪五六十年代，裸体自画像再次成为英国具象绘画的主题，尤其是弗朗西斯·培根和弗洛伊德的孙子卢西安·弗洛伊德作品的主题。

诗中语言充满情欲，属表现主义，很难理解。故事里的年轻诗人以一段序言开场，然后介绍了连续7年的梦境，每一个梦境都由相同的语句宣布："躺下后，我梦见……"梦中诗人变成了狼人，闯入心爱之人的花园：

> 你，温柔的美人
>
> 昨日起，是什么让你红色斗篷下的身体里不断翻滚着内心的渴望？

▲图9-6　奥斯卡·柯克西卡的彩色版画作品，《做梦的少年》（1908年绘制，1917年出版）。

你是否感受到了颤抖的微风中那一丝兴奋的暖意?

我就是不断徘徊的狼人

当夜晚的钟声消逝,

我悄悄潜入你花园中的草地上,闯进你宁静的院落

我无拘无束的身体里

鲜红的血液在不停地奔腾流淌

流淌到你的花草树木中

流淌到你的村庄里

流淌到你的灵魂中

消失在你的身体里

孤苦寂静中

在你醒来之前,我狂啸着

将你吞噬

绅士们

女士们

你们懒洋洋地听着孩子们的欢声笑语

钟爱掠食的狼人就在你们身边

躺下后,我梦见了无法避免的变化

……

这不是童年往事的流逝,也不是男子气概的丧失

而是对孩童天真的渴望与犹豫

是成年之前毫无缘由的羞涩

是小伙子精气旺盛却又孤独

我感受到了自己的内心和身体变化

躺下后,我梦见了爱情。

　　1908年春,克里姆特组织了石版画在维也纳艺术展览场的首次展出,以庆祝弗朗茨·约瑟夫皇帝统治国家60周年。即使克里姆特感觉到柯克西卡的发展

方向与自己的完全不同，却仍然义无反顾地支持他，让他第一次有机会在公众面前展示自己的作品。克里姆特为自己的决定辩解道："柯克西卡是年轻一代的优秀人才。我们可能会冒着破坏艺术展览场的危险，却又不得不这样做，我们将竭尽所能。"的确，柯克西卡的石版画标新立异，并使他赢得"兽中之王"的荣誉称号，在未来几年里他将突破表现主义绘画。

洛斯在艺术展览会上见到了《做梦的少年》，他极力鼓励柯克西卡改变自己的装饰风格，劝其不要在维也纳工作室工作。第二年夏天，就在柯克西卡从艺术学院毕业的前一年，他摆脱了工艺美术风格以及克里姆特的影响，并受到克劳斯和洛斯的鼓舞，而他们两人都未曾目睹过克里姆特的杰作，却一致认为他的高度装饰画肤浅。48岁的洛斯和22岁的柯克西卡之间的友谊为其转变风格起了关键作用，使这位关注真相、不在乎美的艺术家大胆勇敢、富有创造力（图9-7）。

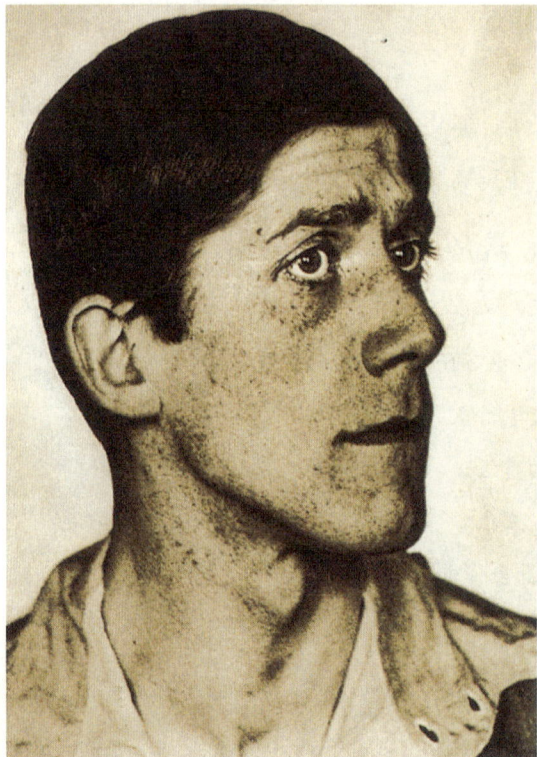

◀ 图9-7　奥斯卡·柯克西卡（1886—1980）。此照片拍摄于柯克西卡被任命为德累斯顿美术学院教授之后，1920年左右。

如努奇所说，柯克西卡1909年的彩绘泥塑《自画像战士》（图9-8）成功地打破了克里姆特的风格。这尊半身彩塑嘴巴大开，像是"充满激情地呼喊"。柯克西卡曾在自传中写道，作品受到维也纳自然历史博物馆中一个波利尼西亚面具的启发。奥地利巴洛克式雕塑家弗朗兹·梅塞施密特等著名人物的影响也有一定积极作用，其极端情感描写是奥地利表现主义的先驱（图9-9）。

柯克西卡在这尊彩塑中试图展示一些他曾使用的技术，使艺术品看起来更加真实、更加突出。他展示了用于处理未燃烧黏土表面的物理方法、剥落皮肤的技术的使用以暗示血液是在表皮下流动。此外，为了强调自己作为一名艺术家的个性，他将手压进黏土，还采用了一些不自然的颜色——眼睑上涂的是红色，脸部及头发用的是蓝色和黄色，柯克西卡超越所有的社会或绘画礼仪，借此来表达极端情感。在这里，我们看到柯克西卡第一次尝试着放弃使用现实的颜色和纹理，以支持内在的情感。像梵高最初的尝试一样，柯克西卡通过使颜色摆脱具象功能，让自己的艺术品的核心点从图像精确程度转向纯粹表达。

维也纳艺术史学院拒绝了克里姆特的壁画，也就拒绝了真理与美的完美结合，他们认为最真实的艺术应描绘画中人物的本质，而不论他是在生气还是已变形，如梅塞施密特和柯克西卡的作品。维也纳艺术史学院阿洛伊斯·里格尔及弗朗茨·维克霍夫的学生马克斯·德沃夏克是柯克西卡的坚定支持者，后来为柯克西卡1921年收藏品"主题与变式"写序。德沃夏克在序言中写道，柯克西卡用身体特点来代表精神面貌。

1909年至1910年，柯克西卡绘制了一系列奇特的爆发性肖像画，画中他将雕塑中所用的技术转移到画布上：多个划痕、指纹及不自然的颜色。这些肖像画完全不符合由克里姆特精美的女性肖像画所形成的当代品位。因此柯克西卡的半身像、肖像画以及当时所写的两部表现主义剧本使维也纳社会陷入动荡。

柯克西卡的肖像画代表了维也纳现代主义绘画技巧的一个飞跃式发展。就像克里姆特打破传统，放弃了几个世纪的幻觉派艺术，将拜占庭式的平整引入现代艺术。因此，柯克西卡将矫饰主义夸张的形式及颜色与原始艺术及漫画

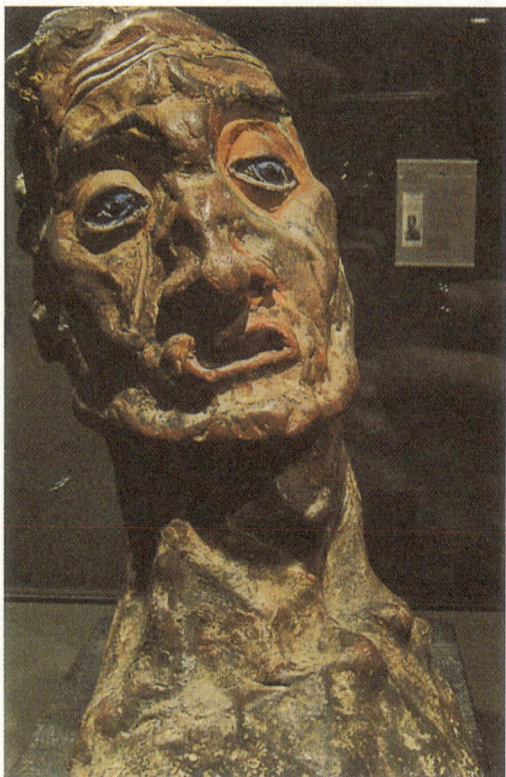

▶ 图9-8　奥斯卡·柯克西卡的
彩绘泥塑作品，《战士自画像》
（1909）。

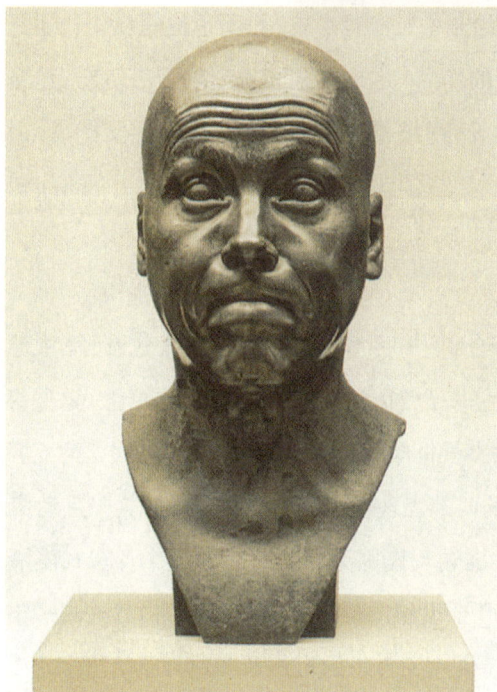

◀ 图9-9　弗朗兹·梅塞施密特
的雕塑作品，《无力的吹奏者》
（1771—177?）。

的各个方面相融合，开创出一片新天地。风格主义艺术出现于1520年左右。它既是意大利文艺复兴兴盛期对当时世界的和谐、理性、美丽所描述的产物，也是对其的反映。 矫饰主义艺术家不认为仔细观察与精确描述最能把握美的本质。他们改变并夸大了细节，对人、物或景加以修饰，创造出一个更加惟妙惟肖、引人注目、深入人心的画面。

当时的一位学者约翰·希尔曼解释说，矫饰主义者根据自己的观点及戏剧感，用夸张的形式、醒目的颜色重组了自然。他将一切归因于意大利文艺复兴兴盛期的艺术巨人、早期矫饰主义者米开朗琪罗，认为"运动中的人物最优雅、最具雄辩力"。如果身体的所有动作都曲折婉转，定会优美动人。

艺术史学家认为提香是欧洲历史上最具创新性的肖像画家，他采纳了早期的矫饰主义想法并将其运用到布面油画这种全新的绘画方式之中。直到16世纪初，意大利文艺复兴时期的艺术开始关注壁画及木板上的蛋彩画；这些作品的涂料含水性、光滑、易干。但油画颜料却不同，干得较慢，可以使艺术家重新修改画作，还能使画家采用透明的黏性外漆。由于这种漆料能反复上釉于干漆层面，因此艺术家可对作品反复斟酌、不断修改，从而体现作品的深度与纹理。因此，提香可以通过多次使用涂料层来表达情感，用强劲的笔锋突出或扭曲画面。正如荷兰科特所说，提香停止在他的画作上签名，是因为所用涂料过于"原始"，画面有划痕，因此其作品还需进一步的鉴别。

柯克西卡在自传中写道，他从提香对光线与色彩的运用之中受到启发，从而创造出一种运动的错觉，并且用透视法补充色彩。他还说到了提香的《圣母怜子雕像》，作品中艺术家用光线改变并重塑了空间，因此，观众的视角不再受限于作品轮廓及局部色彩，可以看到光线的强度："童年时期当我第一次被光线的神秘所吸引时，我的视野打开了。"

希腊裔西班牙矫饰主义画家埃尔·格列柯也对柯克西卡有着深远的影响。事实上，1908年10月在巴黎秋季艺术沙龙会上展出的埃尔·格列柯画作对整个欧洲艺术界产生了重大影响。1909年，克里姆特前往西班牙观看埃尔·格列柯的原作时，其复制品已在维也纳广为流传。柯克西卡便开始将埃尔·格列柯作品中的瘦长的脸蛋与身材应用于自己的绘画之中。

因此，提香和埃尔·格列柯的矫饰主义对梅塞施密特和梵高的早期表现主义产生了影响，紧接着柯克西卡的表现主义也受到了影响。10年后，维也纳艺术史学院的两位学者贡布里希和恩斯特·克里斯都注意到矫饰主义到表现主义的转变，他们认为表现主义是经典矫饰主义、原始艺术以及讽刺画的综合体。可以说，这种综合体首次体现在梅塞施密特的人物头像、柯克西卡的《战士自画像》及1909年到1910年的肖像作品之中。

柏林艺术品商人保罗·卡西尔用"表现主义"一词来区别爱德华·蒙克与其他表现主义大师的作品。蒙克的绘画强调永恒、根深蒂固的主观表现、现代世界普遍存在的压力与焦虑，而表现主义注重自然光下人与物稍纵即逝的外在表象。从一般意义上说，表现主义的特点是采用夸张异常的意象与象征性的色彩，使观众欣赏作品时提升他们的主观感觉。

从短暂的表面印象转变为更加持久有力、更富情感的画面，梵高的作品在这方面尤为突出。他在写给艺术家弟弟西奥的信中解释说，在绘制一个重要朋友的肖像画时，把握住朋友的样貌只是第一步。之后，梵高开始着手改变人物的颜色和背景：

> 我将成为一名任性的五彩画家。我会夸大头发的清晰度，将其染成橘色、铬黄及淡柠檬黄。头部以外……我将尽情涂刷，在深蓝色系下设计一个朴素的背景；通过这种简单的组合，明亮的头部与湛蓝的背景形成鲜明的对比，达到一种神秘的效果，宛如蔚蓝的天空深处一颗闪亮的星星。

柯克西卡采用了梵高发明的短笔绘画技巧以及蒙克强有力的情感表达法，并使它们在矫饰主义技术中得到了发展。柯克西卡引入了漫画作品中常见的夸张艺术形式，夸大脸部、双手及身体。不同于梵高主要用夸张来加强外部特征，蒙克用此来表现恐惧的外在形式，柯克西卡用夸张去揭示了新的内心世界，即画中人物的内心冲突以及艺术家饱受折磨的自我探索。这样，他超越了克里姆特的现代主义，开启了一种成熟的爆发性奥地利表现主义。

贡布里希如此评价表现主义艺术及柯克西卡这一时期的作品：

> 公众对表现主义艺术的失望也许不在于它扭曲了自然，脱离了美感这一事实。画家有权刻画出人的丑陋，这是他的工作。但自认为是真正艺术家的人不应该忘记，如果他们必须改变事物的外观，那么他们应该使其理想化，而不是使其丑陋并引起人们的强烈不满。

从历史上来说，肖像画在西方艺术中起着主导作用，因为面部承载着丰富的信息。摄影术问世之前，富人们及有影响力的家庭用肖像画使后代知道他们的面貌。此外，肖像画的成功也是因为旁观者可以自己将肖像画与记忆中成功人士的外貌进行对比。柯克西卡意识到了这一点，并着手修改了肖像画所基于的一些假设论断。无论画中人物是王室、贵族或布衣，长期以来他们都代表着这一阶层的所有成员，但柯克西卡放弃了这一传统观念。因此，虽然克里姆特描绘了代表所有女性的理想化妇女，从《阿黛尔·布洛赫鲍尔》到《朱迪思》，但是柯克西卡借助富有个性的"灵魂绘画"，渴望寻求特定人物的内心世界。艺术史学家希尔顿·克莱默对柯克西卡早期肖像画的评价是：

> 在公众风格的面具之下……存在着深刻的同情心与彻底的决心，而两者似乎能够渗透到内心深处。

克里姆特在高度装饰的背景下描绘女性，以强调她们的持久性；柯克西卡则使用朴素的暗色背景衬托出画中人物的内心以及面部、眼眸与双手的特点。《纽约时报》与《纽约观察家》两大报纸的艺术评论家希尔顿·克莱默写道：

> 柯克西卡将他的每个主题置入一个绘画空间，但既不是自然空间，也不是某个人们熟知的室内空间，而是一个地狱般的空间，让人立刻产生一种被恶魔缠身、受瘟疫威胁的恐怖感。空间里奇异的明暗对比、可怕的颜色，让人物难以捉摸并毫不掩饰地亲密起来。

正如我们已经看到的，克里姆特利用了大量装饰图案，以使观众不再注意巨大肖像画中使用的苛刻技术。但是柯克西卡却拒绝采用这些图案，他的肖像画从本质上来看像是用未经加工的手术刀所完成。正如那尊黏土半身像，为描写人物的内心感受，他大胆地展示了自己所采用的方法。柯克西卡是一位才华横溢的工匠，有时他用一层薄薄的涂料勉强覆盖作品表面；有时会给作品局部涂上厚厚的一层，用调色刀创造一个纹理表面。但在这里，他会用一块抹布、自己的手指或平面金属工具擦掉多余的涂料；他会用力按压画布上的着色面，留下凹凸不平的印记。薄层颜料与厚层之间的相互作用，常常含有大量不透明的白色部分，便形成了柯克西卡作品中微妙的肌理变化。

柯克西卡使用这些技术不是为了毫不夸张地呈现画中人物，而是为了把握人物的心理特征、情感与心情。在这一过程中，他无意识地表达了自己无拘无束的本能冲动。有时，他的作品咄咄逼人，有时却从容淡定。因此，柯克西卡在绘制作品时，通过使用颜料来叙述了自己的无意识状态，而且通常是独立于画中人物的一种状态。

为了使自己的见解形成一种个性，柯克西卡关注四大想法。第一，绘制肖像画是了解他人内心的好方法；第二，绘制肖像画也是自我发现的过程，艺术家在这一过程中能够知道自己的本性——柯克西卡意识到画肖像画以及了解他人的捷径就是清楚自己的内心世界，引申开来就是画自画像；第三，姿态，特别是手势可以沟通情感；第四，接近与逃避，这两大相反的情感总是通过性行为或侵略性行为来释放，而且，这种本能冲动在儿童与成年人身上都非常明显。

柯克西卡的第一幅肖像画人物是他的朋友恩斯特·莱因霍尔德（本名是莱因霍尔德·赫希）（图9-10）。在绘制莱因霍尔德肖像画及随后的肖像画中，柯克西卡的目的是"我用自己的绘画语言重新创立的一个活生生的生命"。

为了描绘莱因霍尔德的无意识冲动，柯克西卡使用了大胆、异常花哨的颜色，用手指和刷柄快速涂上颜料并用力摩擦，使画布凹凸不平。柯克西卡用棍子或手刮掉了肖像画某些部分的颜料。他将这位红头发主角放在画面最突出的位置，使参观者能直接与他那双锐利的蓝眼睛对视。像其他肖像画一样，柯克西卡在这里使用抽象的背景，这不仅应对了克里姆特的装饰性背景，同时能重点关注主题人物，突出他的内心世界。艺术史学家罗莎·伯兰说，这种背景加上画作粗糙的质感以及幽灵般的光线，将人们的注意力转向了画作的创作过程，从而为"艺术创作过程"起到一个视觉隐喻的作用。

▲图9-10 奥斯卡·柯克西卡的布面油画作品，《恩斯特·莱因霍尔德肖像画，入迷的球员》（1909）。

柯克西卡后来对这幅画作了评价：

　　《恩斯特·莱因霍尔德肖像画》对我来说非常重要，它存在一个一直被忽略的细节。匆忙之中，（他放在胸前的手）我只画了四根手指。是我忘了画出第五根吗？无论怎样，我不该弄错。

　　对我来说，阐明画中人物的内心世界比画清楚五根手指、两只耳朵或一个鼻子更加重要。

　　柯克西卡将莱因霍尔德的这幅画更名为《入迷的球员》，因为"对于他，我有很多想法，却又无法言喻"。柯克西卡有一个清楚的想法没有用言语表达出来: 像他这样一位敏锐的艺术家, 是如何遗忘了朋友的一根手指。如果我们注意到伟大肖像画始于《入迷的球员》这幅作品, 便知道这显然是一个弗洛伊德意义上的过失, 是毫无意识状态下的疏忽。

主角的左手代表了柯克西卡首次尝试通过扭曲画中人物身体的一部分, 以沟通内心想法与感受。后来扭曲身体与肉体成为他所喜爱的用于分析展示人物内心世界的方式。柯克西卡在《做梦的少年》这幅作品中, 仍采用克里姆特式的装饰风格, 其肖像是装饰性及象征性的。但在《入迷的球员》作品中, 我们看到了一个巨大的转变, 之前意义存在于传统的象征符号之中, 但现在存在于身体里。克里姆特用双手代表《亲吻》《阿黛尔·布洛赫鲍尔》的象征意义, 但柯克西卡的意义更深远: 莱因霍尔德左手的四根手指象征了人的个性的不完整。席勒之后又将双手、手臂及身体的这种图像象征发展得更完善。

1910年柯克西卡展出了27幅油画, 其中有24幅是肖像画, 所有作品都是在一年中毫无准备的情形下绘制而成。从1909年至1911年, 在这两年时间里, 他绘制了50多幅肖像画, 其中绝大部分是男性。通过这些作品, 特别是通过作品人物的眼睛、面部与双手, 他揭露出人物的典型性格。有时, 如1910年在《鲁道夫·布米勒》中, 他用身体部位表达出深深的焦虑或纯粹的恐怖 (图9-11)。柯克西卡把鲁道夫尊为现代艺术的一位朋友, 曾写道, "鲁道夫是现代艺术事业中不知疲倦的奋斗者……现代版的堂吉诃德, 非常绝望地与当时根深蒂固的偏见作斗争, 这一点反映在我所绘制的肖像画中。"

柯克西卡的大部分早期作品是半身肖像画, 通常都止于双手以下。柯克西卡认为手能传达情感, 他在肖像画中强调这些 "会说话的手"。正如在布米勒的肖像画中一样, 有时柯克西卡用红色描画双手的轮廓或将双手涂上红色。布米勒的右手抬起, 像是与自己的手及身体辩论一样; 通过外套卷起的右侧衣袖, 他将运动的力量向上传输给整个身体。布米勒的面部充满了血色, 显示出高色度的斑斑点点, 巧妙地掩盖了他苍白的肤色。他的面部特征勾画成红色, 表示静脉或动脉。观众的注意力会转向布米勒一大一小的双眼。他没有直视观众, 但心烦意乱地凝视着其他地方, 似乎又沉迷于自己的内心世界当中。

这幅肖像画中的涂料既薄又干, 但少有摩擦或刮过的痕迹, 表明柯克西卡

▲图9-11　奥斯卡·柯克西卡的布面油画作品，《鲁道夫·布米勒》（1910）。

为捕捉自己的兴奋状态，愿意去错过细节陈述。柯克西卡在这里及许多其他肖像画中的绘画技巧以及画布上的刮痕非常明显，参观者会同时注意到画作表面以及画中人物。作品纹理没有很好地表达出画中人物的无意识状态，但体现了艺术家对他的反应，以及艺术家为把握画中人物的内心而产生的焦虑。涂料的细薄与通透体现了一种怪异的紧迫性与透明性。如柯克西卡自己所说，他试图获得一个绘画版的X光线来显示画中人物的头骨。

很难评价柯克西卡洞穿模特内心世界的能力，特别是因为他和洛斯反复强调，事实上是大肆宣传他的能力。柯克西卡秉性傲慢，他在自传中写道："绘画时我可以预见任何一位模特今后的生活，我就像一位社会学家观察环境如何改变人的本性，就如同土壤和气候如何影响盆栽植物的生长。"但除了傲慢外，柯克西卡有一种出奇的能力，他不仅能看到画中人物的现在，而且还能预见未来的各方面。我们可从这一时期的两幅著作《奥古斯特·亨利·弗瑞尔肖像画》与《路德维希·里特·冯·贾尼科夫斯基》中看到他的预见能力。

弗瑞尔像弗洛伊德一样，是国际知名心理医生，同时也对比较解剖学和行为举止很感兴趣。他不受弗洛伊德和圣地亚哥·拉蒙·卡哈尔的影响，单独设计出个人神经元学说。1910年春，柯克西卡受当时管理自己所有作品的洛斯委托，绘制了《奥古斯特·亨利·弗瑞尔肖像画》（图9-12）。与这一时期的其他肖像画一样，柯克西卡用画笔与手摩擦涂料，表达出一种模特真实存在的感觉。但在这幅作品中，弗瑞尔的右手与右眼有些异常，与左手左眼迥然不同。他紧握右手手腕并把右手拇指插入夹克的左边衣袖之中。与左眼不同的是，右眼炯炯有神，表明这位男子大脑左侧曾患过中风，这一点弗瑞尔及其家人都知道。

弗瑞尔有权接受或拒绝这幅已经完成的作品。他一看到这幅肖像画后，就不同意。柯克西卡私下认同他的画作将弗瑞尔描绘成一位中风的男子。两年后，弗瑞尔在折转显微镜时中风并影响到了右侧面部，这与柯克西卡所绘的肖像画完全吻合。无论是柯克西卡的画作纯粹偶然地反映了弗瑞尔即将发生的中风，还是艺术家注重细节，身心感知使他洞察到中风的前兆迹象（即短暂性脑缺血症状），这一点很难解释。

柯克西卡1909年的作品《路德维希·里特·冯·贾尼科夫斯基》（图9-13）也体现出他的预知能力。贾尼科夫斯基是一位文学学者，克劳斯的朋友。他被画成一位精神病患者。而就在画作完成后不久，预言果然成真。柯克西卡通过关注贾尼科夫斯基的头部，描绘出他的精神状态，绘制时感觉头部在运动，滑出了画面底部。贾尼科夫斯基脸部及背景中超现实的明亮斑点创造出一种恐怖的感觉，让人很容易感觉他开始精神崩溃。贾尼科夫斯基与观众直视，我们能理解他的焦虑不安，他双眼双耳都不对称，看不到他的脖子，眼睛里充满了惊

▲图9-12　奥斯卡·柯克西卡的布面油画作品，《奥古斯特·亨利·弗瑞尔肖像画》(1910)。

吓，外套夹克与背景融合在一起，他看起来恐慌难耐，我们对他深表同情。为进一步表明贾尼科夫斯基已接近疯狂的边缘，柯克西卡用画笔的木柄端刻画出一根根线条，使他的面部、双眼、嘴巴及鲜红的双耳上布满深深的皱纹，背景画面上出现多处褶皱。

希尔顿·克莱默曾评论过柯克西卡早期的肖像画：

柯克西卡早期完善的肖像画风格有时被称为"神经绘画"或"灵魂绘画"，其实是在善意地提醒这些作品没有逼真感，更没有绘画上的美化感。相反，在公众行为的面具之下却有一种深深的同情心与坚定的决心，想保持清醒的状态，最终渗透到内心深处……柯克西卡1913年描

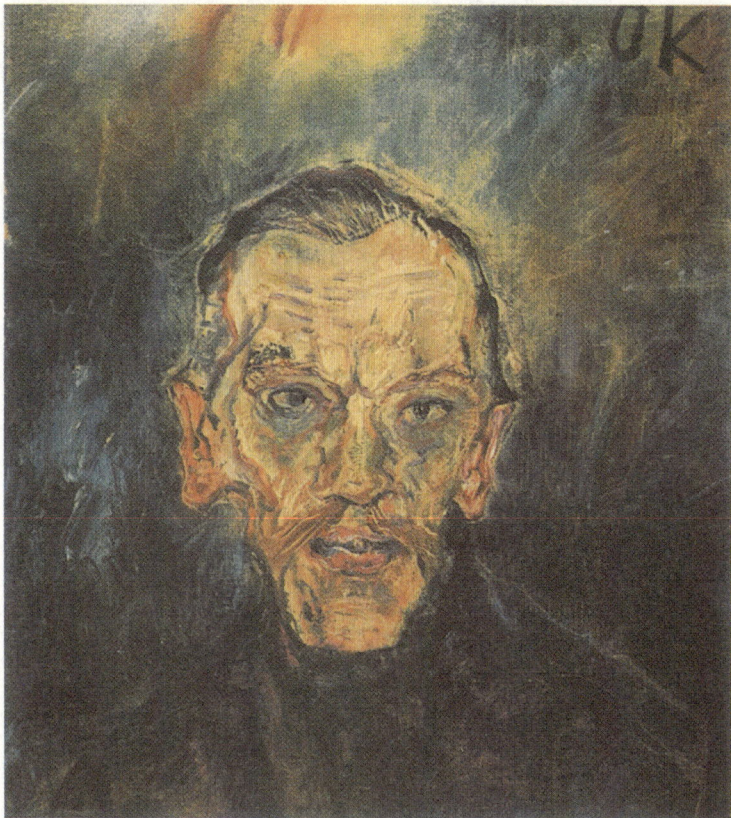

▲图9-13　奥斯卡·柯克西卡的布面油画作品，《路德维希·里特·冯·贾尼科夫斯基》(1909)。

绘个人《自画像》（手放在胸前）时，他并没有免除对自己的彻底坦白。

　　虽然柯克西卡有虚荣心，能够自抬身价，但是这些特性没有在他的自画像中体现出来。为了与"维也纳1900"保持一致，他对自己的个性从心理方面作了分析，并且要比艺术家前辈在相同年龄所作的分析更加尖锐深远，更加冷酷无情。事实上，无论是与弗洛伊德还是阿瑟·施尼茨勒相比，柯克西卡的自我分析更加开放，当然也更加重要。柯克西卡自画像开始出现时就是对自我的尝试剖析。

　　维也纳评论家称柯克西卡的表现主义艺术和戏剧"极其野蛮"，柯克西卡在1911年为艺术杂志《风暴》所设计的著名自画像海报中对他们的冷嘲热讽给予了回应。他把自己画成一个弃儿，一位在罪犯（剃着光头，下巴格外突出）与基督徒之间徘徊的男子，他满脸愁容，用手指着右胸上一个血淋淋的烙印，仿佛在谴责维也纳给他造成的伤害（图9-14）。

柯克西卡在与维也纳最漂亮的女人、古斯塔夫·马勒的遗孀阿尔玛·马勒交往时，自画像中出现了一种不同形式的自我批判。1912年4月，两人相遇后的第三天，当时马勒已经去世数月，柯克西卡便给阿尔玛写了一封激情澎湃的求婚信，从而开始了一段波涛汹涌的恋情，但是柯克西卡从未有过安全感。33岁的阿尔玛比年仅26岁的柯克西卡更加成熟老练。虽然这段情感只持续了两年，却占据了柯克西卡的早期生活。恋情结束后，柯克西卡摧毁了古斯塔夫·马勒的死亡面具，阿尔玛堕掉了他们还未出生的孩子奔向建筑师沃尔特·格罗佩斯。柯克西卡将悲伤化为一系列的自画像，同时还描述了形似阿尔玛的真人大小的立体娃娃的寓言故事。

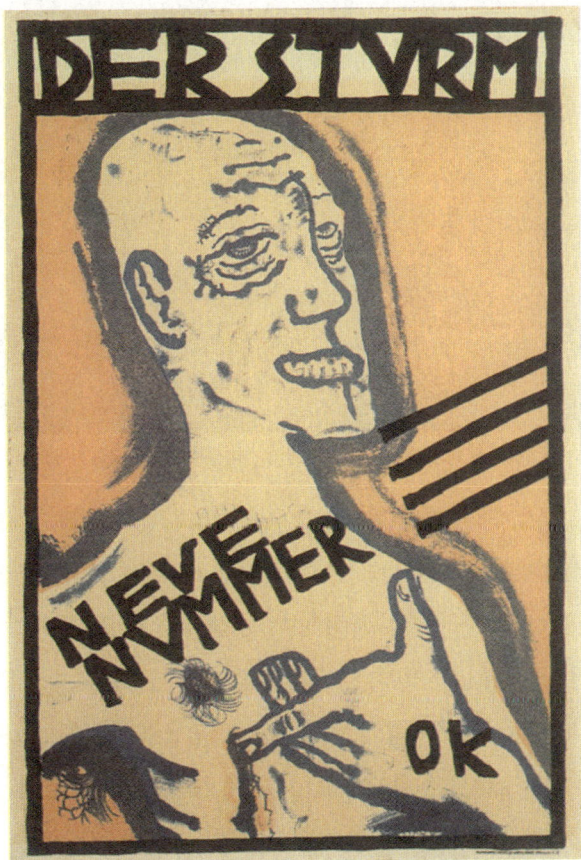

▲图9-14　奥斯卡·柯克西卡为《风暴》杂志设计的封面海报（1911）。

▲图9-15　奥斯卡·柯克西卡的布面油画作品，《手放嘴边的自画像》(1918—1919)。

　　两人交往期间，柯克西卡绘制了身穿家居服时的自画像。那是阿尔玛的衣服，色彩艳丽，但柯克西卡在绘画时常常穿着。有一幅自画像里，他双眼大睁，像是在审问，宽大的双手形成了画面的中心。画中深绿色的条纹背景加剧了焦虑不安、惊吓恐惧的神情（图9-15）。在他们两人的肖像画中（图9-16），阿尔玛一贯沉着淡定，而柯克西卡看上去既消极不满又被动不安，仿佛精神即将崩溃。在《风的新娘》这幅强有力的作品中，柯克西卡和阿尔玛躺在一条船上，在大海中遇险，波涛汹涌的浪潮不断地冲击着他们。她平静地睡着，但柯克西卡像往常一样焦虑不安，一直在她身边辗转反侧（图9-17）。柯克西卡在绘制这幅

◀ 图9-16 奥斯卡·柯克西卡用煤炭和黑色粉笔在纸上画成的《与情人（阿尔玛·马勒）的自画像》（1913）。
▼ 图9-17 奥斯卡·柯克西卡的布面油画作品，《风的新娘》（1914）。

画时，采用了厚厚的颜料与暗沉的颜色，在画作表面反复涂刷，体现出作品的深度，同时也表达了他正在经历的情感风暴。赤热的颜色与更丰富的感情色彩融入他麻木的肤色，但朴实的绿色使阿尔玛富有生气。

1917年的自画像（图9-18），柯克西卡用右手指向他的左胸。他的面部及双眼表现出一种深深的哀伤，不仅是因为3年前阿尔玛·马勒的离开伤到了他的自尊，还因为战争期间一把刺刀扎进了他的左肺，留下了一道伤口。如伯兰所说，这种双重损失的痛苦反应在涂料的搅拌运用之中，反映在狂风暴雨来临前逼压而来的深色天空之中，又与图中人物形成鲜明的对比。

从这些自画像中，我们既可以看到柯克西卡与梵高的相似风格，也可以看到他们的不同之处。柯克西卡采纳并改进了梵高猛烈的笔势，也像他一样果断大胆地使用不同色系。但是，梵高在经历情感波动时，他更加微妙、更加柔和

▲图9-18　奥斯卡·柯克西卡的布面油画作品，《自画像》（1917）。

地向旁观者表达出自己的情感。两者差异最明显的是梵高1889年杰出的自画像（图9-19）。

就在1888年圣诞节前夕，与朋友高更大吵一番之后，梵高患上了躁狂抑郁症，他用剃刀割下部分左耳，然后绘制了一幅左耳绑着绷带的肖像画。这幅自画像被认为是梵高生命中最低落的时候，但他却冷静淡然地看着旁观者。

有观点认为姿态与手势能够彰显个性，这在柯克西卡的集体肖像画中更是如此。他努力将模特的面部甚至是身体，尤其是"会说话的双手"转变成表达工具。双手通过引人注目的姿势能传递情感，身体上的紧张使无意识心理冲动清晰可见。柯克西卡对姿态的运用，主要受到罗丹雕塑及绘画作品的影响。

在肖像画中强调双手及面部是一种传统，但柯克西卡对双手赋予了现代诠释，就像克里姆特解释女性性行为一样。因此，祈祷或祝福的双手在拜占庭基督教艺术中传达的是精神，但柯克西卡画中的双手表达了模特的内心状态，他或她

▲图9-19　文森特·梵高的布面油画作品，《包扎着耳朵、吸着烟斗的自画像》(1889)。

的无意识情色及攻击性冲动。柯克西卡还用双手突出社会沟通与交流的特点。

　　研究柯克西卡的学者帕特里克·沃克认为"维也纳1900"出现的现代舞蹈动作，一种全新的无拘无束的表现形式也对柯克西卡有一定的启发。他还有可能受到让-马丁·沙尔科的歇斯底里症患者图像的影响，这些患者的胳膊和双手都呈现出各种不同的扭曲形式。沙尔科的工作使约瑟夫·布罗伊尔、弗洛伊德及其他医生对歇斯底里症患者的不同姿态非常着迷。他们在出版作品中描述这些奇姿异态时，创造出一个与歇斯底里症相关的身体审美图像，一门全新的肖像学，这很可能影响了柯克西卡和席勒。

　　三幅卓越非凡、与众不同的画作表明柯克西卡如何用双手来沟通两人之间的情感。第一幅是1909年弗雷德·高盛婴儿时期的肖像画，命名为《父母手中的孩子》。母亲的右手与父亲的左手似乎一起保护着他们的孩子。双手代替着父母二人，他们一同参与共享亲情的对话。两只手之间存在有趣的对比，又动态协作。父亲的手涂上了鲜红的颜色，他将手伸了出来，这既是保护也是限制。母亲的手苍白无力，更加柔软舒适，更加温柔文雅。柯克西卡利用手将孩子的肖像画变成了一张全家福（图9-20）。

　　即使在这个美好慈爱的画面中，柯克西卡用不可思议的能力揭示了别人不易发现的脆弱点。父亲有一根手指断了，这是模特自己都早已忘记的童年早期的伤害。

　　汉斯·蒂策·肯莱特与艾瑞卡·蒂策·肯莱特双人肖像画（图9-21）中的手体现了一种截然不同，也许更加强有力的对话。他们两位都是艺术史学家，多年来经常一起发表文章，在同一张办公桌上工作。1909年这幅作品问世时，29岁的汉斯与26岁的艾瑞卡已经结婚四年。据柯克西卡所说，这幅画象征着两人婚后的生活。汉斯是里格尔的学生，维也纳艺术史学院成员，后来教导贡布里希并引领着当代艺术。艾瑞卡是巴洛克艺术专家，她为这幅画单独摆出一个造型。

　　虽然他们是夫妻，但柯克西卡将他们描绘成毫无关系的两人。他利用这个机会对两性进行对比，并用独特的性感姿态与身体位置之间的差别进行说明。汉斯的双手出奇地大，架起了两人之间的桥梁，但两人彼此互不相对。他们的双眼都朝向别处，似乎在与双手展开两性之间的谈话，当然谈话也涉及观众。

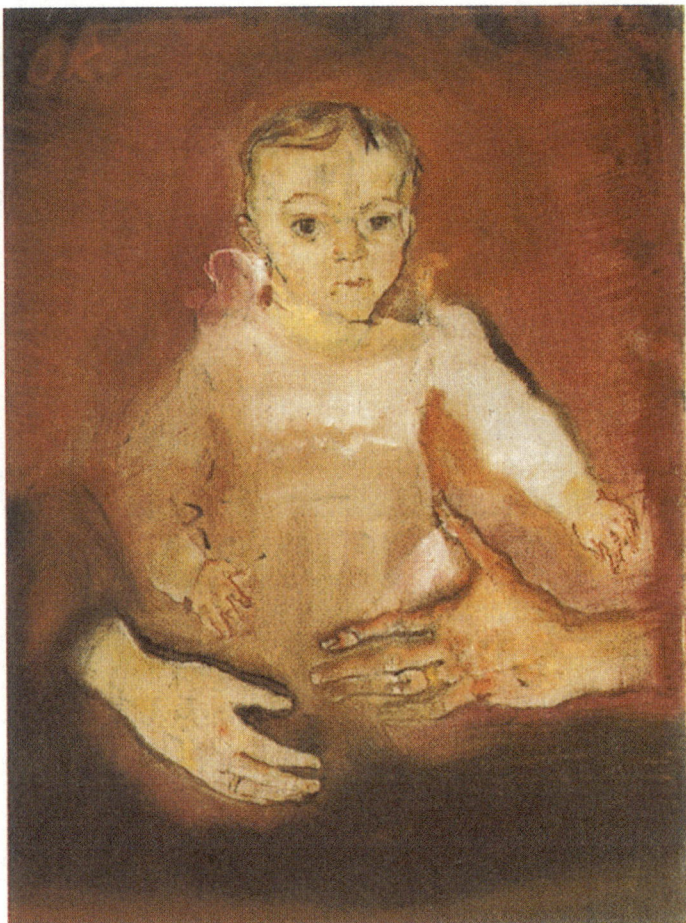

▲图9-20 奥斯卡·柯克西卡的布面油画作品,《父母手中的孩子》(1909)。

他们两个好像互不相干,每人都有自己的内在方向与性需求。卡尔·休斯克认为汉斯背后的光线表达了男性的性能量,再现了画作《风的新娘》中阿尔玛·马勒的角色,艾瑞卡的丈夫微微向前,似乎要与她亲近,但艾瑞卡却退了回来。

柯克西卡在这幅肖像画中的绘画技巧与他对双手的勾画一样引人注目。他运用的快干涂料、强劲有力的刮痕及毫无规则的绘画方法体现了他精湛的工艺技巧,所有这一切都展现在一张令人惊叹的动感画面,那光芒四射的金色、绿色及棕色不断起伏。再次看到,女人的手都是苍白无力,男人的手却生气勃勃。

最后,柯克西卡用双手反映了儿童的本能冲动。他对幼童内心世界的兴趣最早出现在1909年绘制的名作《玩耍的孩子们》之中。这幅画描绘了书店老板

▲图9-21 奥斯卡·柯克西卡的布面油画作品，《汉斯·蒂策·肯莱特与艾瑞卡·蒂策·肯莱特》（1909）。

理查德·斯坦的两个孩子，5岁的乐天与8岁的沃尔特。柯克西卡和早期艺术家不同，他没有描绘意味着儿童天真无邪的理想化姿势。相反，通过描绘孩子们的肢体语言、不规则色彩与身下的模糊背景，柯克西卡表达了他们之间既非中立也不天真的关系（图9-22）。

两个孩子看起来彼此深深吸引，这种吸引不仅体现在每个孩子身上，还体现在两人之间。男孩以侧面出现，他正聚精会神地望着躺在地上的女孩，她面对观众，用肘部托着身体。如同描绘蒂策的作品一样，柯克西卡利用孩子们的手臂来描绘两人之间的交流与沟通。哥哥的左手伸向妹妹紧握拳头的右手。

公众对这幅早期作品感到震惊。它暗示着孩子们，甚至是兄弟姐妹也会抱有浪漫情怀，甚至是产生邪念。事实上，纳粹将《玩耍的孩子们》视为颓废艺术的典型并于1937年将它从国家美术馆里搬出。贡布里希对这幅画的描述是：

> 过去，画中的孩子必须看起来漂亮，讨人欢喜。大人不想知道童年的悲伤和痛苦，如果将这类主题作品带回家，他们会产生憎恨。但柯克西卡不会受限于这些惯例要求。我们觉得他对这些孩子抱有深切的同情和怜悯之心。他注意到孩子们的渴望与梦想，动作的尴尬与成长中的不和谐……他的作品虽然未按传统思想绘制，但是更加栩栩如生。

柯克西卡突然闯进维也纳艺术景观，仿佛一个狼人闯进了花园。他在画

▲图9-22　奥斯卡·柯克西卡的布面油画作品，《玩耍的孩子们》(1909)。

面上捕捉了潜藏在人们内心深处的无意识冲动，包括他自己的，以及他的模特的。与弗洛伊德一样，他把握了爱神厄洛斯在儿童、青少年及成年人心中的重要性。他又与克里姆特和施尼茨勒一样，很早就接受了维也纳现代派画家描绘的情色本能与侵略性本能之间的紧密联系。

柯克西卡最初住在柏林，之后搬往德累斯顿，1934年迁至布拉格，1938年又来到了伦敦。他在1939年时再次搬家，来到英国康沃尔郡的波尔派罗，1953年定居在瑞士直至1980年去世。与柯克西卡在维也纳相识，又在英国再次相遇的贡布里希，认为他是20世纪最伟大的肖像画艺术家。

柯克西卡的作品展在英国非常突出，我们认为他与席勒很可能影响了整个英国的表现主义艺术家，并间接影响了弗洛伊德的孙子卢西恩。我忍不住会想卢西安·弗洛伊德的伟人事业中有着理想的赏罚，他继承了罗基坦斯基、祖父及柯克西卡的传统做法，透过表面挖掘深处以表现出其中的内心世界。事实上，像百年前的柯克西卡一样，卢西安·弗洛伊德在21世纪初就开始记录下自己的作品：

我对旅行的想法是真正地向下行走……知道自己在哪里会更好并要更深入地挖掘情感。我一直认为，"用心去了解"能使你拥有无限可能，与那些精彩刺激的新景观相比，它更加强大有力。

第十章
情色、侵略性及焦虑在艺术中的融合

埃贡·席勒（图10-1）在一种明显的焦虑之中变成了现代绘画界的弗朗茨·卡夫卡。克里姆特与奥斯卡·柯克西卡受到了同时代知识分子的鼓舞，对人物的内心世界有着强烈的兴趣。但是席勒却不同于当代其他艺术家，他的兴趣在于自己的焦虑不安。他在许多自画像中表达出深深的恐慌，仿佛他的个人世界将要分崩离析，并且他所绘制的每个人都会被他添上相应的焦灼感，其中包括与他发生性行为的双人肖像画中的人物。这些画作中即使有多个人物，也存在一种可怕的孤独感。

虽然席勒英年早逝，终年仅28岁，但其一生完成了300多幅画作、几千幅素描图及水彩画。与克里姆特和柯克西卡一样，他专注于攻击性与死亡，但又与克里姆特的作品不同。克里姆特的作品是女性享受着性行为，但是席勒的作品表达了一系列的当女性在面对性时所流露出来的情感，包括痛苦、内疚、焦虑、悲伤、拒绝、好奇，甚至是惊喜。尤其是在他的早期作品中，席勒画中的女性不是在享受性行为而是受其折磨。

从这个意义上来说，席勒紧随柯克西卡的步伐，试图深入探索自己及所画人物的生命。但在几个重要方面，席勒又与柯克西卡不同。他是通过关注整个身体，而不只是面部表情及手势来洞察人物的内心，了解他们的性格及冲突。另一个区别是，柯克西卡通常画别人，而席勒常常画自己。画中的他忧伤、焦虑、恐惧，与自己或他人发生性行为。

显然，席勒的焦虑情绪不仅大量存在于选作绘画的叙事主题之中，也在风格之中体现出来。席勒的成熟作品充满忧虑、哀伤，往往缺乏生动的色彩，这与克里姆特及柯克西卡的早期作品形成鲜明的对比，他们常以精美的装饰与优

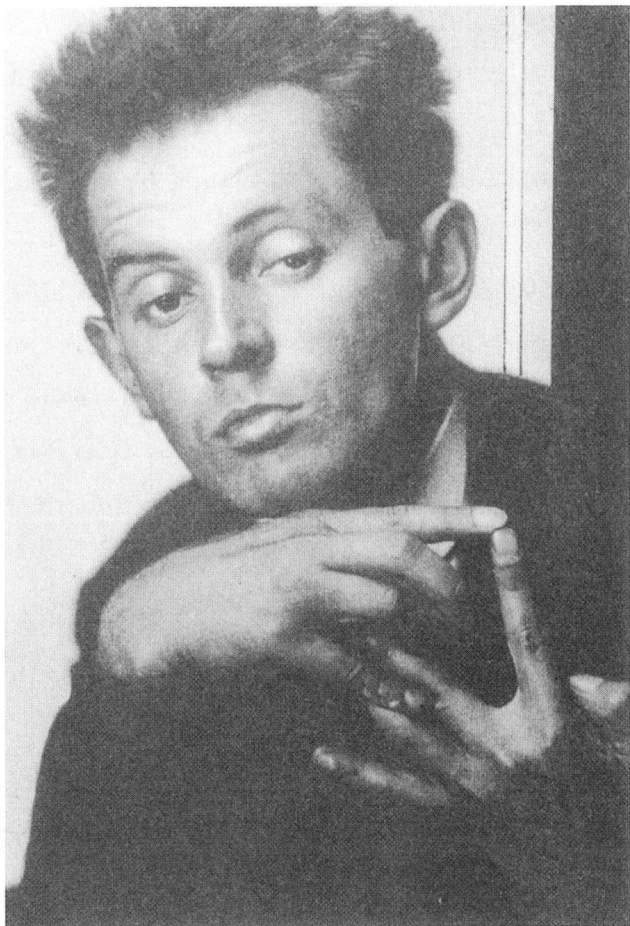

▶ 图10-1 埃贡·席勒
(1890—1918)。这张照片
拍摄于1914年左右,当时他
结束了与沃利的恋情,与伊迪
丝·汉斯结婚。

美的线条为特色。席勒画中的人物身体脱臼,胳膊和腿也是痛苦地扭曲着,就
好像是让-马丁·沙尔科的歇斯底里症患者。但沙尔科的病人是在无意识状态
中摆出各种姿势,席勒却有意识地借用人物的双手、胳膊与身体来表达内心的
情感。他经常在镜子前排练并分析各种姿态。通过戏剧性,甚至是异常兴奋的
身体姿势来表达他想表现的性格特征及内心冲突,这些姿态都是在现实中经
过他精心设计的。

因此,席勒的艺术不是简单的矫揉造作,而是循规蹈矩。弗洛伊德及其
追随者们用"付诸行动"这个术语来指代行为中被禁止的冲动的表达。席勒
是用行动宣泄内心骚动、焦虑与性绝望的第一位艺术家。就像马克斯·德沃
夏克支持柯克西卡的艺术一样,奥托·贝内施这位与德沃夏克一起在维也纳

艺术学院学习的同辈人，维也纳阿尔贝蒂娜博物馆馆长，他收藏了世界上最重要的素描与版画作品，在其整个职业生涯中坚决支持席勒。此外，贝内施家族也作为赞助人支持席勒。奥托·贝内施的父亲海因里希就是席勒的主顾之一，1913年这位艺术家为奥托·贝内施及海因里希·贝内施绘制了一幅双人肖像画（图10-2）。

1890年席勒出生在奥地利小镇图伦（位于维也纳附近的多瑙河畔）。其父亲有着德国人血统，任职于国家铁路局，是图伦火车站站长。他们全家住在火车站的二楼，两夫妇共有7个小孩，其中3个胎死腹中，有4个孩子存活下来，除了埃贡以外，还有埃尔维、梅勒妮、格特鲁德（或称格蒂）这3个女孩。格蒂年龄最小，最受哥哥席勒喜欢。他们兄妹之间有着一种特殊的关系，格蒂是哥哥早期描写青少年性行为的首位模特。

▲图10-2　埃贡·席勒的布面油画作品，《奥托和海因里希·贝内施双人肖像画》（1913）。

1904年的新年前夜，席勒只有14岁，父亲便死于梅毒晚期。他目睹了父亲的严重痴呆，看到父亲因性疾病而英年早逝，恰好当时他的性欲正含苞待放，便激起了席勒的焦虑和不安全感，并一直笼罩在他的工作与生活之中。此外，这也可能引发他不断地想象自己与死亡及内疚撕缠，导致他在绘画时感觉自己与模特一直都处在紧张、崩溃的边缘。

席勒读书时家境贫寒，但在绘画上却天赋异禀。因为这一点，年仅16岁的他就考入维也纳美术学院，当时他是班里最小的学生。他模仿并阐述了最近由奥古斯特·罗丹所提出的盲画技术，克里姆特也采纳了这种技术。绘画时，席勒眼睛一眨不眨地注视着他的模特，手中画笔也不停止，他能用一根连续的线条快速地画好模特的手指，无须修改或擦拭。

结果是画面上出现一根强劲有力、精确万分的独特线条，不同于克里姆特新艺术风格的感性线条，与维也纳学术传统中的一丝不苟、有意呈现也迥然有异。席勒能用这种新的线条捕捉模特及自己的手势动作，通过曲线而非光影表达出来。席勒将在他的整个职业生涯中都采用这个绘画技巧，用轮廓与廓影的力量表达令人回味的肢体语言。

1908年席勒参加了由克里姆特在维也纳组织的艺术展。在这里，他第一次看到了克里姆特与柯克西卡的早期版画作品《做梦的少年》，并对克里姆特的绘画作品感到惊叹。随后，席勒拜访了这位艺术家的工作室。反过来，克里姆特也被席勒的绘画才能深深地折服，老一辈艺术家的支持更增加了席勒对自己作品的信心。克里姆特曾经影响过柯克西卡的早期作品，现在他又影响了席勒。

席勒除了模仿克里姆特的画作风格外，绘画时还身穿修道士一般的宽松长袍，俨然一副老艺术家的模样。有段时间，他自称为"银色克里姆特"，不仅因为他在作品中使用了金属银，而且他把自己看作克里姆特的现代年轻版。在克里姆特的影响下，席勒在第二年里创造了许多绘画作品，主要特点是在扁平的背景下展现出二维人物（图10-3，图10-4）。就像克里姆特的画作一样，平整表面将观众的注意力转向模特的内心世界。

席勒在1909年的艺术展览场上展示了自己的新作品，其中包括妹妹格蒂的肖像画（图10-3）、妹妹后来的丈夫安东·佩施卡（图10-4）以及席勒在维也纳美术学院的同学汉斯·马斯曼的肖像画。格蒂的肖像画格外优雅动人。她端坐着，头扭了过去，侧对着观众，她的披肩和毛毯遮住了座椅，这一切都富有典型的克里姆特装饰特点。佩施卡身体的轮廓与格蒂的一样，细致入微地与所坐的手扶椅融合在一起，这一点与克里姆特首次绘制的阿黛尔·布洛赫鲍尔的画作轮廓如出一辙。席勒的这些作品还包含一些装饰细节，并不那么格外引人注目，如格蒂长裙衣袖上有一些图案花纹、安东·佩施卡的背景图有着奇特的银色画风。柯克西卡用更加朴实的背景取代了克里姆特推行的装饰背景，1909年以后，席勒也开始简化他的画作背景，直至最后全部消除。结果，席勒画中人物在画布上格外突出，呈现出一种孤独感。

　　1910年席勒画作进入一个全新的阶段，他从根本上摆脱了克里姆特作品特点，形成了表现主义风格。该风格最初是受柯克西卡的影响，但快速地成为

▲图10-3　埃贡·席勒的布面油画作品，《格蒂·席勒》（1909）。

▲图10-4　埃贡·席勒用银、铜等金属颜料绘成的油面布画作品,《艺术家安东·佩施卡肖像画》(1909)。

他自己的鲜明特色。席勒除了去掉装饰外,他把自己作为心灵探索的主要目标,这一点也与克里姆特截然不同。因此,虽然克里姆特从来没有一幅自画像,但是从1910年到1911年,他绘制了约百幅肖像画。在这方面他甚至超过了伦勃朗和马克斯·贝克曼,两位大师专门通过研究人的一生来探索人的本性。

在寻找日常表象下的真理时,席勒像柯克西卡一样,像是当代一位真正的弗洛伊德。施尼茨勒曾说:席勒研究心理并坚信要想理解他人的无意识过程首先得清楚自己的内心。他情不自禁地一次又一次在许多素描及绘画中展示自己,他时而孤身一人,时而与截断的四肢、遗失的生殖器、扭曲的肌肉、饱受折磨的骨骼,或与患麻风病的肉体为伴。他用身体的千姿百态及扭曲形式来表达焦虑、恐惧、内疚、好奇、惊讶、激情、狂喜与悲痛等人类的各种不同情感。

席勒所有的自画像都是在镜前绘成的,有时还包括他的自慰行为。从多个层面来说，创作自慰画像都是大胆且惊人的，至少当时维也纳许多人认为男性自慰将导致精神错乱。

但这些自画像并不只是单纯地展示裸体，是在充分揭露弗洛伊德《梦的解析》中的自我、自我分析与绘画形式。哲学家、艺术评论家阿瑟·丹托曾在一篇名为《活色生香》的文章中写道：

> 艺术之开端，情色就与绘画作品共同存在……但席勒非常独特，他将情色界定为自己毕生令人印象深刻的作品主题……［席勒的画作］就像西格蒙德·弗洛伊德论文中的插图……从实质上来说，性爱是人类的真实存在。我的意思是无法从艺术史的角度来解释席勒的观点。

席勒的全身裸体画像在西方艺术里绝无仅有。他将裸体艺术推向了另一高度：他创造出一个全新的自体享乐艺术，揭露自己的无意识性冲动。其作品使观众明白艺术家内在的情色与侵略性倾向。数十年之后，英国艺术家弗朗西斯·培根、卢西安·弗洛伊德、珍妮·萨维尔与美国艺术家爱丽丝·尼尔，他们才在作品中试图像席勒一样，用自己赤裸的身体来表达历史与艺术的信息。

席勒在这些作品中还引入了一种新的象征性肖像研究，将柯克西卡强调的手与胳膊延伸至全身。在几幅裸体自画像中，如《跪着的自画像》（1910）和《坐着的裸体自画像》（1910），丝毫不见克里姆特作品的痕迹。也许是受到梵高或柯克西卡油画的影响，席勒在1910年的肖像画中常使用简短、自信的笔触，在画作中展示攻击性并将新艺术中的梦幻状态转变成一种压抑的饱受折磨的现实，即日常生活中的恐惧。观众则无法从一种不祥的存在感中逃脱出来。

席勒还采用了戏剧性的结构扭曲形式，如皮肤疤痕、受损肌肤及苍白的阴森色调，传达出极端绝望的状态、有悖常理的性行为或内在堕落的神情。这种对人类本质的看法与弗洛伊德重塑怀有内心冲动和隐秘史实的人类不谋而合。概括地说，席勒在自己体内捕捉住了困扰着当代人类的焦虑情绪，由于内外感官刺激同时涌入，使人的心理被恐惧感完全淹没，这在现代艺术史上他是第一位。

席勒在建立自己的表现主义风格时，在作品中引入了艺术史学家亚历山德拉·卡米尼将称其为艺术方程式的特点：一个人物（多个人物）的孤独感；前额突出，人物的中轴线与画布中轴线相吻合；强调眼睛、双手以及整个身体。这些夸大功能的整体效果是再次突显焦虑不安感。此外，正如艺术史学家简·卡尼尔所写的，"在席勒的素描与绘画作品中，线条是一种团结的力量……他用情感来代替装饰从而勾画出一个另类人物……席勒揭露了一个感性、邪恶的世界。"

　　席勒在1915年所画的《带条纹臂章的自画像》中，将自己描绘成一个与社会格格不入的人，一个小丑或傻瓜（图10-5）。带有竖条纹的臂章使人想到宫

▲图10-5　埃贡·席勒用有颜色的铅笔在纸上绘制的作品，《带条纹臂章的自画像》（1915）。

廷小丑的典型装束。他将头发涂上鲜亮的橙色，那双睁大的眼睛暗示着某种疯狂的想法，头部从细长的脖子顶端侧面倾斜。在另一幅自画像中（图10-6），他用水粉颜料在头部轮廓周围画上了厚厚的一层白色，使头部在画作背景中凸显，又使其孤立无助，同时使头看起来更大，更引人注目，从而进一步突出内心的焦虑不安。此外，席勒在眼睛上方描绘了一个巨大的前额以及深深皱起的眉头。这幅画像表明，席勒可能想重塑克里姆特早期描绘的荷罗孚尼首级，却把自己当作牺牲品：他把自己的头画在纸张上端，强调他的身体没有了。

席勒作品中"会说话的手"与柯克西卡的截然不同。这些手夸张、矫作而扭曲，伸长的手指像是树上砍断的枝条或是歇斯底里症患者的手掌。卡米尼描述了席勒如何尝试着将各种神秘动作反复运用于绘画之中，其中包括将右手的

▶ 图10-6 埃贡·席勒用水、水粉、木炭和铅笔在纸上绘制的作品，《自画像，头部》（1910）。

一根特别细长的手指放在右眼下面，拉下眼睑，露出里面的白色眼珠。他还用各种不同方式描绘了他的头部。卡米尼向着这些自画像询问："为什么席勒的作品在当时如此傲慢？他又是如何塑造一个全新的艺术词汇，呼吁大家关注自己的主要思想呢？"卡米尼的回答是：

> 既有外因也有内因。其中之一是维也纳在世纪之交时对自我的关注……席勒与西格蒙德·弗洛伊德生活在同一座城市，拥有着同样的环境，接受着同样的刺激，但他专注于内心的普通景象。从直观上来看，席勒与柯克西卡的自画像表现的主题是弗洛伊德科学鉴定与分析中的人格与性欲。

从风格上来说，自画像似乎要受到多种因素的影响，但都以生物学为基础。第一个影响因素是沙尔科的歇斯底里症患者的图片，患者的双手、双臂都已扭曲，呈现出各种奇形怪状。但是患者的照片很受欢迎，1888年至1918年刊登在妇女医院的双月刊杂志上，人们所注意的不是歇斯底里症，而是神经疾病（包括巨指，它是指小儿巨人症，能使单个手指无限增大，还有导致身体扭曲变形的各种肌肉疾病）。此外，席勒肯定已经看到18世纪80年代弗朗兹·梅塞施密特在维也纳下贝尔弗第宫博物馆雕刻的著名系列人物，并高度描绘了他们的心理状态，这很可能影响了席勒（见第十一章）（图10-8）。人们认为席勒还有可能受到朋友欧文·奥森的感化，奥森在维也纳郊外斯泰因霍夫精神病医院研究患者的表情，然后用于绘画当中。医生埃尔温·冯·格拉夫曾受到罗基坦斯基传统病理解剖学的训练，他将自己的想法告诉给席勒并允许席勒在自己的诊所里描绘病人。而这些患者的病态以及扭曲的身体很可能深深地印在了席勒的脑海里，并反复出现在他的画作之中。

但也许对席勒最重要的影响是他自己不稳定的心理状态。看着父亲日益严重的精神病很可能使他感到恐惧，并滋生了自己有一天可能也会疯掉的想法。

1911年，21岁的席勒遇到了17岁的瓦莱丽·诺伊齐尔，她一头红发，自称为沃利。沃利模特出身，也许是克里姆特的情妇，后来成了席勒的模特与情人。席勒在沃利的影响下，能更好地感觉女性情色，这一点使他关注青春期性行为

▶图10-7　埃贡·席勒的作品，《尖叫时的自画像》（创作年份及用材不详）。

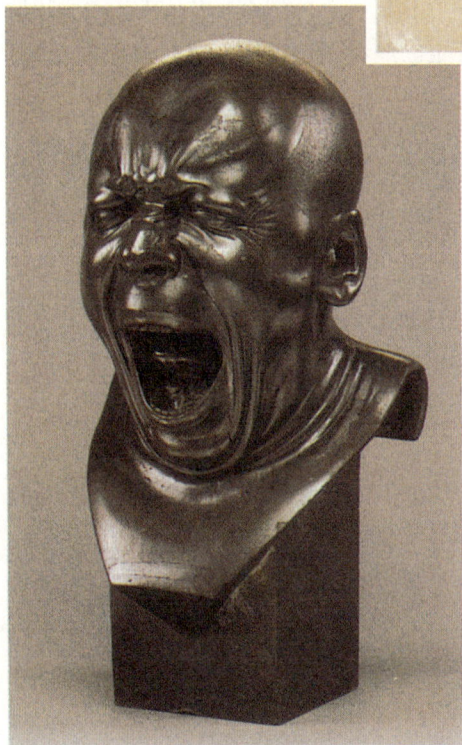

◀ 图10-8　弗朗兹·梅塞施密特用铝材制成的作品，《打哈欠的人》（1770年后）。

并对此很着迷。他将青春年少的女模特摆成与他发生性行为的姿势。席勒的表现主义在这一方面也是全新的。虽然对青年少女性行为的描绘由高更、蒙克及柯克西卡引入西方艺术，后来在德国表现主义之中也较为常见，但无论是他们还是柯克西卡都没有像席勒一样公开绘制令人不安的青春期性行为。

　　与早期艺术家的作品不同，席勒的有些画作重点关注生殖器和性行为。例如，1918年的作品《低头侧卧的裸体女性》（图10-9），席勒画中的女孩将头低下，一脸犹豫，真情实感完全被刻画出来了。一头松散的长发遮住了女孩的脸颊，似乎她在寻求保护与安全感。另外在1915年的作品《做爱》（图10-10）中，性欲、情色、厌世、疲惫和恐惧融合在一起表达了爱神厄洛斯与焦虑之间的不可分离性。席勒画中的裸体也许突显了艺术家们自己的情感，这些画作简朴、严肃、恐惧，就像是克里姆特表现主义画作中高雅轻松、自我放纵的女士。

　　席勒的第一个模特是他的妹妹格蒂，妹妹最初裸体摆造型时很不适应。席勒儿童模特或青少年模特的部分原因是因为没有足够的钱请成人模特，另外是因为他自己很年轻，与年轻的模特一起合作更加自在。事实上，席勒早期作品中有些模特只比他小几岁。模特潜在的性欲可能相当于他刚刚唤醒的感觉，代表了他尝试着去回答青少年有关性欲的永恒问题。

　　1912年警方怀疑席勒绑架并性侵未成年人，搜查了他在离维也纳约20英里（约32千米）远的纽伦巴赫小镇的工作室。人们普遍认为席勒不可能与年轻模特发生性行为，因为模特在工作室摆出各种造型时，沃利当时也在场。然而，毫无疑问的是席勒询问这些孩子，她们哪些人来自传统的中产阶级家庭。他在没有征得父母同意的情况下，反复要求孩子们摆成裸体姿势。其中一个小女孩显然是爱上了他，一天晚上来到他的工作室并拒绝离开。沃利帮忙让女孩回到父亲身边，但是她父亲却以绑架及强奸的罪名控告席勒。席勒被捕，在怀疑的基础上被确认不道德罪名成立。由于法官认为其画作是色情作品，他被判囚禁24天。法官还继续对他处以罚金，并在法庭上焚烧了从工作室没收的作品。

　　两年之后席勒回到了维也纳，与沃利会面后，他遇见了阿黛勒和伊迪丝·汉斯。两姐妹受过良好教育，和他年龄相仿并来自同样的社会阶层，正巧又搬进了席勒对面大楼里。席勒请沃利替他说几句好话，这样就可以再次见到姐

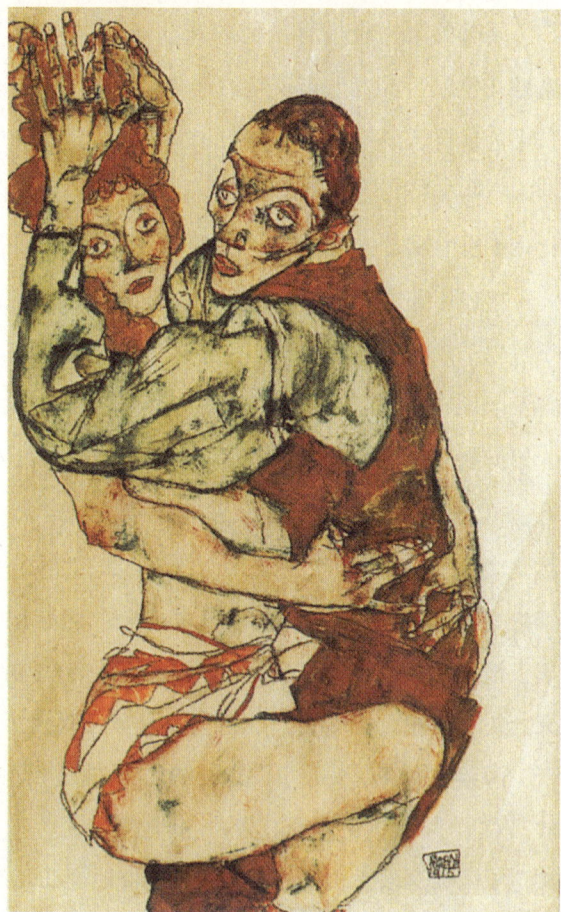

▲ 图10-9　埃贡·席勒用黑色粉笔、水彩与涂面漆在纸上绘制的作品，《低头侧卧的裸体女性》（1918）。

▶ 图10-10　埃贡·席勒用铅笔、水粉在纸上绘制的作品，《做爱》（1915）。

妹俩。有一段时间,他对两姐妹都很感兴趣。但是1915年,席勒爱上了妹妹伊迪丝,两人打算结婚。

　　席勒与伊迪丝结婚就意味着与沃利的彻底决裂,于是他绘制了一幅令人难忘的双人肖像画《死亡与少女》(图10-11)作为与沃利的告别礼物。从画面来看,画中沃利和席勒都躺在铺满白色床单的褥子上。很容易就可以认出席勒,他穿着僧侣长袍,正在安慰沃利,沃利与他紧紧相拥,脸颊靠在他胸前,身穿一件蕾丝内衣,这身装扮曾出现在席勒的一幅作品中。白色床单皱皱巴巴并拖到了地上,这表明了两人刚刚发生过性关系。尽管两人都躺在地上,相互拥抱,实际上他们都撇过眼去望向空中,仿佛席勒的思想已经飞向别处。席勒将这里的他描绘成死神的信使,他看上去满目疮痍,即将摧毁一位陪他度过人生困苦时期的女子。他们曾经关系紧密,但他还是结束了两人的恋情。想必不仅仅是因为伊迪丝的催促,也是他自己的选择:沃利的社会阶层较低,同时相当淫乱。席勒此时有着传统的价值观,希望与他结婚的对象是伊迪丝。

　　《死亡与少女》常常被比作《风的新娘》,柯克西卡在后者中描绘了自己与阿尔玛·马勒的混乱关系,但是两幅作品其实截然不同。画中的男士都焦虑不安,《风的新娘》中的阿尔玛·马勒却安静地睡着,然而《死亡与少女》中,沃利正经受着席勒所拥有的孤独与绝望。她感觉自己被抛弃,席勒不履行承诺。在席勒的世界中,没有人是永远安全的。

　　席勒早年与自己男人的形象不断挣扎,这种内心斗争在他的多幅双人自画像中体现出来,他时而将自己画成二重身,时而是两个步行者。二重身是德国浪漫主义文学的流行主题,是指两个人像幽灵般如影随形。虽然二重身可以采取保护者或假想同伴的方式出现,但是它往往是死亡的预兆。民间传说中,二重身是自己的一个幻影,它在镜子里不会留下任何映像,也不会投下影子。席勒在他的双人自画像中从两层意义上来使用二重身。在1911年的《死亡和人》(自身观察者二)(图10-12)中,席勒用背后骷髅般的人物,使自己的脸与其父亲的脸融合在一起。就像席勒的许多作品一样,这幅画既可怕又有趣。

　　一年之后,席勒开始关注圣父,并绘成另一幅双人肖像画《隐士》(图10-13)。画中人物是他自己与克里姆特。席勒也许受到了《做梦的少年》中柯克西卡和克里姆特画像的影响,因为他拥有画作的副本。在柯克西卡的彩色版画中,年轻

▲图10-11　埃贡·席勒的布面油画作品，《死亡与少女》（1915）。

▲图10-12　埃贡·席勒的布面油画作品，《死亡和人》（自身观察者二）（1911）。

艺术家依靠着导师克里姆特，从中获得指导与支持。但在席勒的肖像画中，艺术圣父克里姆特是靠在他的肩上获得帮助。1912年，克里姆特仍处于事业顶峰期，是维也纳艺术界的主导力量，但在绘画上他似乎无法继续下去了，不仅是对席勒，还包括对生活本身。事实上，他那双大睁却又茫然的双眼表明他已经是盲人了。席勒的双人肖像画可能很好地反映了这位艺术家无意识的俄狄浦斯般的渴望，想要消灭他想象中的对手克里姆特并接替其成为维也纳的顶级艺术家。

但是，席勒并非没有幽默感。也许他最具讽刺幽默感的著名画作是《红衣主教和修女》（图10-14），模仿了克里姆特的名画《亲吻》（图10-15）。席勒画中描绘的主教亲吻修女的行为是禁忌，为社会所不能接受，但使作品变得更具讽刺意味的还是沃利冒充了修女。但席勒非常钦佩克里姆特，正如卡勒所说，克里姆特对席勒的风格影响最大。这不仅体现在席勒的早期绘画作品中（图

▲图10-13　埃贡·席勒的布面油画作品，《隐士》（埃贡·席勒与克里姆特）（1912）。

▲图10-14　埃贡·席勒的布面油画作品，《红衣主教和修女》(1912)。

10-3、图10-4)，还包括他的后期作品(如《躺着的裸体女人》)，席勒用克里姆特的方式描绘出女性享受着性行为。

　　克里姆特死于1918年2月6日。席勒听到他去世的消息后，立刻跑去太平间，在那里他刻画了克里姆特的脸作为最后的敬意。在接下来的9个月里，席勒第一次完全脱离克里姆特的影响开始工作。克里姆特逝世后，柯克西卡移居柏林，席勒成为维也纳最重要的画家。他的作品颇受追捧，收入也大大增加。

　　1918年10月31日，席勒的妻子因肺炎去世仅3天后，他也因同样的疾病突然辞世。两人都未能逃脱席卷欧洲的西班牙流感。

　　席勒的逝世标志着维也纳表现主义艺术的结束，这一时代开启了科学与艺术之间的首次潜在对话。"维也纳1900"中出现了五大巨人，他们在精神分析学、文学及艺术方面所取得的重要成就对罗基坦斯基的科学观点产生了直接或间接的影响。罗基坦斯基认为表面现象具有欺骗性，我们必须透过表象向深入挖掘真

▲图10-15　古斯塔夫·克里姆特的布面油画作品,《亲吻》(1907—1908)。

理。然而,这五位大家都没有进行下一步。虽然弗洛伊德深受艺术的影响,坚信艺术触及了观众的无意识心理,但他却没有看到眼前的艺术作品之间的联系。因此,"维也纳1900"并没有用一种有意义的方式将生物科学或弗洛伊德动力心理学与艺术联系起来。而且,"维也纳1900"既没有产生能够分析观众如何对艺术作出反应的认知心理学,也没有产生从生物学的角度来理解无意识情感及观众对艺术中的情绪的反应的观点。但这样的心理学及生物学观点于1930年在维也纳很快就出现了,并一直持续到今日。

第二部分

有关艺术视觉感知与情感反应的

认知心理学

第十一章

发现观众的重要性

有几个关于弗洛伊德、阿瑟·施尼茨勒、克里姆特、奥斯卡·柯克西卡及埃贡·席勒在无意识本能的多方面的心理与艺术融合的问题：这些先驱们有没有意识到他们是沿着平行线前行的呢？如果是这样，施尼茨勒和弗洛伊德是否曾尝试将他们代表的两种科学联系起来？克里姆特、柯克西卡和席勒是否也有同样的尝试呢？他们有没有试着将心理学方法与艺术方法结合起来理解无意识冲动呢？

事实上，这些画家像弗洛伊德和施尼茨勒一样互相交流。奥地利现代主义之父克里姆特大力支持柯克西卡与席勒，对他们有着深深的启发。虽然后来两位年轻艺术家摆脱了克里姆特的影响，形成了各自独特的表现主义风格，但仍非常钦佩他。席勒认为克里姆特是现代主义学派的创始人，并且这一学派后来塑造了自己。但席勒也受到了来自维也纳的第一个真正的表现主义艺术家柯克西卡的影响（虽然他并没有公开承认这一点）。

弗洛伊德和施尼茨勒既是医生也是科学家，他们在维也纳医学院罗基坦斯基的学术氛围影响下成长起来，两人都将对方视为二重身或学术上的相似者。心理学家弗洛伊德与作家施尼茨勒两人用不同的方式来处理同样的知识主题，他们互相拜读对方的著作且互相欣赏。

弗洛伊德、施尼茨勒与艺术家以及艺术家与他们互相之间的关系至多是单向的。一方面，无论是弗洛伊德还是施尼茨勒，都不重视艺术家的作品，都没有认识到艺术家也注重探索无意识状态。另一方面，艺术家也没有意识到更没有受到弗洛伊德与施尼茨勒作品的影响，对于这一点可能有些难以想象。随着《梦的解析》的出版，弗洛伊德名满天下；施尼茨勒则像奥地利当时最重要的作家雨果·冯·霍夫曼斯塔尔一样是当时维也纳文化的主力军。柯克西卡的想法显然与弗洛伊德相似，虽然他坚持认为那是自己独立研究的结果。柯克西卡阅读广泛，知识渊博，而且他的早期支持者卡尔·克劳斯与阿道夫·洛斯都是知识分子，他们对施尼茨勒与弗洛伊德的作品耳熟能详。此外，克里姆特对生物学和医学都有着浓厚的兴趣。

维也纳五大巨人中，只有弗洛伊德试图将艺术与科学联系起来。他非常崇拜达·芬奇和米开朗琪罗这两位文艺复兴时期的艺术家，并专门针对他们的创作过程撰写了重要论文。但无论哪一篇他都没有谈到认知心理学，即观众带着何种情感观看艺术作品。相反，弗洛伊德更专注于艺术家的心理。

这些论文中比较有名的是1910年完成的《列奥纳多·达·芬奇与他的童年记忆》。弗洛伊德主要基于达·芬奇的众多日记，特别是其有关童年的回忆，分析了达·芬奇的生活及其作品的演变。达·芬奇是私生子，童年早期与未婚妈妈为伴。弗洛伊德认为，达·芬奇的母亲没有丈夫，对生活显然不满。她充满激情地吻着儿子，宠着儿子，从儿子身上寻求一种异常亲密的爱。这种行为导致列奥纳多一直依恋母亲，也导致了他性欲的过早成熟。弗洛伊德认为这种成长环境使列奥纳多产生了同性恋倾向。后者的童年回忆录中所记录的他所体验的有关嘴唇的各种快感，以及后来他与男学生之间的深厚情感，使弗洛伊德确认列奥纳多有这种同性恋倾向。

弗洛伊德在分析列奥纳多作品的演变时，发现这位艺术家最初对绘画很感兴趣，后来转向科学。弗洛伊德解释说，它代表了与人类多种情感纠缠的艺术家跨越成为以客观冷静著称的科学家，并把这一进步归因于列奥纳多无意识的心理冲突，即他对自己同性恋本性的否认。

弗洛伊德把达·芬奇的作品当作临床症状一样，其早期作品属于艺术，后期作品属于科学。他分析了当时有关达·芬奇的为数不多的传记细节，似乎这些能够帮助他洞察艺术家的内心世界。但达·芬奇没有在精神分析会话中以互相交换意见的自由联想方式来阐述自己的观点。缺少这一点，弗洛伊德就没有办法测试或评估他对梦的解析或相关的任何其他结论。正如艺术史学家迈耶·夏皮罗指出的，弗洛伊德没有对艺术史进行充分的了解，也无法避免对达·芬奇的误解，这些因素使弗洛伊德不能为一位艺术家撰写一篇有意义的艺术史论文。最后，弗洛伊德在科学与艺术的对话之中并没有提出重要主题：观众应对艺术的本质是什么？

因此，弗洛伊德有关艺术的论文既生动有趣又见闻广博，但并不代表他的最好思想。尽管这些论文存在一定的缺点，但从历史的角度来看，它们仍然至关重要，因为这些论文首次开启了精神分析心理学与艺术之间的对话。

部分受弗洛伊德著作的影响，维也纳艺术史学院的三位成员（我们在第八章中提到的阿洛伊斯·里格尔，以及恩斯特·克里斯和恩斯特·贡布里希这两位学生）提出了心理学与艺术史对话间所需的概念性发展。这三人相互协作又各自独立，他们都专注于观众对艺术品的反应，并为整体认知的艺术心理学的出现奠定了基础，这门学科比弗洛伊德试图建立的心理学在本质上更加深入、严谨，之后它又为审美生物学的诞生作好了铺垫。

作为一个艺术史学家，里格尔是第一个系统地将科学思维运用于艺术批评之中的学者（图11-1）。他与维也纳艺术史学院的同事，尤其是与弗朗茨·维克霍夫共同努力，建立了连接心理学与社会学的艺术史学，并将它确立为一门科学学科，他们也因此在19世纪末享誉世界。

此外，里格尔严格的分析方法能够立足于不同历史时期比较艺术作品，从而制定共同的准则。在这个过程中，他和维克霍夫挖掘了艺术史上曾被忽略的过渡期并记下了它们的重要性。例如，早期艺术史学家认为与古希腊艺术相比，古罗马后期及基督教早期艺术衰败且颓废。但维克霍夫指出这些时期的艺术属于高度原创。他承认古罗马艺术借鉴了古希腊艺术，在应对新的文化价值观时，古罗马艺术家在公元2、3世纪时形成了幻觉派风格，并且这种风格在7世纪以前没有再次出现过。维克霍夫概括了基督教早期艺术独特的叙事原则，为欣赏这门艺术创造了新的视角。

里格尔、维克霍夫及维也纳艺术史学院的成员们认为，艺术史如同政治

◀图11-1 阿洛伊斯·里格尔（1858—1905）。里格尔是一位艺术史学家，是维也纳艺术史学院的成员。他将心理学和社会学的元素融入艺术史中，促使艺术史成为一门独立的学科。里格尔认为，从历史角度来看，艺术风格和审美判断应依据文化价值与规范而定并从中发展，随其变化。这一想法开启了对艺术作为一种活跃的积极的文化评论的新理解之门，恩斯特·克里斯、恩斯特·贡布里希及维也纳艺术史学院的其他成员都接受这一观点。

史。正如卡尔·休斯克所解释的，它最重要的是"在神的眼里，各个时代是平等公平的"。里格尔认为，要想欣赏每个文化时期的独特之处，我们需要了解艺术在每个时期的意图和目的。这使我们看到的不是简单的进步或倒退，而是永无止境的变革，并且不会受到简单的先验审美标准的限制。通过这种方式，维克霍夫、里格尔与同事逐渐成功地转变了艺术史中的思考重点，从具体画作的内容和意义到更广泛地关注作品结构，以及艺术风格发展中潜在的历史与美学原则。

1936年，美国艺术史学家迈耶·夏皮罗呼吁大家重视维也纳艺术史学院成员们所作出的努力，他意识到，"他们不断寻找新的艺术形式，并愿意吸收（进入艺术史的）当代科学哲学和心理学的研究成果。美国的心理学家、哲学家与民族学家的进步著作，很少触及美国艺术史上的作品，这是众所周知的。"从这个角度来看，我们可以理解为什么里格尔及其同事，包括他的年轻助理马克斯·德沃夏克和奥托·贝内施倡导在"维也纳1900"中出现的新艺术。

▲图11-2 迪尔克·雅各布斯的木板油画作品，《公民卫队》(1529)。

里格尔研究了17世纪荷兰的装饰画，如法兰斯·哈尔斯的作品《圣乔治市国民卫队军官之宴》(图8-9)，迪尔克·雅各布斯的作品《公民卫队》(图11-2)，他发现了艺术中的一种全新心理境界，即没有观众的感知和情感的参与，艺术是不完整的。因为观众不仅与艺术家共同协作，将画布上的二维平面转换成对视觉世界的动态描绘，同时观众从个人的角度来解释他在画面上看到的内容，从而增加了画作的意义。里格尔将这一现象称为"观众的参与"(后来贡布里希对此作了详细的阐述，并把它称为"观众的重要性")。

"没有观众的直接参与，艺术就不是艺术"，下一代维也纳艺术史学家恩斯特·克里斯和恩斯特·贡布里希对这一概念作了详细的阐述。他们以里格尔及同时代心理学流派的观点为基础，提出一种新的方法来了解视觉感知和情绪反应的奥秘，并把该方法与艺术批评相结合。许多年以后格式塔心理学家鲁道夫·阿恩海姆对这种根本性变化的描绘是：

> 随着艺术理论向心理学的转变，人们开始意识到物理世界与其表象之间的差异，随后进一步认识到自然中所见万物与艺术中各种描绘也有不同……所见事物取决于看的人及其导师。

克里斯为艺术批评引入了一个独特的视角。1922年，他在维也纳大学获得艺术史博士学位，并在此与维克霍夫的两名学生德沃夏克及尤利乌斯·施洛瑟一起工作。克里斯后来的妻子是弗洛伊德的朋友奥斯卡·惠的女儿玛丽安·惠，这对他产生了很大的影响，使其对精神分析有极高的兴致。1925年，克里斯接受了精神分析培训，3年后成为执业心理医生。但在1924年，克里斯与弗洛伊德相遇，弗洛伊德请他从艺术史学家的角度来评论他于1896年开始收集的作品。两人交往后不久，弗洛伊德认为克里斯将来能为艺术史学及精神分析作出重要贡献，因此鼓励克里斯在担任馆长的同时，继续出任心理医生。克里斯听从了他的意见，直到1938年9月被迫离开维也纳（图11-3）。

1932年，弗洛伊德邀请克里斯来自己创办的《意象》杂志工作，目的是以精神分析的观点来弥合艺术与心理学等不同文化间的差异。克里斯转变了精神分析艺术评论的重点，最初他关注的是弗洛伊德的艺术家心理，之后着重对艺术家及旁观者认知过程的实证调查。克里斯对视觉感知模糊性的研究使他对

▲图11-3　恩斯特·克里斯（1900—1957）。这张照片拍摄于19世纪30年代中期，当时克里斯正在对梅塞施密特的青铜人物面部的夸张表情及情感进行研究，同时还研究了普通的表现主义。1927年，克里斯被任命为维也纳艺术史博物馆馆长；1928年，又成为维也纳精神分析学会的成员。他将艺术史及精神分析结合起来并充分利用这些观点提出了欣赏艺术的全新方法。

里格尔的观点加以阐述，即观众参与完成一件艺术作品。

克里斯认为，如果一位艺术家将自身经历或冲突描绘成一幅强有力的画作，那么该作品从本质上来看具有模糊性。这种模糊性能同时引起观众的有意识与无意识认知过程，还能使他们根据自己的个人经历及奋斗历程从情感与移情的角度作出回应。因此，就像艺术家创作的艺术作品一样，观众对作品内在模糊性的回应又对它进行了再创作，而创作比例大小取决于艺术作品中模糊性的多少。

克里斯在谈论模糊性时，提到文学评论家威廉·恩普森在1930年推出的观点，即"在没有完全误读的情况下，（一幅艺术作品里）也许存在不同的视角，模糊性也就由此产生"。恩普森暗指模糊性使观众有可能选择艺术家心中的审美情趣，也有可能选择矛盾冲突。而克里斯认为模糊性使艺术家将自己的意识冲突与复杂情感输送给观众。

克里斯对文学评论家威廉·沃林格1908年发表的论文也非常了解，文章标题为《空想与移情：对风格心理学的一大贡献》。沃林格受里格尔的影响，他认为观众需要移情与空想两种情感：移情使观众在欣赏画作时能换位思考，与作品主题保持一致；空想则使观众从繁杂的日常生活中解脱出来，随着画作形式及色彩等符号语言展开想象。

德沃夏克将矫饰主义画家好用细长线条与扭曲局部等特点视为奥地利表现主义的前兆，克里斯与他一起研究时，开始注意艺术家如何用扭曲现象将观点融入画作人物的内心以及观众又如何看待扭曲现象。通过接触维也纳大学心理系主任、格式塔心理学家卡尔·布勒，克里斯对面部表情的科学分析产生了极大的兴趣。而他在首次尝试将艺术史中的知识与精神分析学的观点结合后，更加确立了自己的这一爱好。弗朗兹·梅塞施密特18世纪80年代雕刻的系列著名头像作品的夸张面部表情引起了克里斯的注意，并促使克里斯于1932年及1933年发表了相关文章。梅塞施密特是一位天资聪颖的肖像雕刻家，其作品于1900年陈列在维也纳下贝尔弗第宫博物馆内，柯克西卡与席勒对表现主义的突破很可能也受到了他的影响。

1760年，作为维也纳宫廷艺术家，年仅24岁的梅塞施密特已经取得巨大成就。他受邀为皇后玛丽亚·特蕾莎与其他重要人物雕刻半身铜像。在这些早期肖像画作品中，梅塞施密特运用了独具特色的巴洛克风格突出模特的贵族气息与庄重外表。1765年，他前往罗马，从此他的风格开始沿更经典的路线发展。当他再回到维也纳时，采纳了一种不太华丽的风格，摒弃了帷帐，用更加简朴直接的方式呈现出头部，并且不再使面部理想化。他曾在弗朗茨·安东·梅斯梅尔的房间里小住过一段时间，梅斯梅尔发明了催眠术并将其作为心理疾病的治疗方式，梅塞施密特后来对内心世界的兴趣显然是受到了他的影响。

作为维也纳帝国学院的一名雕刻学副教授，梅塞施密特已经取得相当大的成就，大家一致认为待现任雕刻主任逝世后，他将顺利接任。然而，当时机成熟时，梅塞施密特却错过了。事实上，他失去了自己的教学职位，也许是因为领导认为他还没有从3年前的精神疾病中康复，之后又认为他属于精神分裂症的偏执状态。梅塞施密特因为领导的拒绝受到了严重的打击，1775年他离开了维也纳，1777年最终定居在普雷斯堡（现在的布拉迪斯拉发）。在这里，他全心全意地雕刻了60多尊青铜人物象，他通过镜子观察自己的面部表情，用这些头像反映了自己或许还有他人的心理状态。这些头像时而夸张、扭曲，时而兴奋，表达出各种完全不同的情绪（图11-4，图11-5）。

克里斯对这些雕刻作品深深地痴迷。他从中知道看似患有妄想症的人居然可以雕刻出这么奇妙的作品。显然，梅塞施密特的内心矛盾并没有妨碍他的想象力，他在生病时雕刻的作品比早期健康时的出色作品更加独特新颖。而且，作品头部美轮美奂，表明梅塞施密特精湛的雕刻技术并没有受到疾病的影响。

克里斯看到头部雕像所表达的不同情感似乎立刻与观众展开了交流，并认为这些作品表达了艺术家内心世界的有意识与无意识思想，即他被迫接受的偏执妄想与幻想症。令克里斯震惊的是那些最精彩绝妙、表情最夸张的头部雕刻在风格上最独特，而那些表情普通的头像在风格上也就最为普通。这一观察结果使克里斯坚信了漫画的力量，漫画可以表达情感，可以影响大脑的感知与移情过程。

在克里斯研究梅塞施密特8年后，纽约州立大学石溪分校艺术史与哲学教授唐纳德·库斯普特于2010年开始对梅塞施密特作品展开回顾，并在《国际艺

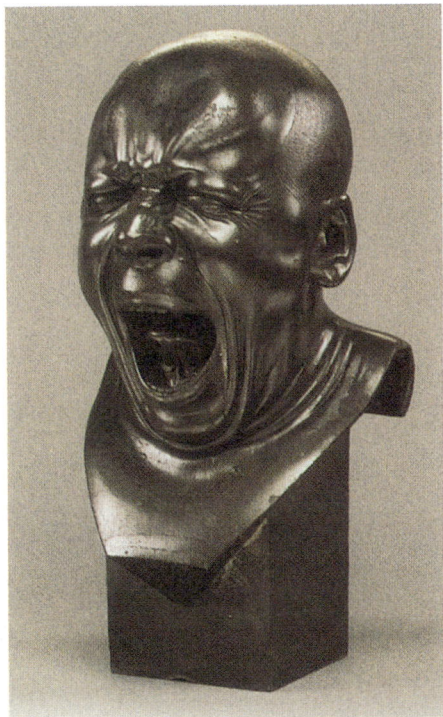

◀ 图11-4 弗朗兹·梅塞施密特用铅雕成的作品,《打哈欠的人》(1770年后)。

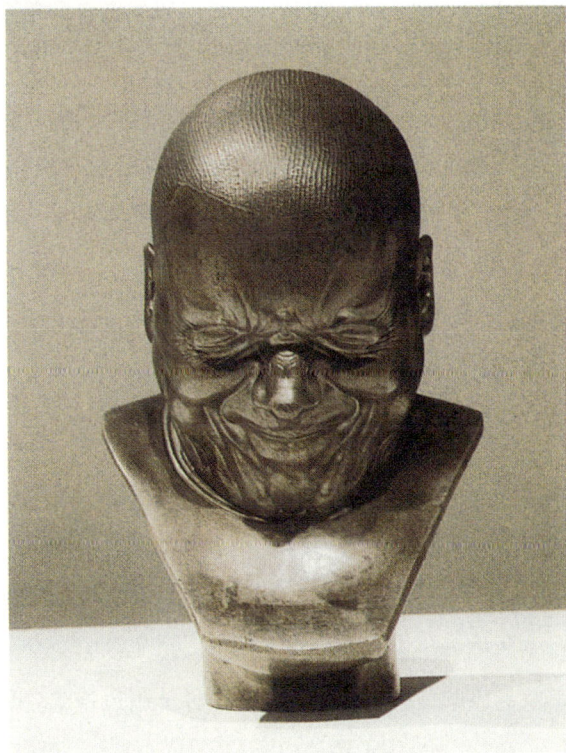

▶ 图11-5 弗朗兹·梅塞施密特用锡铅合金雕成的作品,《大魔头》(1770年后)。

网》杂志上发表了一篇名为《小疯狂造就了伟大的创造力》。库斯普特引用克里斯的原创思想，并把梅塞施密特的作品放到了21世纪的时代背景里，他写道：

> 他［梅塞施密特］的神经疾病被证明得到了神奇的解脱。他离开维也纳大都市后回到了家乡，梅塞施密特在创造艺术品时开始忠实于自己的想法，这些作品如同他一样疯狂……他雕刻着自己的面部表情……做到了真实的自己。他的恶魔们现在成了他的缪斯女神，他通过描绘它们从而雕刻出了最好的作品，他必须这样做，因为这些画面从来不曾从他的镜子中消失……梅塞施密特从他的疯狂中寻找快乐，这种快乐是他历经磨难想到社会的艺术巅峰时所被剥夺的。

克里斯在强调旁观者在创造性方面的重要性时，不仅承认了艺术家和观众之间的相同创造力，也含蓄地承认艺术家和科学家之间相同的创造力。与柯克西卡一样，克里斯意识到具象绘画呈现出现实的模型（或者说为肖像画提供了人物模型），这一模型依赖于调查的过程，如同科学发现真理一样，无论这门科学是认知心理学还是生物学。后来贡布里希将该调查过程称为"通过艺术展开的视觉探索"。

1931年，克里斯第一次研究梅塞施密特时，遇见了刚刚获得艺术史博士学位的贡布里希（图11-6），也就是后来最具影响力的艺术史学家之一。两人往来后，克里斯讲述了从里格尔那里推断出的潜在问题：艺术史学家对艺术深层结构了解得太少，因此无法作出有效的总结。他极力鼓励贡布里希将精神方面的见解纳入工作之中。贡布里希对此方法非常感兴趣，在之后几年里反复强调克里斯对自己能够走向认知心理学的影响比其他人都大。贡布里希毕其一生都奉献给了认知心理学并取得了累累硕果。

克里斯邀请贡布里希共同编写一本关于心理学与漫画历史的书籍，他把此书看作"理解面部表情的系列实验"。克里斯还请贡布里希协助他举办1936年的核心展览，展出内容为19世纪版画家、雕塑家奥诺·杜米埃的漫画作品。

在与贡布里希合作的过程中，克里斯开始将表现主义绘画看作对描绘面部及身体的传统方式的反抗。这种全新风格源自两大传统的结合：矫饰主义高

▲图11-6　恩斯特·贡布里希（1909—2001）。他曾是恩斯特·克里斯的学生，后来成为伦敦大学艺术史教授，并且编写了《艺术的故事》（1950）与《艺术和幻觉》（1960）此类开创性书籍。贡布里希在第二本书中探讨了认知心理学及其对诠释艺术的影响。贡布里希是首批将格式塔心理学和认知心理学运用到艺术理解中的艺术史学家。

雅艺术与阿戈斯蒂诺·卡拉齐在16世纪末引入的漫画。矫饰主义艺术家卡拉齐用扭曲与夸张手法强调个体典型特征（图11-7）。后来罗马建筑师与雕塑家济安·洛伦佐·贝尼尼将漫画推向一个新高度。贡布里希与克里斯在未发表的手稿中曾作如下描述，后来又在他们的《漫画》一书中作了详细说明：

> 贝尼尼的画作强调的不是身体特征的变化，而只是面部变化与面部表情的统一……贝尼尼并没有挑出单一的身体特征然后给予夸张独特的描绘……他是从整体而非局部出发；贝尼尼用统一的面部表情来描绘我们回想某人时脑海中的固有画面，这也就是他所扭曲并强调的表达方式。

我们将要看到这种整体观是贝尼尼已经凭直觉掌握的一种格式塔原则。

贡布里希和克里斯思考漫画时，感到惊讶的是它在艺术史中出现的时间实在太晚。他们认为艺术家的角色及地位在社会中发生巨大变化时，漫画也就正好出现。16世纪末，艺术家不再关心描绘现实所需掌握的绘画技巧。艺术家不再是体力劳动者：他已经成为一名创造者。社会中诗人可以勾画自己的现实世界，艺术家现在认为他们的地位能与诗人相媲美。米开朗琪罗1500年未完成的大理石作品使我们首次见到艺术家的这种变化，知道雕刻诞生于岩石之中。列奥纳多与提香在画布上对油画颜料力量的探索使我们得以见到更多此类作品。我们最终在1656年委拉斯开兹的《宫廷贵族侍女图》中清楚地知道了艺术家的重要作用。如贡布里希所说，表现主义绘画试图反映出艺术家的意识心理或无意识心理，而艺术家角色的转变此时便达到了顶峰。

在克里斯的鼓励下，贡布里希开始制定多管齐下的方法发展艺术，他将精神分析、格式塔心理学与科学假设测验中的见解结合起来。贡布里希对精神分析的见解来自克里斯，格式塔心理学的影响最初源于比希勒。我们将看到，他对感知的见解如假设测验一样来自赫尔曼·冯·亥姆霍兹和卡尔·波普尔。

格式塔心理学家引入的两种全新概念对视觉感知产生了影响。他们坚持认为整体大于各部分之和，我们把握各部分之间关系的能力（即从整体上评价感知的信息并赋予其意义），这种能力是与生俱来的。

在德语中，格式塔指结构或外形。格式塔心理学家用它来指在感知一件物品、一个场景、一个人或一个面时，我们是对整体而不是局部作出反应。之所以这样做，是因为虽然局部之间相互影响，但是整体要比部分之和更有意义。例如，在20世纪初，让马克斯·韦特海默感到震惊的是当看到一群大雁飞过天空时，我们所注意的是一个整体而不是单独的飞鸟，这促使他撰写出了格式塔心理学家今后的主要立场：有些事物的整体表现既不能从其单个要素也不能从它们的集合方式中推断出来，而需从它的相反面出发：任何个体的特征由整体内在结构的规律决定。

韦特海默、沃尔夫冈·科勒和库尔特·考夫卡三名心理学家领导的格式塔运动于1910年左右始于柏林。三位师从卡尔·施通普夫，虽然施通普夫既是哲学家、生理学家，也是数学家，在维也纳大学却是弗朗兹·布伦塔诺的学生。而恩斯特·马赫对感觉分析的重大贡献又影响了布伦塔诺与学生克里斯蒂安·冯·埃伦费尔斯的感知观念。埃伦费尔斯于1890年发表的《有关形式的特征》这篇文章被普遍认为是格式塔心理学的奠基之作，他从日常生活中发现了

▲图11-7　阿戈斯蒂诺·卡拉齐用铅笔与墨水在纸上绘成的漫画作品，《拉巴丁·德·格里夫与妻子斯比勒·泊米拉》。

音乐这一完美典范并指出一首旋律由多个音符组成，却比各个音符聚集一起更加悦耳动听。同样的音符又可以形成完全不同的旋律。我们把旋律看成一个整体而不是多个部分的集合，因为这种能力与生俱来。事实上，即使一个音符遗漏了，我们仍能听出这首旋律。

　　这些想法为格式塔心理学奠定了基础；反过来，格式塔心理学对认知研究又产生了深远的影响。事实上，韦特海默和科勒的学生阿恩海姆基于格式塔心理学提出了一个连贯的艺术心理学。他认为，艺术作品与感知一样整齐有序、结构良好。

格式塔心理学家出现之前，心理学家曾以为我们感知画作的感官数据来自环境的感官元素之和。然而，格式塔心理学的中心思想是我们所见到的内容，即我们对画作中任何元素的解释，不仅取决于该元素的特性，还包括这一元素与作品中其他元素的相互关系以及与我们过去对类似画作的体验。因此，由于任何一幅映入眼帘的作品都有许多可能性的解释，我们必须构建所见到的每幅画面。从这个意义上来说，每个画面都是主观的。虽然两三岁的儿童存在着无限潜力，但他们对画面的解释与生活在相同环境中大龄孩子的如出一辙。另外，年幼的小孩给出解释时没有得到父母的任何指导（他们可能没有意识到自己的创造力是多么的丰富）。

年幼的孩子之所以能解释画面是因为与生俱来的大脑视觉系统存在一套先天的普遍认知规则，以便从物理世界中提取感官信息。这一点类似于使孩子学习语法知识的规则。唐纳德·霍夫曼写道："如果没有先天的普遍认知规则，孩子就无法重塑美景，成年人也无法看到画面。但是有了这一规则之后，我们就能构建精彩微妙、美丽动人、实际存在的视觉世界。"

格式塔心理学的见解具有革命性。直到19世纪初，理解思维的主要方法是内省，对正常心理活动的学术研究只是哲学下的一个分支。但在19世纪后期，内省法被实验法取代，最终成为实验心理学这门独立的学科。在形成初期，实验心理学重点关注的是感官刺激与它所引出的主观感知之间的关系。到了20世纪，实验心理学缩小了范围，注意观察刺激对行为反应的影响，特别是理解了这些观察到的行为反应如何通过学习得以改正。

赫尔曼·艾宾浩斯在人类身上发现了研究学习与记忆的简单实验方法，后来伊万·巴甫洛夫和爱德华·桑代克在实验动物上也发现了该方法，导致了行为主义这门严格的心理学经验学派的诞生。之后，美国著名的行为学家J.B.沃森和B.F.斯金纳发表观点，他们认为行为研究可以达到与物理科学研究相同的准确性，但是不能对大脑中的思维进行推测，只能完全专注于可观察行为。对于行为学家来说，不可观察的心理过程，尤其是任何抽象的认知、情感或自觉意识等都无法进行科学研究。相反，他们只是客观准确地集中评价动物身上的特定物理刺激与所观察到的反应之间的相互关系。

他们最初细致地研究了行为与学习的简单形式并取得了一定成功，因此鼓舞了其他行为学家来研究刺激（感官输入）与产生的行为（动作输出）之间的所有联系。行为学家认为这与科学地研究行为毫不相关。20世纪30年代是行为主义最有影响力的时期，许多心理学家都接受最激进的行为学家的观点，即所有能观察到的行为就是全部的精神生活。该观点将实验心理学的领域限制于一系列问题之中，也将对一些最有趣的精神生活的研究特征拒之门外。但是，精神分析与格式塔心理学一同开启了这扇大门，开始研究大脑创造现实时的无意识心理过程。与精神分析不同，格式塔心理学是一门经验学科，其假设可以通过实验加以论证。

格式塔心理学观点本身就非常新颖，从当时的时代背景上来说就更加了不起！格式塔心理学出现后，德国与美国的心理学家开始认识到行为主义的铁拳创造了一个"科学危机"。心理学家深刻意识到科学没有办法回答人类大脑如何工作等基本问题，即大脑如何调节通常被称为思维的各种心理过程（感知、行动、思想）。格式塔心理学家坚持革命性思想，他们认为科学并不是限制因素，而是心理学家如何看待科学；格式塔心理学家提出了他们强有力的观点，将心理学各领域知识与自然科学相连接。

贡布里希意识到格式塔心理学强有力的原则大部分是与生俱来的，这些原则主要适用于较低级别的视觉感知，或"自下而上"的视觉处理。高级别或"自上而下"的感知也包括以学习为基础的知识、假设检验及目标，而这些并不定存在于大脑的发展计划之中。因为，我们可以用多种方式来解释双眼接受的大部分感官信息，我们必须用推理来解释这种模糊性。鉴于目前的形势，我们必须依据经验猜测我们面前最形象的画面是什么。西格蒙德·弗洛伊德已经确立了自上而下处理方式在视觉感知中的重要性，他描绘了人们的无辨识能力问题（即物体识别能力先天不足）。这类人能够准确地发现一些特点，比如边缘与形状，却无法把这些特点组合在一起来识别目标物。

　　贡布里希总结了自己在心理学与艺术史方面的观点，撰写了一本杰作——《艺术与错觉：图画再现的心理学研究》。他在书中讲述了大脑对一幅画面重新感知时包含两个部分：心像描绘与推理或知识。前者反映大脑内部并引导视觉的无意识状态与自动规律；后者部分基于推断，可能是有意识的，也可能是属于无意识范畴。与克里斯一样，让贡布里希印象深刻的是科学家的创作过程与艺术家及艺术旁观者所进行的推理、创造性模型构建存在相似之处。贡布里希在发展自己的观点过程中，受到了赫尔曼·冯·亥姆霍兹与维也纳科学哲学家卡尔·波普尔的影响。

　　19世纪其中一位最重要的物理学家亥姆霍兹也为感官生理学的许多领域作出了重大贡献，他也是现代研究视觉感知的第一位实验科学家。亥姆霍兹在研究触觉感知的初期，用电子信号沿着神经细胞的轴突成功地测量出视觉感觉的速度，他发现这一速度出奇的慢（每秒约90英尺），而我们的反应更慢。该发现使他认识到大脑对许多感官信息的处理是在无意识状态下进行的。而且，他认为在感知与自主运动过程中，大脑在不同区域发送并处理信息。

　　当亥姆霍兹把注意力转向视觉研究时，他意识到任何静态的二维图像中都包含品质低劣的不完整信息。为了从画作中重构动态的三维世界，大脑需要其他额外的信息。事实上，如果大脑完全依靠眼睛来接受信息，幻觉就不可能出现。因此，他的结论是感知也必须以大脑中的猜测过程与假设论证为基础，同时还要依赖过去的经验。这些有根据的推测使我们从过去的经验中推论出一幅作品的画面。由于我们通常不知道构建视觉假说，也不知道从中进行总结，亥姆霍兹将这种自上而下的假设检验过程称为"无意识推论"。因此，在我们认知一件事物之前，大脑须依据感官信息来推断这件事物。

　　亥姆霍兹非凡的洞察力并没有局限于感知领域。我们将看到，这种力量所提供的一般准则也适用于情感与移情研究。著名认知心理学家、伦敦大学学院威康信托中心神经成像部的克里斯·弗里斯对亥姆霍兹的洞察力作出了总结，"我们并没有直接接触物理世界。可能感觉上有，但这是大脑产生的一种错觉。"

卡尔·布勒的学生波普尔于1935年与贡布里希会面,他强化了科学思维对知觉的重要性。波普尔曾出版了一本极具影响力的书——《科学发现的逻辑》。他在书中指出,推动科学发展进步的并不是数据的积累,而是验证、假设与解决问题。他强调简单地记录实验数据不能解释科学家们在自然界和实验室里所观察到的复杂问题与模糊现象。为了使他们的观察有意义,科学家们需要反复试验;他们需要通过有意识的推理手段针对现象创造一种假设模型,然后寻找能反驳模型的全新观察方法。

贡布里希看到了无意识思想与有意识推理间的相似性:前者是大脑如何从视觉信息中形成一种假设;后者是科学家如何从经验数据中形成假设。他意识到观众生成画面,并将画面与先前的经历相匹配,这与科学家反复试验从而对自然世界提出假设如出一辙。在视觉感知的情况下,这种假设基于我们从自然选择中获取并存储在大脑视觉体系中的知识(这就是格式塔心理学家所描绘的自下而上的信息处理方式),然后大脑将该假设与之前的经历及脑海中的画面进行对比(这是亥姆霍兹在其著作中所强调的自上而下的信息处理方式,波普尔将它称为科学方法)。贡布里希将两种方式结合后,为人们了解观众大脑中的创造性思维及如何构建观众的重要性提供了重要的视角。

观众的感知包含自上而下的影响这一见解使贡布里希相信不存在"无邪的眼睛"。 也就是说,所有的视觉感知都是以概念分类与解读视觉信息为基础的。贡布里希指出,每个人都可以将任何一个信息进行归类。我们将在后面看到,贡布里希对感知的心理视角为沟通艺术的视觉感知及生物学打下了坚实的基础。

第十二章

观察也是创作：
大脑是一台创造性机器

17世纪英国哲学家约翰·洛克的天真实在论是当时有关思维的主导观念，但恩斯特·克里斯和恩斯特·贡布里希所支持的观念与之相对比已发生了戏剧性的改变，他们认为大脑如同一台创造性机器，不断利用推断与猜测重建外部世界。洛克相信思维通过感官能接受所有的信息并把它们聚集在一起，这种看法认为头脑只是简单地反映外部世界的现实。克里斯和贡布里希有关大脑的观点是康德理论现代版，康德认为感知信息使大脑创造现实。

艺术中的画作就像所有的图片一样，并不像观众的感知、想象、期望和其他记忆中的相关知识，艺术中的画作无法呈现出众多现实。正如贡布里希所说，观众要想看到画布上真正画的是什么，他必须事先知道他将在这幅作品发现什么。这样，艺术家大脑中的创作过程（即对物理现实和心理现实的模拟），类似于日常生活中每个人大脑里内在的创作过程。

克里斯和贡布里希将艺术史与精神分析中的直观想法、格式塔心理学中更严格的思维以及潜意识和意识推论的假设验证相结合，从而为艺术认知心理学奠定了基础。此外，他们懂得科学艺术是创作思维的一部分，而思维是大脑展开的一系列功能，对艺术的科学研究必须包括神经科学和认知心理学。

里格尔、克里斯和贡布里希在描绘这一原则时采取了几个重要的举措。里格尔首先将心理科学的目标对准艺术研究，从而认识到观众的重要性。克里斯朝着同一方向向前发展，他意识到艺术是艺术家与观众之间的一种潜意识交流形式，还认识到观众无意识地在大脑里重新勾勒画作以应对艺术作品中固有的模糊性。贡布里希继续推动发展，他关注的是视觉感知内在的创造力，分析了观众如何将格式塔原则与假设论证的结合用于艺术作品的观察之中。总之，克里斯和贡布里希用他们的见解，向我们展示艺术开始自觉地促进了观众大脑里感知与情感的再创造过程。从某种意义上说，克里斯和贡布里希跟随着弗洛伊德的步伐，试图建立一门认知心理学，将有关心理过程的心理学与心理生物学联系起来。

克里斯和贡布里希现在意识到，他们的认知心理学对观众参与个体行为与大脑里调节该行为的生物过程起着非常重要的解析作用。他们预计这门心理学凭借着经验基础最终可能为艺术与包含感知、情感与移情在内的生物学之间的对话作好铺垫。

艺术中的认知、情感和移情的三步分析

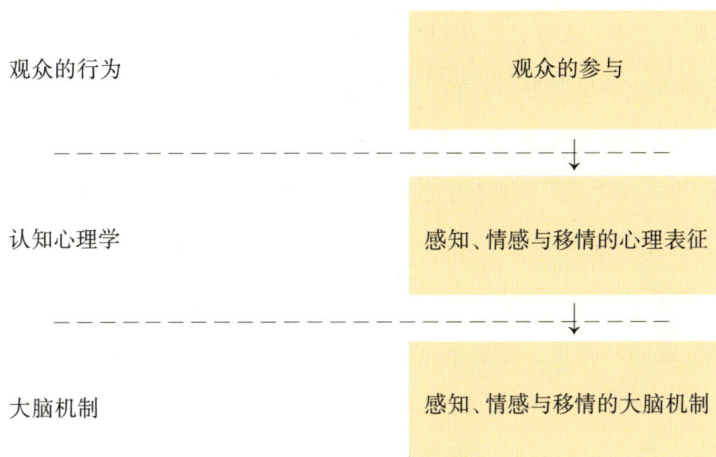

观众的行为	观众的参与
认知心理学	感知、情感与移情的心理表征
大脑机制	感知、情感与移情的大脑机制

▲图12-1 克里斯、贡布里希和塞尔对众行为的分析表明，感知与情感中大脑机制的生物分析，需要理清如何用认知心理学术语来表达感知与情感，这是一个重要的中间步骤。

心灵哲学家约翰·塞尔也同样指出，要想在观众参与的基础上进一步从生物学的角度来理解感知与情感体验，我们必须遵循三个步骤（图12-1）。首先，我们需分析观众对艺术作品的明确反应。其次，我们需分析观众对作品的感知、情感和移情反应。最后，我们需分析观众作出这些反应时的大脑机制。事实上，这门出现在20世纪的最后10年的全新心理科学，代表了认知心理学（心灵科学）与神经科学（脑科学）的成功与大规模的融合。

　　随着贡布里希对视觉感知热爱的程度加深，他对恩斯特·克里斯有关艺术模糊性的想法非常着迷，开始研究由格式塔心理学家推出的广为人知的模糊画面与幻想。在最简单的情况下，幻觉使人们对一幅图像有两种截然不同的解读。这种幻想是关于模糊性本质的最简单的例子，克里斯坚信这一点的重要性在于能帮助理解所有伟大作品及观众对作品的反应。其他幻想包含诱使大脑犯感知错误的模糊画面。格式塔心理学家利用这些错误探索视觉感知的认知面。在这个过程当中，他们先于神经科学家发现了大脑感知组织的几个原则。

　　这些模糊性的画面与幻想激起了贡布里希的兴趣，因为观众在欣赏一幅肖像画或一处景色时能够有多个选择。通常情况下，一件伟大的艺术作品中包含有多个模糊处，而每一个模糊处可能使观众作出不同的决定。

　　贡布里希对模糊画面与幻想的特别热爱，使感知在两个对立的解释中游离。美国心理学家约瑟夫·贾斯特于1892年绘制的作品《鸭兔》（图12-2）就是针对这种场景，贡布里希在著作《艺术与错觉》出版前对该作品作了阐释。因为能够有意识处理的信息量是非常有限的，观众不可能同时看到两个动物。如果我们关注左边两个类似于耳朵的水平带状物，看到的是兔子的画面；如果我们关注右边，看到的则是鸭子，左边的水平带状物就变成了嘴。只要眼睛转动，画面就会在兔子与鸭子间变换，但眼睛转动不是画面发生改变的主要因素。

　　这幅作品让贡布里希印象深刻的是画面上的视觉数据不会发生改变，改变的只是我们对数据的解释。"我们可以将这幅画看作一只兔子也可以看成一只鸭子，"他写道，"很容易就可以看出这两种动物，但是要想解释在两个画面间转换时发生了什么，就不是那么容易。"这是因为画面的模糊性，然后加上我们的期望与过去的经验，便无意识地推出这是一只兔子或鸭子。这就是亥姆霍兹描述的假设验证中的自上而下过程。我们一旦对一幅画面成功地形成假想认知后，不仅可以解释视觉数据，还能排除其他可选方案。因此，一旦我们将画面看作鸭子，就会呈现鸭子的假象，而兔子的假象也就没有了。这些感知互相排斥的原因是当任何一个画面占主导地位时，它不会留下解释的空间，也不存在模糊性。这幅作品要么是一只鸭子，要么是一只兔子，绝非两者。

　　贡布里希意识到这一原则涵盖了我们对世界的所有看法。他提出，从根本上来看这一行为是可解释的。我们看到画面之后，不是有意识地将它解释为一只鸭子或一只兔子，而是不知不觉地进行着。因此，视觉感知本身就是解释。

丹麦心理学家埃德加·鲁宾于1920年设计的鲁宾花瓶（图12-3），也是感知在两个对立解释间游离的例子，同样也依赖于大脑的无意识推理。但不同于兔子、鸭子的幻觉，鲁宾花瓶要求大脑从背景画面中区分主体，从而构建画面。鲁宾花瓶也需要大脑从背景中分清画面的轮廓。因此，我们看到花瓶时，大脑从花瓶的画面中分出界线；看到面部时，又要再次分清。据鲁宾所说，这种幻觉产生的原因是花瓶的轮廓线与面部的轮廓线相匹配，从而使观众选择其中一种画面。

瑞士晶体学家路易斯·阿尔伯特·内克尔于1832年发现了两种解释间更加复杂的选择案例，叫作内克尔立方体（图12-4）。从斜角来看，它是用二维线条绘成的图画，没有深度线索，然而却呈现出三维画面。奇怪的是，立方体的任何一面都可被视为前面。当观众注意图画时，两种画面的视角也同时发生改变。内克尔立方体为视觉系统的创造力提供了一个很好的案例。虽然我们看到两个立方体相互交替，但实际上根本不存在立方体，纸上只有一个二维图画，我们所看到的东西实际上是不存在的。贡布里希的幻觉研究使他得出结论，"因此，感知与幻想之间没有严格的区分。"然而，我们所选择的两个方向并不是仅有的选择；事实上，画面中有无数个不规则的多边形。但无论我们如何发挥想象，即使我们希望看到这些多边形，却无法感知到。这就证明虽然自上而下的推理使我们从明显的选项中进行选择，但潜意识选择限制了我们最合理的解释。

这三例有关模糊图像与感知幻想的图画中，内克尔立方体最好地说明了大脑从二维物体中能推出三维图像的能力。大脑将纸上的二维图画元素与储存在大脑里的相关知识及对三维世界的期盼相结合，从而形成了这种杰出的能力，艺术家也正是用这一能力出色地展开探索。

卡尼萨三角形（图12-5）又是视觉体系建构虚拟事实的另一案例。由意大利艺术家和心理学家加埃塔诺·卡尼萨于1950年创建。在这种错觉中，我们的脑海里能构建两个重叠的三角形图像。然而，看似构成这些三角形的轮廓全都

▲图12-2 《鸭兔》图。

▲图12-3 鲁宾花瓶。

是虚幻的。图像中根本就没有三角形，只是三个开口的角度与三个半圆。大脑将感官信息加工成为感知时，坚实的黑色三角形模糊了下面另一个三角形的白色轮廓。大脑用亥姆霍兹的潜意识推理创造出这种画面，从而用来解释这些象征性的三角形。因此大脑里构建三角形的感知非常强烈，似乎三角形比黑色纸张的颜色更深，即使我们知道这是一种假象。

进一步论述格式塔心理学家的观点之后，贡布里希认识到，大脑在应对一幅艺术作品时，不仅使用了自下而上的处理方式（或者说视觉环境线索），也使用了自上而下的情感与认知线索及记忆。而且，正是通过认知线索与记忆界定了每位观众独特的观察性。贡布里希明白艺术家在过去数个世纪里的实验构成了人类大脑内部运转的线索宝藏。他深知认知图式（或者说大脑视觉世界内在表征）的重要作用。他认为观众所见的每一幅作品与其他作品的联系比这幅作品所真实地描绘的现实世界的关系来得更紧密。

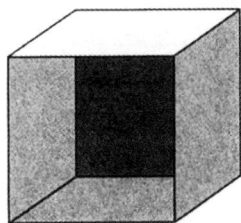

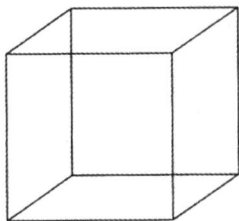

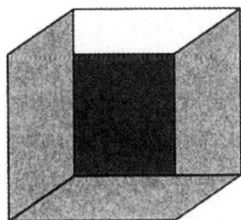

◀ 图12-4　内克尔立方体。

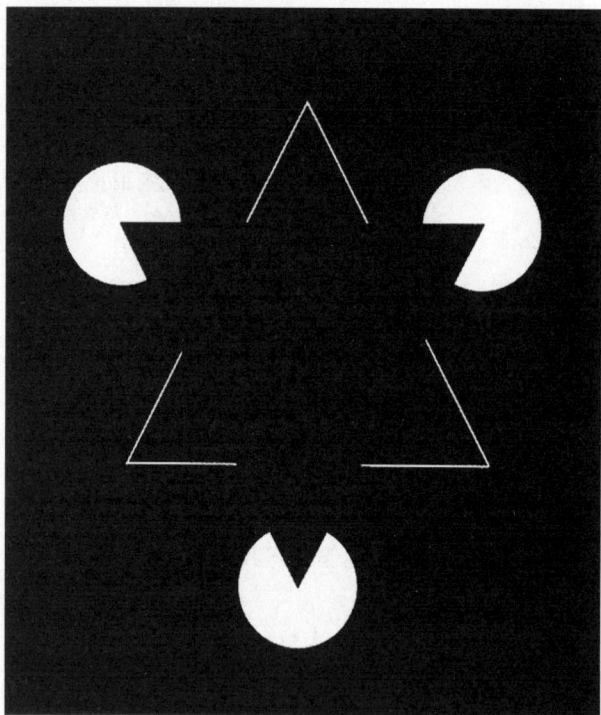

◀ 图12-5　卡尼萨三角形。

从关注假设验证与记忆的角度看待艺术，也就是注重观众以及艺术家之前对艺术作品的接触，这一原则很容易就纳入德裔艺术史学家欧文·潘诺夫斯基提出的美学反应理论之中。他于1934年移民美国，与克里斯及贡布里希属同时代人，潘诺夫斯基强调记忆在美学反应中的重要性。他说，可以从三个层次阅读并解释图像，但这些都依赖于观众的记忆。

第一个层次是图像解释前期，它所关注的是画作的内在要素，包括线条、颜色、纯粹的形式、题材和情感。在这个层面上，观众的解释基于元素的实际直观体验，不信赖于任何事实或文化知识。第二个层次是表象解释，关注的是图形的意义与它们在普通参考框架中的表达。第三个层次是象征性解释，观众依据严格的文化背景，如某个国家、文化、阶层、宗教以及历史时期对艺术品作出反应。例如，如果看到12个人以某个人物为中心围坐在长餐桌旁，许多西方观众会将其当作《最后的晚餐》。对他们来说，12人吃晚餐的画面是象征性的（在特定的文化背景里），然而对非西方观众来说，该画面是表象性的（在普遍的文化背景里）。

　　潘诺夫斯基的想法强调符号、文化背景以及观众的个人记忆，使艺术研究比仅仅依赖格式塔心理学更加突出。表象解读揭示，纵观历史，艺术通过符号与神话沟通普遍观念，从而为艺术家和观众之间的创作关系增加了另一层面。

　　克里斯与贡布里希合作的几十年里，现代认知心理学的发展达到了鼎盛时期，它继续注重分析观众将感官信息转变成感知、情感、移情与行动的过程；也就是评价在特定的环境下刺激物如何引起特定的感知、情感及行为反应。只有揭开该转变过程的真相，我们才有希望理解个人行为与个人所见、所想或所信之间的相互关系。

第十三章

20世纪绘画的出现

❦

　　奥地利表现主义艺术家分析了原始性冲动，以及深度恐惧和攻击性冲动。并试图通过简单的绘画语言将其表达出来。在这种情况下，艺术家通过加强我们对他人情感的看法、对他人的同情以及自身观察意识与潜意识心理状态的能力，尝试着描绘面对艺术时能引起不同情感的情感基元。

　　纵观历史，描绘情感一直是艺术家的一个主要目标。达·芬奇、伦勃朗、格列柯、卡拉瓦乔以及后来的梅塞施密特都表现出永恒的普遍吸引力。因为他们通过对特殊人物的真实描绘表达出普遍的情感。相比之下，许多20世纪艺术家描绘情感的方式却不同。

　　首先是文森特·梵高与爱德华·蒙克，然后是法国野兽派画家亨利·马蒂斯及奥地利和德国同时代的表现主义艺术家，他们开始明确并深刻地探索色彩与形式在激发无意识情感与意识感情中所起的作用。正如乔治·修拉与梵高等印象派和后印象派土义艺术家将色彩科学中引出的观点相融合，以捕捉自然光感，因此表现主义艺术家从医学与心理科学中推出想法，以更好地理解潜意识心理。

　　恩斯特·贡布里希在著作《艺术的故事》所撰写的精彩引言中，描绘了西方艺术所经历的三个发展阶段。第一阶段，艺术家没有掌握视角或颜色混搭的规则；因此只是画出了他们所了解的。第二阶段，艺术家已经熟知视角与颜色的规则，可以绘制他们亲眼所见的事物。这两个阶段从肖维岩洞的壁画到19世纪英国艺术家的自然景观画作，跨越了30000年的时间。虽然期中有曲折、有偏差，也有退步，但艺术是向前发展的，其主要方向是用更加真实的三维画面描绘外面的世界。然而，19世纪中叶摄影技术的问世，尤其是摄影捕捉现实的卓越能力使绘画停滞不前。贡布里希曾说绘画描写了世界独特的生态龛位，但现在它已失去了这一功能，"需开始寻找可替代的龛位"。

印象派带头捕捉户外自然光线中稍纵即逝的神韵，这一点摄影技术很难做到。印象主义明确地迫使观众在感性体验时远离现实，要充满想象。印象主义过度关注瞬间景物以及事物表象，后来的艺术家对此表示不满。后印象派画家意识到摄影可以用多种不同方式捕捉现实，而他们却不能，于是开始寻找一些超自然描绘。

后印象派画家的追求产生了两种显著但有时又重叠的尝试。其目的是用摄影技术无法做到的方式扩大观众的体验。一种尝试在后印象派画家保罗·塞尚等（还有莫里斯·丹尼斯、爱德华·维亚尔、皮埃尔·波纳尔）的绘画中非常明显，他们尝试努力解构并探索视觉感知的新维度。另一种尝试在梵高和蒙克的作品中很突出，他们试图解构并挖掘情感体验（图13-1）。与这些艺术家们正在解构形式与情感的同时，肖像研究亦尝试在艺术作品中使用符号以推动转变。

塞尚试图停止从真实的角度描绘透视图。相反，他尝试着减少画作中的空间深度，如普罗旺斯房子附近的圣维克多山的山川景色（图13-2）。正如艺术史学家弗里茨·诺沃提尼所说："在塞尚的画作里……透视法的痕迹已经消失，旧的透视法不存在了。"而且，塞尚认为所有的自然形式可以减少至三种具象图像：柱形、锥形与球形。他提出原始形象是基本元素，我们对岩石、树木及人类面孔等复杂形式的感知则是基石。这些对我们如何看待自然中的亲眼所见非常重要。

塞尚认为我们在自然界中的所见可减少至三种固定形式，这一观点与他对透视法的尝试促进了毕加索和布拉克引导的立体主义的发展（图13-3）。这两位艺术家在1905年至1910年简化了透视法与表现自然的形式，解构了画作目标，专注于描绘画作目标的本质而非表象。艺术能概括自然的本质并毫不雕琢地将其在画布上绘制出来，因此可以使本质与时间并存。之后不久，随着更加激进的抽象派步伐，这一点在瓦西里·康定斯基、卡济米尔·马列维奇和彼埃·蒙德里安的作品较为明显。抽象三维视角之后呈现在瑞士雕塑家阿尔贝

形式解构　　　　　　　　　　　情感解构

| 塞尚 |

| 梅塞施密特
维也纳1900
心理分析 |　| 梵高
蒙奇 |　| 野兽派 |　| 第一次世界大战
现代城市生活政
治评论 |

立体派　　　　　奥地利现代主义和表现主义　　德国表现主义（戴·布鲁克）

| 毕加索
布拉克 |

| 克里姆特（过渡）
柯克西卡　　奥本海默
席勒　　　　盖斯特尔 |

| 诺尔德　　　　迪克斯
贝克曼　　　　米勒
柯克纳　　　　罗特卢夫
格罗斯 |

非比喻性抽象　　　比喻性抽象

| 马列维奇
蒙德里安 |　| 毕加索
马蒂斯
克莱
贾科梅蒂 |

抽象表现主义和极简主义

| 德库宁　　　　凯利
波洛克　　　　莱因哈特
　　　　　　　贾德 |

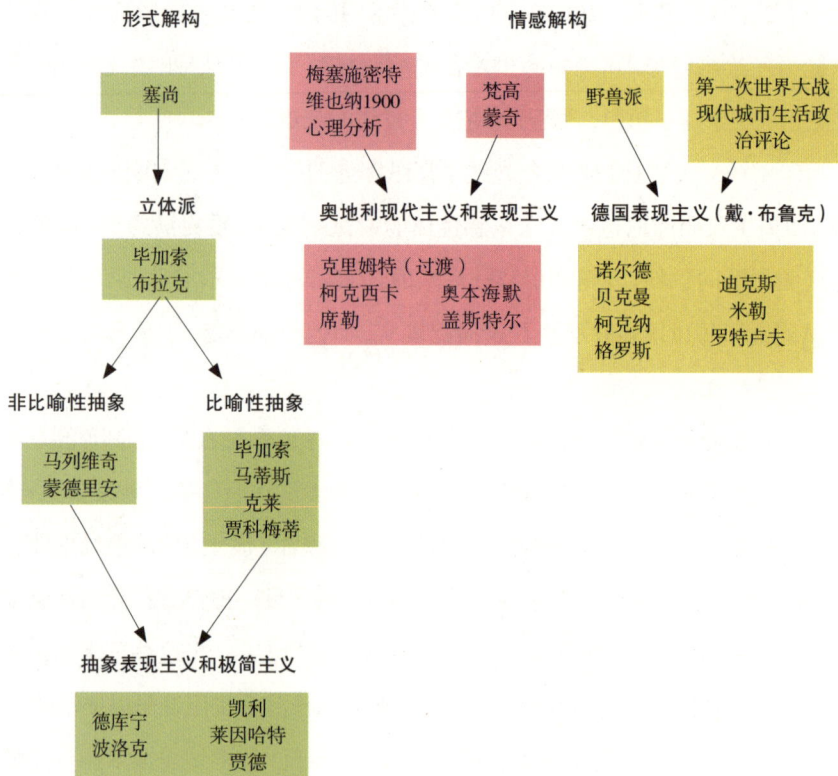

▲图13-1　表现主义之后，艺术的主要特征是对两种尝试高度简化的风格的阐释说明。

托·贾科梅蒂的作品中，他用线性勾画的人物薄如刀片。

　　康定斯基在20世纪初开始工作，最初是一位具象派画家，但后来很快大胆地使用色彩，像梵高、蒙克和奥斯卡·柯克西卡一样不仅表达出心境，而且突出主题与思想。到1910年，他的作品使用更多的几何图形，变得更加抽象；最后，其作品中几乎没有具象艺术的痕迹。

　　蒙德里安最初也是一名具象派画家，但他很快便开始解构自己的画作，寻找形式的通用面，如1912年作品《树的研究Ⅰ》（图13-4）与1915年作品《码头和海洋5》（大海与星空）（图13-5）。受塞尚思想的启发，蒙德里安进一步减少了立方体、圆锥体与球体，用直线与色彩绘制作品。通过这种方式，蒙德里安在几何图形等非原始图像以及有着自身意义的色彩的基础上，为一种新艺术语言的发展作出了贡献。这些图像是蒙德里安自我的创造，并不是从自然界中推断出来。马列维奇和建构主义画家也创造了纯粹抽象的非具象派作品。这些艺术家认为绘画如同音乐一样可以是纯粹的表达。最绝的是，抽象艺术创造出的模糊性也许比具象派艺术的更大，而这一点似乎依赖于大脑的创作过程。

同时，艺术中符号的使用促进了另一变革。具象艺术中出现了一种全新的图像，它不是以现有的图标解构为基础，而是基于一种全新的现代语言。这种变革在"维也纳1900"中非常明显。正如我们所看到的，古斯塔夫·克里姆特以生物学知识为基础来利用图示，柯克西卡和埃贡·席勒用双手和身体的其他部位作为图示。其中的一些图标，比如，艺术家依据让-马丁·沙尔科对精神病患者的描述而绘成的双手作为表现内心不安或精神错乱的方式（图13-6）。

脑科学家受到艺术家这些试验的部分刺激后，开始着手处理由具象图像、非具象图像以及情感图像引起的核心问题。他们提出观众参与的作用方式是什么。他们首先想知道大脑这台出类拔萃的创造性机器如何感知艺术，大脑又如何筛选、如何呈现具象图像与非具象图像以及视觉感知的基本构建模块？他

▲图13-2　保罗·塞尚的布面油画作品，《蒙塔涅圣维可多山》（1904—1906）。

◀图13-3　乔治·布拉克的布面油画作品，《圣心大教堂》（1910）。

▼图13-4　彼埃·蒙德里安用木炭在纸上绘成的作品，《树的研究Ⅰ：第二类系列画作／第七号作品》（1912）。版权由华盛顿特区蒙德里安/霍尔茨曼信托基金会提供。

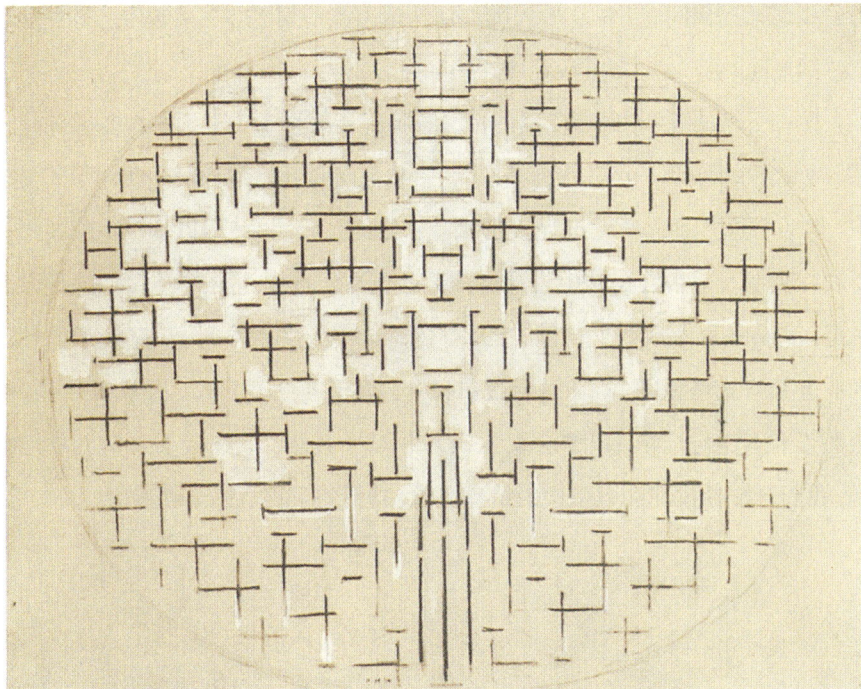

▲图13-5　蒙德里安用木炭、墨水和水粉在纸上绘成的作品,《码头和海洋5》(大海与星空)(1915)。版权由华盛顿特区蒙德里安/霍尔茨曼信托基金会提供。

▲图13-6　安德烈·布鲁伊莱的布面油画作品,《让-马丁·沙尔科有关歇斯底里症的一课》(1887)。

们紧接着又提出问题，观众的大脑如何从情感上应对艺术？又如何选择并呈现情感图像呢？

在接下来的五章内容里，我们将思考我们从脑科学中学到的视觉感知是什么。视觉感知如同一个信息处理系统，它从视网膜开始解构目标物的形式与外观，然后将这些画面的关键元素形成一个神经代码，该代码以动作电位的形式反映在大脑里。然后大脑中与视觉相关的更高区域逐渐对神经代码进行详细解释。这些解释表明我们对脸、手及身体感知下的基本原则。信息处理的较低水平遵循格式塔原则。高阶区域也包含自上而下的处理方式、潜意识推理（基于假设验证）与记忆，以整合视觉认知并赋予其意义。在接下来的五章内容里，我们开始寻找观众大脑中的情感图像、移情的生物机制与创造力。

第三部分

观众对艺术的视觉反应的生物学

第十四章

大脑对视觉图像的处理

恩斯特·克里斯和恩斯特·贡布里希对模糊性及观众参与的研究之后得出的总结是，大脑具有创造性，大脑对一位艺术家或一位观众在周围世界中看到的物品生成内部表征。而且，他们认为我们都有可能是"心理学家"，因为我们的大脑也能对他人的思想，包括他人的看法、动机、内驱力以及情感形成内部表征。这些想法大大地促进了艺术中现代认知心理学的产生。

但克里斯和贡布里希也意识到，他们的想法是从成熟见解与推论中总结出来的，不能直接进行检验，因此不适合客观分析。为了直接检查内部表征，窥见大脑中的黑盒，理解形式解构如何产生具象图像（即感知的基本成分），那么认知心理学必须与大脑生物学相结合。

在本章及接下来的两章里，我们将调查大脑生物学家如何对视觉感知展开研究。我们将看到，观众对艺术的感知以及对艺术的情感反应完全依赖于大脑特定区域里神经细胞的活动。但是，我们在调查隐含有视觉与情感过程的神经机制之前，需要对中枢神经系统的整体组织有一个基本了解。

中枢神经系统由大脑和脊髓组成，就像人的身体分为左右两个部分，大脑和脊髓都有基本相对称的左半边与右半边（图14-1）。脊髓含有简单反射行为所需的机制。该机制的反应解释了中枢神经系统的一个关键功能，它可以从身体表面接受感觉信息并将其转化为行动。在反射行为情况下，皮肤里感觉器官发出的信息可通过感觉轴突这种长长的神经纤维发送至脊髓，而脊髓又将信息转化成协调行动的指令；随后指令通过另一种长长的神经纤维束（即运动神经轴突）传达给肌肉。

脊髓向上延伸成为后脑，后脑前面分别是中脑和前脑（图14-2）。前脑是非常重要的神经中枢，控制着幻想、情感以及观众对艺术的反应。

如果能转换视角，从上到下观察中枢神经系统，我们首先看到的是前脑或端脑。前脑分成左、右大脑半球两个部分，并被大脑皮层所覆盖。人类大脑皮层上布满了深深的褶皱，一眼就能被认出来。它由0.1英寸（约0.25厘米）厚的细胞构成，里面含有100亿个神经细胞或神经元。大脑皮层中的盘旋或褶皱结

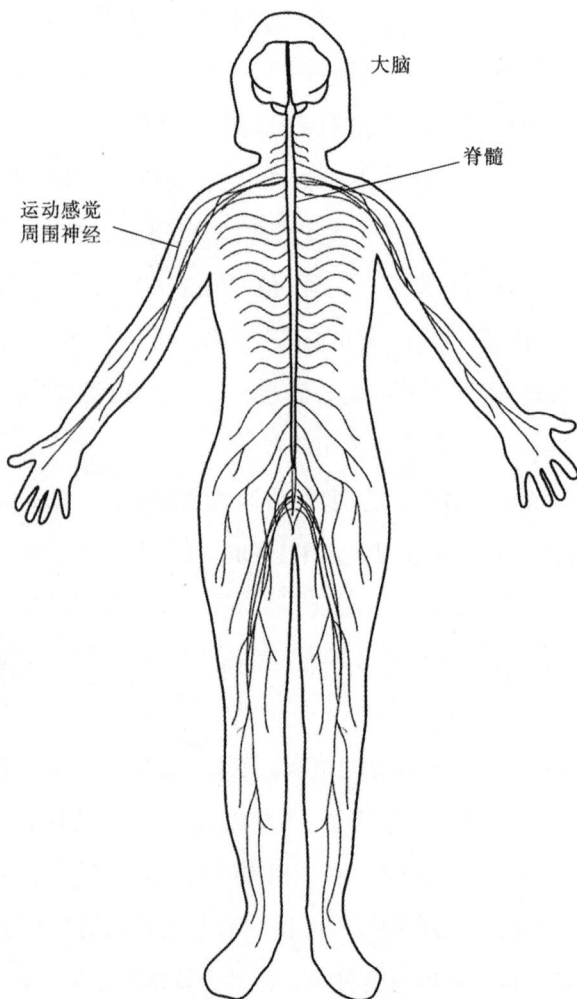

▲图14-1　中枢神经系统的左右相互对称，由脑和脊髓构成。脊髓通过周围神经长长的轴突束从皮肤接受感觉信息，又通过运动神经的轴突将运动指令发送给肌肉。这些感受器与运动轴突是周围神经系统的组成部分。

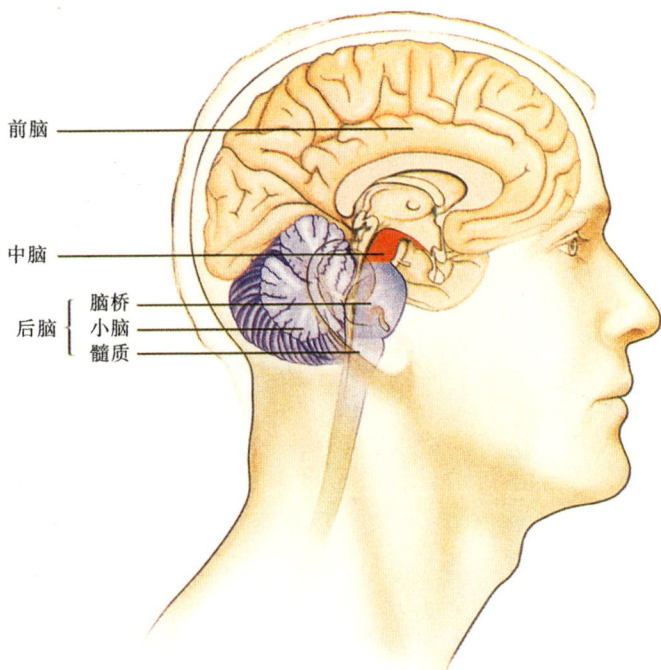

▲图14-2　脊髓向上延伸成为后脑,后脑前面分别是中脑和前脑。

构包含有称作脑回的脊状冠,由名为脑沟的小沟槽或折沟隔离开来。内折演变成了节省空间的机制以适应大脑皮层的大面积扩展,它展开后相当于一块1.5平方英尺(约0.14平方米)的晚餐餐巾,存在于头颅有限的空间里。褶皱还将大脑中需要相互联系的部分包含进来,这样就使其相互间的联系更加容易(图14-3,图14-4)。两个半球的结构大体上一致。虽然每个人的大脑略有不同,但突出的脑回与脑沟非常相似。

　　大脑皮层的每一侧分为四个不同的脑叶,依据它们在头颅骨头中的位置将其命名为额叶、顶叶、颞叶和枕叶。大脑皮层每面的额叶主要负责执行功能、道德推理、情绪调节、未来行动计划以及运动控制。顶叶负责触觉,为我们的身体形成一个感性形象并将该形象与周围的空间相连,从而引起注意。枕叶对解释包括面孔认知以及听觉与语言方面的信息非常重要。

　　颞叶也参与记忆的有意识回想,体会记忆与情感。这些功能源自颞叶与大脑皮层下层前脑深处海马、杏仁核、纹状体、丘脑和下丘脑(图14-5)五个结构间的相互作用。

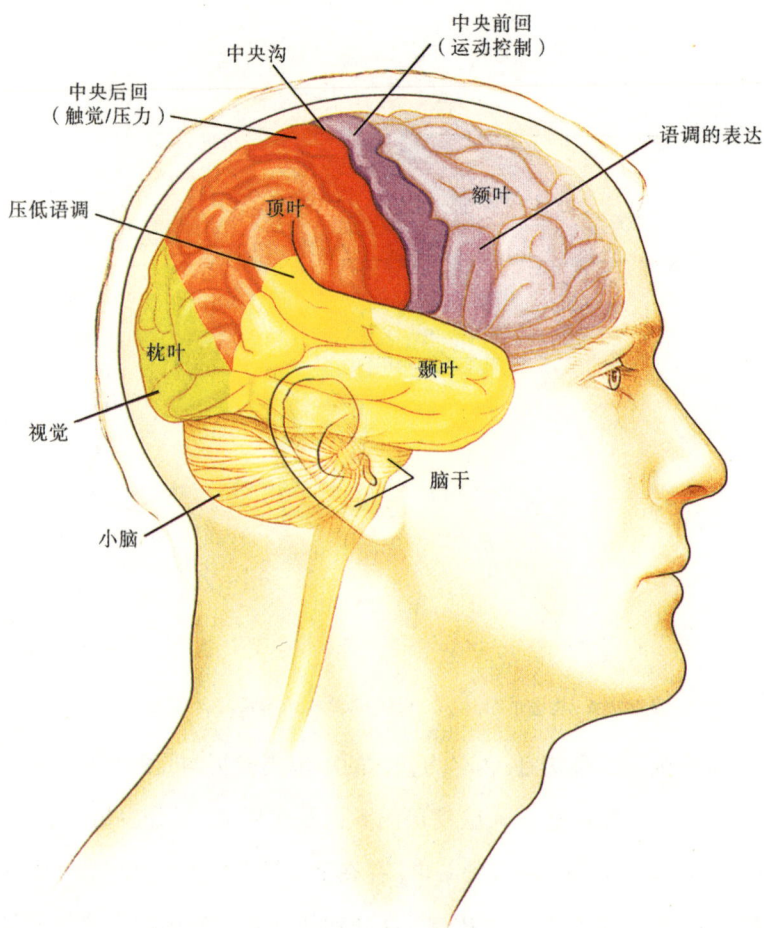

▲图14-3　大脑右半球。

　　海马参与近期记忆的解码与回想。杏仁核是我们情感生活的指挥者：它用自主神经与激素反应协调我们的情感生活。杏仁核与前额叶等其他组织合作时，也能调节意识情感的产生等情感因素对认知过程的影响。海马与杏仁核分别位于大脑的左、右两个半球内。

　　丘脑位于大脑皮层每个半球的中心，它是所有感官信息（除气味外）进入皮质的重要入口。丘脑里面是专门负责视觉的外侧膝状体核，在视网膜获取的信息送至大脑皮层前，它会加以分析。丘脑旁边是基底神经节，拥有认知与运动调节功能。纹状体基底神经节最外层与处理奖赏、期望有关。丘脑下面是下丘脑，这是一个面积很小但是影响力却很大的区域，它通过自主神经系统的调

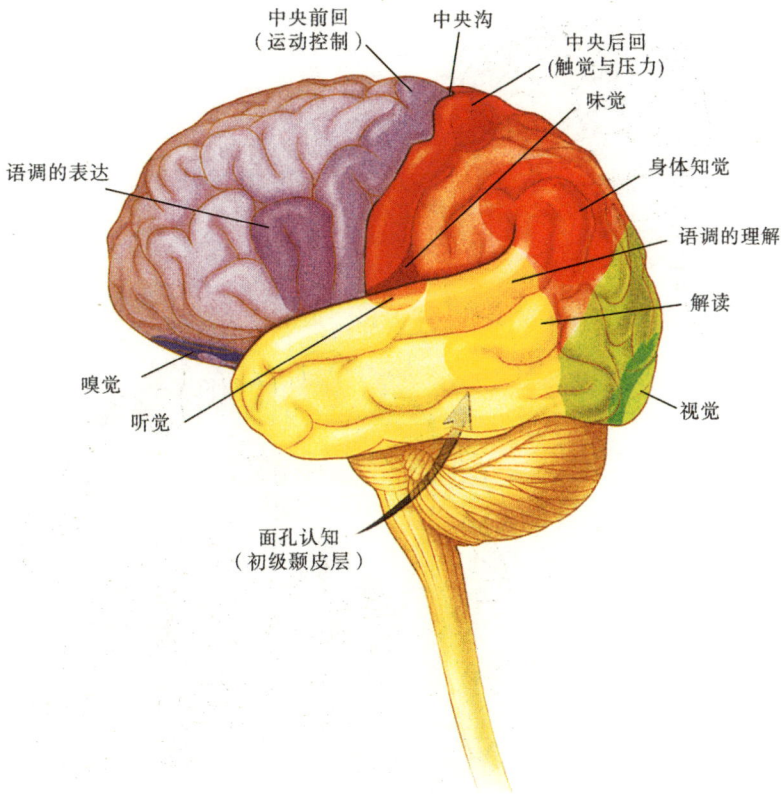

▲图14-4 大脑左半球。

节,控制着我们许多重要的身体机能,如心率和血压。通常情况下,我们对生活情境的情感反应都包含心率及其他身体机能的变化。下丘脑通过脑下垂体调节激素的释放。

大脑里体积最小的是中脑,里面包含眼球运动机制,它对我们在周围世界中选择感兴趣的事物非常重要,包括从欣赏的一幅画作中选择所喜欢的部分。中脑腹侧被盖区里也有神经细胞能释放多巴胺,这是一种化学物质,用于吸引注意力并期望回报。

虽然大脑中的两个半球基本一致,共同生成感知、理解与运动,但它们的作用方式不同,如口头语与标志语中的接受、理解与语言及语法的表达主要位于大脑左半球(图14-4),而语言的音乐声调主要受右半球的调节(图14-3)。左半球除掌握语言外,还控制着阅读、算术,以及逻辑、分析与计算。相比之

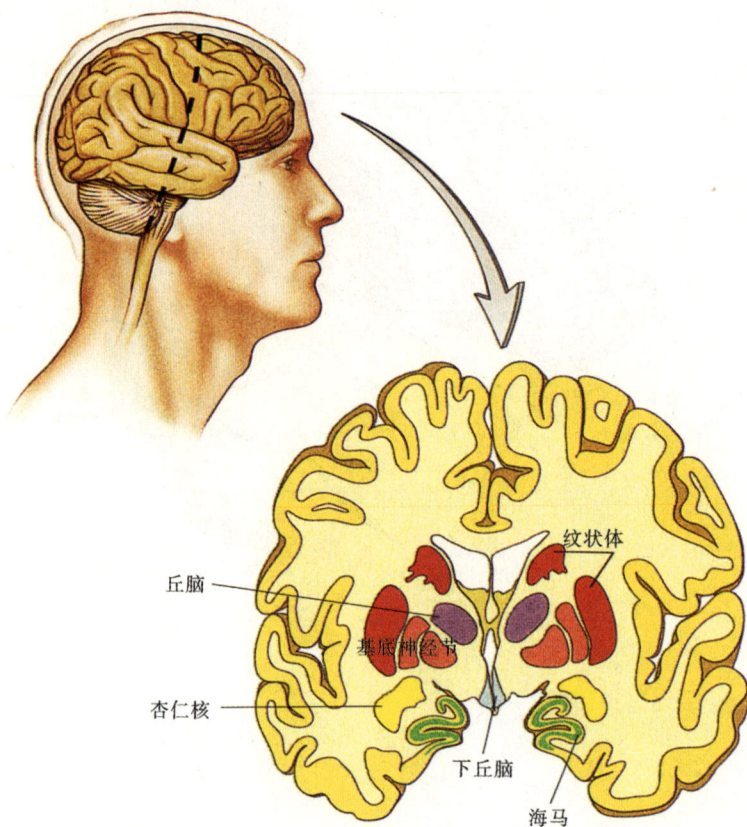

丘脑

纹状体

基底神经节

杏仁核

下丘脑

海马

▲图14-5　大脑剖面。

下，右半球用更全面、整体或许更具创造性的方式处理信息。

　　大脑，特别是视觉系统如何处理信息呢？大脑首先处理从感觉器官接收的信息：眼睛看到的景象、耳朵听到的声音、鼻子闻到的气味、舌头尝到的味觉以及皮肤感知的触摸、压力与温度。然后根据过去的经验分析这些传入的信息，从而对外部世界的感知产生内部表征。在适当的时候，它会采取有目的的行动来应对已接收到的信息。通过这种方式，大脑将我们精神生活的方方面面联系在一起，包括对感官信息、思想、感觉、记忆与行动的感知。比如，假设过马路时我发现了两张熟悉的面孔，我会无意识地将他们与我记忆中的画面相对比。现在我知道是我的朋友理查德和汤姆，然后我穿过马路与他们打招呼。这种计算分析、大脑中的回想及产生的行动需要有大量神经元的信号功能。

神经元是基本的电位信号装置,是大脑与脊髓的基本组成部分。它们通过产生简短动作电位发出信号,这些电位因电信号略有差异时而全有时而全无。从而解释了神经元传输信息能力的差异,因此动作电位的频率与发射模式也迥然不同。

视觉、听觉与触觉等进入大脑的所有感官信息都被转换成神经代码,即神经细胞产生的动作电位模式。看到婴儿微笑的脸蛋、欣赏一幅伟大的画作或美丽的日落,或与家人一起度过一个宁静美丽的假日夜晚,这一切都是大脑神经回路的不同组合里不同神经元放电模式的结果。

开始领会完成视觉感知这类奇迹需要哪些能力时,将大脑的信息处理能力与人工计算设备的能力相对比作用很大。20世纪40年代,大脑生物学知识与信息处理知识的出现使第一批“电子大脑”得以产生。到了1997年,计算机变得非常强大,美国国际商用机器公司生产的超级计算机“深蓝”战胜了国际象棋特级大师卡斯帕罗夫。但令计算机科学家惊讶的是,“深蓝”如此擅长于学习象棋规则、逻辑与计算,却很难学会人脸识别,无法区别脸庞。计算机比人脑更擅长于处理、操作大量数据,但它们缺少我们视觉系统里的假设检验能力、创造能力与推理能力。

视觉感知如何成功分析呢? 理查德·格雷戈里提出的问题是:“大脑视觉是一本图画书吗? 当我们看到一棵树时,大脑里会有一张树的图片吗? ”他说答案明显是:“不可能! 大脑里没有一张图片,而是对一棵树及外部世界的其他物体有个假设,从而反射出看到的意识体验。”

弗朗西斯·克里克是DNA结构的发现者之一,是20世纪下半叶最有创意的生物学家,他在职业生涯的最后几十年研究了意识视觉感知的奇迹。在解释我们应该如何看待视觉时,克里克像格雷戈里一样,他认为当我们在大脑里对视觉世界似乎形成一幅画面时,我们实际上象征性地呈现出或设想出视觉世界。这一点应该不足为奇。如果我们打开计算机和电视机等机器,它们随时为我们提供画面,我们却无法找到排列成色彩斑斓的大树形象的电子元件或计算机芯片。相反,我们会发现处理编码数据的各种零件与线路安排得整齐有序。克里克的总结是：

> 在这里，我们拿一个符号举例。计算机存储器中的信息并不是画面，但它象征着画面。符号代表着某物，就像词语一样。"狗"这个词代表着某种特定的动物。没有人会把词语误认为是活生生的动物。符号可以不是一个词语，就像红色交通灯能表示"停止"。显然，我们期望从大脑中找到的是视觉景象通过某种形式呈现出来。

如克里克所说，我们仍没有理解象征性表象的具体神经机制。

我们非常清楚我们对外部世界景象、声音、气味、味道及触觉的感知始于我们的各个器官。因此，我们用眼睛观看景象，双眼借助于光探测外部世界的信息。眼睛瞳孔将外部世界的微型二维画面聚焦并投射到眼睛后部的一大片神经细胞的视网膜上。视网膜中有专门细胞发送数据呈现出视觉世界，这种方式与笔记本式计算机图像中的像素在屏幕上呈现出真实画面是同一种方式。因此，生物体系与电子体系都能处理信息。但是，视觉体系（对神经编码的形式）在大脑中创造表象时，所需要的信息远远要多于大脑通过双眼接收的信息。那么其他信息就是在大脑内部创建的。

因此，"心灵眼睛"的所见大大超出视网膜上呈现的景象。该景象首先被解构成描述线条与轮廓的电信号，从而为一副面孔或一个物体创造出界线。随着电信号在计算机中穿行，它会被重新编码，再以格式塔原则与过去的经验为基础，改建并详细解释我们所接受的图像。虽然双眼收集的原始数据不足以形成视觉这种内容丰富的假说，但幸运的是，大脑生成的假设准确无误。我们每个人都能够对外部世界形成一个丰富多彩、意义深刻的画面，并且这幅画面与别人的极其相似。

正是在构建视觉世界的内部表征时，我们看到了大脑工作的创造过程。知道眼睛与摄像机工作的形式不同。数码摄像机能够逐像素地捕捉住每个画面，无论是一处风景还是一个脸庞，这些景象宛如眼前。眼睛却无法做到。相反，认知心理学家克里斯·弗里斯写道："我所感知的对象并不是外部世界冲击于眼睛、耳朵及手指上的最初模糊线索。而是一些更加多彩的画面，它将过去丰富的经历与所有这些最初信号结合起来……因此我们对世界的看法是幻想与现实的结合体。

视觉体系如何创造幻想与现实的结合体呢？大脑组织的一个指导原则是感知、情感或运动，每个心理过程都依赖于大脑特定区域里井然有序、层次分明的组织里专门神经回路的不同群体。视觉体系也是如此。

处理视觉信息的神经细胞形成层次分明的依次接力，它们通过视觉体系中两条平行线路将信息发送出去。依次接力始于眼睛的视网膜，再传递给丘脑外侧膝状体，接着发送至枕叶的初级视觉皮层，随后传给大脑皮层结构下枕叶、颞叶与额叶中约30个其他区域。每一次接力在信息传入方面都起着特定的转换作用。构成视觉体系的接力与触觉、听觉、味觉及视觉的处理信息截然不同，它们在大脑里占据着独特的位置。来自几个不同感官体系的信息只有在大脑最高层面才会聚集在一起。

视觉体系中两条平行路径的任意一条都能分析视觉世界的不同面。"具体路径是什么"所关注的是色彩以及世界上的所见所看；这条路径中的接力将信息发送给掌握颜色、物体、身体及面部识别的颞叶。另一"具体路径是什么"关注的是在哪里能发现这些物体；它的接力将信息发送给顶叶。因此，每条路径包含接受、处理与传递视觉信息的分级接力，并井然有序地进行着。两次接力间的细胞互相联系，以此类推，从而产生视觉体系。

一旦信息到达接力中的较高区域时，就会被重新评估。这种自上而下的再评估工作遵循四大原则：忽视的细节在行为在与特定情况没有联系；寻找稳定性；试图提取人、物、景中的持久不变的重要特性；特别重要的是，将现在的画面与过去所见相对比。这些生物上的发现证实了克里斯与贡布里希的推断，视觉不仅仅是通过观看世界的一扇窗户，其实是大脑的一项创作。

视觉系统在完全不同的光线与距离下能够识别出相同的图片，这一点清楚地证明了大脑的创造力。例如，我们从明亮的花园进入一个昏暗的房间时，视网膜的光线强度会降低约1000倍。然而，无论是在房间昏暗的灯光下还是在太阳强光下，我们看到的白色衬衫洁白如雪，红色领结也是鲜红欲滴。原因是大脑喜欢获取关于某个物体的持续特征的信息，即它的反射率。这是如何实现的呢? 大脑根据光线的变化进行调整；重新计算领结、衬衫的颜色，确保那些重要的识别功能在各种情况下保持不变。

　　埃德温·兰德是宝丽来相机的发明者，他就我们现在对颜色感知的普遍看法是什么提出了问题。大脑通过采集白色衬衫与红色领结的波长来感知颜色，然后在各种不同情况下保持这些波长的比值。大脑却忽视了从表面反射出的光线波长的各种变化，因此无论在何种光线下，无论在每天的任何一个时间段，红色领结都是红色。这个过程被称为色颜恒常（图14-6）。然而，同样的红色领结在相同的光线变化条件下，如果搭配一件绿色衬衫看起来就会不同，因为波长的比率迥然有异。

　　因此，虽然可以像测量视网膜所发光线的物理特性一样，能客观地测量红色领结的波长，但是我们所见到的红色是特定情境下大脑的创造物。这种现象被称为色彩对比。情境在很大程度上会受到大脑高级区域的影响。这样，我们对颜色的感知如同我们对形式的感知一样，是由大脑建构的。

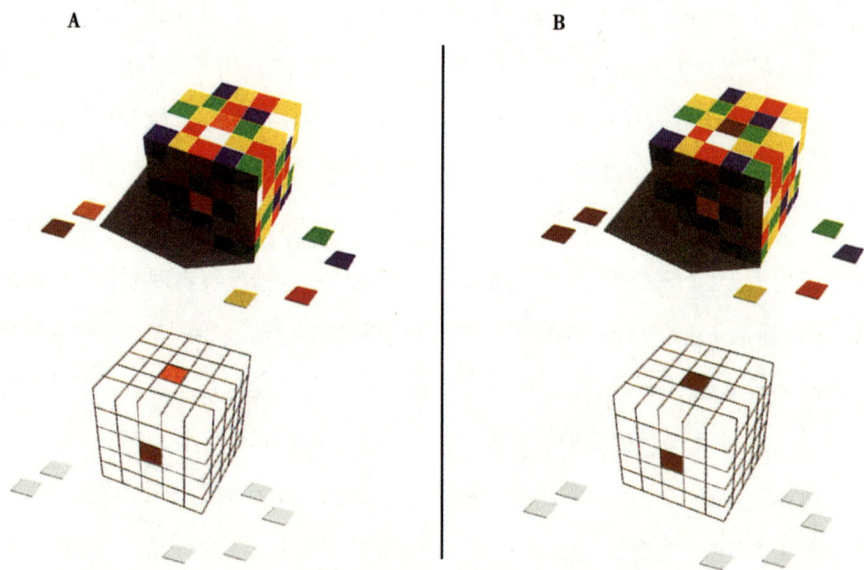

▲图14-6　色彩恒常性。在面板A的顶部，立方体前面与上面最中心的正方形似乎具有相同的橙色阴影。在光影下单独查看这两个正方形的面板底部时，显然，它们的颜色不同。其原因是大脑明白立方体前面有阴影，因此相应地调整色觉以弥补一套深色色调。在面板B中，两个正方形的颜色相同。然而，大脑再次补偿了阴影部分，因此两个正方形看上去呈现出不同的颜色。

　　同样，投射到视网膜的图像大小、形状与亮度随着我们的移动而产生变化。然而，在大多数情况下，我们却没有察觉到这些变化。贡布里希在《图像与眼睛》中对此给出了一则例子：一个人从街对面朝我们走来时，视网膜上的图像尺寸能以两倍的形式呈现出来。但我们所看到的这个人离我们越来越近，而不是越来越大。在第十六章中我们将看到，大脑可以使人的身材大小保持不变。因为视网膜上将三维图像转换成二维图像时，衍生出相对大小、熟知大小、线性角度与掩蔽现象，而视网膜对这些有关距离的感知信息非常敏感。大脑同样依赖于我们对物体的过去经历而在视网膜上改变其大小，但不会出现实际增长或萎缩。

　　虽然某个物体在大小、形状、亮度和距离上发生了变化，但我们仍认为它恒定不变，这一点说明了大脑非凡的能力，它可以将视网膜上转瞬即逝的二维光模式转变成对三维世界一致稳定的解释。接下来的两章内容将探讨脑科学家对于大脑如何解构所知道的信息，然后重建我们在"心灵眼睛"中看到的视觉景象。

第十五章

视觉形象的解构：
形式感知的构建模块

我们是典型的视觉动物，生活在一个面向景象的世界。我们用视网膜提供的信息寻觅配偶、食品、饮料与友谊。事实上，进入大脑的感官信息有一半是可视的。没有视觉，我们就没有艺术，可能意识上会受到更多的限制。因此，像艺术家、艺术史学家、心理学家、哲学家及其之间的其他科学家一样，生物学家很久以前就对探索视觉世界非常感兴趣。

视觉感知的生物研究是由另一位植根于维也纳的杰出人物——斯蒂芬·库夫勒——所开创建立的。他与恩斯特·克里斯和恩斯特·贡布里希是同时代的科学家。20世纪50年代，首先是库夫勒，接着是年轻同事大卫·休伯尔与托斯坦·威泽尔开始调查克里斯和贡布里希非常着迷的问题：大脑在处理视觉问题时如何解构图像呢？他们检查了视觉系统里神经元对特定刺激的反应，使感知认知心理学发展成为对感知的生物分析。

他们的工作开始为一些基本问题提供了答案：大脑中的某些特定细胞能编码各种形式的构建模块（即具象基元）吗？这些细胞的结合体能呈现出完整形式吗？我们能解构视网膜上的图像，但又在大脑中的哪个区域解构的呢？

我们已经看到视觉信息的处理始于视网膜，随后经过丘脑外侧膝状体核，紧接着通过大脑皮层的约30个视觉领域（图15-1）。

库夫勒、休伯尔与威泽尔在一系列的开创性研究中发现，大脑神经元发出的信号最终使我们对视觉画面的独特视角形成自觉意识。还发现视觉系统初期的神经元（视网膜和外侧膝状体）对细小光点的反应最快。初级视觉皮层神

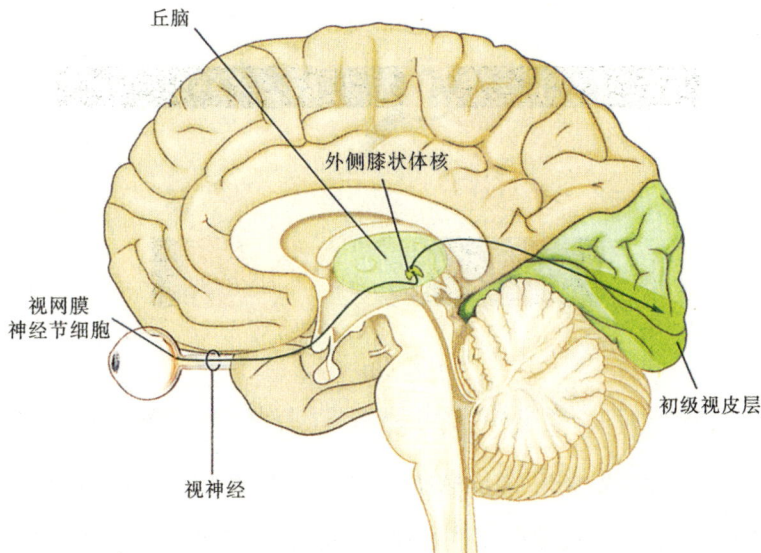

丘脑

外侧膝状体核

视网膜
神经节细胞

初级视皮层

视神经

▲图15-1　从视网膜到丘脑（外侧膝状体）及从丘脑到大脑皮层，该区域内视觉信息投影的简化框图。

经元（V1，大脑中的首个信息传递点），能将视觉信息组织成线条、棱边与拐角。而这些元素相结合能产生画面轮廓和人物形象的原型。视觉皮层随后的信息传递既包括从初级视觉皮层接收信息，还具有一些特定的功能：V2负责虚线、V3负责边缘线、V4负责颜色、V5负责动作。最后，其他神经科学家的工作表明，视觉大脑的最高区域（即下颞叶皮层）中的神经元能处理各种信息，包括复杂形式、视觉场景、特定地点及不同的手掌、身体，特别是脸部，也能对颜色、空间位置与各种形式的运动作出回应。

视觉需要光亮。我们眼睛捕捉的光是电磁辐射的一种形式。这种辐射是由名为光子的颗粒物发出的长短不一的光波。而且，光子还能反射我们见到的物体。人类视觉只能捕捉这些波长的部分波段，距离在380纳米的时候，我们看到的是深紫色，到780纳米时，就成了暗红色。这段可见光谱范围只能代表整个电磁波谱的一小部分（图15-2，图15-3）。

当图像发出的光子到达眼球晶状体时，便会被晶状体聚焦在视网膜上，随后被感光器所捕捉。感光器是一组排列有序的感光神经细胞，这组细胞既能感应到光源的位置，也能感应出光亮的强度与颜色。感光器对光子作出回应，将光子转换成神经代码这种电子信号的模式，然后传送给视网膜的输出神经

电磁光谱

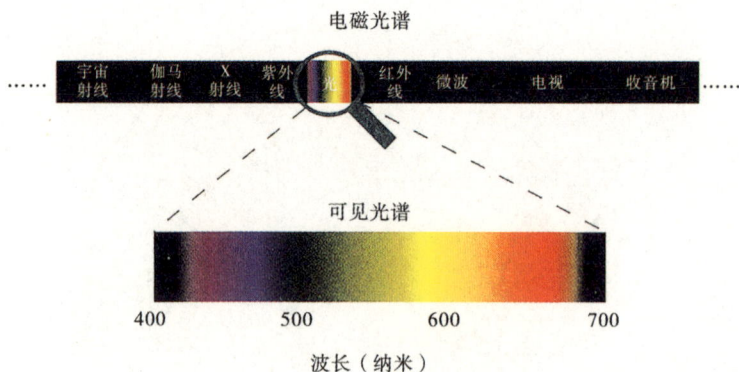

可见光谱

波长（纳米）

▲图15-2 随着人类的进化与发展，现已能够辨识出的可见光谱范围，它是整个电磁波谱中的一小部分。

元，即视网膜神经节细胞。视网膜神经节细胞的轴突形成视神经，随后视神经又将信息传送给初级视觉皮层（图15-4）。视网膜就是以这种方式捕获外部视觉世界的所有情形并进行处理，还能将其传送给大脑的视觉系统。

视网膜包含四类感光器：三类视锥型和一类视杆型。视锥细胞使我们看清事物，从而感知艺术。在大白天以及明亮的房间里，视锥细胞都能发挥作用。它们能分辨差别、颜色与细节之处（图15-5）。视锥细胞遍布在视网膜上，却是中央凹的唯一感光器。中央凹是视觉最敏感的区域，也布满了视锥细胞。因此，我们对面部、手掌、物体、场景及颜色的敏锐识别力取决于视网膜中央凹锥。当一个人从中央凹锥的范围走向视网膜外围时，视锥细胞便越来越分散。结果，外围部分的分辨率会降低，从视网膜这一区域传送的信息也就变得模糊。

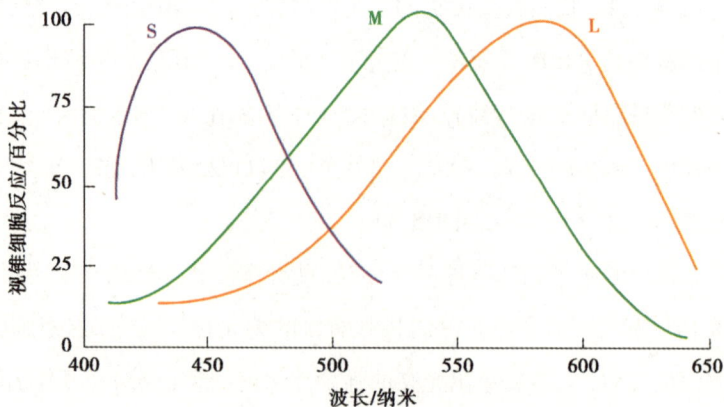

▲图15-3 三种视锥细胞的灵敏度。

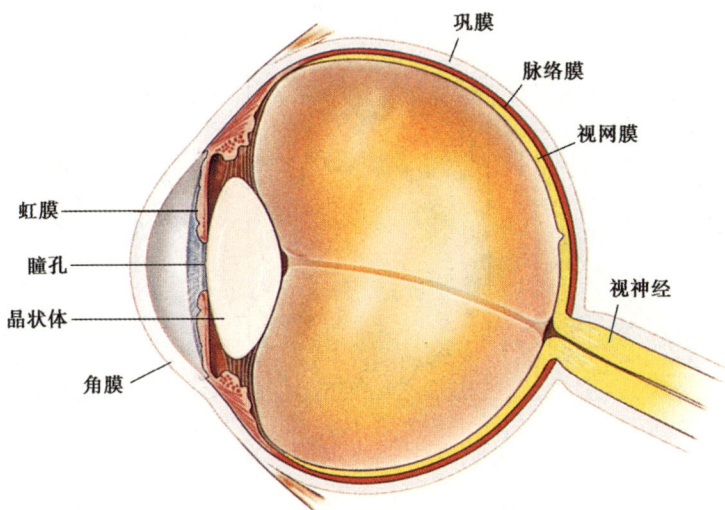

▲图15-4　眼睛的外层(或称巩膜)围护眼球的形状。巩膜前额的透明部分称为角膜。光线通过角膜进行入眼睛并由晶状体聚焦。虹膜是眼睛的有色部分,内含瞳孔。瞳孔是一个圆形的开口,它随着周围环境的亮度变化张大或缩小。进入瞳孔的光线落在晶状体上,该光线在刺激眼球后部的视网膜之前会因折射而发生改变。

　　三类视锥细胞都有各自不同的色素,每一类对颜色光谱的特定元素最为敏感,分别是:深紫色、绿色及暗红色。因此,以一辆绿色轿车为例,它可以吸收照射在车上的所有可见光波,除构成绿色的波段外。这些波段都由该辆车所反射。对绿色敏感的视锥细胞对此进行反应,大脑感知的汽车便是绿色。

　　颜色视觉对基本视觉辨析必不可少。它们能够发现可能会被忽视的不同模式,察觉亮度的变化,极大地提高了图像要素间的对比。但如果没有任何亮度的变化,仅仅依靠颜色视觉,将很难发现空间里的细节之处(图15-6)。

　　颜色也能丰富我们的感情生活。我们认为颜色具有特定的情感特征,我们对这些特征的反应随着心情而不断变化。所以,颜色所传递的意义因此而异。艺术家,特别是现代派画家使用夸张的颜色以产生不同的情感效果,但情感的强烈程度或情感状态取决于观众与环境。颜色的这种模糊性可以用来解释为什么单一的绘画能使不同的观众,甚至是同一观众在不同时期产生截然不同的反应。

　　视杆细胞的数量远远超过视锥细胞的数量,达到1亿至7亿个。它们在日光或室内正常光线下无法发挥作用,因为它们处于饱和状态。视杆细胞也无法传递有关颜色的信息,因此在正常情况下对我们感知艺术没有很大帮助。但是,与视锥细胞相比,视杆细胞对光更加敏感,能放大更多的感光信号。

中央视网膜　　　　　　　　　　　　　　　　　　　　周边视网膜

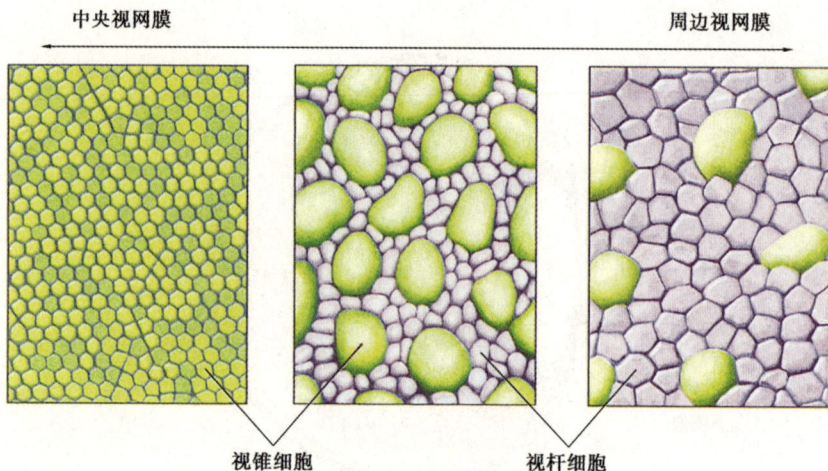

视锥细胞　　　　　　　　　　　视杆细胞

▲图15-5　视网膜的中心含有密密麻麻的视锥细胞。这些细胞会变大并朝向视网膜周边与日益生长的视杆细胞交织在一起。

　　视杆细胞全权负责夜间视力。这一点你可以在明朗的夜晚，特别是在不太清晰的夜晚通过看星星来证实。如果你直视天空，可能很难看清星星，因为中央凹的视锥细胞无法对暗淡的光线作出回应。但是，你若稍稍扭头，通过眼角外围看星星，你将在视网膜周边再次利用视杆细胞，使星星收入眼底。

　　中央凹聚集的视锥细胞能看清图像细节，却不能感知其中的粗略、大型元素，但视网膜周边广泛分布的视锥细胞可以做到这一点。因此，大脑处理视觉信息的方式有两种：在精细范围内，以个体为基础展开分析；在粗糙情况下，则进行全面分析。中央凹视觉细胞分析人们用于鉴别特定脸部视觉图像的一些部分，比如，鼻子的大小和形状，因为它们对精细要素、高分辨率非常敏感；周边视锥细胞识别脸部情感状态，它们对较粗糙、较全面（完整）的元素更灵敏。

　　玛格丽特·利文斯通将这种感性区别用于对达·芬奇的神秘作品《蒙娜丽莎》（图15-7）的一项有趣分析之中。艺术史学家与精神分析学家对这幅画作给予的关注表明，人们一致承认《蒙娜丽莎》是西方艺术的伟大杰作，也是模糊性绘画的最佳作品之一。它标志着文艺复兴时期女性神秘感的典范，体现了德国诗人歌德称之的"永恒的女性"。这幅杰作的持久魅力在于蒙娜丽莎的表情，同时也是作品永恒奥秘的所在。她面部表达是一种怎样的情感呢？那一刻,她似乎面带微笑,容光焕发;再一看,又陷入沉思,略带忧伤。艺术家是如何做到这种情感转变的呢?

　　恩斯特·克里斯认为我们在不同时刻看到蒙娜丽莎的不同表情,是因为她面部表情内在的模糊性使我们依据自己的心情状态作出的不同解释。对这种模糊性的传统解释是列奥纳多在文艺复兴初期使用了一种名为"晕涂法"或"明暗法"的特殊艺术技巧,突出了画作特征,使人物嘴唇周围形成微秒的阴影。这种技巧要求首先涂上一层透明的深色涂料,然后再加入少量的不透明白

A.全彩图像

图15-6
◀A.一幅鲜花的正常全彩图像含有光线亮度与颜色变化的信息。

B.黑白图像

◀B.一幅黑白图像显示亮度变化。在这样的画面中能轻松地辨别空间的细节。

C.彩色图像

◀C.一个纯粹的彩色图像中没有包含亮度变化的信息,只有色彩与饱和度信息。如此,空间细节就很难辨别。

▲图15-7　列奥纳多·达·芬奇的画板油画作品，《蒙娜丽莎》
(1503—1506)。

色涂料，用指尖而非刷子来模糊或淡化轮廓线条。

　　利文斯通对人物表情的转换给出了另一种解释，她认为主要源于列奥纳多表达了两种相互矛盾的信息。当我们直视蒙娜丽莎的嘴唇时，并不能立刻发现她举世闻名的神秘微笑，因为我们的中央凹视觉注重的是细节，虽然她嘴角神秘，但其微笑无法从细节之中体现出来。然而，就像远看恒星一样，如果我们欣赏她的侧脸或双眼，若隐若现的朦胧微笑便展现在眼前。原因在于我们的周边锥体视觉，它无法很好地感知细节，却用全面分析的方法使我们看到双唇及嘴角晕涂技巧的柔和美感（图15-8）。

　　利文斯通用这一发现来说明我们可以用周边视觉感知事物，如蒙娜丽莎的微笑，但中央视觉却无法做到。由于面部表情依赖于面部深层肌肉，深层肌肉活动的变化会因皮层脂肪变得模糊不清，但周边视觉比视网膜中央凹视力能更好地诠释面部情感。这就是说，通过视网膜中央凹视力编码形成的边线，我们能轻易地识别面部。

　　斯蒂芬·库夫勒率先对哺乳动物眼睛的视觉感知展开科学的研究。1913年库夫勒（图15-9）出生在匈牙利，当时匈牙利仍属于奥匈帝国。1923年他来到维也纳，在耶稣会寄宿学校就读；1932年他进入维也纳医学院学习，主攻病理学，1937年获医学学位。库夫勒参与了反纳粹的学生政治团体，他的祖母是位犹太人，因此1938年当希特勒来到维也纳时，他意识到自己危在旦夕。库夫勒首先逃到了匈牙利，然后又来到英国，接着去了澳大利亚。1945年他移居美国，在约翰斯·霍普金斯大学威尔默眼科研究所工作。1959年他进入美国哈佛大学医学院，并于1967年在此成立了美国第一个神经生物学部，该部门结合生理学、生物化学及解剖学研究大脑。

　　库夫勒一来到约翰斯·霍普金斯大学，他就开始研究小龙虾等简单无脊椎动物大脑内的神经细胞如何相互沟通。科学家已经从弗洛伊德1884年的无脊椎动物著作中了解到，神经元无论是在脊椎动物还是无脊椎动物的大脑中都非常相似。

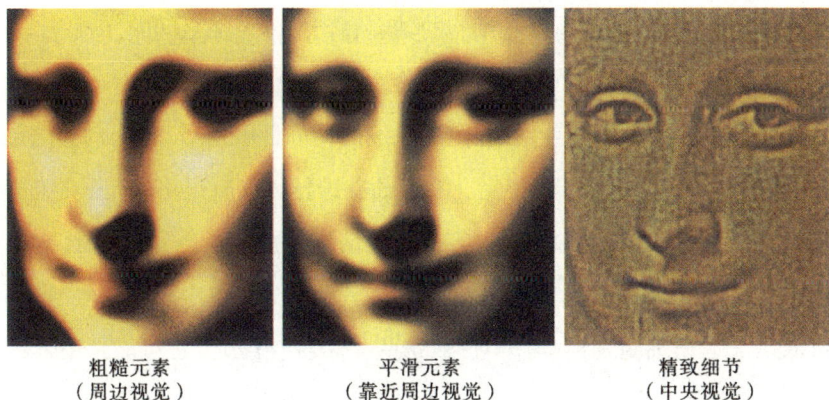

| 粗糙元素 | 平滑元素 | 精致细节 |
| （周边视觉） | （靠近周边视觉） | （中央视觉） |

▲图15-8　周边视觉的模糊效果。请注意当我们用中央视觉而非周边视觉观察时，可以发现蒙娜丽莎的嘴唇似乎并没有向上翘很多。

◀ 图15-9 斯蒂芬·库夫勒
（1913—1980）。库夫勒曾就
读于维也纳医学院，他是研究哺
乳动物视网膜如何处理视觉刺
激的首批科学家。这是他在墨西
哥巴哈半岛蓬塔邦达海滩度假
时的留影。

　　神经元通常包含三个结构：一个单细胞体、一个轴突和众多树突（图15-
10）。细长的轴突从细胞体的一端带着信息，跨越很长一段距离，延伸至目标细
胞或接受细胞树突的另一端。树突通常从细胞体的另一端（轴突另一端）中出
现，它们有着密集的分支，能接收到其他神经细胞所发出的信息。库夫勒研究
了突触的沟通过程，突触是发送细胞的轴突和靶细胞树突之间的接触点，正是
在这一连接点上，一个神经元将信息传递给另一神经元。

　　正如我们已经看到，神经元能产生快速的动静极限信号，称为动作电位。
动作电位的电信号一旦启动，将完全沿着轴突进行传递直至终端。轴突胞正是
在终端部位与靶细形成一个或多个突轴。电信号的强度不会发生改变，因为动
作电位沿着轴突不断再生。目标神经元也从其他神经细胞中获得信号。这些细
胞可能是增加靶细胞发射动作电位数量的兴奋性神经元，也可能是用来减少
动作电位数量的抑制性神经元。兴奋性神经元活跃的时间越长，目标神经元活
跃的时间也随之变长。

　　库夫勒意识到兴奋性与抑制性神经元相互作用，以控制单一目标神经元发射模式，其方式在大脑的组织逻辑中以缩影的形式呈现出来：大脑中的神经细胞如何将它们从各种信息源中收到的兴奋性与抑制性信息相加；并以相加结果为基础，决定是否将信息传递给大脑中更多区域的细胞。英国生理学家查尔斯·谢林顿曾因研究脊髓中的神经细胞之间如何互相沟通这项开创性工作，于1932年荣获诺贝尔生理学或医学奖。他将这项工作称为神经系统的整合行动。他认为评估传入信息的相关价值并利用评估为行动作出决定是神经系统的关键任务。

　　库夫勒在小龙虾身上用突触兴奋与抑制展开实验，实验结果鼓励他继续研究哺乳动物视网膜的神经细胞在应对光亮时更加复杂的整合情形。此时，他正探索并不只是一个简单的机制问题，而且也是大脑感官体系如何处理信息的问题。或者，正如他之后所说，他想了解大脑是如何工作的。

　　按照罗基坦斯基最优秀的传统，库夫勒与后来的休伯尔及威泽尔（图15-11）进行了深入研究，以动物大脑为实验对象，探索视觉感知。他们从最开始就认识到，不同的神经元很可能有着不同的目的、不同的运行方式以及不同的

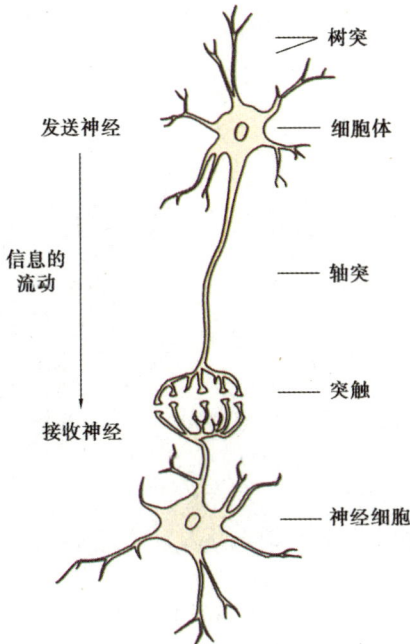

◀ 图15-10 信息的传递。

特性；因此，为了有效地研究大脑，他们每次需要检查一个细胞。首先是库夫勒，然后是休伯尔与威泽尔，他们用微小的记录电极检测眼睛，后面又检测大脑，记录了这里神经细胞的电脉冲。他们将记录电极与示波器、音频放大器和扬声器连接起来，这样他们可以看到单个细胞在示波器上的发射动作电位，与此同时，通过扬声器能听到细胞像小鞭炮一样的声音。库夫勒、休伯尔及威泽尔采用这种单细胞的方法开始研究视觉系统中不同区域的细胞如何回应初级刺激，以及信息如何从视网膜到大脑高阶视觉领域间展开多次传递。

库夫勒开始记录个人视网膜的中心及周边区域中神经节细胞产生的动作电位。他发现这些特定神经元可以从视锥细胞与视杆细胞中接收视觉图像信息，还发现特定神经元能将信息转化成动作电位的形式，然后视网膜神经节细胞会将信息传递给大脑。库夫勒在记录过程中，他第一次获得惊人的发现：视网膜神经节细胞不再入睡。它们会自发地激发动作电位，即使是在光线不足或缺乏任何其他刺激的情况下也是如此（图15-12）。这种缓慢自然的发射就像一种自启动装置，搜索着有利于信号的环境，提供一种持续的活动形式，使随后的视觉刺激能发挥作用。兴奋性刺激增加了这种自然发射，但抑制性刺激却又将

▲图15-11　大卫·休伯尔（生于1926）和托斯坦·威泽尔（生于1924）。威泽尔（右）与休伯尔在库夫勒视觉研究的基础上，将实验从视网膜转向大脑皮层。他们因视觉系统中信息处理方面的成就，于1981年共同荣获诺贝尔生理学或医学奖。

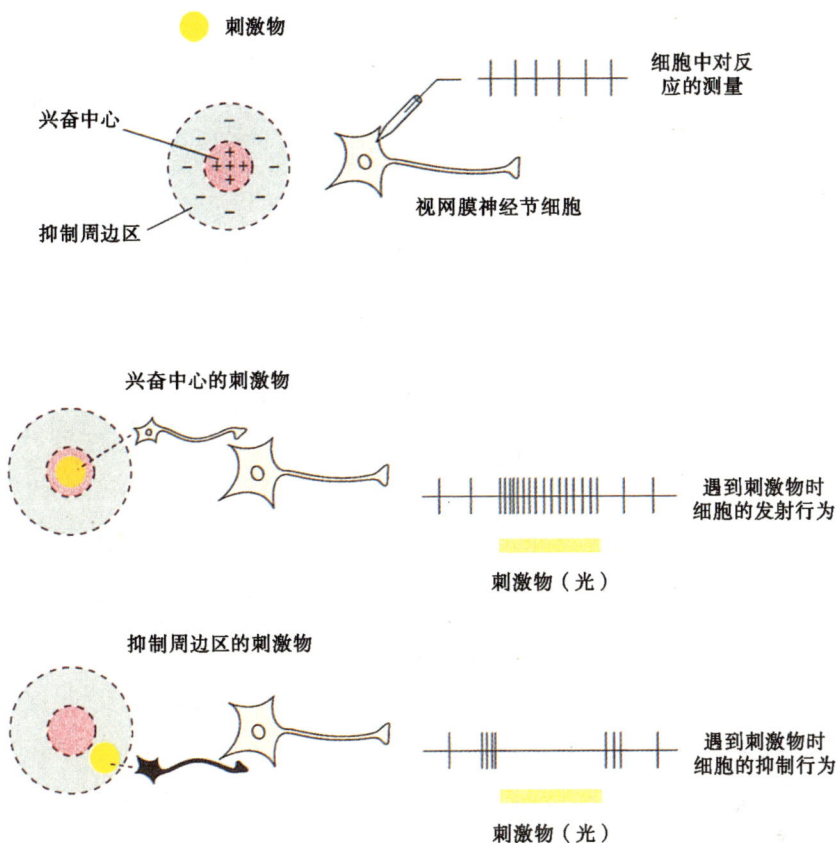

刺激物

兴奋中心

抑制周边区

细胞中对反应的测量

视网膜神经节细胞

兴奋中心的刺激物

遇到刺激物时细胞的发射行为

刺激物（光）

抑制周边区的刺激物

遇到刺激物时细胞的抑制行为

刺激物（光）

▲图15-12　一个中心细胞的接受域组织。

其减少。

　　库夫勒随后又做了第二次探索，他发现改变视网膜神经节细胞自发放射模式的有效方法不是将强大的散光照射在整个视网膜上，只需用一丝微弱的光亮照在部分视网膜上。这样，他明白了每个视网膜神经细胞都有自己接收传入信息的领域，而视网膜上的这块领域与外部世界的特定部分相连。每个神经元只对自己接收领域的刺激进行解读并作出反应，每个神经元也只将自己领域的信息传入人脑。之后，库大勒发现一个神经元的发射频率是微弱光亮的强度对接收领域产生的作用，发射时间的长短取决于光亮刺激的持续时间。视觉接受域里有着不同视网膜神经细胞，它将整个视网膜覆盖着。因此无论光线照在视网膜的何处，都有一些神经元作出反应。这一发现是视觉体系如何在环境中专门精心挑选微小细节的早期迹象之一。

接受域最小的视网膜神经节细胞位于视网膜中心，它们从最密集的视锥细胞中接收信息。这些视锥细胞关注的是最明显的视觉差异，如注重绘画作品的细微之处并解读外部世界中的最小片段。一些离视网膜中心稍远的神经节细胞接受域更大，能将许多视锥细胞的信息结合在一起。这些细胞开始分析画面中粗糙的整体元素。库夫勒发现离视网膜中心越远，视网膜神经节细胞的感受区域就会急剧增大。这就解释了外周细胞无法处理细节，导致了前面讨论的模糊画面。

库夫勒对视网膜进行了系统的检查，他将一丝微弱的光亮照射在布满了各种视网膜神经节细胞的接受域上。再一次展开了探索，发现其实存在有两种视网膜神经节细胞，它们均匀地分布在整个视网膜上，但中心区与周边区细胞有着本质的不同。当一个小小的光点照射在接受域的中心位置时，中心神经细胞将会变得兴奋；若照在周边区域，会变得拘谨起来。偏离中心区神经细胞的反应恰恰相反，当一个小小的光点照射在接受域的中心位置时，它们会很拘谨；但照在周边区域时，它们就会兴奋起来（图15-13）。

视网膜神经节细胞中心与周边组织的发现表明视觉体系只会对画面内光线强度发生变化的部分产生反应。事实上，库夫勒的工作表明物体的外观主要取决于该物体与背景的对比，而不是光源的强度。

这使库夫勒对视觉形成了另一种观点：视网膜神经节细胞不是对光线的绝对强度而是明暗对比度作出反应。一个大大的光点或一束散光不能有效刺激视网膜神经节细胞，原因在于散光覆盖了每个神经元接受域的兴奋性和抑制性区域。库夫勒的发现也为相关学科提供了生物学基础，大脑的设计将忽略不变模式，但是对差异物作出选择性或戏剧性反应。如图15-14所示，两个灰色环的色调一致，但左边环的颜色更加明亮，因为不同的背景形成了不同的对比。最后，视网膜神经节细胞中心与周边组织解释了视觉体系为什么对视网膜上断断续续的光线非常敏感，也解释了为什么神经元对图片中的激烈变化反应更加强烈，而对图片中亮度、明度的渐进变化反应较弱。库夫勒通过这种方式发现只有非常特别的视觉刺激物能够刺激视觉神经，这正如贡布里希的预言。

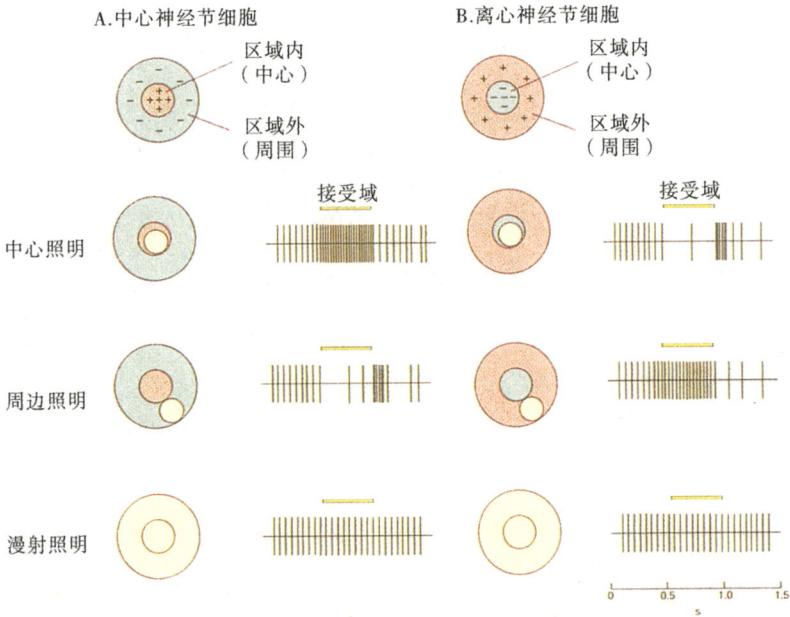

▲图15-13 视网膜神经节细胞对它们接受域内的反差反应最大。神经节细胞的接受域为圆形，有着专门的中心区域与周边区域。当中心细胞在中心区域受到光线刺激时，会变得兴奋；若在周边区域受刺激，则变得拘谨。离心细胞的反应截然相反。图中表明了两种细胞在三种不同光线刺激下的反应（接受域中受刺激部分用黄色表示出来。）细胞外的记录表明细胞每次受到刺激时会激发动作电位模式。照明的持续时间由每条记录上的框条所示。(改编自库夫勒，1953。)

A.接受域的整个中心都受到光线刺激时，中心细胞的反应最大。如果只有部分中心区受到光线刺激时，这些细胞的反应也很大，但不够激烈。光线照在周边区域时，会减少或抑制细胞的反应，但灯光熄灭片刻后，细胞又会重新活跃起来。弥散光线照在整个接受域时，也只能引起细胞微弱的反应，因为中心区域与周边区域的效果恰恰相反。

B.当接受域的中心区域受到光照时，会抑制偏离中心的细胞的自发放电，但光源关掉后不久，又会加速其自发放电行为。光线照射在接受域的周围时，将使细胞兴奋起来。

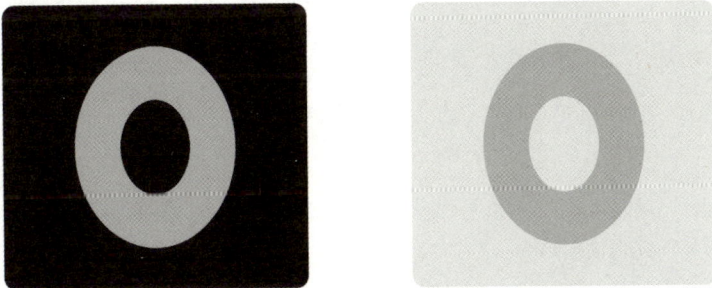

▲图15-14 一个物体的外观亮度主要取决于物体与其背景之间的对比度。上面两个灰色环的亮度实际是一致的，看上去却有所不同——左环显得更加明亮，正是因为它们的背景才产生了不同的对比度。

　　人类视觉体系的发展与自然世界的要求一致。事实上，库夫勒研究的视觉系统早期阶段表明了达尔文的进化论在起作用。也就是说，人眼的结构发生了变化，它优化了从外部环境传输到大脑的信息处理程序。另外，我们视力的最佳清晰度由眼睛的分辨能力与中央凹的锥间距共同决定。这些视锥细胞将信息传送给视网膜神经节细胞，而视网膜神经节细胞的接收哉可以提取图像中最重要的信息并尽量减少重复，确保视网膜中没有信号功能被浪费。视网膜神经节细胞中心的大小与它们接受域周围的环境相关，因此也非常适合于识别图像中的信息要素，忽视冗余信息。

　　库夫勒的工作进一步表明，视网膜不会被动地传送图像。它利用并行工作的大量感光神经元与其他神经细胞，积极地将视觉世界中的图像转换成动作电位的一种模式并进行编码。另外，神经细胞的并行工作能提供强大的计算能力。这种工作模式然后被传送到丘脑外侧膝状体处，又从这里传到大脑皮层。大脑皮层展开进一步的解构，随后重建成一种内部图像。库夫勒对视觉皮层的研究中发现，视网膜内部的反差对信号具有异常作用，因此，该研究结果为发现视觉领域更加令人惊讶的见解铺平了道路。我们将在下一章节中讲述。

第十六章

重构我们所看到的世界：
视觉就是一个信息处理的过程

虽然视网膜是极其复杂的，但是它也不能将物体、场景和面孔的琐碎细节与其内在的本质特征分离开来。处理视觉信息的任务，即保留识别所需的核心特征，丢弃不必要的琐碎细节，在很大程度上是由支配视觉区域的大脑皮层来完成的。在二十多年的共同合作中，大卫·休伯尔和托斯坦·威泽尔将斯蒂芬·库夫勒视觉早期阶段研究结果运用到相关的大脑区域研究中，并极大增加了我们对大脑中的中继点是如何处理视觉信息的认识。休伯尔和威泽尔以及伦敦大学学院的萨米尔·泽基的研究为我们理解大脑是如何建构识别物体所需的线条和轮廓奠定了基础。

泽基认为线条在抽象艺术先驱们的作品中占据着主导地位，如保罗·塞尚、卡济米尔·马列维奇以及立体派画家们的作品。这些艺术家都本能地认为在观众的大脑中，线条经过了进一步地加工处理以形成边缘形象。艺术中，在描绘轮廓线和边缘线的过程中，线条和轮廓的功能不同，这可以从古斯塔夫·克里姆特和奥斯卡·柯克西卡的两幅油画与克里姆特和埃贡·席勒的内幅绘画的对比中看出来。

在油画中，我们能轻易将其中的物体或形象与其边线区分开来。然而，那些边线并不总是描绘得非常明显，它们有很多时候与其中的物体和形象具有共享的边界线。我们来比较一下克里姆特的后期画作人物阿黛尔·布洛赫鲍尔（图16-1）和柯克西卡的画作人物奥古斯特·福雷尔（图16-2）就清楚了。克里姆特所勾画的阿黛尔的面庞与双手与其背景在色彩和主体程度上有很大差别，

▲图16-1　古斯塔夫·克里姆特的布面油画作品，《阿黛尔·布洛赫鲍尔 II》（1912）。

并具有相对清晰的轮廓。因为浅色区域和深色区域色调的变化，我们能清楚地看到她头部和帽子的边线。简洁的轮廓线加上主体性的鲜明对比，突出了画中形象的平滑以及画中人静止、不朽的特点。柯克西卡在其画作中的做法恰恰相反。他的画中形象的面部线条仅略有差异，却采用了强烈的轮廓线条来描绘福雷尔的头部，将其与其背景明显突出出来，试图俘获画中人物无意识的幻想。这些轮廓线在福雷尔的双手上表现得更加明显，都是用粗黑线条来描绘的。

在线条画中，我们的视觉系统可以从线条和轮廓的细微不同之处在头脑中创建不同的代表形象。在铅笔画《斜倚的裸体女性》（1912—1913）里，克里姆特轻轻勾勒出了一个人物形象，并将其嵌在了周围的修饰物中。在蜡笔画《斜卧的裸女》（1918）中，通过运用奥古斯特·罗丹的绘画技术，席勒所绘的人物形象更加简洁，并更加强调轮廓线条，引人入胜。席勒较粗的轮廓线条增强了其画作人物的三维形象，突出了立体感。此外，他们还在人物形象与背景之间创建了一条高雅、经济的实体界限。结果，尽管不同艺术家的类似作品都是通过视觉系统传达给我们，比如说同样是裸体女人，我们却会产生存在很大差异的看法。

尽管席勒作品中的轮廓用很高的清晰度来表达三维形体，但是它们在本质上却是不尽相同的。现实中的物体就像克里姆特画作中的人物形象一样，

◀ 图16-2 奥斯卡·柯克西卡的布面油画作品，《奥古斯特·亨利·福雷尔肖像画》（1910）。

并不能由明显的轮廓线与其背景分离开来。人为制作的轮廓线而构成的形象是如此令人信服。这就为我们研究大脑是如何区分视觉客体的提供了全新的视角。

视神经是一条携带着由视网膜神经节细胞发送到外侧膝状核部位的动作电位，包含有超过一百万轴突的生物线缆。该结构属于丘脑的一部分，是感知信息传送到大脑皮层的门枢和分布节点。于是，休伯尔和威泽尔就开始进行动物丘脑的相关研究工作。他们发现外侧膝状核体的神经细胞与视网膜神经节细胞有着非常类似的特征。除此之外，外侧膝状核体的神经细胞还有两种类型的回型感受区域，即中心感受区域和边缘感受区域。

接下来，他们研究了初级视觉皮层的神经细胞。这些神经细胞接收来自外侧膝状核体的相关图像信息，并将其转送到大脑皮层的其他区域。与视网膜和外侧膝状核体中的神经细胞一样，每一个初级视觉皮层的神经细胞都具有高度专职的功能，并只对视网膜某一特定部位（即它自己的感受区域）的刺激作出反应。但是在这里，休伯尔和威泽尔惊人地发现：初级视觉皮层的神经细胞并不是简单、忠实地复制外侧膝状核体的输入信号，而是会提取所受刺激的线性方面的相关信息。由于它们是条形而不是回型感受区域，因此这些皮层神经细胞对轮廓线具有最敏锐的反应，如线条、方形或矩形。这些神经细胞能够对图像边缘线或者色调明暗区域的分界线作出反应。

最令人惊奇的是，休伯尔和威泽尔发现，初级视觉皮层中的神经元并不是简单地对线条作出反应，而是对有着特定方向的线条作出反应，如垂直线条、水平线条和倾斜线条。因此，如果一条黑色线条或边线在我们眼前围绕一根轴线旋转，慢慢变动每一边线的角度，那么不同的神经元就会对不同的角度作出相应的反应。当边缘线垂直的时候，一些神经元会作出反应；当边缘线是水平的时候，另一些神经元就会作出反应；当其是斜线的时候，又有其他一些不同的神经元作出反应。此外，类似于视网膜和外侧膝状核体中的神经元，初级视觉皮层的神经元对不连贯的色调明暗变化具有最佳的反应敏锐度（图16-3，图16-4）。

这些研究结果表明，哺乳动物的眼睛与相机不同，它并不会将某个场景或某个人的图片的每一具体信息都记录下来，也不会精确捕获该图像的色调变化。此

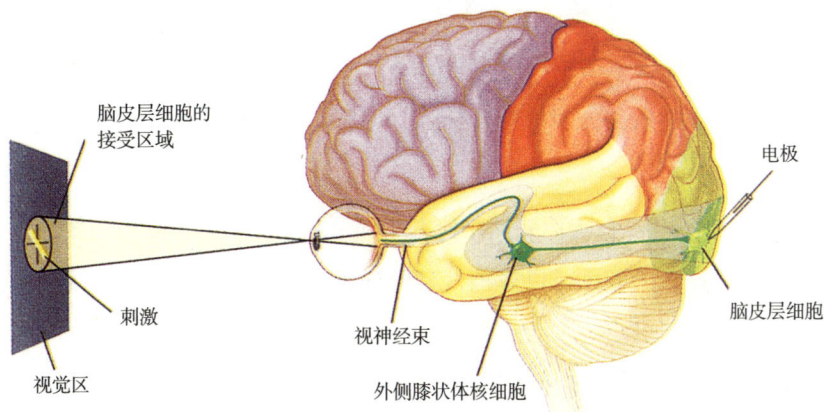

脑皮层细胞的接受区域

电极

刺激

视神经束

视觉区

外侧膝状体核细胞

脑皮层细胞

▲图16-3

外, 视觉系统会自动选择和舍弃相关信息, 这既不同于照相机也不同于计算机。

泽基对休伯尔和威泽尔的发现, 做了如下评述:

> 神经细胞对特定方向的线条选择性地作出反应这一发现在大脑视觉研究方面具有里程碑式的重大意义。生理学家们认为方向选择性神经细胞是形体阐释在神经学方面的基础, 尽管还没有人明白对我们所认为的所有形体共有部分作出反应的细胞到底能构建成多么复杂的神经形式。从某种意义上来说, 我们的研究和结论与蒙德里安、马列维奇以及一些其他人的研究类似。蒙德里安认为共有的形式, 即所有其他复杂形体共有的组成部分, 就是直线。生理学家们认为, 那些对有些艺术家认为不是共有形式作出反应的细胞恰恰是神经系统的组成部分, 它们使神经系统能够表达出更加复杂的形体。这就很难让人相信视觉皮层生理学与艺术家的创作之间的关系完全是偶然性的。

事实上, 在这些脑科学发现很早之前, 艺术家们就已经明白了线条的重要性以及隐性线条的功能。在其掌握的许多其他技能中, 克里姆特还是一位主观轮廓原理研究的大师。在主观轮廓中, 由观众来完成图像的轮廓线, 这在其《黄金阶段》中表现得尤为明显。在该作品中, 他像原来一样, 用金色边缘修饰图像轮廓, 而将其轮廓线留给观众想象来构建完成。有时候, 他甚至会利用封闭的双重意义来达到这样的效果。在《朱迪思》(图8-22)中, 我们可以看到她穿戴的金色项链将其头部和身体分离开来。尽管其中看不到她的脖颈，但是我们会自然而然地想象出来，因为我们的大脑会利用格式塔封闭原则（见卡尼萨三角形）来创建所丢失的轮廓部分。

　　休伯尔和威泽尔在他们的动物研究中还证明视觉系统的处理过程是按一定的次序进行的：一幅图像以未经处理的形式进入我们的眼睛中，然后在视觉系统的高级区域加工处理成我们有意识地感知到的图像。此外，他们和泽基还发现初级视觉皮层中的神经元，尤其是V2和V3两个视觉皮层区域中的神经元，对虚拟线条的反应与对实际线条的反应一样高效。因此，这些神经细胞能够将轮廓线补充完整，这也是格式塔心理学家所谓的"完形"现象的原因。

　　泽基认为第十二章中所描述的卡尼萨三角形（图12-5）就是"完形"的一个例证，即大脑试图将某一图像补充完整，从而使该不完整或模糊的图像更加清晰明白。他后来的成像实验显示，当一个人在看到隐性线条时，初级视觉皮层

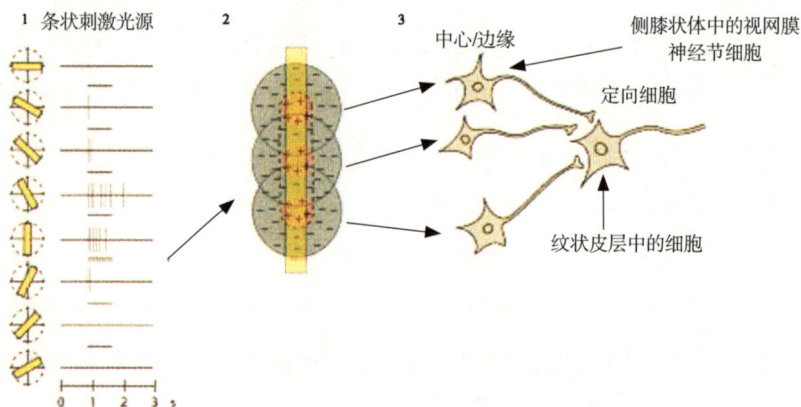

▲图16-4　1.初级视觉皮层细胞的感受区域是当光束投射到视网膜感受区域时，由其活动记录所决定的。照明的持续时间可以从每一个动作电位记录上方的水平线上显示出来。当一束光线垂直投射到感受区域的中央位置时，神经细胞对该光束的反应是最强烈的。

2.初级视觉皮层上的简单细胞的感受区域是一个下场区域，包括兴奋区（＋）和抑制区（−）。尽管其作出反应的刺激类型各不相同，这些皮层细胞的感受区域却拥有三个共同的特征：1）在视网膜某一特定位置；2）离散型的兴奋区和抑制区；3）有一个特定的方向轴。

3.休伯尔和威泽尔首先提出了简单皮层细胞感受区域输入组织模型。按照这种模型来看，初级视觉皮层的神经元在视网膜以上三个或更多的形式沿直线分布，表达光线的给光中心细胞上所接收的刺激信号。其结果就是，皮层细胞的感受区域拥有一个长长的兴奋区，这可以从图中彩色轮廓线看出来。周围的抑制区很有可能是由偏离中心的细胞所形成的。偏离中心的细胞的感受区域（没有标示出来）与给光中心细胞的感受区域相邻。（改编自休伯尔和威泽尔，1962。）

以及V2、V3区域中的神经细胞就开始变得活跃，对物体识别至关重要的皮层区域的神经细胞也开始变得活跃起来。

或许大脑能够将线条补充完整是为了能够正确感知一幅图像，大自然经常会出现需要完整封闭的轮廓线，就像一个人看到另一个人从街角处走过来或者一头雄狮从后面的灌木丛中跳跃出来的时候，我们大脑所可能做的事情一样。正如理查德·格雷戈里给我们的警示一样，"我们的大脑通过增加'应该'在那里的东西，创造出许多我们认为自己看到的东西。当出现错误的时候，我们也仅仅意识到大脑是胡乱猜测出来的，是为了创造出一个更加清晰的影像。"

正如我们所看到的，物体识别的一个本质特征，就是将图像与其背景区分开来。图底分离是持续的、动态的，因为同一元素在一种情境下是图形的一部分，但是在另一种情景下就可能是背景的一部分。在视觉皮层V2区域中对虚拟线条作出反应的细胞，就像鲁宾花瓶一样，同样也会对图形两侧（即图像边缘）作出反应。但是仅仅确定边界还不足以将图形与其背景分开，还需要从图片的具体情境中推断出共享一条边线的两个区域中，哪个区域拥有这条边线。边界线的归属问题在图底转换过程中尤其重要，比如鲁宾花瓶及鸭兔图形。

泽基和其同事在图底转换过程中对人们的大脑进行了成像研究。他们的实验发现，在观看鲁宾花瓶的过程中，大脑活动从下颞叶皮层的面部识别区域转移到具有物体识别功能的顶叶皮层区域。此外，初级视觉皮层的活动在每一次转换过程中在都伴随着一次间歇性的平静。初级视觉皮层的活动对图形感知来说非常重要，不论是感知花瓶还是两张脸庞。但当发生转换的时候，这种活动就不得不停止。最后，当认知对象从一幅图形变化到另一幅图形时，相关信息就会传递得更加广泛，额颞皮层也开始活跃起来。泽基和其同事认为，这种活动代表了自上而下的处理过程，并决定了对哪一图形进行有意识的感知。因此，额颞皮层活动的恢复就要求观者有意识地注意图像的转换。这一点在第二十九章中关于从无意识到有意识的处理过程转换中会再次提到。

每一只眼睛视网膜上的图像都是二维的，就像图画和电影一样，但是我们看到的却是一个三维的世界。我们如何实现这样的感知深度的？大脑主要利用了两种线索来实现这一点：单目线索和双目差异线索。

许多的深度感知，包括视角，都可以通过单目线索来获取。实际上，在距离20英尺（约6.1米）远的距离上，每一只眼睛的视网膜上所看到图像，尽管两只眼睛被很窄的鼻子隔开了，从本质上来说是一样的。因此，在这样远的距离处观看一个物体就和用一只眼观看该物体的结果一样。但是我们通常都能判断出远处物体的相对位置。我们用一只眼睛就可以感知深度，是因为大脑依赖一系列名为单目深度线索的技巧（图16-5）。这些线索在数个世纪以前就已被艺术家们所掌握，并在16世纪初为列奥纳多·达·芬奇所整理。

其中，五个主要的单目线索可适用于我们观看静态图像，如艺术作品中。

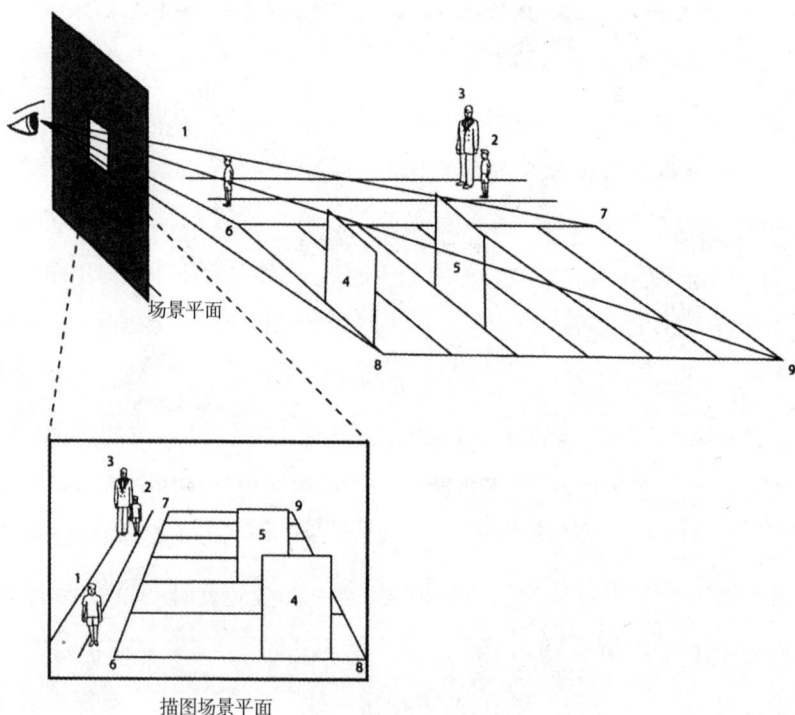

▲图16-5 阻塞：矩形4阻挡了矩形5的轮廓线，表明矩形4在前面，但不能显示出矩形4和矩形5之间的距离有多少。

线性视角：虽然线条6-7和8-9是平行的，但是它们开始在图像平面内逐渐地汇合。

相对尺寸：由于我们假定这两个男孩都是一样的大小，则较小的男孩（2）要比图像平面的较大男孩（1）距离更远。这也是我们如何知道矩形4要比矩形5近多少的缘故。

熟悉大小：男子（3）和最近的男孩在图片中被描绘成了几乎同样大小。如果我们知道该男子比该男孩要高，我们就可以从他们在图片中的大小推断出该男子要比该男孩的距离远。这类线索相较其他线索来说较不可靠。（改编自霍赫贝格，1968；引自坎德尔等人著《神经科学原理Ⅳ》，第559页。）

这些线索对画家来说尤其重要,因为他们的工作通常是将一个三维场景描绘到一个二维的平面上。第一个线索是熟悉的尺寸:对一个先前遇到过的人身高的熟悉能帮助我们判断该人与我们之间的距离(图16-5)。如果这个人看起来比我们上次见到他(她)的时候要小,这个人就很可能离我们比较远。第二个线索就是相对的尺寸:如果两个人或两个相似的物体看起来大小不同,我们就认为比较小的那一个离我们比较远。此外,我们还通过与其周围物体的大小来判断该物体的尺寸大小(图16-6)。当我们看到在不同地方的两个人时,我们不会将两个人相互比较,而是通过将他们各自与周围的物体进行比较来判断他们的身高。在这种比较中,我们还要依赖对该图像中其他物质的熟悉程度。

第三个单目线索是阻塞:如果一个人或一个物体的一部分被另一个人或物体遮住了,那么观者就会认为遮挡物体要比被遮挡物体距离更近。例如,在图16-7中,在同一平面上,我们可以看到三个几何图形:圆、矩形和三角形。因为三角形遮挡住了一部分矩形,而圆又遮挡住了一部分三角形,所以圆看起来离我们最近,而矩形离我们最远。与其他能表示出空间绝对位置的单目深度感知线索不同,阻塞只能让我们确定相对的距离。

第四个线索是线条透视:平行线,比如说铁轨,看起来相交于水平面中的

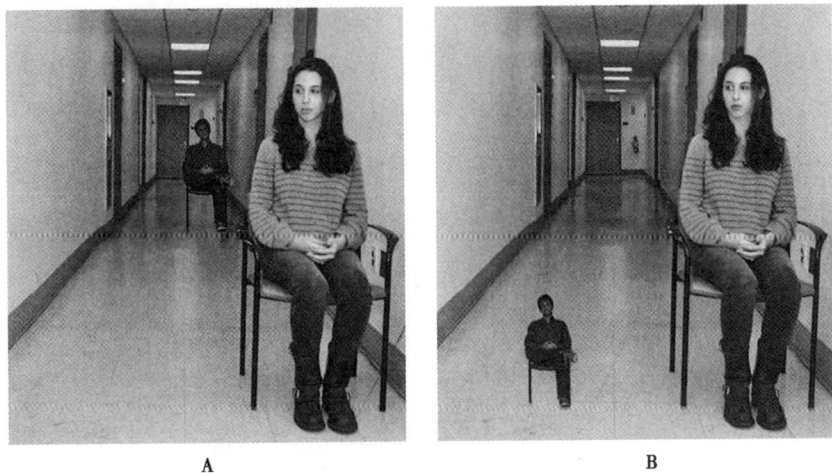

▲图16-6

A 前景中的人物距照相机更近,而背景中的人物距照相机较远。

B 将图片中较远人物添加到较近人物的旁边,让两者看起来距相机都比较近。在这种情况下,左边的人物看起来要小得多,尽管其实际尺寸与图片A中的是同样大小的。

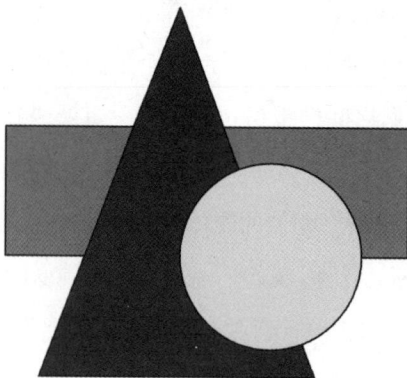

◀图16-7

某一点。平行线交汇时线条越长，观者感知的距离就越远（图16-5）。视觉系统本能地以深度线索来解读这种交汇，因为它认为平行线永远是平行的，而不会发生交汇现象。第五个单目线索是空间透视。暖色调看起来要比冷色调距离更近，而暗色调的物体要比明色调的距离更近。

美国天文学家大卫·里滕豪斯建造了美国第一台望远镜，并以制图和调查能力闻名。他在1786年指出，阴影能让我们在两个推论的基础上完成对三维形状的强力感知。现在我们已经清楚这两个推论就存在于我们大脑内部。其中一个推论是，照亮整幅图像的光线来源只有一个；另一个就是该光源来自空中（图16-8）。我们的视觉系统作出这些推论是因为我们的大脑存在于只有一个光源（即天空中闪耀的太阳）的太阳系中。基于这些推断，上方有光亮的球形就会呈现凸状，从而下方有光亮的同一个球形就会呈现凹状。

我们在观看"松饼烤盘"（图16-9）时，也能很容易地推断出这些结论。我们可以看到三排凸块（或者说松糕）好像要从书中向我们蹦来似的。其上面比较明亮，下面则较暗（图16-9A），这与球体阴影的感知一致（图16-8）。所有的东西似乎都被一个顶部的光源照亮。然而，如果我们将该图上下颠倒，形象就会正好相反，我们可以看到五个凹槽。之所以发生正相反的变化是因为我们的大脑还在认为光源来自上部。我们还可以通过想象光线来自下面，反转这些圆圈的空间方向而不必旋转书页，尽管这更加困难一些。反转图形方向的难度说明我们本能地认为光线来自上部。另一个自动推出的结论可以从图16-9B中看出来。如前面的图片一样，该图中也有三排凸块。但是，在这里它们从侧面被

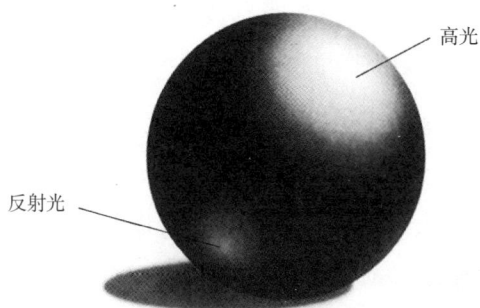

▲图16-8　光与影都是物体三维形式的可靠指示标志。在没有其他深度感知
线索时，我们依然能够分辨该球形是一个三维球体。

照亮，并且中间两个圆形的明暗变化与其相邻的两排圆形的方向正好相反。刚
开始，它们看起来是凹状，但是很容易发生翻转。注意，当你有意翻转它们的时
候，其相邻的两排的方向也会同时发生翻转。这就证明大脑总是认为只存在唯
一的光源。

图16-9A阐释了我们大脑本能作出的假设，即光源来自上面。有意思的是，这
一假设不是从视野或周围环境上作出的，而是我们的大脑作出的。我们似乎认为
太阳固定在了我们的头脑中：当你将头部倾斜向右肩时，图16-9B中间一排总是呈
现凹状，导致转换更加困难，而将头部向左肩倾斜时就会达到相反的效果。

在观看100英尺（约30.5米）内的物体时，为了能够实现深度感知，除了单目
线索外，我们还会使用双目差异线索。当我们用双眼看物体时，双目差异就会

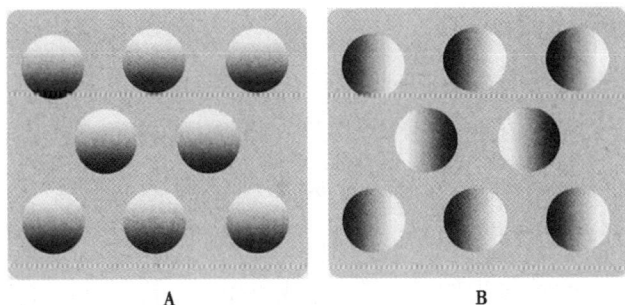

▲图16-9
A 这些凸状物看起来是从上方被照亮的。通过想象光线从图片的底部而不
是上部照射，它们的深度就会翻转。
B 中间一排与外面两边的方向相反。尽管这些可以翻转，但是绝不可能看到
所有三排同时都是凸状或凹状。

出现，每只眼睛会从细微不同的角度来观看物体。而从细微不同的角度来看物体，就会在每只眼睛的视网膜上产生稍微不同的形象。你可以通过观看远处的物体来测试，在观看的时候可以先闭上一只眼，然后下一次闭上另一只眼。

休伯尔和威泽尔发现来自每只眼睛视网膜上的信号会在初级视觉皮层共同的靶细胞内汇合。这种汇合是必要的，但还不足以形成立体影像，即通过双目观测来实现的深度感知。立体影像的形成还要求初级视觉皮层内的靶细胞比较来自两个视网膜图像信号的细微不同之处，最后为我们呈现出唯一一个三维形象。双目观测主要适用于近距离的观察。正如我们所看到的那样，对于20英尺（约6.1米）之外的物体，一只眼睛就足够了。事实上，当因一次直线球击中面部而失去一只眼睛后，棒球运动员乔丹·安德伍德却逐渐成为一流投手。

受库夫勒、休伯尔和威泽尔在大脑是如何解构形体方面发现的启发，英国理论脑科学家大卫·马尔创建了一套新型大胆的视觉研究方法。正如他在其1982年出版的经典作品《视觉》一书中描述的那样，马尔将恩斯特·克里斯和恩斯特·贡布里希开创的视觉感知认知心理学与库夫勒、休伯尔和威泽尔的有关视觉系统的生理学观点以及信息处理原理结合了起来。马尔试图通过这种方法来解释视觉生理学、视觉信息处理以及视觉感知认知心理学之间的关系。

马尔的基本观点就是视觉感知是通过一系列的信息处理步骤或表达来完成的，而每一步都会转变前一步，并使其变得更加复杂。受马尔的影响，现代神经学家开发了一个含有三个阶段的信息处理模式。第一个阶段起始于视网膜内，是由库夫勒研究的低级视觉处理过程。该阶段通过定位某一物体的空间位置以及确定其色彩来建立某一特定场景的特征。

第二个阶段起始于初级视觉皮层，是由休伯尔、威泽尔以及泽基所提出的中级视觉处理过程。该阶段将各简单的线段按一个特定的方向轴组合到图形的边界轮廓线中，从而构建出对某一物体形状的统一感知，该过程称为轮廓整合。与此同时，中级视觉处理程序还通过一个名为面分割的过程将该物体与其背景分离开来。低级和中级视觉处理过程一起将图片中与某物体相关的形象

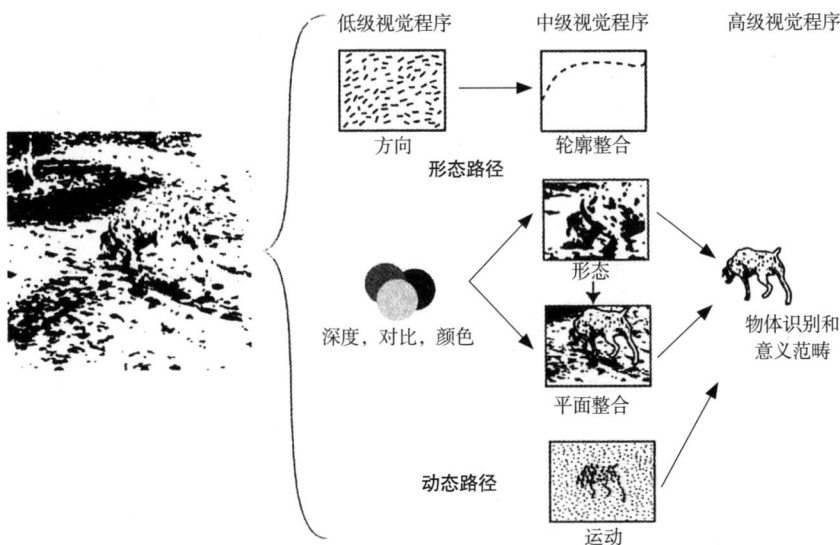

▲图16-10 左边的图像狗可以经过三级不同的视觉程序和两个通道来解构和处理。低级视觉程序确定狗在空间中的位置及其色调。中级视觉程序组合狗的形状，并将狗与其背景区分开来。高级视觉程序能够让我们识别特定的物体（即狗及其背景），连接图像狗的形状与色调的内容通道和连接狗的运动轨迹的地点通道。前者通过三个处理阶段来解构和重建该形象。

区域和该物体无关的背景区域区分开来（图16-10）。

这些低级和中级视觉处理程序主要是通过自下而上的方式同时完成的。格式塔心理学家研究了蕴含在该处理方式中的工作原理，并制订了一系列规则来确定什么样的分组最容易形成可识别的模式。其中一条分组的规则就是形

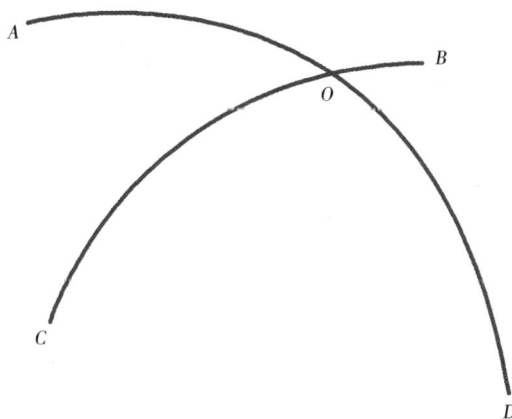

▲图16-11 良好连续性的格式塔原理。线段会被分组，从而使得轮廓线连接顺滑。线段A–O与线段O–D一组，线段C–O与线段O–B一组。

成某一物体轮廓线段的距离。另一条规则就是色彩、尺寸以及方向的相似度。对轮廓线来说尤为重要的就是良好的连续性。良好的连续性指的是图像中线段的方向和分类要使轮廓线连接顺滑（图16-11）。

在这两个阶段中，中级视觉处理程序被认为是具有很高难度的，因为它要在初级视觉皮层就包含有数百条甚至数千条线段的复杂视觉场景中，决定哪些线段属于某一个物体，哪一些是另一物体的组成部分。低级和中级视觉处理过程还必须考虑到先前的感知经历记忆，这些感知经历记忆存储在视觉系统更高级的区域。

第三个阶段就是高级视觉处理过程。该过程发生在初级视觉皮层到下颞叶皮层的通路内，并最终建立起分类和意义。在该阶段，大脑会将视觉信息和从其他各种渠道得来的相关信息进行整合，从而使我们能够识别具体的物体、面孔和场景。这种自上而下处理方式的结果就是得出与先前的视觉经历不同的推论和测试假设，进而产生有意识的视觉感知和意义解读。然而，意义解读并不完美，有时也会出错。

这些视觉处理方面的神经生物学研究可以解释为什么艺术家在二维平面上描绘栩栩如生的三维物体或人物图像的策略是如此的成功。在自然界中，区分一个平面与另一个平面或与其背景的边缘线到处都是。艺术家们早已经意识到物体是由其形状所界定的，反过来，形状又衍生自物体的边缘线。在绘画中，画家可以通过色彩和区域的明暗变化以及隐形线条来描绘边缘线。一个物体的边缘线通常会将同样色彩、色调以及质地的平面与另一平面区别开来。轮廓线是为了给形体描绘出更加清晰的界限，在绘画中具有很重要的地位。

相比之下，线条画就完全以线条的使用为基础，包括简单线条（统一色彩的细长条纹）和轮廓线条（在某一物体周围创建边界，从而限定其边缘的线条）。在线条画中，画家不能描绘出亮度的变化，所以他们就不得不使用轮廓线来表达二维边界的效果。通过为轮廓线添加明暗阴影，艺术家就可以创建出复杂轮廓线来表达三维效果。最终，他们通过运用充满表现力的轮廓线（通常是参差不齐的线条，或宽或窄，或弯曲或缺失）来增强情感的表达。

◀图16-12

◀图16-13

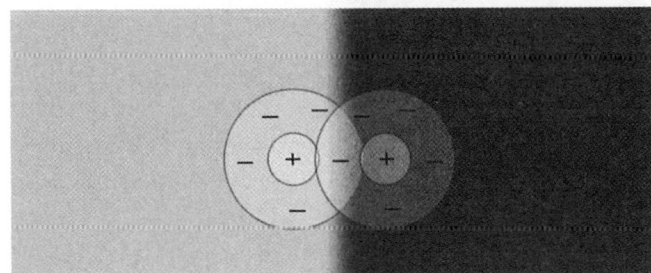

◀图16 14

马赫带效应: 注意在条带正中间紧靠右的暗色条纹和紧靠左的亮色条纹。该效应在图16-13中经过了
人工增强处理。

在各类文化的各类艺术中，线条画都是普遍存在的。我们所看到的线条画、报纸漫画、洞窟壁画普遍存在的原因之一就是其直观上的易于认知。一幅笑脸轮廓图就能自动表达一副笑脸。但是这到底是为什么呢？在现实世界中，并没有所谓的轮廓：物体结束的地方就是背景开始的地方，并没有清晰地边界区分线。但是观者很容易就能感知到线条画中表达的手、人物或房子。这类素描那么容易感知的事实告诉了我们许多关于我们的视觉处理系统是如何运作的知识。

线条画如此成功的原因就是，正如休伯尔和威泽尔所发现的一样，大脑细胞很擅长解读作为边缘的线条和轮廓线。大脑将简单线条整合形成区分图形和其背景的边缘线。眼睛睁开的每一个瞬间，初级视觉皮层的方向性细胞都在建构眼前场景线条画的元素。此外，初级视觉皮层还利用那些神经的抑制区和感受区来增强图形的轮廓线。

早在休伯尔和威泽尔在从细胞层面开始研究以前，奥地利物理哲学家恩斯特·马赫就推断出来该现象。马赫发现了一种感知错觉，现在被称为马赫带效应。当将一个看起来较亮的区域放置在一个较暗的区域旁边时，我们就能感知到在这两个区域之间的边界上存在强烈对比度的线条（图16-12，图16-13，图16-14）。这样，色调较亮的区域在其边界附近看起来更亮，而色调较暗的区域在其边界附近看起来更暗。实际上，这样的线条并不存在。我们现在明白了那些线条是细胞的感受区域组织处理的结果：细胞感受区域中央的兴奋区（在视网膜和丘脑中是一个小圆形状，在皮层中是条状）被抑制区所环绕。而抑制区具有增强边缘对比度和平面明暗度功能，从而导致大脑感知到马赫带效应的增强型的边界线。

我们对绘画中轮廓边缘线的感知只是其中许多对图形的感知和对真实世界的感知之间的重大不同之一。图画的轮廓线一般来说都没有边缘线在实际世界中提供的那种丰富性，甚至不包括相关类型的信息。但是，正如我们在图16-15中看到的，也没有那种必要。在一幅画中，轮廓线足以让我们的大脑推断并呈现出各种各样的边缘和边界线。由于轮廓线是物体边缘的线索，因此即使是最简单的线条画，没有暗影和色彩，我们也能够识别不同的物体，感知特别的意义和心情（图16-15）。

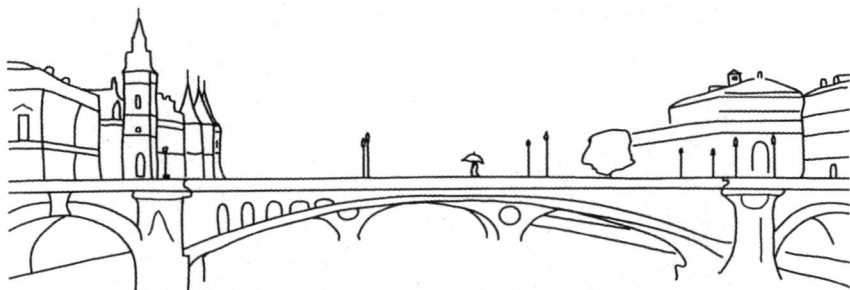

▲图16-15　物体识别。轮廓图里有清晰可识别的物体，这就是因为在视觉领域的感知组织过程中，边缘线是很有力的线索。

　　神经学家查尔斯·史蒂文斯以一幅作于1669年的伦勃朗的自画像（图16-16）为例，用更加幽默的语言阐释了这一点。史蒂文斯将伦勃朗的一幅线条画自画像（图16-17）与其油画自画像作了比较。结果表明，尽管线条画并不是与油画一模一样，但是观众还是能够很轻易地在该线条画中识别出一个类似的，三维伦勃朗形象。史蒂文斯认为我们能够立刻轻易地识别出线条画中的伦勃朗就说明了大脑呈现出图像方式的一个基本方面。对我们来说，要识别一张面孔，脸上只要留下一些特殊的轮廓线，即那些限定眼睛、嘴巴和鼻子的线条就足够了。这就为艺术家们对脸部进行极端扭曲而不影响我们识别，留下了余地。正如克里斯和贡布里希所强调的那样，这就是为什么漫画家和表现主义艺术家能够深深地触及我们心灵的原因所在。

　　艺术家在绘画中应用轮廓线来表达边缘线方面取得的巨大成功也为我们提出了一个关于艺术感知的重大问题：这种能力究竟是通过后天学习得来的还是天生的？艺术家们用轮廓线来代替自然界中边缘线的绘画传统是后天学习得来的吗？还是我们的视觉系统天生就有像感知真实的面孔或风景一样，感知艺术绘画中的面孔或风景的能力？

　　玛格丽特·利文斯通指出，艺术家们以这种方式来误导视觉系统的能力早在绘画开始之初就已为人所知，并得到广泛应用。在旧石器时代末期，大约三万年以前，法国南部的洞窟（如拉斯科洞窟）画家和西班牙北部的洞窟（如阿尔塔米拉洞窟）画家就本能地感觉到大脑会对我们所看到的东西作出假设。为了产生三维图形效果，这些画家就直接应用了轮廓线来限定边界，然后增强

▲ 图16-16　伦勃朗·哈尔曼松·冯·莱因的布面油画作品，《63岁的自画像》（1669）。

◀图16-17　伦勃朗的线条画自画像。

▲图16-18　《公牛和野马》。法国多尔多涅韦泽尔峡谷的拉斯科洞窟岩画。

其亮度来制作轮廓（图16-18）。这样的画作就会让人产生三维幻觉，因为它们会在观者的大脑中勾勒出所画物体或人物的高度、宽度以及形状。

从更大程度上来说，我们的视觉系统将图画中的轮廓线解读为边缘线的能力只是我们在二维背景上看三维图像杰出能力的一个例子而已。这种创造性的重构以视网膜的信息处理为基础，在艺术当中表现得尤其明显。正如我们所知的那样，视网膜只会从外部视觉世界中提取有限的信息，因此大脑就不得不对我们要看的东西继续作出创造性的猜测和假设。不论一幅画描绘得多么真实，在二维平面上总会存在需要更加详尽阐述的东西。

帕特里克·卡瓦纳也是一名感知领域的研究者。他借助了艺术家用来制造所谓简化物理错觉的技术设备来进行研究。这些设备能使大脑将二维艺术图形解读成为三维图形，就如前面伦勃朗在分析线条画时所阐释的：

　　这些违反标准物理学的东西——不可思议的暗影、色彩、反射以及轮廓——总是会在观者大脑中无意识地闪过，而并不影响观者对该场景的理解。这就是为什么它们能被称为神经学上重大发现的原因所在。因为我们并没有注意到它们，所以这就证明了我们的大脑是通过运用一个更加简单，简化后的物理学来认识世界的。艺术家们能够利用这种非正统物理学，是因为这些对标准物理学的特殊偏离对观者来说并无影响：艺术家们可以利用这条捷径来更加经济的表达线索，并选择与该信息而不是与物理世界中的要求相符的平面和色调。

他认为我们的大脑并不会将物理学中的常规原则应用于艺术表达之中。而绘画则允许打破现实的可能性，观者也几乎不会注意到那些不连续的或不可思议的色彩、色调、阴影，以及反射现象。这些就与立体主义中的异常明显的透视失真，或者野兽画派和印象派主义者的异常的色彩放大一样不太可能出现，而且所有这些都未被察觉到，并不会影响我们对该形象的理解。

大脑在艺术中对错觉以及简化物理学的容忍度表明其具有杰出的视觉灵活性。几个世纪以来，这种灵活性使艺术家们在其视觉场景的表达中，在保留图形的可信性的同时，又具有很大的自由性。这种自由既包括文艺复兴中艺术家们对色调和阴影的细微加工和改变，也包括奥地利表现主义艺术家对空间和色彩明显强烈的扭曲。我们倾向于容忍的各种扭曲以及在绘画线索中作出的物理学上的假设，都为我们了解大脑是如何识别图像的提供了巨大帮助。

另一位视觉感知的研究者唐纳德·霍夫曼举出了一个例子来证明我们运用简化物理学来对我们在艺术作品中所看到的东西进行再创作的能力。他将这种模式称作"波纹"（图16-19）。它是一幅二维平面绘画，但是看起来就像池

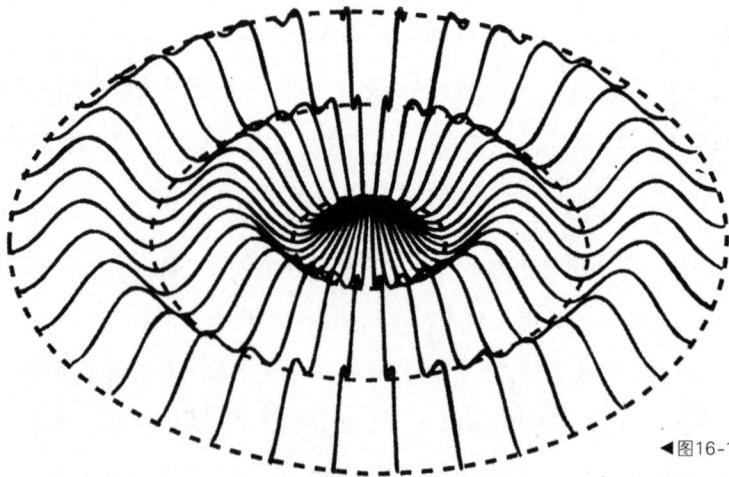

◀图16-19 波纹。

塘中慢慢散开的波浪。它就像其他具有信服力的三维画作一样,你绝对不会认为它是平面形式的。

该波纹可分为三部分:中间的突起部分,突起部分周围的环形波纹以及外围的环形波纹。为了帮助理解该图形,霍夫曼在这三部分的边界上描绘了圆形虚线,勾画出了波纹之间的低槽。如果将图片(或者你的大脑)上下颠倒一下,你就会看到一个带有新的部分的反向波纹。现在圆形虚线位于波纹的顶部,而不是在先前的低槽处。将图片直立起来,原来的部分就会恢复。如果将图片慢慢旋转,你就会看到波纹会从一部分跳跃到另一部分。

该波纹是你的大脑建构的一大杰作。图上的曲线以及波纹状的三维平面都是由你的大脑建构完成的。霍夫曼如此写道:"你的大脑还将波纹解构成为三个同心圆状的部分,看起来就像是水波一样;在低槽处的圆形虚线大体上标志着一部分的结束以及另一部分的开始。你不是一个图形部分的被动接受者,而是它们的主动创造者。"

我们现在就开始明白潜意识的思维程序对艺术感知来说是多么重要了,也开始明白贡布里希从绘画历史发展的角度来看待图形元素观点的价值所在了。我们可以看到,即使是最早的艺术家们,如法国南部和西班牙北部的洞窟画家,也早已发现了贡布里希所谓的用以打开我们潜意识感觉神经之锁的伟大钥匙。库夫勒、休伯尔和威泽尔在低级和中级视觉处理方面的研究以及接下来两章所要提到的高级视觉处理方面的相关研究,将会为我们了解无意识的大脑是如何创建我们有意识地看到的东西的过程,提供宝贵的见解。

第十七章

高级视觉及大脑对面部、
双手和身体的感知

我们已经知道低级和中级视觉处理程序将简单线段组合成为图像的边缘线，确定边线归属以及区分图底。但是，我们是如何感知物体的呢？我们又是如何感知面部、双手和身体的？观者在感知过程中参与的部分又是如何实现的？

紧随大卫·休伯尔和托斯坦·威泽尔的发现之后的研究，就带着这些问题逐步发现了高级视觉处理程序，即有关物体识别的视觉处理程序。萨米尔·泽基和大卫·冯·埃森在初级视觉皮层之外发现了大约30个中继点，以继续分析、分离有关形式、色彩、运动以及深度感知线索的相关信息。来自这些专门区域的信息被分别分离，传达给大脑中更高级的认知区域，包括前额皮质（又译前额叶皮层）。就是在前额皮质中，它们最终被整合成为一个可识别的感知形象。

信息分离是在初级视觉皮层内展开的。正如我们先前已经知道的那样，在那里，信息会沿着两条通道（即内容通道和地点通道）中的一条传送（图17-1）。内容通道接收视网膜中心区域锥体细胞的大多数输入信号，携带我们对人物、物体、场景以及色彩的感知和识别信息，即它们看起来是什么样子和它们是什么的相关信息。该通道从初级视觉皮层延伸到其他几个中继节点，然后到达下颞叶皮层，即高级视觉处理过程发生的地方，在这里关于物体、面部以及双手的形状和识别信息都会呈现表达出来（图17-2）。内容通道可以进一步细分为高分辨率的形式系统和低分辨率的色彩系统。形式系统利用色彩和光亮

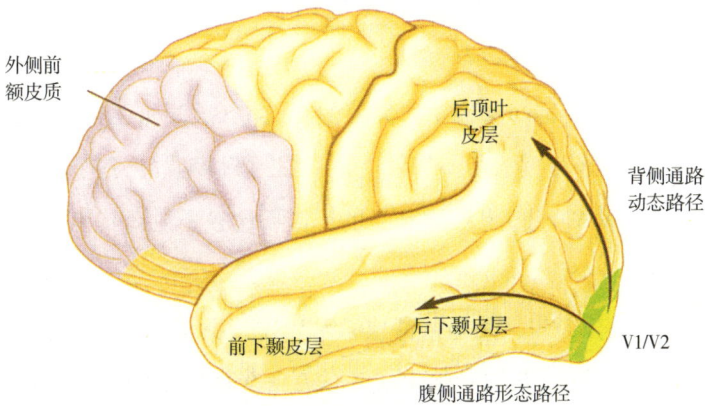

外侧前额皮质

后顶叶皮层

背侧通路动态路径

前下颞皮层　　后下颞皮层　　V1/V2

腹侧通路形态路径

▲图17-1

来识别物体和人物，色彩系统则用来识别平面的色彩。

地点通道则从初级视觉皮层延伸到后顶叶皮层。该通道主要是从视网膜外围区域的节点中接收输入信号，并专职检测运动和空间信息，即在三维空间中某一物体或人的位置和移动轨迹的信息（图17-2）。地点通道提供了引导运动轨迹的必要信息，包括眼球的运动，这在浏览影像或场景的时候是必需的。

那么这两个通道的活动是如何协作完成的呢？是不是存在一个终极目标区域来将某一感知的所有元素，包括它的形状、色彩和位置，整合在一起？普林斯顿大学的认知心理学家安妮-特雷斯曼发起的相关研究发现内容通道和地点通道之间的联系（即她所谓的捆绑问题）不是在某一地点发生的，而是当

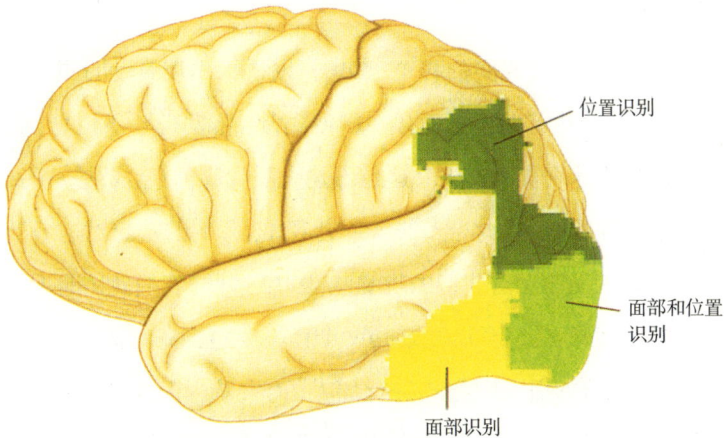

位置识别

面部和位置识别

面部识别

▲图17-2

两个通道内众多区域的活动要协作的时候发生的，而且这种协作是通过集中注意力来完成的。

实际上的确如此。美国国家卫生研究院的罗伯特·沃茨和迈克尔·戈德堡发现注意力是神经细胞对视觉刺激作出反应的强力调节器。当猴子将注意力集中在某一刺激上时，神经细胞对该刺激的反应要比猴子注视其他地方的时候强烈得多。

那么这种选择性注意力又是如何实现的呢？显然，为了能高效地感知肖像中的脸部并对其作出反应，我们必须集中注意力观看这幅肖像画。但是，我们只能在视网膜中央的小凹中形成形象，我们不可能一下子将整个脸部看完，那对我们来说面积太大了。我们一次只能看一样东西，所以我们可以快速扫描脸部。首先集中注意力观看眼睛，然后是嘴巴。（眼睛是情感表达的重要指示物，因此有些不能快速扫描眼睛的人们，如自闭症患者或杏仁核受损的人群，也就不能识别人们所要表达的感情。）眼睛的这种快速扫描活动被称为"扫视"，其目的有两个。它使视网膜小凹能探测视觉环境，并使视觉本身成为可能（如果我们的眼睛长时间盯着一个地方看，那么该形象就会逐渐变模糊）。

扫描速度非常快，所以我们感觉好像一下就把整个图像看完了。但是实际上只有在扫视之际，眼睛盯着看的那个时候，我们才在有意识地接收我们看到的东西。检测眼睛活动的设备显示，我们是一件一件、一格一格地来获取脸部和周围世界的印象的。这样，除了反射，当有图像出现在我们视觉周围时，眼睛扫视还会自动搜寻信息。

但是，是大脑决定着眼睛的移动，其通过对图像本质假设的测试来作出相关决定。当注意力集中到脸部的时候，眼睛会给大脑发送一条信息，而大脑就会根据特定的假设来分析该信息。这是不是人类的脸部？如果是，那么它是男性的面部还是女性的面部？这个人的年龄有多大？我们的大脑对这个世界建构起来的模式时时刻刻驱动着我们的视觉注意力。这样，我们就同时生活在两个世界中，而我们不间断的视觉体验就是两个世界间的交流对话：外部世界进入视网膜小凹，并以自下而上的方式进行加工，而大脑内部世界的感知、认知和情感模式则以自上而下的方式影响着来自视网膜小凹的信息。

眼睛集中注意力观看肖像或真实脸部中特定部分的时间长短各不相同，这取决于我们的视觉注意力。注意力受到各种认知因素的驱动，包括目的、兴趣、先前记忆唤起的相关知识、情景、潜意识动机以及本能的欲望等。当检测到一个刺激性的或有趣的容貌时，我们可能就会将所有可能的注意力都集中到它身上，移动眼睛或头部，以将其投射到视网膜中央部位。这个详细的测试也只能维持很短的时间——几百毫秒，因为眼睛是不间断探测的，它还要移往下一个容貌。而在下一个容貌上，眼睛也只会停留几毫秒，直到回到初始容貌的地方。即使我们以及吸引我们的物体都没有移动，我们视网膜上的形象也会移动，因为我们的眼睛和头部从来不会完全静止。

物体、场景和脸部都会呈现在下颞叶皮层中。西格蒙德·弗洛伊德早已意识到高级视觉感知很可能是在大脑皮层的高级区域展开的。他认为某些病人不能识别视觉世界中的某些特征，不是因为眼睛的缺陷，而是因为大脑中这些高级区域的缺陷影响了他们将视觉方面和意义模式结合起来的能力。他将这些缺陷称为失认症（缺乏相关知识）。

随着神经病学家和神经学家对患有失认症病人的研究，并将特定思维功能缺失与大脑特定区域缺陷关联起来，他们发现内容通道和地点通道特定区域缺陷的感知结果也是惊人的特定的。举个例子，某一个人的地点通道内的某个中继节点受到损伤，不能感知深度，但是却拥有不同的完整视觉。一个人在地点通道内的一个不同的中继节点有缺陷，不能感知情感，但是其他的感知功能都正常，包括下颞叶皮层前区的内容通道色彩中心受损会导致色盲；邻近区域受损会导致人无法命名色彩，尽管色彩感知的其他区域都是完整的。最后，内容通道的下颞叶皮层损伤会特别导致面部识别缺陷，称作人面失认症。为了识别好友或亲人，患有这种缺陷的人就不得不依赖他人的声音或其他显著特征，如眼镜，来识别该人。

最初在1947年发表的论文中，人面失认症被德国神经病学家莫代尔·鲍德默称为一种综合征。他以希腊词语"prosop"（面部）和"agnosia"（缺少知识）

来命名该病症。当时，鲍德默正在治疗三个因脑损伤而患有人面失认症的病人。我们现在已经知道人面失认症分为两种形式：先天患有和后天获得。先天患有该病症人群大约占人口的2%。它不同于其他先天性大脑病症，比如阅读障碍症（即在阅读方面有困难的病症），因为它不会通过训练而得以改善。患有先天性人面失认症的人是永远都提高不了其识别脸部的能力的。它与后天获得性人面失认症的不同之处就在于，后天获得性人面失认症是由大脑皮层面部识别区域受损导致的，而先天性人面失认症患者在这些区域的脑部活动都非常正常。的确，通过运用特别的张量成像技术，玛琳·贝尔曼及其同事发现患有先天性人面失认症的人，面部识别区域功能正常，但是右边皮层（对面部处理来说很重要）各区域之间的通路不畅。

下颞叶皮层是一个较大区域，可分为两个小区域，而每一个小区域都有其处理功能。下颞叶皮层后区具有面部低级视觉处理功能。该区域受损会导致不能正确识别出脸部。下颞叶皮层前区具有高级视觉处理功能。该区域受损会导致面部的感知表达与其意义知识连接困难。患有这种缺陷的人能够识别出面部、面部上的组成部分，甚至能够识别出面部所表达的情感，但是不能识别出该面部属于哪个人。他们经常认不出亲人，甚至认不出镜子中的自己：他们已经丧失了面部与身份之间的认知联系。

下颞叶皮层的两个区域向大脑其他区域发出的信息对视觉分类，视觉记忆以及情感表达都至关重要。大多数信息会平行传输给三个目标区域：外侧前额皮质，用来分类并存储短期记忆；海马，用来存储长期记忆；杏仁核，用来分配积极和消极情感值，以及驱动对物体感知的反应。

脸部是目前最为重要的物体识别分类，因为它是我们识别其他个体，甚至我们自己的主要依据。我们通过识别他人，来趋近朋友或回避敌人。结果，在过去数个世纪中，人们都以其描绘对象的相似度，尤其是面部的细微之处和身体的仪态来评价现实主义艺术家。伟大的艺术家能以非常技巧的方式将复杂的面部影像解构成为颜料的一笔一画，观者能马上，并且非常有兴趣得将其建构成为一个完整的，富有表现力的独特的面部感知。古斯塔夫·克里姆特，特别是其追随者奥斯卡·柯克西卡和埃贡·席勒进一步研究了这种感知, 探索新的感情深度来描绘其对象的外观和内部活动。

数个世纪以前, 艺术家就已经明白了人类脸部的重要性。此外, 正如恩斯特·克里斯和恩斯特·贡布里希所认为的那样, 16世纪的波伦亚画派艺术家发现对脸部的漫画式描绘——即夸张的线条画——经常会比真正的脸部更容易识别。风格派画家研究了这一点, 并且该观点后来又再次出现在表现主义艺术当中。柯克西卡和席勒本能地将视觉系统的敏感性应用于夸张的面部特征, 以及夸张的双手和身体位置当中。通过扭曲其对象的物理特征, 表现主义艺术家们试图来表达和唤起潜意识中的感情。

作为视觉影像, 脸部描绘过程中会出现一系列不可思议的有趣的问题。一方面, 所有的脸庞都是非常相似的, 都有两只眼睛、一个鼻子和一张嘴。我们可以从最简单的画中识别出脸部来: 环绕着一条垂线的圆就是鼻子, 两点就是双眼, 下面的水平线就是嘴巴。另一方面, 这种标准的布局又非常容易进行看似无限的变化。每一张脸都是独一无二的, 他就像每个人的指纹一样, 是一个人的识别标志。然而, 尽管大部分人都不能够识别并记忆放大了的手指螺纹, 但是我们每个人都不用刻意努力就能识别并记忆成百上千张脸庞。这是为什么呢?

两位神经学家多丽丝·曹和玛格丽特·利文斯通后来针对该问题尝试了一种新的研究方法。由于其对整个视觉感知提出了挑战, 她们二人被面部感知的研究深深地吸引住了。面部感知是内容通道最杰出的成果。因此, 曹和利文斯通将面部识别作为理解内容通道中信息处理过程的范本。利文斯通如此写道: "脸部是我们所感知到的最富信息的刺激物, 即使是对人脸部的短暂一瞥, 我们就能判断出其身份、性别、心情、年龄、种族以及注意力所在的方向。"

现代认知心理学以及神经生物学研究已经解释了为什么人类的脸部、双手和身体是如此特别——它们都是特殊的完形感知。当我们侦测到它们时, 我们就可以完整地感知到它们。大脑运用模板匹配的方法来感知面部, 而不是像处理其他视觉影像一样, 按线条模式来进行感知处理。大脑从更加抽象、更加高级的原始人物形象来重建脸部形象: 包含两点(即眼睛)的椭圆, 两点间的垂线(即鼻子)及其下面的水平直线(即嘴巴)。这样, 对面部的感知并不需要像对其他物体的感知一样，需要对影像进行解构和重新建构。

此外，大脑是专职处理面部感知的。与其他复杂形式不同，只要其正面朝上，面部就很容易识别。而当其上下颠倒时，就很难识别并将其区分开来。16世纪米兰艺术家朱塞佩·阿尔钦博托很喜欢维也纳艺术。他在其绘画中用水果和蔬菜来创建脸部，幽默地阐释了这一点。当正面朝上时，人们就能很轻易地识别出脸部来，但是当颠倒过来的时候，人们只能识别出一簇一簇的水果和蔬菜（图17-3）。正如图17-4所示的两幅《蒙娜丽莎》绘画显示出来的，面部表情很容易受旋转的影响。当这两张脸庞都颠倒的时候，其表情看起来相差无几，但是当两张图片都正面朝上的时候，嘴角以及眼睛的闭合方面的巨大差异就显示了出来。显然，人类的大脑给了面部一个特殊的地位，而这个地位依赖其正面朝向。

隐藏在面部识别下的大脑机制在婴儿早期就显现出来了。从出生开始，婴儿最可能喜欢观看脸庞，而不是其他物体。此外，婴儿还偏好模仿面部表情，这与在社交互动中面部感知扮演的中心角色相一致。三个月大的婴儿就开始注意到面部的差异，并区分不同的脸庞。在这个时候，他们可以识别标准脸庞：他们可以识别不同猴子的脸部，就像轻易识别不同人的脸庞一样。在婴儿六个月大的时候，他们开始丧失区别非人类面部的能力，因为在这个发育的关键时期，他们见到的主要是不同人的面庞，而不是不同动物的面部。这种特定物种面部辨别的调整伴随着语言识别的调整。也就是说，四到六个月大的婴儿可以辨别其他语言及其母语语音上的差异，但是十到十二个月大的婴儿只能区分其母语上的语音变化。

1872年，查尔斯·达尔文指出，婴儿要生存下去，延续人类，他们就需要成人的关心和养护。受到达尔文的影响，动物行为学先驱，研究自然界中动物行为的奥地利动物行为学家康拉德·洛伦兹就非常好奇，婴儿面部结构的哪些方面能表现出来自父母关爱的生理回应？1971年，他认为答案很可能就是婴儿相对较大的头部、较大较低的眼睛以及他们凸起的脸颊。他认为这些部位作为"内在释放机制"信号，能激发父母关心、慈爱以及养育的内在性情。

面部表情是如何反映在细胞内的？大脑中的某些细胞是否是构成面部的

◀图17-3 朱塞佩·阿尔钦博托的画板油画作品,《园艺师》(1590)。上面的图像为上下颠倒放置。

▲图17-4　列奥纳多·达·芬奇的画板油画作品，《蒙娜丽莎》（1503—1506）。画面上下颠倒并经过小幅修改。

组成部分？它们共同完成的活动是否组成了面部表情？还是某些特定的细胞形成了特定的面部形象？20世纪70年代，休伯尔和威泽尔的研究对该问题给出了两个可能的答案。一个就是分级或整体的观点。该观点认为，一定存在等级最高的细胞来为人物形象，比如说你的祖母，或其他复杂物体编码。依据该观点来看，你可能有不只一个高级"祖母"细胞，这些细胞对"祖母"的不同方面作出反应，而且每一个细胞都携带一个有意义的形象表达。另一个答案就是以部分为基础的表达，或称分散表达。该观点认为不存在高级细胞来为其特别形象编码。该形象的表达是存在于大型神经系统（即神经中枢的编码活动）模式里的。

　　第一个试图将这两个观点区分开来的尝试者就是查尔斯·格罗斯。他继承了休伯尔、威泽尔和鲍德默的研究成果，并于1969年开始研究记录猴子的下颞叶皮层。如果人的该区域受伤，就会导致人面失认症。令人惊奇的是，格罗斯发现下颞叶皮层中的一些细胞只对人的双手作出反应，而另一些细胞则只对面部作出反应。此外，对双手作出反应的细胞只有在手指看得见的时候才会如此，即当手指间不分开的时候就不会作出反应。不论手的方向在哪边，不管手指朝上还是向下，这些细胞都会作出反应。而对面部作出反应的细胞不是有选择性地对某一类型的面部，而是对普通意义上的所有面部都作出反应。这就表明，一张特殊的面部、一位特殊的人物，都是由一特殊的神经细胞体表达呈现出来的——高级细胞体。

20世纪出现的正电子放射层扫描技术（PET）和功能性磁共振成像技术（FMRI）为大脑研究带来了革命性变化。它们使科学家能够通过神经细胞来测量血液流和氧气消耗。血液流和氧气消耗与神经细胞活动密切相关。这些方法并不能显示出单个细胞的活动，但能显示出大脑中包含成千上万的相关区域的活动状态。尽管如此，通过这个方法，神经学家们首次将大脑的各个区域与思维功能关联起来研究具有生命、能够活动和感知的人类大脑的相关功能。

成像技术揭示了当一个人在完成某一项任务时，大脑中哪些区域变得活跃起来。这在面部识别研究中效果更加明显。在1992年，通过利用正电子放射层扫描成像技术，蒙特利尔神经病学研究所的贾丝汀·萨金特和其同事发现正常人在观看面部的时候，作为内容通道一部分的左右半脑的梭状回和下颞叶皮层都变得活跃起来。先是耶鲁大学的艾纳·普斯和格雷戈里·麦卡锡，后又有麻省理工学院的南希·坎维舍，通过利用功能性磁共振成像技术，他们描绘出了下颞叶中专职面部识别的区域。当一个人看到面孔时，该区域（即梭状回面孔区）就会活跃起来。而当这个人在观看一栋房屋的时候，该区域并没有什么反应，而是大脑中的另一个区域活跃起来。此外，当这个人在想象某一面孔时，梭状回面孔区同样会活跃起来。实际上，坎维舍的研究能够通过观察大脑区域的活动状态来判断出这个人是否在想某一面孔或某一栋房屋。

为了进一步研究面部识别，2006年，玛格丽特·利文斯通将普斯和坎维舍以及格罗斯的研究方法结合起来，不仅利用功能性磁共振成像技术，而且利用对猴子大脑中单个神经细胞的电子记录来进行研究。利文斯通是休伯尔的学生，而且是斯蒂芬·库夫勒的继承者。她和多丽丝·曹以及温里希·弗莱瓦尔德曾共同学习，并进行合作研究。他们三个的研究进一步拓展了并超越了我们对梭状回面孔区域的面部感知的理解。他们利用功能性磁共振成像技术来确定当猴子观看面部时，大脑中的活跃区域，并利用电子记录来确认该区域中神经细胞对面部的反应。

他们在猴子下颞叶中最终确认了六个只对面部作出反应的区域（图17-5），称作面孔补丁。面孔补丁非常小，其直径只有三毫米，并按下颞叶背部到前部的轴线分布，这可能是按一定的等级次序来组成的。其中，一个在下颞叶后面（后部补丁），两个在中间，三个在前面（前部面孔补丁）。曹和弗莱瓦尔德在这六个区域中分别放置电极，以记录单个神经细胞的信号。他们发现，面孔补丁中的细胞专门用来面部处理。此外，中间两个面孔补丁中97%的细胞只对面部作出反应。他们的发现进一步支持了坎维舍在人类大脑梭状回面孔区的成像研究，表明灵长动物的大脑通常都会由特定的区域来处理有关面部的信息。

曹和弗莱瓦尔德并没有止步于此。他们接下来研究了这六个面孔补丁之间的关系。在电击其中一个区域的同时，对所有六个区域进行透视成像，他们发现只要激活一个中间的面孔补丁，剩下的五个区域都会活跃起来。该发现表明大脑下颞叶中的所有面部识别区域都是相连的：它们似乎形成了一个统一的网络来处理它们所看到的面孔的各个方面的信息。面孔补丁形成的整个网络似乎构成了一个专门处理高级物体范畴的系统，即面孔。

弗莱瓦尔德和曹接着就会问：这六个面孔补丁中，每一个又会处理什么类型的视觉信息？为了解答该问题，他们集中研究了中间的两个面孔补丁，发现其中的神经细胞不仅利用基于部件的识别策略，而且利用了整体识别策略（即格式塔原理）来侦测和区分面孔。他们展示出不同形状和朝向的猴子面孔的画像和图片，发现中间的两个面孔补丁主要识别面孔的几何特征，也就是说，用来侦测面孔的形状。此外，这两个区域的细胞还对头部和面部的方向作出反应：它们专门对整体正面朝上的面孔作出识别。

中间的面孔补丁选择性的对面孔方向作出反应这一发现可与从计算机面部识别得出的两个重大发现相媲美。就像心理学家区分感觉（感受信息的汇集）

和感知（用知识来解读感觉信息）一样，计算机视觉程序将最初侦测到的面孔与后来对该面孔属于某人的识别区分开来。这样，面孔补丁就像计算机视觉程序，侦测就像过滤器，剔除掉不合适的物体，从而使识别程序能够更加高效地运行。基于大脑最能轻易识别正面朝上的面孔这一重大发现，科学家们发现，当面孔上下颠倒时要比正面朝上时，下颞叶面孔补丁中的细胞反应更加无力和模糊。

弗莱瓦尔德和曹接下来就想要弄清楚面部表情是如何在面孔补丁中变化的，尤其是想要弄明白，鉴于我们能够不是单纯地从一个角度，而是从多个角度识别出某一面孔：正面、背面、左侧面、右侧面、上面以及下面，那不同的面孔补丁是如何抽取有关面部身份信息的呢？为了解答这些问题，他们给猴子展示了其能够比较的200张人类不同面孔的图片，而且他们从不同的角度来展示这些面孔。为了研究动物们的反应，他们再次将功能性磁共振成像技术和面孔补丁内单个细胞活动的电子记录结合起来进行研究。

他们将中心放在中间两个和前面两个面孔补丁上，发现中间面孔补丁内的神经元对不同的面孔作出了不同的反应，但这种情况只有当猴子从某一特定角度观看的时候才会发生。这样，当从正面看其面孔的时候，尽管一个神经元更加可能对一个人而不是另一人作出反应，但是当从侧面观看的时候，就可能对另一个人而不是对这个人作出反应。更加神奇的是，他们发现其中一个前部面孔补丁对看到的有选择性的作出反应。比如，他们可能只对侧面作出反应，不管是左面还是右面，而不对两者之间的任一角度作出反应。弗莱瓦尔德和曹认为，包含这样的神经元的完整面孔补丁的发现表明，相似对称视角通常对物体识别来说可能具有重要作用。相比之下，其他前部面孔补丁内的神经元对一个人的身份更加敏感，而不是观看视角，比如，从前面看，偏向对一个人而不是另一个人作出反应的神经元，当从后面看到时候也会偏向对该人而不是另一个人作出反应。

这些发现说明有关观看视角和脸部身份的视觉信息的处理是在面孔补丁中连续进行的，以形成一个对其身份的完形感知。这个感知不会随着观看角度的变化而变化。首先，弗莱瓦尔德和曹记录到，来自后部面孔补丁的细胞并不能将某个人的不同角度关联起来，尽管后面的面孔补丁能够对其身份作出反应，而不受不同角度的影响。此外，由于展示给猴子的人类面孔它们从来没有遇见过，并且是随机展示的，因此实验结果有力地表明，对某一个体精确识别度很高的情况发生在最前面的面孔补丁中，而不受观看视角的影响，也不依赖于学习，尽管学习可能进一步增强其识别能力。这样，弗莱瓦尔德和曹得出结论说，大脑中可能具有一个面部识别系统来从不同角度识别面孔，而不需要通过后天学习来实现该目的。

由于每个人每天都会遇到许多人，那么我们不禁就会提出一个有意思的疑问：人类大脑中的单个细胞是否会对某一人的面部作出反应？对内侧颞叶（与长期记忆相关的大脑区域）进行研究记录的科学家给出了该问题的答案。从对准备手术的病人的神经元的记录中，加利福尼亚理工学院的克里斯托夫·科克及其同事发现一部分神经元的确会对人物画面作出反应。值得注意的是，特定的细胞可能会对许多名人（如美国前总统比尔·克林顿）作出反应。循着这些发现，加州大学洛杉矶分校的伊扎克·弗里特及其同事发现，和记录到的与病人从没有接触过的人物画像时的反应相比，内侧颞叶中的神经元更加可能对与其有意义的人物面部作出反应。弗里特和其同事的这些发现说明与关联度较低的面部相比，更大比例的神经元参与了关联度较高且更有意义的面部的编码过程。

有观点认为大脑中有一专门的不同于其他物体识别系统的面部识别系统。这种观点不仅得到了成像研究者普斯和坎维舍以及细胞生理学研究者利文斯通、曹、弗莱瓦尔德、科克和弗雷德的支持，而且，正如上面所提到的，还得到了对内容通道损伤病人的临床研究结果的支持。其中一个这样的病人叫C.K.，其物体识别能力受到了严重损坏，但是他的面部识别能力却完好无损。当向其展示阿尔钦博托的画像时，C.K.识别出了其中的面部，但却识别不出其中的水果和蔬菜（图17-3）。相比之下，患有人面失认症的病人能够侦测到，但是不能识别出一个人的脸部。这样的人实际上在观看上下颠倒的面部时，包括阿尔钦博托的面部画像，要比普通人表现得更好。

格式塔心理学家认为我们不能在不受整体面部的影响下去处理其中的一部分。弗莱瓦尔德、曹和利文斯通在生理学上的发现有力地证明了这一点。在研究中部面部部分的时候，他们向猴子展示了真实猴子面部的图片，然后向猴子展示了由面部轮廓、毛发、眼睛、虹膜、眉毛、嘴巴以及鼻子七部分组成的卡通猴子面部。卡通面部就是缺少许多实际面部特征的线条画，如颜色、纹理、三维结构等，但是这些猴子中间面部补丁的兴奋区细胞在两者之间的效果是相同的。

这样的结果更激起了弗莱瓦尔德和曹对卡通面部特征进行进一步研究的兴趣。他们分解了卡通图片，分离出其中的每一部分，并使这些部分失真，如将两只眼睛分开，或者将鼻子从脸上分离出来。在对卡通漫画作出反应的分析过程中，他们发现许多细胞并不会对单个特征属性或多个特征属性的集合作出反应，除非这些特征属性被一个椭圆形围合起来。这一发现与完形心理学和早期研究者尤加利·畑以及凯基·田中的预测相一致（图17-6）。例如，如果眉毛或眼睛不在表示面孔的椭圆形内部，猴子面孔补丁中的相关细胞就不会对其作出反应（图17-5）。同样的，这些面部识别细胞只会对另一个猴子的整个面部作出反应，而不是对其中的眼睛或鼻子作出反应（图17-6）。

接下来弗莱瓦尔德和曹研究了面部上的各项系数，如两眼之间的距离，虹膜大小以及鼻子的宽度，并惊人地发现中间的两个面孔补丁明显地倾向于识别漫画形象。它们更加倾向于识别夸张或极端的漫画形象，如两眼之间最大或最

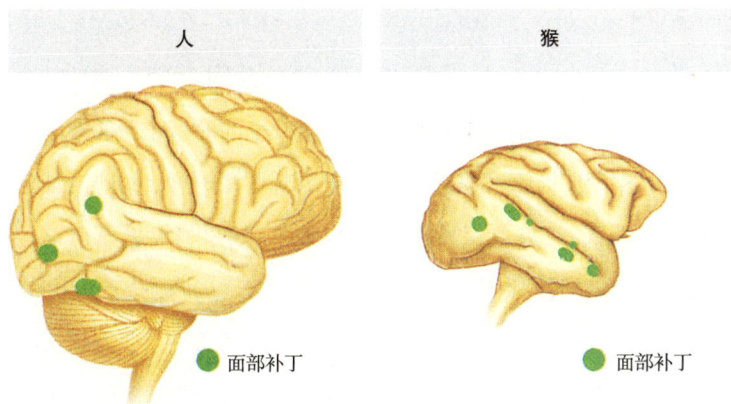

人　　　　猴

● 面部补丁　　　　● 面部补丁

▲图17-5　称为"面部补丁"的多个大脑区域，其能识别出人类和非人类灵长类物种的面部。

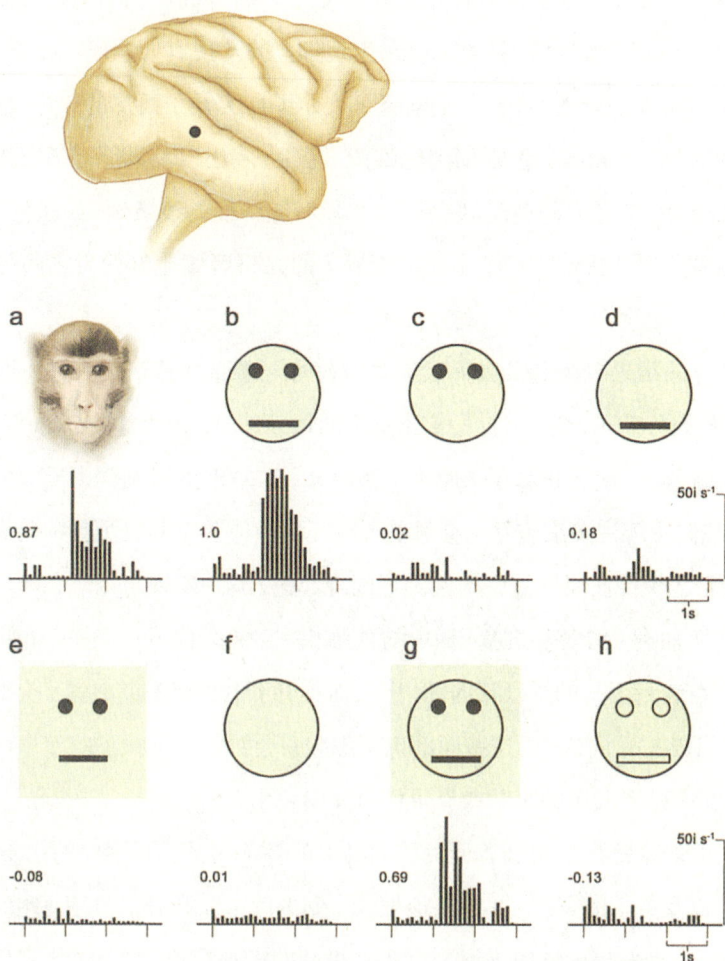

▲图17-6　功能整体性面部侦测。最高：记录猴子大脑中面部识别细胞的位置。最低（a-h）：面部识别细胞的刺激物以及所作出的反应。条框的高度表示细胞的激发率以及由此产生的与每一刺激相关的面部识别能力。

小的距离，最大或最小的虹膜。甚至这种观点也适用于当特征属性被夸张到极度不自然的时候。因此，当两眼被刻画成茶碟大小的时候，或者刻画到面部边线极端的时候，或者被描绘成重叠在一起成为独眼的时候，相关的细胞就会作出强烈的反应。最后，正如我们所预料到的那样，如果将卡通面部反转过来，即没有正面向上的时候，效果明显。中间面部补丁更加倾向于对极端面部特征，尤其是极端眼睛特征作出反应的这一发现或许可以解释，为什么在整个脸部内，夸张某一部分的漫画或表现主义艺术的效果如此明显。而相关细胞不会对反转过来的面部作出反应这一发现或许同样可以解释为什么面部上下颠倒的时候,识别能力就会下降。

开展调节实验的行为主义者和探索自然环境中动物行为的动物行为学家们发现极端情况是非常有效的刺激源。1948年,英国动物行为学家尼克·廷伯根发现了生物学视角下夸张的重大意义。廷伯根和其同事洛伦兹一样正在研究母亲后代的交互作用。廷伯根发现当小海鸥想要食物的时候,它就会轻啄其母亲黄色喙上明显的红色斑点部分。小海鸥的轻啄就会刺激母亲反刍其食物,喂养给它们。廷伯根称该红色斑点为信号刺激源,因为它作为一种信号,激发了小海鸥成熟、协调的本能行为——祈求食物。接下来他设计实验来测试小海鸥是如何对夸张的信号刺激源作出反应的。

首先,廷伯根向小海鸥展示了一个从其母亲身体上分离出来的喙,小海鸥轻啄该喙上红色斑点的反应与其轻啄母亲身上的喙时的反应是一样强烈。这就说明小海鸥的大脑更加容易受到黄色物质上红色斑点的吸引,而不是受到其母亲整个身体的吸引。拉马钱德兰则认为这说明进化可能更倾向于选择简单的程序来进行,识别黄色物体上的红色斑点要比识别其母亲海鸥所需的复杂计算少得多。为了进一步测试该观点,廷伯根向小海鸥展示了一根上面带有红色斑点的棍棒,该棍棒与喙并没有多大相似之处,算是简化抽象形象,但是小海鸥再一次作出同样的反应。他接下来要解答的疑问就是:如果这个抽象的喙发生了变化,小海鸥的反应是否也会发生改变?廷伯根接下来向小海鸥展示了一个经过夸张化处理的喙:上面有三条红色条纹的黄色棍棒。该夸张型信号刺激源甚至引起了小海鸥更加强烈的反应。事实上,与其母亲的喙相比,小海鸥更加喜欢这个。与漫画、卡通以及其他夸张手法一样,最强烈的反应来自与自然刺激源具有很大不同的刺激源,廷伯根称此现象为信号刺激源的加强型效果。由于此类形象极度夸张,这样的刺激源可能对小海鸥头脑中的红色斑点侦测回路的刺激要比其母亲喙上的红色斑点更加强烈。

在2003年里斯的一场讲座中,维莱亚努尔·拉马钱德兰讨论了如此类型的视觉夸张元素在我们对艺术的认知所扮演的角色。他认为人类可能就像海鸥一样,同样倾向于对特定的视觉刺激源作出兴奋性反应。毕竟我们已经进化到能够对人类面部表情作出反应，并能够侦测出隐藏在树叶下面橙色和红色的水果。视觉元素在艺术中扮演着重要的角色，因为艺术家们本能地认为观众会对特定的面孔和色彩模式作出强烈的翻译。事实上确实如此。拉马钱德兰认为如果海鸥有一个艺术馆，它们一定会将画有三条红色条纹的长棍棒挂在墙上来顶礼膜拜，愿意支付数百万美元来购买它，并称其为"毕加索"。

除了像海鸥喙这样先天的刺激源外，加强型刺激源同样会影响对后天性刺激源的反应。通过选择性地对其进行奖励，实验者可以教会老鼠如何区分矩形和方形。当向老鼠展示矩形时，如果它按下了按钮，就奖励它一块奶酪；如果它看到方形时也按下按钮，则没有任何奖励。经过一些初步调节实验后，与方形相比，老鼠不仅更倾向于对矩形作出反应，而且更倾向于对比其原来训练时所用的矩形更加狭长的矩形作出反应。简而言之，老鼠经过学习认识到矩形越夸张，它们就越不像方形。与海鸥对黄色棍棒上红色斑点的反应不同，老鼠极有可能并不是天生就对不同类型的四边形很敏感，但是在经过适应性调节实验后，它们还是会对夸张型形象作出强烈反应。因此，对刺激源的夸张性反应并不是只是天生的，也可以通过后天学习习得。

据推测，我们中部面部补丁中的细胞会对夸张的面部特征作出强烈的情感反应，因为它们在生理上与杏仁核相连。杏仁核对感情、心情以及社会强化功能的形成至关重要。这种关联提出了一种有意思的可能性：由于大脑会专门对夸张的面部作出反应，因此克里斯和贡布里希认为行为主义画家、漫画家以及后来维也纳表现主义艺术家所用的面部夸张表现手法是很成功的。而中部面部补丁被认为可能是克里斯和贡布里希该观点中神经基础的一部分。此外，中部面部补丁中的大部分细胞都会对大型虹膜作出反应，这或许可以解释在任何面部表达中，为什么眼睛如此重要。因此，如果我们从头再看柯克西卡的他自己和阿尔玛·马勒的双重描绘图画（图9-16），我们就可以从生理学上开始理解为什么它对我们的影响如此巨大：其中最能够打动人心的一点就是其中的大眼睛。这双大眼睛几乎全部表达出柯克西卡和马勒所要表达的东西。

增强型效果同样适用于深度、色彩和形式。我们能看到克里姆特平面画作中很明显的深度夸张手法以及柯克西卡描绘的面部和希尔画作中他自己身体中的夸张色彩。此外，柯克西卡和席勒对肌理特征的重视还揭示了其对信号刺激源的增强型效果的本能性理解。正如我们在第九章中看到的，柯克西卡将奥古斯特·福雷尔面部左侧描绘成几乎不能察觉到的下垂姿势，将其左手描绘成微微向下的姿势以及画作中该人物其他的细节。任何人看到这幅画像都会立刻识别出这些都是中风的症状。

我们对艺术的美学反应很可能不只要求侦测出夸张手法的能力。廷伯根的小海鸥和拉马钱德兰的老鼠都对夸张的描绘手法作出强烈的反应，但我们不能就此认为这些动物都拥有审美观，我们很可能还需要其他的程序来激发出人类的情感反应。

面部识别依赖于对面部整体以及面部夸张描绘特征感知的这一认识，让我们联想到了另一观点：大脑依据描绘面孔与标准面孔的差异来作出反应。吉莉安·罗德和琳达·杰弗里提出了一个有意思的观点：我们先通过将其与人类面孔的原型进行对比来区分，然后再判断其与原型面孔的差异。例如，其中的眉毛是否要比大多数其他人的眉毛浓密？其中的一只眼是否要比另一只要小？

因此，与休伯尔和威泽尔发现初级视觉皮层中的细胞将图像解构成线段和轮廓线一样，弗莱瓦尔德和曹发现颞叶中的六块面孔补丁都在面部识别中承担着自己专门的职能。一些面孔补丁专门从正面视角来识别面孔，另一些则从侧面角度来识别面孔，还有一些则从其与标准面孔的差异程度中来识别面孔，而另一些面孔补丁仍与对激发情感非常重要的大脑区域相连。弗莱瓦尔德和曹立刻发现了他们伟大的发现与完形心理学家在如何感知复杂形式方面的发现之间的关联。

面孔感知几乎要比其他任何大脑活动都能更明显地体现大脑就是一个创造性机器这一格式塔学派观点。它依据其自身的生理原则来建构事实。从好的方面来说，这些生理原则在视觉系统中是与生俱来的。我们对艺术画作中面孔的人物和感情反应的一个原因就是面孔感知在社交互动，情感以及记忆中所扮演角色的重要性。实际上，面孔感知已经进化到在大脑中要比其他人物表达占据更多空间的地步了。

　　考虑到面孔识别在社会决策方面的重要性，弗莱瓦尔德和曹提出了两个疑问：面孔补丁是否能够侦测所感知到的面孔中的情感信息？如果能够侦测，那它们是否会将相关信息发送到除杏仁核之外的，其他与决策和情感相关联的大脑区域？考虑到这种可能性，他们对猴子的前额皮质进行成像，发现那里有三块面孔补丁对感情表达作出反应。

　　他们发现的另一面孔补丁与工作记忆相关。工作记忆是一种短期记忆，能让我们的大脑在数秒内记住相关信息，比如面孔形象。该面孔补丁中的神经元与海马相连。海马是颞叶深处将短期记忆转换为长期记忆的大脑区域。因此，曹和弗莱瓦尔德就假设该面孔补丁可能与面孔相关的短期记忆、注意力，面孔分类以及与面孔相关的社会逻辑推理有关。就像柯克西卡试图去做的一样，面孔补丁对绘画和试图了解面孔表面之下所隐含的东西是至关重要的。

　　正如我们从这些关联模式中可能期待的那样，功能性大脑成像研究证实了猴子大脑中的相同的面孔补丁在人类大脑中也同样有效。此外，其中一些面孔补丁与杏仁核相关联。正如我们所见到的，杏仁核用来激发形成有意识的和无意识的情感。因此，曹和弗莱瓦尔德的研究是连接由面孔感知所激发的人类社交互动中的认知方面与由面孔感知激发的有意识或无意识的情感程序以及感觉状态的重要一步。人面失认症（不能识别某一特定面孔的缺陷）的研究和格罗斯、普斯、坎维舍以及利文斯通学派的研究成果一起，或许可以解释我们的视觉系统与面孔注意力集中的大脑区域和面部感情表达区域之间的关系。

　　双手和身体是通过大脑中的其他区域来表达的，并且它们传达不同的信息。尽管面孔对情感的表达至关重要，但是双手和身体却是一个人处理情感的标志。虽然面孔甚至在静态的时候也在传达信息，但是身体主要是通过情感来表达信息的。因此，正如神经学家比阿特丽斯·德杰尔德所指出的，"当伴随着拳头举起的时候，愤怒的面部表情更加恐怖，当在飞行中的时候，害怕的面部表情更加令人不安。"坎维舍的大脑成像研究（2001）首先揭示了纹状体外皮层（枕叶中的一个区域）中的神经元对人类身体的图像作出选择性反应。事实上，身体或身体各部分的图像都会强烈吸引我们的注意力，即使是我们在全神贯注做另一项工作的时候。这或许就是形象艺术占据历史主导地位的一个重要因素。

尽管纹状体会对另一个人的出现作出选择性反应，但是颞叶附近的一个区域（即颞上沟）却对生理动态（人类和动物的活动）分析至关重要。该区域于1998年由普斯和大卫·佩雷特所发现。他们发现该区域细胞对口、眼和唇的活动反应要比与身体部分不管的活动反应强烈得多。耶鲁大学的认知心理学家凯文·佩尔弗雷表示，上颞沟通过确定一个人的注意力所在或一个人渴望或回避某种社交互动的愿望，来说明这个人关注的方向。面孔的方向和其表情一起吸引观众的注意力。因此，画像吸引我们注意力的地方不仅是面孔和其表情，还应包括面孔所朝的方向。

每一个动作中都包含着大量的信息。在没有其他线索的情况下，某一东西的运动方式可以告诉我们其是不是人类，以及其他信息，包括正在移动人物的思维活动及其感觉。1973年，冈纳·约翰逊在他的一个学生身上安装了14盏小型灯，并摄影记录他在黑暗中走动的影像。摄影一开始时只有一盏灯打开并随人移动，然后将14盏灯都打开，但是并不移动。在只看到一个移动的光点时，我们完全不知道是什么在移动。当我们看到静止的14个光点时，我们就会产生一个静态物体的印象。而当所有的光点开始移动的时候，一个人物形象就产生了。此外，我们还能判断出该形象是男性还是女性，是在跑步、散步还是在跳舞。在很多情况下，我们甚至还能判断出他是高兴还是哀伤。人（即使是四个月大的婴儿）也更加倾向于观看形成一个人物形象的移动光点，而不是观看随机移动的光点。也就是说，我们更加倾向于观看生物移动，而不是非生物移动。我们的大脑已经进化到能够利用每一条可用的线索来弄明白世界上正在发生的事情的地步。

受到弗洛伊德本能理论和克里斯与贡布里希的系统尝试的部分影响，神经学家们已经开始对人类感觉系统进行更加严密的、细胞层面的分析研究。尤其是理查德·格雷戈里和大卫·马尔已开始就自下而上的格式塔心理学和自上而下的假设测试和信息处理进行分析。通过从细胞层面上证实我们的感觉系统具有创造性，即我们的感觉系统能够假设什么样的面孔、面部表情、双手位置及身体移动占有重要位置，以及什么能够区分生物和非生物动态，这些神经学家们将我们带到了思想中的神秘领域。

第十八章

信息自上而下的处理：
用记忆来发现意义

当一名伟大的艺术家依据其人生经历创作出一幅画作形象时，该形象本身是比较模糊的。结果，该画作形象意义的理解就依赖于观众的想象、世界和艺术知识，以及唤起这种知识并将其对应在该形象上的能力。这是观者理解画作的基础——观众对艺术作品的再创作。从记忆中唤起的文化符号对艺术的生产和观赏同样至关重要。该观点使恩斯特·贡布里希认为记忆在艺术感知中扮演着至关重要的角色。事实上，正如贡布里希所强调的那样，每一幅作品相对于其他作品来说，都比其自身的内容包含的东西更多。

例如，如果我们观看古斯塔夫·克里姆特的风景画，如《罂粟花》（图18-1），我们很难只从其内容自身来判断出该形象的意义。我们能明显看到的是一片同样绿色，上面点缀着红色、蓝色、黄色和白色的斑点，并且在油画的上边缘由两小排白色斑点平衡下来。然而，一旦我们将其与我们对绘画的理解相对照，画中的内容就会变得完全清晰起来。考虑到风景画的传统，尤其是印象派和后印象派分色主义画家，我们就能明白其中大量的绿色和红色斑点形成的是一幅漂亮的遍地罂粟花开的田园风光。尽管很难将前景中的两棵树与花儿生长的地方区分开来，但是观众很容易地就能区分其中的图景关系，因为观众知道如何去看。

这同样适用于克里姆特的人物画。在《亲吻》（图8-20）和《阿黛尔·布洛赫鲍尔Ⅰ》（图1-1）中，人物身体部分都消失在了金色装饰中，但是我们对人物画的知识理解以及对身体轮廓线的期许使我们能轻易区分出图景。

▲图18-1 古斯塔夫·克里姆特的布面油画作品,《罂粟花》(1907)。

正如我们所看到的,视觉感知中最让人惊奇的就是我们在他人的面孔、双手和身体所看到的绝大部分都是由独立运行的程序所决定的。这种独立运行的程序是落在我们视网膜上的光线模式的运行程序。它取决于自下而上的信息处理,即经过自下级视觉到中级视觉,然后整合从大脑的高级认知中心经过自上而下处理的信号。高级视觉处理程序的本职功能就是将来自这两个方面的视觉经历整合成为一个·整体。自上而下的信号依赖记忆,并将收到的视觉信息与先前的经历进行比较。我们从视觉经历中寻求意义的能力就完全取决于这些信号。

自下而上的信息处理依赖于视觉系统早期阶段的内置架构,这对所有艺术作品的观众来说差不多都是一样的。相比之下,自上而下的处理依赖于分配类属和意义的机能以及先验知识。先验知识以记忆的形式储存在大脑中的其他区域。因此,自上而下的处理方式对每一位观众来说都是独一无二的。

最后，大脑通过概括和分类方法来对画像进行处理，包括面孔、身体以及其他所有部分。视觉系统能轻易识别出单个物体的图形，不管是苹果、房子、面孔，还是山脉，只要它属于总目录中的物体。面孔有多个形状，房屋也是一样，但是我们在多个不同条件下都能识别出来。

厄尔·米勒发现视觉刺激要在外侧前额皮质区域进行分类。他将分类视为与不同物体的视觉刺激相同的认知反应以及相同物体视觉刺激的不同反应的认知能力。我们能够将苹果和香蕉归为同一类——它们都是水果，尽管它们形状不同，毫无相似之处。相反地，我们认为苹果和棒球是完全不同的东西，尽管它们在外形上相似。分类是很有必要的：如果没有分类，原始感知就没有任何意义。

我们将厨房柜台上的红色球体称为苹果，我们也可能将操场上在视觉上完全相同的球体称为足球。那么，神经元是如何又是在哪里进行分类区分的？米勒通过创建数字影像来解决这个问题。在该影像中，两类不同的动物，如猫和狗，将其从一个编辑成为另一个的一部分，这样就能够产生一个猫和狗的形状各占40%和60%的影像。然后，他记录了猴子大脑侧前额叶（从下颞叶皮层中接收关于物体、地点、面孔、身体以及双手等信息的区域）中发出的信号。米勒发现侧前额叶中的神经元对特定的分类范畴非常敏感：它们对一个类别作出反应，而不会对另一个作出反应，如它们会对犬类图像作出反应，但不会对猫类图像作出反应，反之亦然。

然后米勒又重复了一次这个实验。在这次试验中，他同时记录了来自侧前额叶和下颞叶皮层的信号。他发现大脑中每一个这样的区域都在分类感知中扮演着特定的角色。下颞叶皮层分析物体的形状，而外侧前额皮质则将物体进行分类，并对某人的行为反应进行编码。侧前额叶会对狗的概念而不只是其形状进行编码。而来自该侧前额叶的强力的特定分类信号的发现与外侧前额皮质引导着目标指向行为的观点是一致的。米勒的发现表明当下颞叶皮层中的神经元对编码行为信息的外侧前额皮质中的神经元发出相应的重要信息时，就会出现进一步的分类结果，比如识别出你自己的房子。因此，下颞叶皮层也具有识别图像并将其分类到更广范畴的功能。

在没有相关记忆的情况下,大脑就不能进行分类或其他相关的事情。记忆就是将我们思维活动整合在一起的黏合剂,不管是对艺术作出反应,还是对生活中其他事情作出反应。人类之所以是人类,在很大程度上是因为我们能够学习和记忆。记忆对于观众对艺术的感知和情感反应是至关重要的:它贯穿在视觉感知自上而下的处理过程中,并且正如我们所看到的,它在帕诺夫斯基的肖像学在观众对影像反应的理论中居于中心地位。人类记忆系统基于先前所看到的相似影像或经历来形成抽象的内部表达。

现代大脑和记忆的相关研究出现于记忆认知心理学和记忆存储生物学的合并之际。这起始于1957年,始于蒙特利尔神经病学研究所工作的出生于英国的伟大心理学家布伦达·米尔纳。为了治疗其病人亨利·莫莱森的癫痫性发作,米尔纳为其实施了切除大脑两侧内侧颞叶的手术,并描述了手术的影响后果。内侧颞叶的失去,尤其是其内部海马的失去,导致其有关人物、地方和物体的相关记忆大量丢失,尽管亨利·莫莱森的智力和感知功能依然完全正常。

米尔纳对亨利·莫莱森的相关研究揭示了隐藏在海马在记忆中所扮演角色下的三大观点。第一,鉴于亨利·莫莱森的其他能力依然完全正常,因此她认为记忆是在大脑特定区域的可分离的一套思维功能。此外,亨利·莫莱森只能将信息——如电话号码——记忆很短一段时间,从数秒至一两分钟。这说明海马和内侧颞叶与短期记忆无关,而是与将短期记忆转化成长期记忆相关。最后,因为亨利·莫莱森具有其手术前发生的事情的记忆,因此米尔纳推断出,长期记忆存储在大脑皮层中,与海马和内侧颞叶无关。

因此,当我们在油画上看到一个新形象,并将其和另一形象联想起来或在第二天依然记得这个形象,那是因为我们大脑中的海马将这个信息进行了存储。我们之所以能够分辨出克里姆特《罂粟花》中的树木是因为大脑中的海马将我们曾经看到过的其他风景画的相关信息储存在大脑中了。在接下来的几个月中(是非常长的时间),该信息的存储就会慢慢转移到大脑皮层的视觉系统中,转化为长期记忆存储。对于识别特定面孔非常重要的同一面孔补丁被认为在存储该面孔的长期记忆中同样非常重要:它们似乎会无限期保留有关它所识别面孔的认知和情感信息。事实上,最近的研究表明任何充满情感的视觉形象都会被编码成长期记忆，并储存在原来处理该形象信息的视觉系统的高级区域。

在研究亨利·莫莱森失去记忆的过程中，米尔纳还有另一项伟大的发现。她发现，尽管亨利·莫莱森在某些特定知识领域的记忆力受到了严重损害，但是他依然能够通过重复练习，来学习新的运动技能，而不清楚他正在学习的技能是什么。加州大学圣地亚哥分校的拉里·斯奎尔教授开展了进一步的研究，并证明记忆并不是大脑思维的一种单一功能。事实上，存在两种形式的长期记忆。显性记忆（即亨利·莫莱森所失去的记忆）就是关于人物、地方以及物体的记忆。它以有意识的记忆为基础，并需要内侧颞叶和海马的支持。隐性记忆（即亨利·莫莱森手术后依然保留的记忆）就是有关运动技能、感知技能和情感遭遇的无意识记忆。它需要杏仁核、纹状体以及最简单情况下的反射路径的支持。

自上而下的处理过程依赖于这两种记忆。隐性记忆在对响应画作主题时，唤起观众无意识的情感和移情至关重要。显性记忆则对唤起观众对画作的形式和主题有意识的理解至关重要。两个系统一起将个人和文化记忆对应在艺术作品上。观众对艺术家利用象征符号来传达意义的反应，如克里姆特的矩形、蛋形符号和埃贡·席勒扭曲的胳膊与双手的形状，同样依赖记忆。不管一个符号是否会唤起一种文化或个人意义，观众对该符号有意识和无意识的识别都需要一个或另一个，更多情况是两个大脑记忆系统的参与。

从1970年开始，神经学家们开始从细胞和分子机能层面分析记忆存储。其中一个最重大的发现就是，长期记忆会导致神经细胞结构上的变化。确切地说，学习和记忆某一东西能够大量增加携带该信息的神经细胞之间的突触联系的数量。于是，洛克菲勒大学的查尔斯·吉尔伯特发现初级视觉皮层中的细胞在学习过程中会发生显著的结构变化。我们现在知道了，期望、注意力和从先前经历中看到过的图像都会改变这些神经元的突触联系，从而影响其特征。

记忆中存储的信息在解决模糊性方面扮演着至关重要的角色，因此在分辨图景的过程中也至关重要。我们在鲁宾花瓶（图12-3）中，面孔和花瓶的简

◀图18-2

▶ 图18-3

单图景转换很容易理解。但是在更加模糊的图片中，要分辨出图形和背景就相当困难了，如图18-2所示的达尔马提亚狗的形象。乍看之下，很难看出狗的形象。但是经过细看，我们将不同的线段和轮廓线分组到一个连贯的形状内，然后就会开始看到狗的头部和左爪。一旦我们重新建构并看出狗的这些部分（图18-4），然后通过我们先前感知经历（图18-2）的隐性记忆就能轻易将其寻找出来。事实上，一旦我们能快速熟练地找出达尔马提亚狗，我们就能很轻易地再次看到它。同样的，在由哈佛大学心理学家E.G.波令所创作的女孩和老妇人的模糊形象（图18-3）中，我们能轻易识别出女孩。但是如果我们将注意力集中在女孩的耳朵上时，我们突然之间就会发现，这个耳朵可以看作老妇人的眼睛，而女孩的下巴可以看作老妇人的鼻子（图18-5）。这些形象说明，一旦在记忆中储存了一个人物形象，我们就能够利用自上而下的处理方法，依靠记忆来实现任意转换。

正如上面狗、女孩和老妇人的形象所阐释的，自上而下的处理方法似乎是利用我们记忆中的图像假设验证法来推断出视网膜影像的类属、意义、用途和价值。自上而下处理方法开始于在特定时刻假设我们所要看的东西。通常，我们会寻找和注意特定的东西，就像由其他感觉线索和先前经历的记忆所决定一样。因此，视觉路径中神经元的反应不仅反映了物体的物理特征或我们对它的记忆，而且还反映了我们的认知状态：例如，当我们集中注意力的时候，我们能够更加轻易地分析出某一物体的形状和比例，并将其与先前遇到的物体关联起来。

我们又是如何获取并以记忆的形式存储新的视觉信息的呢？存储隐性记忆的一种常见方法就是联想，如俄罗斯生理学家伊万·巴甫洛夫首先证明的那样。巴甫洛夫重复地向一条狗展示食物和灯光。食物使得狗开始分泌唾液。他发现在经过大量如此的实验后，这条狗在看到灯光时就开始分泌唾液，甚至在灯光过后没有食物的情况下也是如此。这种典型的条件适应实验包含着许多的认知和感知程序。同样的，我们经常看到的物体会在我们的记忆中联系在一起。这样，当我们看到一个物体时，我们就很容易想到其他的物体形象。

当我们的大脑创建或加强代表关联物体的神经元之间的连接时，我们就

◀图18-4

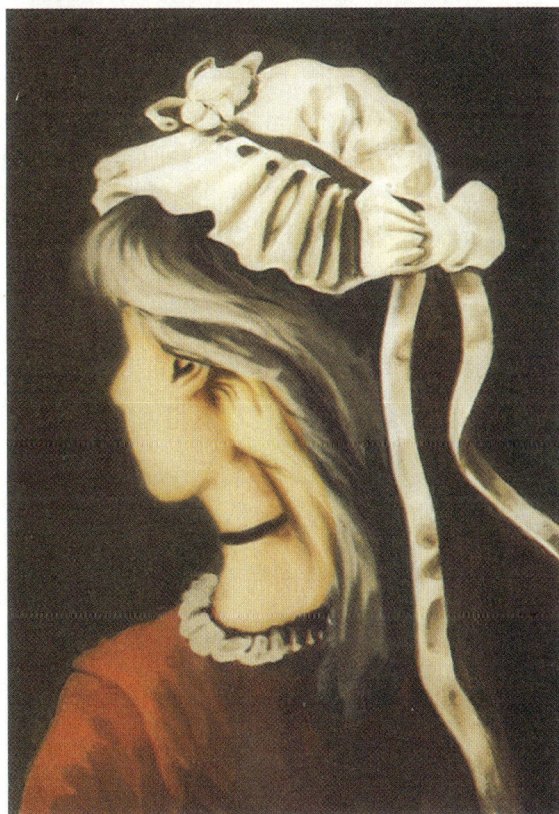

▶图18-5

会获取关联记忆。这种行为的实际效果就是，一旦两个物体（A和B）关联起来，并存储为隐性记忆，大脑中的B簇神经元不仅会对物体B作出反应，还会对物体A作出反应。索尔科生物研究所的托马斯·奥尔布赖特提出了如下疑问：这种关联是仅仅在海马范围内发生，还是可以在视觉系统中发生？他发现猴子视觉系统中各个高级区域中的神经元都有着双重职责：它们对视觉刺激源以及对由记忆引发的刺激源都作出反应。这些记忆神经元的发现表明，大脑高级区域可以影响低级区域，而且或许可以解释我们刚刚看到的新图像是如何让我们记起我们曾经见到过的东西的，或一幅陌生的画作是如何唤起我们熟悉的记忆的。

高级视觉处理过程的一个最有意思的结果就是，当我们首次遇到一个物体以及当我们从记忆中回忆起这个物体时，我们大脑会经历一种相似的反应。新经历来自自下而上的视觉信息处理，也就是我们通常所说的看见。而对该形象的追忆、细化和富集就是自上而下处理的结果，并组成图画记忆和视觉意象记忆。因此，当看到一幅图画并在后来记忆和想象起来时，最终都会添加一些相同的神经回路。

视觉关联对普通感知来说是其本身固有的，而自下而上和自上而下的信号机能会共同协作来处理视觉经历。

自上而下处理方法的重要性以及注意力和记忆对感知的效果可以从艺术作品观赏中明显看出。首先，观赏艺术作品的人的注意力与巴黎大学帕斯卡·玛玛希安的感知学生所称的"日常感知"有很大不同。在日常感知中，任务是特定的。如果你要穿过街道，你会在起步之前寻找一个没有车辆行驶的时刻。因此，你的感知能力会高度集中在驶来的车辆上，包括它们的速度和大小，而忽略无关的信息，比如某一辆车是别克牌还是奔驰牌，它是灰色还是蓝色等。在感知视觉艺术的时候更难确定合适的目的任务。事实上，观众理解艺术作品的方法各不相同，他或她的反应依赖于其所站位置。反过来，艺术家们也面临着不清楚观者所站位置的挑战，并且观看视角也会极大影响观者对三维场景的解读。玛玛希安针对该挑战描述道：

即使画家已经掌握了线性视角的规律……所有的角度中，除了一个，其余的在理论上都应该会导致场景几何图形变形的结果。唯一一个能忠实再现原场景画作的角度就是设计中心。如果该场景是在透明油画上描绘的，那该中心就是画家所站的地方。因此，在所描绘场景的几何图形中有一个基本的模糊点，这个模糊点的理解取决于观者所站的位置。

观者会以自上而下的方式来填充需要补偿其位置不足的任何细节。正如我们在第十六章中所看到的，观者潜意识地认为油画是单调的，因为一幅画作的创作角度从来不具有充分的说服力。结果，艺术家们和观众都含蓄地利用了简化物理特征来将二维图像解读成为三维图像。

对这种有关观者位置的自上而下现象的理解教会了我们许多如何感知画作的知识。最有名的例子就是当画像中人物的眼睛因我们位置的变化而变化的时候。这种效果可以从古斯塔夫·克里姆特的精美画作（图18-6）中看出来。该效果依赖于画中人物在作画过程中注视画家眼睛的角度：画中人物眼睛瞳孔就会成为我们眼中的中心。当我们走到边上的时候，眼睛的位置会发生扭曲，但是我们以自上而下方式处理的感知系统会纠正这一扭曲。结果，画中人物眼睛的瞳孔并没有变化多少，尽管画作中还会产生其他地方的扭曲。这就解释了画中人物眼睛会跟随着我们移动而移动的幻觉。如果画作的视角是完美的，如在雕塑中一样，那么该画除了一个角度外，从其他角度看都会发生扭曲。因此，如果我们从边上观看半身雕塑像，就会看到其眼睛瞳孔似乎不对称，而且似乎也没有在注视着我们。

如恩斯特·克里斯所指出的，要想创作出伟大的艺术品，艺术家在一开始就需要创作不忠实的绘画作品。画家应该严格限制创作想象中的作品，这反过来又有助于观者的想象力。

克里姆特在其拜占庭风格的绘画作品中探究了视角的限制因素和大脑自上而下的处理方式。首先，他利用平面来传达直接性。他用简单的线条而不是阴影轮廓线来描绘面孔和人物形象这一手法来弱化外围的面孔和人物形象，从而用这样的表现手法给我们留下深刻的印象。此外，平面对观众的要求更

▲图18-6　古斯塔夫·克里姆特的油墨水彩画作品，《女性头部》（1917）。

高：它强调油画的二维本质特征和绘画更加抽象的特征，增强了我们自上而下的反应。

很大程度上，我们对绘画二维本质的补充能力解释了为什么我们对艺术的欣赏，甚至对其所表达内容的理解，都不依赖于我们对任何观看位置的假设。如帕特里克·卡瓦纳就认为：

> 平面画是如此普通，以至于我们从来不问为什么平面作品会有如此好的效果。如果我们真的以三维形式体验这个世界，那么当我们在其前面移动时，平面图片形象会发生较大的扭曲。折叠起来的图片也会随着我们绕其移动而发生扭曲。我们对低于三维的作品的解读能力说

明我们并没有以真正的三维形式经历视觉世界,而且它使平面图片(和电影)作为三维作品经济方便的替代品在我们的视觉环境中占据主导地位。这种对平面作品的容忍在任何文化、婴儿和其他物种中都能找到,因此它并不来自表达的传统学习范畴。试想一下,如果我们不能理解平面表达作品,我们的文化会有多么的不同?

身为科学家同时也是哲学家的迈克尔·波兰尼解释说,我们在观赏具象表现性绘画的时候所经历的意识包括两个组成部分:所描绘人物或场景的集中意识和包括油画表面特征、线条、色彩以及二维表面的辅助意识,尽管我们可

▲ 图18-7 文森特·梵高的布面油画作品,《戴毡帽的自我肖像画》(1887—1888)。

能会受到引诱，将二者颠倒过来，将注意力集中在文森特·梵高和柯克西卡伟大的肖像画（图18-7，图9-15）的笔触效果和斑纹上。这两种意识对于理解我们为什么将具象表现性绘画看作是现实的再现至关重要，感知心理学家欧文·洛克如是说。因为我们都认为绘画只是与现实类似，但不是真实的现实，所以我们在感知两者的过程中，都会作出自上而下的（先前学习的）和本能的（没有经过学习）的纠正。

如我们在上一章所了解到的，我们在观赏艺术品的时候，眼睛在持续且无意识地移动。结果，我们对某一面孔的整体感知是通过对有兴趣的各个部分的重复扫描迅速建立起来的。虽然我们对一件艺术品的审美经历要比其所有部分的总和要大得多，但是视觉经历是以拼接的方式开始进行的，对所有部分进行扫描，一次一个部分。不同类型的扫描轨迹在勾勒出画中本质元素的过程中的重要性，我们在图18-8至图18-13中进行阐释说明。

克里姆特的三幅女性图像——两幅《阿黛尔·布洛赫鲍尔》和一幅《朱迪思》——的主要不同之处就在于其面部表情。在第一幅画像中，阿黛尔比较中性，甚至还有点单调；在第二幅画像中，阿黛尔则具有了一些适度的魅力；在第三幅画像《朱迪思》中，在充满性感诱惑的晚霞中，朱迪思看起来既喜悦又充满了期待。但或许同样动人心弦的是，我们有多少的视觉注意力——尤其是在观看两幅《阿黛尔·布洛赫鲍尔》图像时——是放在了细节上面，似乎与画中人物的面孔毫无关系之处，如她那华丽的礼服几乎浑然天成地融入了背景当中。相比之下，梵高和柯克西卡则要求观众将注意力放到面部表情上。每一张面孔都是独一无二并且值得记忆的。华丽的质感背景仅是用来突显面部特征流露出的情感的。因此，在观赏克里姆特的肖像画时，我们的眼睛要同时进行多重任务：从整体上来扫描图像以理解画家想要传达的各种思想。在柯克西卡的肖像画中，要求我们的眼睛紧紧注意每一幅画中主人公的面部表情以及该表情要传达出来的意义。

柯克西卡和席勒对他们自己和情人之间的描绘（图18-14，图18-15）中，可以看出二者之间的巨大差异。柯克西卡描绘了数张他和阿尔玛·马勒两人的浪漫二人肖像画，但是没有一张提到了完美。在所有这些绘画中，柯克西卡看起

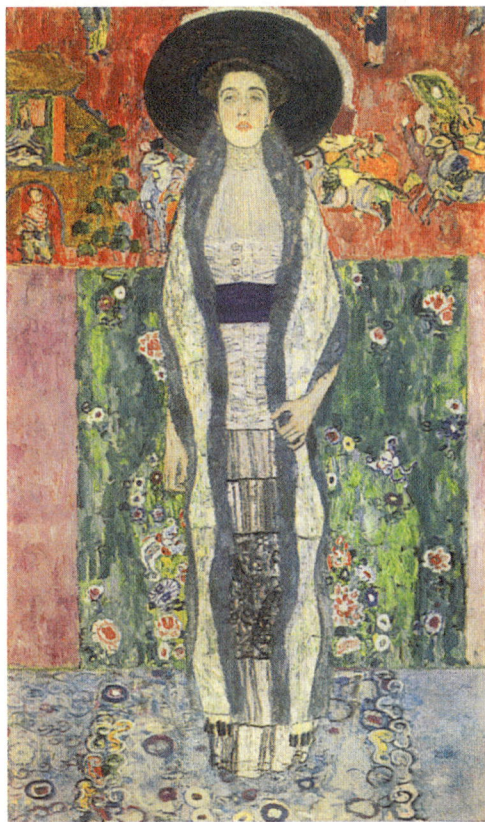

▲ 图18-8 古斯塔夫·克里姆特的布面油画作
品,《阿黛尔·布洛赫鲍尔II》(1912)。

▲ 图18-10 古斯塔夫·克里姆特的
布面油画作品,《朱迪思》(1901)。

◀ 图18-9 古斯塔夫·克里姆特加入
金、银材料绘成的布面油画作品,《阿
黛尔·布洛赫鲍尔I》(1907)。

▶ 图18-11　奥斯卡·柯克西卡的布面油画作品，《手放嘴边的自画像》（1918—1919）。

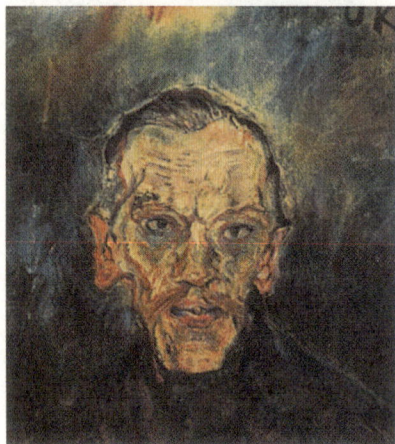

▲图18-13　奥斯卡·柯克西卡的布面油画作品，《路德维希·里特·冯·贾尼科夫斯基》（1909）。

▶图18-12　奥斯卡·柯克西卡的布面油画作品，《鲁道夫·布米勒》（1910）。

▲图18-14　奥斯卡·柯克西卡的布面油画作品，《风的新娘》（1914）。

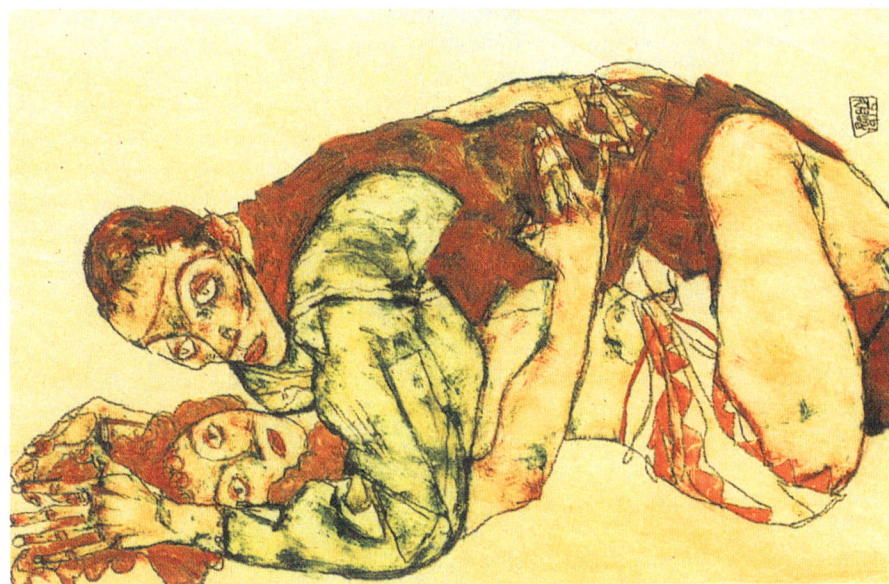

▲图18-15　埃贡·席勒的铅笔水彩画作品，《做爱》（1915）。

来很被动，在强大力量的推动下随波逐流。这种印象在《风的新娘》中得到了进一步加强。该画中，汹涌澎湃的波浪包围着两个恋人，这种力量远远超出了柯克西卡所能控制的范围。相比之下，席勒更加擅长原始性爱的描绘：这里从不缺少完美。但是这种性的结合中，浪漫幸福和情色快乐被焦虑所抵消，甚至被焦虑掌控了。这种本能驱策力冲突的混合消除了性交带来的快乐，从而导致了一种空虚，成为空虚的结合，这可以从画中主人公的眼神中看出来。在席勒的肖像画中，与性相连的焦虑是如此强烈，该情感本身的力量是如此强大，因此他似乎不再需要其他的表现手法，不需要背景效果来进一步渲染它了。

艺术家们不同的风格——我们的眼睛都会一起吸收进来的不同风格——传达出不同的情感内容。接下来我们将阐述情感内容的生物学基础。

第十九章

解构情感: 情感元素研究

恩斯特·贡布里希将西方艺术的发展视为一场通过对现实越来越熟练的阐释, 而对自然越来越成功模仿的运动, 尽管其中也有挫折和倒退。但是这种进步在遇到摄影技术后开始显得苍白起来。摄影术将视觉世界中对自然的真实描绘在结构和植物图谱上完美再现出来。

结果, 现代艺术家们开始尝试现实描绘之外的方法。如我们在第十三章中所看到的, 保罗·塞尚、巴勃罗·毕加索、皮特·蒙德里安、卡济米尔·马列维奇、瓦西里·康定斯基以及一些其他艺术家开始在人物元素研究中探究形式解构。他们寻求一种新的语言来检测形状和色彩——我们在风景、物体和人物中所看到的基本元素。几乎在同一时期, 文森特·梵高、保罗·高更、爱德华·蒙克以及后来的奥地利现代主义者古斯塔夫·克里姆特、奥斯卡·柯克西卡、埃贡·席勒以及德国表现主义艺术家们, 都开始在情感元素研究中进行情感解构。他们探究能够对场景或人物, 尤其是面孔、双手和身体, 唤起有意识和无意识的情感反应的元素。

在探究情感元素的过程中, 艺术家们试图从表象下面来探索和揭示画中人物情感生活的各方面以及通过延伸传递来影响观者的情感以及其对画中人物的情感反应。观者能够对画像中人物的情感状态作出反应的前提是所有人都具有能够体验、回忆以及和他人交流的普遍范围内的情感。这些现代派艺术家们实验用各种各样的方法来传达画中人物的情感状态: 形式夸张、色彩失真以及新型图标等。此外, 他们还依靠观众的类似情感经历的记忆和观众识别明显的历史参照物以及理解该符号意义的能力。

记忆在观众对艺术情感反应中的至关重要性与其在观众对艺术感知反应

中重要性不相上下。由于对某一面孔的感知要求我们将曾经的面孔感知经历与新面孔进行对应，因此我们对他人情感的翻译取决于我们在其他情景下的情感经历。与受到生命威胁信号的本能情感反应不同，我们就会想对视觉感知一样，部分以大脑对情感世界所掌握的为基础，部分以大脑所学习得来的为基础，在大脑中重新建构习得而来的情感。

要取得情感生物学的进步要经过两个步骤。首先，我们要取得进行情感分析的心理学基础，然后研究隐藏在该情感下的大脑机能。就像有重大意义的感知神经学的出现以感知认知心理学为基础一样，探寻隐藏的情感和移情生物机能同样也需要一个情感和移情在认知和社会心理学方面的基础。实际上，情感生物学是一个相对较新的大脑科学领域：长期以来，只从心理学角度来进行过情感经历的相关研究。

恩斯特·克里斯和贡布里希从表现主义艺术到早期的三大艺术传统，跟踪研究了情感解构。第一个就是漫画。漫画是由阿戈斯蒂诺·卡拉齐于16世纪引入的。其基本的夸张元素进入了马提亚·格吕内瓦尔德和老彼得·勃鲁盖尔的表现主义作品中，后来又在行为主义画家提香、丁托列多和委罗内塞的作品和艾尔·格雷考的作品中得到进一步阐释，最后进入了后印象派画家梵高和蒙奇的作品当中。引起表现主义情感解构的第二个艺术传统就是哥特式和罗马式宗教雕塑。第三个就是奥地利夸张传统。其在18世纪末以弗朗兹·克萨韦尔·梅塞施密特的鬼脸头为代表，达到发展的顶峰。

1906年维也纳摄影师约瑟夫·沃哈出版了利克滕斯坦王子所有的45个人头石膏模型图片。这些照片激起了艺术界的兴趣——甚至巴勃罗·毕加索也购买了一套这样的图片。1908年，在经过了一个多世纪的怠慢和不屑后，梅塞施密特的人像头部终于在下贝尔弗第宫博物馆进行了展出。该博物馆的上层（上贝尔弗第宫）后来也展览了克里姆特、柯克西卡以及席勒的作品。埃米尔和贝尔塔·祖卡坎德尔在1886年购买了两个梅塞施密特的人像头部，并且路德维希·维特根斯坦也拥有一个。这种广泛的兴趣促使安东尼亚·博斯特罗姆写道："那些关注人类灵魂调查的人已经被这些人像头部深深吸引，这更加证明了这一点。"

奥地利表现主义艺术家们，用现代艺术词语来说，强调四大情感主题。西格蒙德·弗洛伊德和阿瑟·施尼茨勒也曾在其作品中，独立探究过这一点。这四大情感主题是：无处不在的性和儿童早期的性启蒙；独立的性驱使在女性中的存在和男性中同样独立的性驱使的情色生活；性侵犯的流行性存在；性本能和性侵犯之间的持续冲突和由此导致的焦虑。

在处理这四大主题过程中，表现主义艺术家们从观众身上发现两种广泛的、相互关联的情感反应：情感的和移情的。我们对绘画的情感反应包括无意识的情感反应和有意识的感觉，不管是积极、消极还是漠然。无意识的情感和有意识的感觉之间的区别就如无意识的侦测（感觉）和有意识的识别（感知）之间的区别一样。这种区别来自弗洛伊德和威廉·詹姆斯的观点。他们认为我们所经历的许多事情都是无意识的。我们的移情反应就是对画中人物情感的间接体验，即我们对画中人物情感状态，或许还包括其思想和抱负的识别感知。

我们经常会通过一个人的面部表情和姿势来判断其情感状态，而我们也正是通过这些线索来理解画中人物。此外，近距离观察他人表情的细微之处，不管是人还是艺术品，都能让我们对自己的表情有一个内部了解，使我们在任何特定时刻都能清楚地知道我们的面部表情在向他人暗示着我们怎样的情感状态。

情感是什么？我们为什么需要情感？情感是天生的生物机能。它让我们的生命变得丰富多彩，并帮助我们完成生命的基本任务：寻求快乐，避免伤痛。情感是在回应重要的人或事的时候表现出来的性情。人类丰富的情感似乎可能是从简单有机体，如蜗牛和苍蝇，表现出的基本性情进化而来的。此类动物只有两种主要的，并且相反的驱动力：趋近和回避。一类驱动力激励我们去趋近食物、性和其他乐趣刺激，另一种驱动力激励我们去回避敌人或伤害性刺激。这两种相反的反应在进化过程中保留了下来。它们组织并驱动人类的行为。

情感来自我们身体和精神状态的中心，它有四个独立的却相互关联的目的。情感丰富了我们的精神生活；它为社会交流提供便利，包括选择自己的伴侣；它影响我们理性行为的能力；或许最重要的是，情感帮助我们逃离潜在的危险，并靠近好处或快乐的潜在源头。

情感拥有多重目的的观点随着时间的流逝也在不断演化。直到19世纪中期，情感都被认为是私密的个人经历，其主要功能就是丰富我们的精神生活。1872年，查尔斯·达尔文抛弃了这种单一的思想，引入了一种激进的观点。他认为除了丰富我们的生活，情感还扮演着重要的进化者的角色：他们为社会交流提供了便利。在其书《人类和动物的情感表达》中，达尔文认为情感具有社会和适应性功能，包括在伴侣选择（益于种族生存的行为）中所扮演的角色。

弗洛伊德研究了达尔文的著作，并受到了其非常大的影响。他认为情感还扮演着第三种角色：情感影响我们理性行事的能力。弗洛伊德认为情感对意识和清醒的判断至关重要。事实上，弗洛伊德认为意识进化发展了，是因为这样的有机体能够"感觉"它们自己的情感。他还进一步认为，有意识的情感感觉将我们的注意力集中到身体的自发反应上了。然后，我们利用来自这些无意识反应的相关信息来计划作出复杂的行为和决策。以这种方式，有意识的情感将本能的情感反应范围进行拓展。

弗洛伊德的观点是对过去研究的进一步突破。哲学家们将情感看作是理性的对立面，尤其是理性决策的对立面。哲学家们一直认为，要作出精明的、经过深思熟虑的决策，我们就必须压制我们的情感，以让理性占据主导地位。但是，临床经验却让弗洛伊德得出了相反的结论。他发现情感无意识地影响了我们许多的决策。并且情感和理性是不可分割地联系在一起的。现在，我们已经知道，当我们面临需要认知的抉择时，比如是否去学习一项新的、复杂的东西或是否开战，还是保持和平，我们不仅会问我们自己，我们是否真的能得到我们想要的结果？我们还会问，这个任务是否值得情感的付出？如果做了这件事会有什么样的回报？

弗洛伊德和达尔文都认为人类行为会导致介于趋近和回避这两个极端之间的诸多情感反应。此外，这从一端到相反的另一端的情感反应集合，这一梯度，并不是所有或一无所有二选一的状态。而是受到另一个从低到高强度或从低到高觉醒的连续区的调节。

达尔文认为，在趋近和回避连续区之间存在六个共有的组成部分。这六部分包括两大情感元素——激励趋近的快乐（从狂喜到平静）和激励回避的担心（从恐怖到不安）。在这二者之间还存在四小类：惊讶（从惊奇到心烦意乱）、厌恶（从憎恨到无聊）、悲伤（从悲痛到沉默）和气愤（从暴怒到烦恼）。达尔文含蓄地表示不同的情感可以混合在一起，例如，敬畏就是恐惧和惊讶的混合产物；害怕和信任的混合导致顺从；信任和快乐的混合产生爱。

人是如何表达这六种情感的？人又是如何在社交过程中向他人传达这六种情感的？达尔文认为我们在很大程度上是通过有限的面部表情来表达我们情感的。他认为作为社会动物，人类需要与他人进行情感交流，并且他发现人类是通过面部表情来进行的。因此，一个人可以通过好奇的微笑来吸引一个人，也可以通过严厉和具有威胁的表情将一个人吓走。

达尔文认为面部表情是人类情感的主要信号系统，因此面部表情对社会交流来说至关重要。此外，由于所有的面孔都有类似的面部特征——两只眼睛、一个鼻子和一张嘴，因此情感信号中的感觉和运动反应方面都是类似的，也就是说，他们超越了文化间差异。他还进一步认为形成面部表情的能力和解读他人面部表情的能力都是与生俱来的。因此，情感和社会信号的发出和接收都不要经过学习。

事实上，面孔识别的认知发展从婴儿时期就开始了。正如我们所见到的，六个月大的婴儿就开始失去辨别非人类面孔的能力了，而差不多同时，他们开始具有辨别不同人类面孔的能力。这同样适用于语言：如刚出生的日本婴儿能很轻易地辨别出字母"l"和字母"r"的发音，但是当他们逐渐成熟的时候，就会失去这种能力，因为他们的母语根本就不需要这样的能力。因此，婴儿会从和其生活在一起的人（圈内人）身上的面部特征和肤色上的细微之处作出区分，而在其在婴儿时期从未遇到过的外国人身上（陌生人）就不会如此。达尔文认为世界上所有族群的辨别这八种面部表情的能力是由遗传决定的，并且都是在演化中保留下来的。即使是天生耳聋眼瞎的孩子也会表现出这些一般的面部表情。

达尔文认为面孔是传达情感的主要方法。这一观点在一个世纪后被美国心理学家保罗·艾克曼作了进一步扩展。

　　在20世纪70年代后期进行的一系列详细研究中，艾克曼研究了超过百万的人类表情，这些人来自各种不同的文化背景。他同样发现了达尔文所描述的六种基本的面部情感表达。现代研究证据表明，除了这六种基本的表情以外，不同文化还使面部表情呈现出细微的差异，其他文化背景的人必须学习识别这种差异，才能完全理解这些被表达出来的情感。

　　除了提供动态信息，面孔还可以提供静态信息。特定时刻的情感动态可借由眉毛和嘴唇的快速面部信号表达出来，可以提供关于态度、目的以及有效性的相关信息。面孔的静态信号则提供不同的信息。例如，肤色提供其可能所属种族，甚至其出生地的相关信息。皱纹提供有关年龄的信息；眼睛、鼻子和嘴巴的形状则能传达性别信息。因此，面孔不仅能表达关于情感和心情的相关信息，还能表达出能力、魅力、年龄、性别、种族以及其他方面的相关信息。

　　进化论生物学家和心理学家在情感解构方面的研究为该领域神经科学研究打下了基础。那么神经学家们就要问了，这六种共有的情感代表了基本的生物系统吗：如心情的组成部分？每一种独立的情感都是由大脑中其自身的系统产生的吗？或者还是所有的情感都拥有公共的、重叠的组成部分来形成从积极到消极的连续区？这六种共有的情感都属于这个连续区上的组成部分吗？

　　现在许多研究情感的人士都认为这六种情感都是某一连续区的组成部分，并且在这个连续区上，它们都有自己特殊的和共有的神经部分。更进一步来说，现在大多数科学家们都认为情感和其面部表情并不完全是与生俱来的，其中一部分是由先前的情感经历和特定情境对特定情感的联想所决定的。

　　在情感解构上，让神经学家们感兴趣的是他们有可能能够进入大脑私密领域，并从生物学角度探索情感是如何产生的。这也使他们能够解决以下问题：为什么有些艺术会在情感上给我们如此大的震撼？对艺术的情感反应是如何形成的？大脑中支配感知和情感的系统在回应对面孔、双手和身体的夸张描绘中，如奥地利表现主义艺术作品，是如何进行互动的？实际上，那些大脑系统又是如何能够展示"人类的灵魂是如何用其身体来表达其灵魂自身的？"

　　现在我们知道了情感来自对正在发生的事情的无意识的、主观的评价。因此，我们对艺术的有意识的情感反应可以追溯到一系列认知评估程序的揭秘上去。

第二十章
面孔、双手、身体和色彩的 情感艺术描绘

查尔斯·达尔文、保罗·艾克曼以及后来的其他科学家们都认为双手的移动和其他的动作会传达出相关的社会信息,就像面部表情一样。实际上,面孔、双手、胳膊以及双腿的统一、对称的特征使大脑中的感知系统对其作出相似的感知反应。

因此,在探索表达其画中人物情感状态的新方法时,古斯塔夫·克里姆特、奥斯卡·柯克西卡和埃贡·席勒将重点放在面孔上,还重点描绘画中人物的双手和身体,通过夸张或扭曲失真的方法来描绘这些物理特征。对身体的描绘能提供关于该人物的注意力和精神状态的额外信息。将柯克西卡的《手放嘴边的自画像》(1918—1919)和席勒的《跪着的自画像》(1910)进行简单的对比,就能很轻易地看出来动作是如何增强面孔所传达的情感的。柯克西卡在与阿尔玛·马勒的情侣关系中的不安全感可以从他将手很尴尬地放到嘴巴附近的动作中明显地看出来。相比之下,席勒在其裸体单膝下跪的肖像画中则显得自豪和自信,而且还举止得体。

除了利用面孔、双手和身体,这些艺术家们还通过其艺术技巧来吸引观众的注意力——利用色彩来传达其他情感信息,用符号来唤起观众的相关记忆。通过这种方法,艺术家不仅能触动观众对画中人物的无意识情感反应,而且还能让观众有意识地注意到其如此做的艺术手法。

在与视觉感知相关的研究中,神经学家们开始证实达尔文和艺术家们对

面孔所做假设的前提基础。神经学家发现面孔对感知如此重要的一个原因就是相对于其他视觉物体的识别，有更多的大脑区域参与到面孔识别中去了。如我们所了解到的，大脑中有六个与前额皮质（与审美评价、道德判断以及决策制定相关的区域）和杏仁核（控制情感的大脑区域）直接相连的独立区域专职于面孔识别。这些大脑生物学上的发现将奥地利表现主义艺术置于更加清晰的视角下。举个例子来说，下颞叶皮层对面孔进一步的详尽表达很可能会让我们更加容易地辨别出不同的面孔在眼神、表情和色彩上的细微差别，但在风景画中可能就辨别不出来。这些发现还进一步证明了，我们的目光在选择影像时，大脑会将面孔放在优先的位置。很明显，面孔表达出大量的信息：它表达出其主人的情感状态和感觉，甚至在某些情况下，还表达出该人的思想。此外，大脑中还有专门的机能来感知一个人注视的方向。它们能轻易地处理相关信息，并迅速引起观众注意力的转移，不仅仅转移到另一个注视的方向，还能转移到关于该人物心理状态的其他线索，如头部的方向。

举个例子来说，伦敦大学学院的乌塔·法瑞斯及其同事发现，当我们直视一张陌生面孔的眼睛时和我们匆匆一瞥该面孔时，大脑作出的反应差异巨大。我们对直接的眼神接触有较强烈的反应，因为只有直接的视觉接触才能有效激活大脑的多巴胺能系统。多巴胺能系统与回报期望相关，也因此才会趋近。柯克西卡和席勒也曾含蓄性地对大脑感知和情感特征进行过探索。他们的肖像画都将重点放在了面孔和眼睛上。而面孔和眼睛也是身体上最容易失真并传达出最多信息和情感的部分。先前时代的肖像画作家总是从某一角度来描绘面孔，与之相比，柯克西卡和席勒的画中人物通常都是正面朝上的，这就使观众不得不从正面观看其面孔。

这在柯克西卡作于1909年的《赫希家庭》——一个父亲、两个儿子——的三幅肖像画（图20-1，图20-2，图20-3）中表达得很明显。他首先描绘了其中的一个儿子，恩斯特·莱因霍尔德（《恩斯特·莱因霍尔德肖像画，入迷的球员》）。画中，恩斯特·莱因霍尔德就直视着观众。通过利用多色彩背景，作家将恩斯特放置在非常显眼的前景位置上。柯克西卡将恩斯特的哥哥菲利克斯·阿尔布雷克特（《菲利克斯·阿尔布雷克特·哈塔肖像画》）描绘成目光向下

◀图20-1　奥斯卡·柯克西卡的布面油画作品，《恩斯特·莱因霍尔德肖像画，入迷的球员》（1909）。

▶图20-2　奥斯卡·柯克西卡的布面油画作品，《菲利克斯·阿尔布雷克特·哈塔肖像画》（1909）。

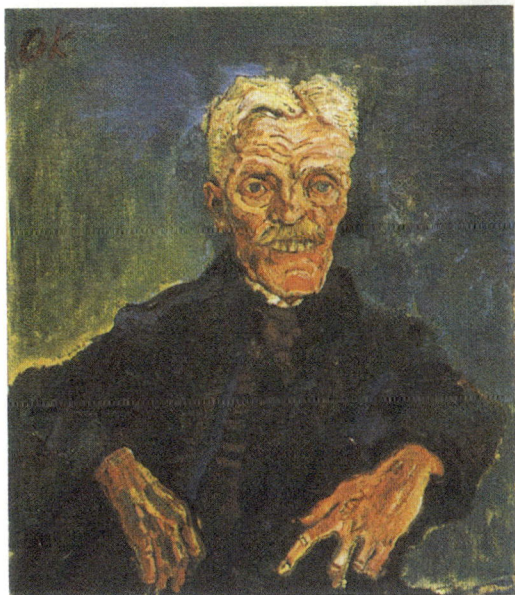

◀图20-3　奥斯卡·柯克西卡的布面油画作品，《父亲赫希》（1909）。

的姿态，由大量狂野的线条表示的胡子使菲利克斯看起来要比其实际25岁的年龄老得多。这个年轻人长长的手指在画中很是显眼；它们看起来微黄，而边缘却是绿蓝色，并且关节肿胀得就像戒指一样。艺术史学家托比亚斯·纳特尔认为，柯克西卡利用贬损的表达手法，将其在艺术上与菲利克斯·阿尔布雷克特分离开来。菲利克斯·阿尔布雷克特是一个非常敬仰柯克西卡，但是又不及柯克西卡艺术成就高的传统画家。

柯克西卡对父亲（《父亲赫希》）的描绘则显得移情最少。他并没有直视着观众，而是看向其左边。他露出牙齿，并且咬牙切齿，好像准备要发起攻击的样子。为了将其手指从背景中分离出来，柯克西卡用黄色画笔沿着老人的右肩和上臂描画出来，就像在描绘菲利克斯的双手时所做的，就像一道闪电一样。这幅画最初的名字是《残忍的自我主义者》。在其回忆录中，柯克西卡写道：

> 父亲和儿子（恩斯特）之间的关系不太好。自然，画中也没有做什么改变来改善这种关系。在我看来，这位父亲就是一位老顽固，而且非常容易动怒。在其发怒的时候，他就会露出他那可怕的假牙，而我就喜欢看他生气的样子。奇怪的是，父亲赫希很喜欢我，并且以他的肖像画为傲。他将这幅画挂在他的房间里，甚至还为此付了报酬给我。

在这三幅画中，只有恩斯特的肖像对我们来说比较有吸引力。但是，正是由于柯克西卡在其作品中所揭示出来的人物思想，它们都是非常了不起的作品。在恩斯特的哥哥和父亲的肖像画中，色彩并不突出，而且头部都被一层光环围绕着。此外，眼睛也不对称，一个大一个小，并且向下看着，好像在沉思并逃避着柯克西卡一样。只有恩斯特在直视着观众，似乎对观众的想法和情感很有兴趣。

柯克西卡通过两种方法来表达这些：他试图描绘"人物肖像画，而不是面孔肖像画"。此外，如我们所看到的，他用高超的技巧——用手指或画笔用湿漆描绘出强烈的、有层次感的线条等经常用来增强面孔识别的技巧，来进一步增强其肖像画中情感的影响力。此外，柯克西卡肖像画中人物的空间位置并不是十分清楚，甚至有一些不确定，产生一种摇摇晃晃、让人揪心的特征。

　　面部表情的研究者艾克曼指出,情感是由面孔上部(前额、眉毛、眼睑)和面孔下部(下颚和嘴唇)共同表达出来的。艾克曼认为,面孔上部对表达害怕和忧伤至关重要,而面孔下部,尤其是嘴巴,则对快乐、愤怒和厌恶等情感的表达非常重要。然而,眼睛能让我们分辨出一个人的笑容是真心的笑容,还是假装出来的。我们知道,视网膜中的中央凹非常小,每一只能扫描面孔上的一个区域,但是我们的大脑通过眼睛的快速移动,也就是扫视,来将整幅图片拼接完整。因此,尽管面孔的不同区域传达不同的情感,但是同时发出的信号要比任何单个部分单独传达的东西要多得多。表达能力方面的差异在《父亲赫希》(图20-3)中就可以很明显地看出来:在愤怒的表达上,面孔下部要比面孔上部表达出来的情感强烈很多,这让人感觉更加疏远和陌生。面孔上部和下部一起要比其中任何一个能传达出更多复杂细腻情感的相关信息。

　　多伦多大学的约书亚·萨斯坎及其同事的研究,以及近来的意大利都灵的蒂齐亚纳·萨科和贝内代托·萨凯蒂所做的更多的研究都表明,恐惧的面部表情——事实上一般的充满情感的图像——都会唤醒观者,并增强其感觉信息的获得能力。柯克西卡和席勒他们自身的焦虑对其肖像画中人物的焦虑的描绘起到了很大的帮助。反过来,对焦虑的描绘又唤起了观众担忧的情感。通过唤起观众担忧的情感,艺术家们就能吸引观众的注意力,并使他们注意到他们本来可能会忽略到的肖像画上的内容。

　　一幅艺术作品又是如何吸引观众的注意力的呢?在20世纪60年代的一组非常有意思的实验中,俄罗斯精神物理学家阿尔弗雷德·雅布斯研究了观众在观看一幅艺术作品时眼睛的移动轨迹。为了进行这个实验,他发明了一种装有光学追踪装置的密闭隐形眼镜。他发现每一部分所需的观察时间与其所包含的信息量是成比例的。正如我们所预料到的,在面孔图像中,有相当大一部分时间都被用在观察眼睛、嘴巴以及面孔整体形状上面了(图20-4,图20-5,图20-6)。在一次实验中,雅布斯让一名观众观看三幅不同的照片:来自伏尔加河的女孩,儿童面孔和伟大的古埃及王后奈费尔提蒂的半身像(最伟大的古埃及艺术作品之一)。在观看每一幅作品时,观众的目光都会逗留,并集中在图像的眼睛和嘴巴上，而在其他部分花费的时间则比较短。

追随着雅布斯的研究，诺丁和保罗·洛克发现在视觉感知的过程中存在着几个不同的阶段，而这几个不同的阶段在眼睛扫描一幅艺术作品的时候的移动轨迹中表现得很明显。第一个阶段就是感知扫描，即对该作品的整体扫描。第二个阶段就是反思与想象，即确认油画中的人物、地点和物体。在该阶段中，观众领会、理解并感受该作品的丰富的表现本质。第三个阶段是美学观，反映了观众对该作品的感受和美学反应深度。

当一个人第一次看到一幅艺术作品的时候，他的眼睛会表现出很长的注视时间，即我们理解所看到的作品所需的周期。其中许多的注视时间都比较短。随着观众对该作品的逐渐熟悉，长时间的注视次数就会急剧增加，这也表明观众正在从整体扫描转变成对最感兴趣部分的特定集中扫描，直到最后的美学反应。有意思的是，这些扫描研究还发现，对某一特定历史时期艺术熟悉的观众几乎会在同一时间从感知探索阶段跳跃到感受和美学反应阶段。

视觉心理学家弗兰佛斯·莫尔纳惊人地发现不同的艺术风格时期也会导致不同的观察模式。他将文艺复兴全盛时期对古典艺术的观赏与其后来的行为主义和巴洛克时期的艺术观赏进行了比较。专家们认为巴洛克和行为主义风格的绘画要比古典绘画更加复杂，因为它们要比古典艺术包含了更多的内容。事实上，莫尔纳发现古典艺术会引起大规模的，但比较缓慢的眼睛移动轨迹，而行为主义和巴洛克艺术则会引起比较小规模的但快速的眼睛移动轨迹，注意力更加集中到特定的区域上。

这些发现表明，更加复杂的图画会产生更加短暂的注视时间，因此内华达大学的认知心理学家罗伯特·索尔索认为：

> 由于复杂的艺术作品中充满了细节内容，这就有可能要求将注意力分配给大量的视觉元素。而这种分配可以通过为每一部分分配更少的注视时间来满足这种要求。简单的人物图像，如现代抽象艺术家们所创作的人物图像，并没有太多要求注意力的内容部分，因此每一部分所分配的注视时间就比较多。同样，我们也可以认为在观赏抽象绘画艺术作品时，观众会试图从有限的内容部分中寻求更深层次的意义，因此会

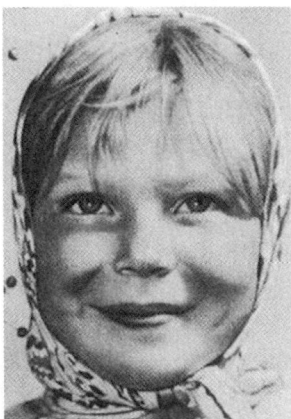

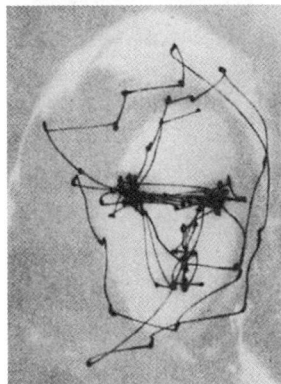

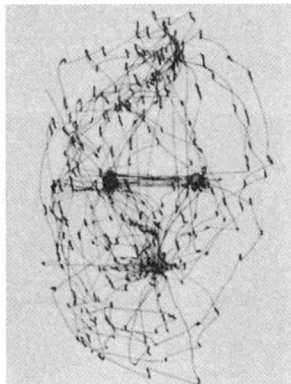

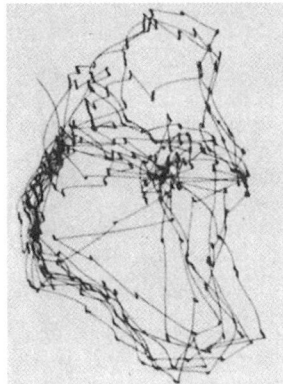

▲图20-4　　　　　　▲图20-5　　　　　　▲图20-6

在每一部分上，花费更多的时间。

雅布斯的一些发现在柯克西卡的平版画（图20-7）中得到了证实。这些图像看起来好像艺术家在观看作品时，正在回扫其眼睛移动轨迹。柯克西卡似乎再一次将其思维潜意识的处理程序注入到其艺术作品中去了，在该例子中就是眼睛积极探索和解读物理特征与人类世界，尤其是面孔的机制。

如大脑中一些区域对面孔选择性地作出反应一样，其他区域也会选择性地对双手和身体，尤其是移动中的身体作出反应。柯克西卡的画中人物的手指经常都是紧握着，僵硬地弯曲着或者扭曲着，而画中人物如果是女性，其手指则通常比较修长且敏感。有时候，双手会被描绘成或染色成红色，而且画漆以粗糙层来表达，显示出原始皮肤的肌理和色彩。但是柯克西卡对双手最有趣

▲图20-7 奥斯卡·柯克西卡的彩色平版画作品，《女演员赫敏·科纳肖像画》（1920）。

的应用就是，将其描绘成为在社交活动中对面孔和眼睛的替代物。这在其作品《汉斯·蒂策·肯莱特和艾瑞卡·蒂策·肯莱特》《父母手中的孩子》和《玩耍的孩子们》（均创作于1909年；图20-8，图20-9，图20-10）中表现得很明显。在其作品《戈德曼一家》中，柯克西卡甚至没有描绘父母的面孔，而是通过他们的双手来传达父母对孩子的爱。

柯克西卡依赖双手和身体的轻微变化来表达情感。与柯克西卡不同，席勒则利用其作品中人物整个躯体夸张的扭曲（见第十章）来传达情感。例如，在《死亡与少女》中，他在对结束与沃利关系的复杂、矛盾的情感描述中，抓住了爱与死亡的主题（图10-11）。该绘画作品描绘了沃利和席勒在可能是他们最后一次的床第之欢后的表情，象征着他们之间爱情的结束。沃利的手臂部分地隐藏在席勒的大衣下面，给人一种软弱的拥抱的印象：她几乎没有依靠着席勒。

▲ 图20-8 奥斯卡·柯克西卡的布面油画作品,《汉斯·蒂策·肯莱特和艾瑞卡·蒂策·肯莱特》(1909)。

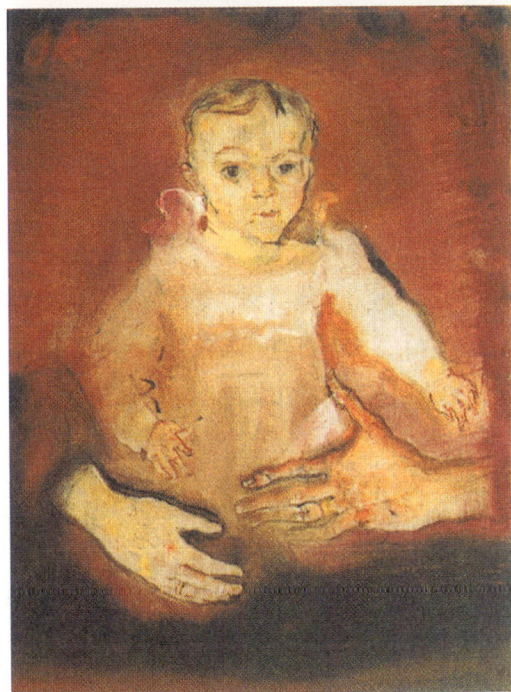

◀ 图20-9 奥斯卡·柯克西卡的布面油画作品,《父母手中的孩子》(1909)。

尽管沃利的手臂没有描绘出来,但是这种夸张的姿势还是表达了出来。

通过功能性磁共振成像技术发现,大脑对整个躯体的反应要比其对双手的反应强烈一些。这或许可以解释为什么席勒对整个身体,尤其是裸体的应用效果要比柯克西卡对双手描绘的效果更加强烈。相对于克里姆特和柯克西卡,席勒更加擅长使用自我肖像画的方法来探索爱与死亡的本能驱动和自我理智之间的矛盾关系。席勒的自我肖像画通常都是裸体的，并且姿势都极其夸张，表示其试图以其自身形象来重新塑造他的精神状态和夸张的心境。与克里姆特和柯克西卡相比，席勒甚至通过其身体，尤其是头部、手臂和双手，表达出一种非凡的夸张心境。与他们相比，席勒还利用自我肖像画的方法来探索爱与死亡的本能驱动和自我理智之间的矛盾关系。

这些都是非常有震撼力的画像。事实上，奥地利现代主义艺术之所以能够触动到许多人，是因为他们的艺术远远不是被动吸收了观众的情感。我们并不是简单地将一个人的情感状态与我们自己的分离开来进行感知的：我们移情于其中。当观众无意识地模仿席勒自我肖像画中夸张的身体姿势时，他也就开始进入了席勒的私人情感世界，因为席勒对情感的描绘就是在以观众这样的身体的基础上进行的。通过对其躯体进行夸张的描绘来传达情感，席勒同样也让观众感同身受。对敏感的观众来说，观赏席勒或柯克西卡的肖像画不仅仅是一种感知行为，而且还是一种强烈的情感体验。

柯克西卡有意识地去描绘疾病和不公的丑陋。从艺术上来讲，这在其三大大学壁画、雕塑《勇士柯克西卡》以及他采用画笔和指纹创作的肖像画中都非常重要，并且具有原创性。这种从生活的丑陋中寻求美的趣味在席勒的自我肖像画中达到了高潮。正如辛普森所说的："他们所描绘的这些身体细节本应该去美化式地强调，而柯克西卡和席勒的描绘则被认为是一种巨大的视觉侮辱。"

观众对艺术作品情感反应的最后一个助推剂就是色彩。色彩对灵长类动物的大脑尤其的重要，就如面孔和双手的表达一样，这也是为什么色彩信号在大脑中与光和形体的处理方式不同的原因。

我们认为色彩具有显著的情感特征，而我们对这些情感特征的反应随着我们的心情的不同而不尽相同。因此，与不管具体情景如何，通常都具有特定情感意义的语言不同，色彩对不同的人，可能会有不同的意义。一般来说，与混合、暗淡的色彩相比，我们都比较喜欢纯净、明快的色彩。艺术家们，尤其是现代画家们，会利用夸张的色彩来增强情感表达效果，但是该情感的最终表达效

▲图20-10 奥斯卡·柯克西卡的布面油画作品,《玩耍的孩子们》(1909)。

果还是取决于观众和具体的情景。这种对色彩敬重的模糊性或许就是为什么不同的观众对同一幅画,甚至同一名观众在不同的时间对同一幅画都会产生不同反应的另一个原因。此外,色彩还使我们能够通过增强图形和背景之间的区别来识别物体和图案。

对色彩的应用在文艺复兴时期进入了全盛时期。列奥纳多·达·芬奇发现最多存在四种(或许只有三种)基本色彩,即红色、黄色和蓝色,将其混合就可以产生所有的色彩。此外,这个时期的艺术家们还发现相反的两种色彩会让人产生新的色彩感觉。

1802年,托马斯·杨认为人类视网膜中存在三种类型的色彩敏感性色素。1964年,约翰斯·霍普金斯大学的威廉·马克思、威廉·多贝尔和爱德华·麦克尼科尔发现色彩由三类视网膜锥形体来进行调和。尽管在实验室中受到严格控制的色彩配对实验中,三种类型的视网膜锥形体的相对活动可以解释我们感知到的色彩过程,但是在现实世界中,我们对色彩的感知实际上更加复杂,并且如我们所见到的,在很大程度上依赖于具体的情景。

在19世纪20年代,法国物理学家谢弗勒尔创立了"色彩数学规则",而后由此产生了同时对比定律。该定律认为某一特定色彩会因为相邻色调的不同,而看起来不尽相同。19世纪中期欧仁·德拉科瓦罗就在其壁画《卢森堡宫》对人物皮肤的描绘中成功应用了同时对比定律。他通过色彩明暗变化，人为创制出光线，并且还证明了在黑暗的地方，这种技巧也很有效果。

其他艺术家们从其自身实验中认识到，绘画中应用色彩只不过是细微的明暗变化，他们可以通过应用不同色彩组成的小点，可以上升到一个新的色彩混合层次上。这种著名的点彩法在克劳德·莫奈和印象派艺术家们重组自然光线和由此表达风景或海景氛围中，得到了完善和成功应用。点彩法尤其在后印象派画家乔治·修拉的作品中更为显著。修拉利用基本色彩（红色、蓝色和绿色）的小圆点来创建与光线融合在一起的大范围的次色和三色印象。此外，他的一些色彩组合，如鲜黄绿色，会让观众产生一种强烈的紫色余像。这就使艺术美学印象超越了作品本身，延伸至观众的切身体验之中了。

追随着莫奈对氛围效果的研究和修拉对色彩的研究，保罗·西涅克、亨利·马蒂斯、保罗·高更和梵高发现除了画中人物和景观外，其他绘画元素都能够表达情感，并影响到观众的情感反应。他们到法国南部寻找更加纯洁的自然感觉，其目的就是在自然界中寻找一种特殊的色彩能量，这种色彩能够触及灵魂，并能够在油画中集中表达出来。艺术评论家罗伯特·休斯说这种色彩就是梵高发现的鲜黄色。关于这方面，1884年梵高在给其弟弟的信中写道：

> 我被色彩定律深深吸引住了，要是我们在年轻的时候学习到这个就好了……因为色彩定律是由德拉科瓦罗首先提出并得到完整阐释和广泛应用的，就像牛顿发现万有引力和史蒂芬森对蒸汽的研究一样，色彩定律就像一束阳光一样是绝对正确的。

梵高1888年在阿尔勒创作的画作《卧室》（图20-11）是他有意识地应用互补的色彩来产生震撼效果的第一个例子。他对该画作写道："色彩的作用无处不在……整体上来说暗示出这是休息的地方。"

梵高同年创作的另一幅作品《播种者》中的色彩以地平线上太阳的鲜黄色为主。"一轮太阳，一束光线，如果必须要用一个更好地词汇来形容，我会说是淡硫黄色或淡柠檬色或金色。黄色是一种多么美丽的颜色啊！"梵高如此写道。然而，如罗伯特·休斯所评论的那样，除了它的美丽，太阳的黄色还拥有一种照耀在孤独的播种者人物形象上的巨大力量。休斯继续写道：

> 如果简单地认为梵高的色彩尽管非常丰富和富有情感，但只是乐趣的表达方法，那你就错了……现代主义色彩的自由，仅仅通过光学方法来表达情感的方式，就是他留给后人的遗产……他将现代主义色彩体系作了进一步的扩展，即允许遗憾和恐惧，还允许乐趣的存在……简而言之，梵高就是19世纪的浪漫主义升华到20世纪的表现主义的转折点。

19世纪中叶，两项技术的突破使印象主义和后印象主义艺术家在情感色彩方面的发展成为可能。一个就是合成色素的引入使大范围的、先前得不到的、鲜明的色彩的应用成为可能。另外，出现了混合的管式油画颜料。先前，艺术家们不得不亲自用手将干色素碾碎，然后用黏油小心地将其混合在一起。有了管式颜料，艺术家们就能在其调色板中应用大量色彩，而且因为试管容易进行

▲图20-11　文森特·梵高的布面油画作品，《卧室》（1888）。

再封存，且容易携带，艺术家们就可以去户外进行创作。户外绘画使像莫奈一样的印象派画家们能够捕获容易逝去的光、色彩以及氛围，这与画室内完全不同。它打开了通向新的、非传统色彩应用表达的大门，这在梵高以及后来的维也纳表现主义艺术家们的作品中很明显。

对色彩感知神经学基础的现代研究，如先驱托斯坦·威泽尔、大卫·休伯尔和萨米尔·泽基的研究，进一步增加了我们对梵高艺术试验的认识。那些研究发现我们的大脑在很大程度上是通过光亮度（明亮度）来感知形体的，就如在黑白色照片中的形体一样。因此，色彩不仅可以简单地用来——实际上已经被梵高以及后来的艺术家们所使用——描绘物体的自然表面，还可以用新型的且更加形象的方法来表达大范围的情感。

实际上，视觉的其他特性增强了色彩影响我们情感的能力。尤其重要的是，我们感知到一个物体的色彩要比感知到其形状和移动轨迹提前上百毫秒。这种感知时间上的不同与我们首先感知面部表情，然后才是其身份属性类似。在这两种情况中，我们的大脑在处理与图像情感感知方面的速度，与处理与形状相关方面的速度相比，要迅速许多。因此，我们应该为与我们面对的形体（物体或面孔）定下情感基调。

泽基进一步阐释了我们在感知色彩和形状之间差异的重要意义。我们说我们感知到了一个东西，我们是在暗示我们有意识地注意到了这个东西。但是我们是在大脑的V4区域感知色彩的，并且要比感知动态的V5区域或感知面孔的梭状面孔补丁时间要早。因此，我们是大脑中不同的时间、不同的地点来感知到色彩和面孔的。因此，泽基认为根本不存在统一的视觉意识：视觉意识是一个分散的过程。他将这些意识的单个方面看作是微型意识。他如此写道：

> 由于综合统一的意识是以自我为所有感知的源头，因此它与微型意识相对，且只有通过语言和交流才能具备。换句话说，动物是有意识的，但是只有人类意识到他们是有意识的。

艺术家们在很早以前就本能的认为色彩和形状是分离开来的，因此经常会通过舍弃一个来强调另一个。通过柔软的线条和模糊的轮廓以及最小化的明暗变化，印象派和后印象派艺术家们让观众能最大限度地利用大脑有限的注意力来感知纯净的色彩。尽管这些图像缺少其前面学院派绘画的那种清脆感，但是他们强烈的色彩为情感的表达注入了前所未有的强大助推剂。这也让颓废派心理学观众准备好了迎接下一代维也纳现代主义艺术家的丰富的绘画传统。

第二十一章

潜意识的情感、有意识的感觉及其躯体表达

我们已经知道艺术家们，如克里姆特、柯克西卡和席勒，通过面部表情、目光注视、双手和躯体姿势以及色彩的应用来表达情感。但是他们的这种方法就对现代情感神经学提出来一个疑问，一个萦绕在西格蒙德·弗洛伊德和奥地利表现主义艺术家们心头的疑问：情感的哪些方面是有意识的？哪些方面是潜意识的？随着大脑成像技术和其他直观研究大脑方法的出现，我们不禁要问：有意识的和无意识的情感是否在大脑中有不同的代表区域？它们是否存在不同的目的和在躯体上不同的表达方式？

直到19世纪末时，人们都认为一种情感的产生都包含这一个特定的事件次序。首先，一个人会意识到可怕的事情，比如一个面带愤怒表情、长相凶狠的人手里拿着一根棍棒向你走来。这种意识就会在大脑皮层中产生一种有意识的体验——害怕。这种体验会引起躯体上的神经系统自发地作出反应，导致心率上升，血管收缩，血压升高以及手掌出汗。此外，还会导致肾上腺荷尔蒙分泌异常。

1884年，威廉·詹姆斯在一篇题为"情感是什么？"的文章中让人吃惊地否定了这一假设。詹姆斯后来将这篇对情感进行讨论的文章收录到了他1890年的大作《心理学的原则》中了。在该著作中，他总结并论述了自始至今关于大脑、思维、躯体以及行为的重要观点。在其作出的许多贡献当中，一个深刻观点就是意识是一个过程，而不是一种物质。

19世纪，詹姆斯关于我们身体是如何对富有情感的物体或事件作出反应

的, 以及大脑又是如何解读躯体反应方面的心理学观点, 即詹姆斯所谓的将理解 (感知) 事物转换成感觉事物的观点, 对21世纪情感生物学的发展是至关重要的。在安东尼奥·达马西奥看来, 詹姆斯对人类思维的洞察只有莎士比亚和弗洛伊德能与之匹敌。在《心理学的原则》中, 詹姆斯针对情感和感觉的本质提出了一个令人震惊的假设。

詹姆斯的观点就是, 大脑不仅与躯体相通, 而且同等重要的是, 躯体也与大脑相通。他认为躯体生理反应之后就会产生情感意识或认知经历。因此, 当我们身处具有潜在威胁的境地时, 比如道路中间坐着一头熊, 我们不会有意识地去评估这头熊的凶残程度, 然后才会感到害怕。恰恰相反, 我们首先会本能地且潜意识地对看到的景象作出反应: 迅速向远处跑开, 然后才会有意识地感觉到害怕。换句话说, 我们首先会以自下而上的方式对情感刺激源作出反应, 在这里我们会感到心跳和呼吸加速, 从而促使我们逃离现场; 然后我们才以自上而下的方式来对情感刺激源作出反应, 在该阶段我们会通过我们的认知能力来解释逃离过程中的生理变化。

正如詹姆斯所写的:

> 如果没有感知之前的躯体状态, 那么这种感知就只是形体上的认知, 苍白无力, 缺乏情感。我们之后可能会看到这头熊, 然后判断最好是赶快逃离……但是我们实际上不会感受到害怕或生气……如果感受不到心跳加速, 也感受不到呼吸加促; 如果嘴唇不打战, 四肢也不发软; 如果不起鸡皮疙瘩, 内心也不会慌乱, 那害怕这种情感会是什么样子的? 这根本就是无法想象的……每一种情感都是如此。任何脱离躯体的人类情感都是不存在的。

在介绍其假设——即赫尔曼·冯·赫尔姆霍兹感知过程中自上而下的潜意识推理的情感等值——的时候, 詹姆斯说: "我在一开始就应该将自己限制在所谓的粗糙情绪当中, 如悲伤、害怕、生气和爱, 在其中每种情绪都有一种强烈的有机回响"。但是他对其所谓的"细腻情绪"同样有独到的见解, 包括那些与艺术创作和反应相关的情绪。詹姆斯认为细腻情绪与躯体快乐的感受密切相

关。与其同辈人物克里姆特、柯克西卡和席勒一样，詹姆斯将丑陋与美好看作
是人类生活中不同的两面。

1885年，丹麦心理学家卡尔·兰格独立提出了一个类似观点：潜意识的情
感要比有意识的感知提前发生。情感的第一个阶段就是对强烈的情感刺激源
的躯体和行为反应。有意识的情感经历（现在称为感觉）发生在大脑皮层接收
到潜意识的生理变化信号之后。

依照很快形成的詹姆斯—兰格理论来看，感觉就是躯体向大脑皮层发送
特定信息的直接结果。在所有情况下，发送的信息都是由对情感刺激源作出反
应的过程中，身体内部生理反应的特定模式决定的，如冒汗、战栗、肌肉紧缩以
及心率和血压的变化等。此外，如潜意识的感知通常的情况一样，对情感刺激
源的潜意识感知在生存中扮演着非常重要的角色：它会引起躯体上的生理变
化来应对环境的变化，从而影响我们的行为。

1927年，哈佛大学生理学家沃尔特·布雷德福·坎农发现了詹姆斯—兰格
理论的一个潜在的缺陷。在研究人类和动物是如何对情感刺激源作出反应
的过程中，坎农发现由感知到的威胁或报酬引起的紧张情绪会导致同样的结
果——促使躯体作出行动的原始应急反应。坎农创造出新的表达法，用"战斗
或逃跑反应"来描述这种反应，认为它反映出在应对威胁或报偿时，能对先者
作出的有限选择。（由于该反应不能区分疼痛和快乐，最好将其称为"接近—
避免反应"。）由于该反应没有经过调节，因此坎农认为它并不能解释对特定
刺激源产生的特定情感。此外，他还确定不管是对"战斗"还是"逃跑"都经过
了神经系统移情部分自发的调节，这就会导致我们的瞳孔扩大、心率和呼吸加
速，以及由于血管收缩导致的血压升高。

坎农和其导师菲利普·巴德设计展开了一系列系统的研究来确认应对疼
痛刺激源的情感反应所在的大脑区域。该研究引领他们到了下丘脑。当坎农和
巴德将动物的下丘脑损害时，该动物就不再能够作出完整的情感反应。在从这
角度上来说，坎农和巴德可以被看作是卡尔和弗洛伊德研究的继承者。如我们
在第四章所学到的，罗基坦斯基是第一位将下丘脑和潜意识情绪联系起来的

人物；弗洛伊德后来又将潜意识情绪和本能联系起来。巴德和坎农的发现又使他们认为下丘脑是调节潜意识情感反应和本能的关键结构。然后，他们将有意识的情感感知（即感觉）归因于大脑皮层。

　　目前有关情感的观点同样收到了认知心理学以及更加精确的身体生理变化测量发展的影响。认知心理学强调大脑就是一部创造性的机器，它在通常都比较混乱的环境和身体信号中寻找其内在的模式。1962年，通过将这种对大脑创造性的观点运用到坎农的"战斗或逃跑反应"反应中，哥伦比亚大学的史坦利·斯坎特认为认知程序主动并创造性地将非特定自动信号转换成为特定的情感信号。

　　斯坎特怀疑即使身体产生同样的生理反应，不同的社会情景也会导致产生不同的感知情感。为了验证这一观点，他进行了一项创造性的实验。他将一批年轻单身男性志愿者带进其实验室中，告诉其中一些人一会儿将会有一位美女进来，而告诉另外一些人将会有一头凶猛的野兽跑进来。然后给这两组的所有人都注射肾上腺素，因为肾上腺素会增强其自主神经系统中移情部分的活动能力，导致心率加速和手掌冒汗。后来斯坎特观察这些人的时候，他发现这种相同的主动唤醒——即战斗或逃跑反应——会在被告知美女进入房间的男性身上引起亲近，甚至是爱的情感；而在被告知凶猛的野兽会跑进房间的男性身上则会引起躲避和害怕的情感。

　　由此，斯坎特证实了坎农的观点，一个人有意识的情感反应不仅是由特定的生理信号决定的，这些生理信号所产生的具体情境也会起到决定性的影响。如视觉感知一样，在视觉感知中我们知道大脑不是一架相机，而是荷马式的故事讲述者；情感也是如此：大脑以具体情景为基础，以自上而下的方式来进行推理，主动解读这个世界。正如詹姆斯指出的，在大脑解读躯体生理信号的原因，并作出与我们期望和直接语境一致的、恰当的、具有创造性的反应之前，感觉是并不存在的。

　　循着詹姆斯的研究，斯坎特认为一个人在情感刺激源中体验到的主动回馈本身就是具有重大情感意义事件发生的标志。但是，循着坎农的研究观点，他又认为躯体上的回馈反应并不总是足以让我们了解到底发生了什么。因此，在斯坎特看来，自发的反应让我们注意到有重要的事情发生，这就促使我们有意识地去检查所处的情景，并试图推断引起自发反应的原因。在这个过程中，我们就会有意识地去确认伴随着这种反应产生的感觉。

1960 年，玛格达·阿诺德对斯坎特的情感观点做了进一步的重大发展。他在情感分析中引入了评估的观点。评估是对情感刺激源作出反应的第一步。它通过主观评估正在发生的事情和情景，从而产生有意识的感觉。评估结果会产生非特定的倾向，倾向于接近内心渴望的刺激源和事件或远离内心讨厌的刺激源和事件。尽管评估过程是潜意识的，但是我们最终都会有意识地注意到评估产生的结果。

2005 年，心理学家尼可·弗雷达又进一步发展了斯坎特的思想，发现我们有意识的情感体验（我们的感觉）依赖于在任何特定时刻我们注意力所集中的地方。就像一个交响乐团运用不同的乐器（如弦乐器、喇叭、木管乐器）来演奏不同的音乐的效果一样，注意力在不同的时间和地点也会产生不同的意识经历。

然而，除了评估在非特定唤起中所扮演的角色，在詹姆斯的原始观点中还存在一种兴趣的再现。英国萨塞克斯大学的雨果·克里奇利和其同事发现实际上不同的情感会在自主神经系统中产生不同的反应，这些自主反应又会在躯体内产生特定的生理反应。他们对协调意识情感反应的大脑区域进行了成像，并将其与胃部和心脏部分生理反应的记录结合起来，来区分两种不同形式的厌恶。尽管厌恶是种特殊的情感，但是这些实验结果依然支撑了詹姆斯—兰格的情感理论。因此，感觉似乎是由对情感刺激源的认知评估和至少一些情况下，对这些刺激源的躯体反应共同引起的。

这种对詹姆斯—兰格理论的现代化认知观点（图21-1）已经彻底改变了科学家们对情感的认识。尽管情感受到神经系统的影响，而神经系统在一定程度上又独立于大脑的感知、思考和理性系统，但是现在我们意识到情感同样是一种信息处理形式，因此也是一种认知。结果，我们现在对认知具有一个更加广阔的认识，这种认识，如乌塔·法瑞斯所认为的，包括了大脑信息处理的所有方

刺激→反应→反馈→感觉
詹姆斯的反馈理论
詹姆斯的刺激–感觉机制是,身体反应所产生的反馈决定了感觉。由于不同的情感会产生不同的反应,因此大脑的反馈也是不同的。根据詹姆斯的理论,由此也解释了在此种情形下我们如何感觉。

刺激→唤醒→认知→感觉
斯坎特—辛格认知唤醒理论
斯坎特和辛格与坎农一样,认为反馈很重要,但仅有反馈并不足以识别人类正在经历什么情感。身体被唤醒才能使我们审视自己周遭的环境。在从认知的角度评估环境的基础上,我们才能给此种唤醒贴上标签并进行识别。这种自上而下的过程决定了我们感觉到的情感,由此填补了身体反馈的非特定性和感觉的特定性之间的空白。

刺激→唤醒→评价→认知→感觉
阿诺德的评估理论
阿诺德认为大脑首先是评价刺激的重要性,而后才产生情感反应。评估后才产生认知和行动。亲近喜欢的事物或者场景而疏远不喜欢的事物或者场景,这对于人有意识的感觉具有合理的解释。虽然评价过程可能是有意识的过程,也可能是无意识的过程,但在事后,我们还是能对评价过程的意识途径进行认识。

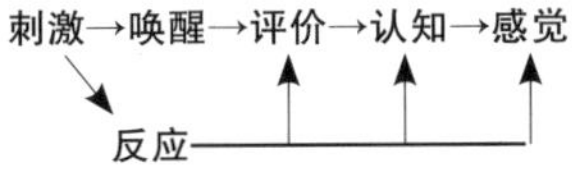

刺激→唤醒→评价→认知→感觉
反应
现代综合理论
现代综合理论认为,感觉既可能是由对刺激的认知评价而触发的,也可能如詹姆斯最初所提出的那样,是由显著的身体反应所触发的。

▲图21-1

面,不仅包括感知、思考和理性,还包括情感和社会认知。

那么,我们的情感反应是如何协调的呢?由情感刺激源所引起的有意识的感觉和潜意识的生理变化之间又有什么样的关系?

20世纪90年代,功能性大脑成像技术的发展使科学家们能够对提醒一个人做特定任务的大脑活动进行探索研究。研究结果强力地支撑了詹姆斯的观点以及斯坎特和达马西奥在潜意识情感和有意识的感觉之间的区别方面的详细论述。利用大脑成像技术,三个独立的研究小组:伦敦大学学院的雷·多兰研究小组、现位于南加州大学的达马西奥研究小组和菲尼克斯的巴罗神经学研究所的巴德·克雷格研究小组,发现了一个位于顶叶和颞叶之间的皮层细胞群——前岛叶皮层,或称脑岛。

脑岛(图21-2)是大脑中与情绪相关的区域:我们对情感刺激源躯体反应的有意识的认识,包括积极的和消极的、简单的和复杂的。脑岛在我们对刺激源有意识的评估作出反应的时候,就会变得活跃起来,由此表达出对大量的、各种各样的本能需求和自发反应有意识的认识，从对香烟的渴望到口渴和饥饿，从母爱到性感抚摸、浪漫爱情和性高潮等。脑岛不仅评估和整合这些刺激源的情感和驱动的重要性，它还是外部感觉信息和内部驱动状态的协调中心。简而言之，如克雷格所说的，这种对躯体状态的认识就是对自我情感状态认知的量度，也就是"我是"的感觉。

脑岛在意识认知中所扮演角色的研究发现在情感研究上是一个重大进展。它可与先前独立探索引起对身体状态变化的初步潜意识认知的大脑结构的研究相媲美。1939 年，芝加哥大学的海因里希·克里夫和保罗·布西在对猴子的研究中，发现了第一个线索。在切除大脑两侧的颞叶（包括隐藏在其下的两部分结构：杏仁核和海马）后，他们发现猴子的行为发生了巨大的变化：野性较强的猴子在术后变得温顺起来；而性情温和的，则变得大胆起来。1956 年，劳伦斯·魏斯克兰茨的进一步研究特别集中到杏仁核上。

魏斯克兰茨发现在移除猴子大脑两侧杏仁核后导致其认识害怕和本能害

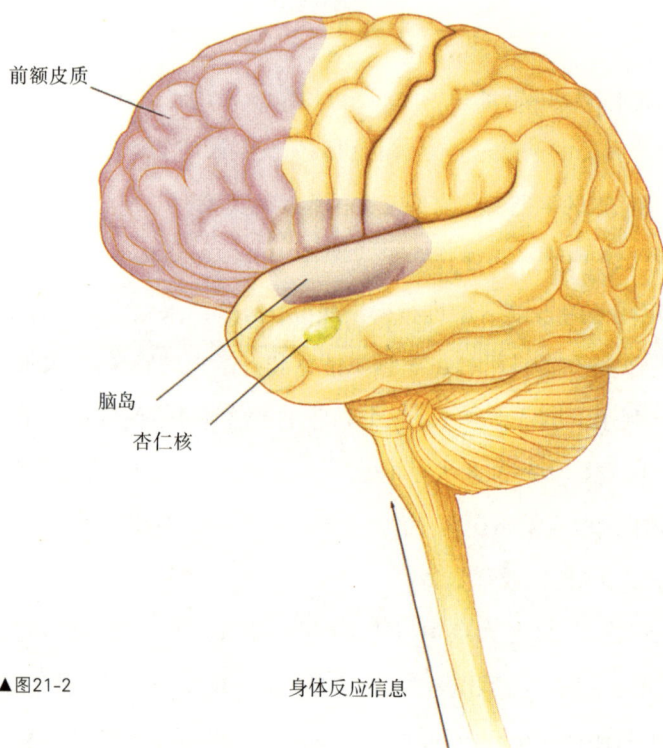

▲图21-2

怕上的缺陷。没有杏仁核的猴子不能通过学习来避开引发疼痛的电击。它们似乎并不能识别积极的和消极的强大刺激源。相反地,当魏斯克兰茨电击普通猴子脑中的杏仁核时,它就会产生害怕和恐惧的情感。他的发现仅仅是对杏仁核在情感中处于至关重要的中心位置研究的开始。

约瑟夫·勒杜,现代实验动物情绪神经生物学的研究先驱,发现杏仁核通过与大脑其他区域的联系来协调情绪。在其研究中,勒杜运用了巴甫洛夫的经典条件反射(图21-3)。为了使老鼠产生害怕的情绪,他会在喊叫一声后,电击老鼠的脚部,老鼠们就会蜷缩起来。在重复几次之后,老鼠就会预料到喊叫声后就是电击,它们就会在听到喊叫声后立即蜷缩起来。

勒杜接下来研究了声音传送到杏仁核(有关害怕情绪的大脑中心)的路径。他发现声音刺激源可以通过两条路径传输到杏仁核。一个就是直接路径,从丘脑到杏仁核。在杏仁核中,听觉信息会与同样经过直接路径传输到杏仁核的触觉和疼痛信息进行整合。直接路径可用于感觉信息潜意识的处理以及事件各个感受方面的主动链接。直接路径传输速度快、数据原始且具有较强的灵

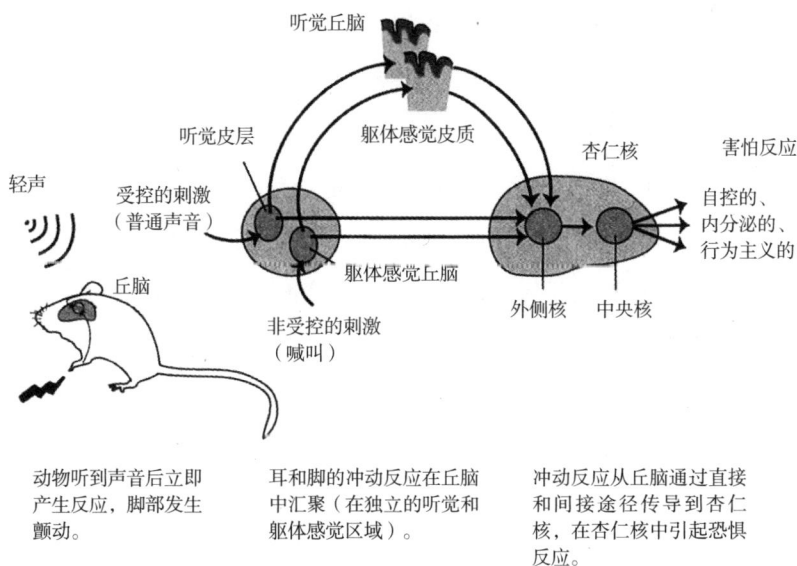

动物听到声音后立即产生反应,脚部发生颤动。

耳和脚的冲动反应在丘脑中汇聚(在独立的听觉和躯体感觉区域)。

冲动反应从丘脑通过直接和间接途径传导到杏仁核,在杏仁核中引起恐惧反应。

▲图21-3

活性。它从丘脑传输到杏仁核的感觉信息只经过了最小化处理，然后杏仁核将信息传输到下丘脑。下丘脑具有调节对情感刺激源心理和躯体反应的功能，被认为会将情感的潜意识部分转换成为神经活动。反过来，下丘脑还会将生理反应传送到大脑皮层中。

传输到杏仁核的第二条路径是间接路径。它与直接路径平行，但是传输速度更慢，且更加灵活。间接路径实际上包括很多路径，信息从丘脑，经过大脑皮层中数个中继节点，包括那些由躯体反应经过的中继节点和那些对环境信息进行编码的节点，最终到达杏仁核。来自间接路径的信息到达杏仁核的速度更慢，并且可能在声音和电击结束以后，还有一定时间的滞后。原则上，这条路径有助于有意识的信息处理。勒杜认为这两条路径一起调节了情绪感受中的两部分：直接的潜意识反应和迟滞的有意识理解。

通过激活杏仁核和下丘脑之间的直接路径，条件刺激源，如预示着电击的声音，就会在我们通过间接路径，有意识地认识到我们所听到的声音之前，我们的心跳就开始加速，手掌就开始冒汗。杏仁核以这种方式参与到情感状态的自发（本能）部分，甚至意识（认知）部分的过程当中。

直接和间接路径的运行方式为詹姆斯—兰格理论奠定了生理学基础，认为前叶皮层调节的有意识的感觉发生在躯体反应之后，而不是之前。第一步就是杏仁核对刺激源情感值和恰当生理反应的形成和管理进行快速、主动以及潜意识的评估。然后，下丘脑和主动神经系统会向躯体发送详细的指令，作出反应。这种反应不仅发生在大脑内，还发生在相关的躯体部分：手掌冒汗、肌肉紧缩、心率加速等。尽管并没有立即意识到恐惧，但是我们很可能会强烈体验到这一点。

杏仁核与大脑视觉以及其他感受区域的连接被认为具有将生物学上主要的视觉刺激——如一头凶猛的野兽——转换成为一种感觉、一种有意识的情感反应的强大能力。事实上，对杏仁核活动及其与前岛叶皮层（与丘脑中部相连，是与情感信息，如疼痛和触觉相关的大脑区域）相互连接关系的研究最终使我们能够透过思维活动的表层，来研究有意识的与潜意识的经历之间的关系，这也是弗洛伊德心理分析理论中的"圣杯"。

这对柯克西卡和席勒的肖像画是如何起到帮助作用的？我们对奥地利现

代主义作家绘画作品中最显著特征的第一反应与我们对一头凶猛的野兽的反应一样，都是自发的。夸张的躯体和面部特征或对色彩和肌理的神奇运用都会通过相对的直接路径激活杏仁核，这与勒杜实验中电击通过的路径不同。这就像我们被轻微地电击过一样。我们其他的反应还包括对绘画最初反应中其他感受特征（或许还包括我们观赏画作时的具体情景）的处理和整合。这主要是通过上述的间接路径进行的。结果，柯克西卡和席勒的肖像画就变成了一次形象的情感体验。

那么，对詹姆斯的疑问：客体感知是如何转换成客体感觉的这个问题的答案就是肖像画从来就不是简单的客体感知。他们更像是远处凶猛的野兽，既要感知，又要感觉。

因此，大脑将詹姆斯简单的客体感知转换成了有意识的情绪感受。而杏仁核在情绪感知和调节神经系统中扮演了中心人物的角色。它尤其在情绪的四个方面对神经系统起了至关重要的作用：通过体验来认识情感意义；当其再次出现时识别出这种体验的重要意义；协调与该体验的情感意义相符的自发的、激素的及其他的生理反应，以及如弗洛伊德在开始所强调的那样，检校情绪对认知的其他方面的影响，即对感知、思维和决策的影响。

除了与大脑皮层主要的感受区域（与视觉、嗅觉、触觉、疼痛和听觉相关的区域）的连接以外，杏仁核还与下丘脑和主动神经系统有广泛的连接。它还与前岛叶皮层（处理躯体反应意识认知的区域）和认知区域，如前额皮质和客体感知的视觉背侧同路相连接。简而言之，杏仁核可以与大脑中与情感有关的所有区域相连接。对这种广泛的连接网络，威斯康星大学的保罗·惠伦、纽约大学的伊丽莎白·菲尔普斯以及多兰和其同事都认为杏仁核的主要功能就是协调这些神经回路反应进入相应的情绪线索中，即将合适的神经回路接入相应的情感中，而关闭不合适的神经回路。

依照这种观点所述，杏仁核管理着所有的情感体验，包括积极的和消极的。它通过将我们的注意力集中到具有重要情感意义的刺激源上来完成这个任务。哥伦比亚大学的丹尼尔·萨尔兹曼和斯特凡诺·福西进一步认为杏仁体与情绪效价（从积极接近到消极逃避）和情绪紧张度（唤起程度）相关。与该观点一致的是，菲利普斯的大脑成像实验表明杏仁核会对一系列面部表情作出反应。大脑左侧的杏仁核尤其地敏感：它对害怕表情作出反应时，其活动力会增强，而对高兴表情则会减弱。

在有关人类情绪的研究中，杏仁核所扮演角色的其他研究结果来自对皮肤黏膜类脂沉积症的研究。该病症会导致杏仁核的退化。如果这种退化发生在青年时期，那么患者就不能认知害怕面部表情的线索，也不能侦测出其他面部表情的细微不同之处。他们比较容易轻信别人，这或许是因为他们不能对害怕的面部表情进行加工处理，也不能理解他人的目标、抱负和情感状态。但是患有皮肤黏膜类脂沉积症的病人拥有完整的视觉通路和面孔感知区域，因此他们能对复杂的视觉刺激物（包括面孔）作出恰当的反应。事实上，他们能从照片中识别出熟悉的人物。因此，并不是面孔识别，而只是来自面孔的情感信号的处理能力受到了损害。

在研究识别他人情绪能力受到损害的内在原理过程中，拉尔夫·阿道夫、达马西奥及其同事们对一名患有皮肤黏膜类脂沉积症的病人进行了研究。他们发现该患者不能识别特定的情感表达不是因为其体验情绪的能力受到了损害，而是因为其从眼神（最能表达害怕情绪的部分）中提取信息的能力受到了损害。而该病人不能解读眼神信息的原因只是因为他们不能将注意力集中到他人的眼睛上面。在解读情绪，如喜悦时，由于嘴巴经常被认为是比眼睛更重要的部分，因此患有皮肤黏膜类脂沉积症的病人被认为相比侦测害怕的表情，他们侦测喜悦这类情绪的能力几乎没有受到什么影响。

菲尔普斯和亚当·安德森已经证实，杏仁核受到损害会影响评估面部表情的能力，但是不会影响体验情绪的能力。该项发现使他们认为，尽管杏仁核在完整人类大脑的情绪状态中会活跃起来，并且对情绪侦测至关重要，但是杏仁核本身并不生产这些情绪状态。菲尔普斯认为杏仁核在情感反应中扮演着一个重要的感知角色：它对传输进来的感受信息进行分析归类，然后传达给大脑其他区域，以作出恰当的情感反应。

对皮肤黏膜类脂沉积症患者的进一步研究发现，背侧视觉通路与杏仁核之间的连接使我们能够分析来自面孔和身体其他部位的情感信号。这些信号能够增强对情感刺激源的视觉处理能力，这或许可以解释为什么克里姆特、柯克西卡和席勒所描绘的富有情感的面孔、双手和躯体，与比较中性、情感较弱的刺激源相比，更加能够强烈并优先吸引我们的注意力，不论是在感知还是在记忆形成过程中都是如此。

由于其与前额皮质中的面孔补丁以及许多其他大脑区域的互联，杏仁核的功能已经超出了管理个人情绪和感觉到行人社会认知的范围。事实上，如达尔文在其著作《人与动物的情感表达》中所认为的那样，在我们个人情感世界和与他人互动的公众世界中存在着一条紧密的生物连接。

我们社会互动的方式在幼年时期就形成了，并且与妈妈在一起的婴儿在其一生中都会受到其母亲的重大影响，直到成年以前都会影响其社会行为。阿道夫和其同事认为社会环境对于个人生存来说至关重要，这就要求我们的大脑能够快速适应，并具备从其中学习的能力。我们已经知道杏仁核对情感刺激源具有强大的评估能力，因此其对该功能具有至关重要的作用。在非人灵长目动物和鼠类中，杏仁核受到损害的主要社会后果就是侦测威胁、惊奇和意外刺激源的能力的缺失，如危险的毒蛇或带有恶意的人物等。然而，对人类来说，杏仁核受到损害的主要后果就是对模糊的社会线索作出不当反应，以及对某一情景中内在威胁反应能力的缺失。通过与大脑其他区域的连接网络，杏仁核可以对模糊的社会线索进行侦测分析，从而能够使社会互动进行下去。

那么，对面孔潜意识的、富有情感的感知是如何进行的？又是在哪里进行的？意识的和潜意识的情感表达是否在大脑中有不同的代表区域？哥伦比亚大学的阿密特·埃迪肯和其同事通过探索人们对两幅人物画的意识的和潜意识的反应来研究相关的问题。这两幅画中，一幅画中人物的表情比较中性，而另一幅画中人物的面孔上布满了害怕的表情。这两幅画来自保罗·艾克曼。我们已经知道艾克曼对十万多种人类表情进行了分类统计，并且证明了六种面部表情（喜悦、害怕、厌恶、生气、惊讶和忧伤）的意识感知对每个人的实际意义都是相同的，而无关性别和文化差异。这与先前达尔文所给出的观点一样。

埃迪肯认为，表现出害怕表情的面孔会在其研究中所有志愿者身上引发类似的反应，而与他们是有意识地还是无意识地感知到刺激源无关。他通过向他们长时间地呈现恐怖的面孔，来有意识地感知害怕，这样他们就有时间进行思考。他向他们快速呈现同样的面孔，以至于他们都不清楚他们看到了什么样的面部表情，以此来无意识地感知害怕。实际上，在这个过程中，他们都不确定他们看到的到底是不是一张面孔。

不出所料，当他向志愿者们展示带有恐怖面部表情的照片时，他发现杏仁核有明显的活动。令人意外的是，有意识的和无意识的感知会影响到杏仁核中不同的区域。此外，相比焦虑度较低的志愿者，在一般性焦虑测试中分数很高的志愿者对无意识感知的面孔的反应更加强烈一些。对恐怖面部表情的无意识感知会激活杏仁基底外侧核。杏仁基底外侧核是接收大多输入感受信息的杏仁核区域，也是杏仁核与大脑皮层主要的连接方法。相比之下，对恐怖面部表情的有意识感知则会激活杏仁核背部区域。杏仁核背部区域包含有中心核体。中心核体会将信息发送到与唤醒和防御性反应相关的主动神经系统中去。

这些研究结果都是非常令人震惊的。这表明，情感领域就像感知领域一样，既可以对刺激源进行潜意识的感知，也可以进行有意识的感知。此外，相关研究还从生物学上证实了潜意识情感心理分析观的重要性。正如弗洛伊德先前所概括的那样，这些研究结果表明，与对刺激源进行有意识的感知相比，对刺激源的想象会极大地增加大脑的焦虑程度。一旦有意识地去观察惊恐的面部表情，即使是焦虑的人也能准确地评估其是否真的构成威胁。

第四部分

关于艺术观赏者的情感反应的

生物学研究

第二十二章

自上而下的认知情感信息的控制

情感不仅是个人的主观经历，还是一种社会交际的方式，同时，它们也是形成短期和长期计划中重要的智力因素。实际上，即使是构建一个一般的目标，也需要情感和非情感认知的参与。即使是简单的认知过程——如认出一个特别的人，或者区分两个人之间的异同——也有情感和感觉渗透在其中。

科学哲学家帕特里夏·丘奇兰德称这种现象为感觉和认知情感组织。这个组织是一个认知的协调程序，其中的认知包含了情感和感觉过程（弗洛伊德支持这个过程）。此外，这个组织很明显能做复杂的决定——尤其是社会、经济或道德方面的决定——在这些决定中，价值和选择会起积极的作用。与了解大脑如何处理认知感觉信息（形式、颜色和脸部识别）相比，尽管我们目前对大脑如何处理认知情感信息（这些信息对道德推理是很有必要的）很少，但是近些年来对这两方面的研究已经取得一些进展。

情感刺激可能是积极有益的、消极有害的，或者介于两者之间。积极的情感刺激能产生快乐的感觉，让我们为了得到更多的激励而想去接近它们。我们对性、食物、婴儿的依恋的反应，或者对容易让人上瘾的物质（如烟、酒精饮料、可卡因）的反应激起积极的认知情感组织。消极的情感刺激——出现在当我们正和爱人生气的时候，或当我们发现自己一个人孤零零地走在漆黑的大街上——会使我们感到失落、害怕，担心潜在或者现实伤害出现的可能性。我们条件反射式地想要避免或者逃避这些情形，这些感觉激发出消极的认知情感组织。

尽管杏仁核在评估刺激的情感内容上起到核心作用，但是纹状体在发起行动上（无论是启动行动还是避免行动）处于第一的位置。纹状体是连接杏仁核和海马的结构，它位于大脑皮层的下面。纹状体通过处理它从前额皮质接收到的信息来起作用。因此，当杏仁核和纹状体设定好情绪的水平和基调时，前额皮质成了大脑中关键的执行者来评估奖赏和惩罚、组织由情绪引出的行为（图22-1，图22-2）。

前额皮质负责我们记忆和执行我们的意图的能力，无论它们是大还是小。对前额皮质进行了大量研究的神经科学家华金·富思特认为，前额皮质在人类进化中处于快速发展的状态，因为它组织了我们的知觉和经验，并把行为和情感结合在一起。前额皮质的一些作用通过掌控工作记忆被展现出来。工作记忆是短期记忆的一种形式，它把瞬间感知和过去经历的记忆结合到一起。工作记忆对练习推理判断能力是很有必要的，因为它能让我们控制好自己的情绪，参与、计划和执行复杂的行为。

富思特把前额皮质比作大脑的"最高统帅"，此外他认为前额皮质对创造

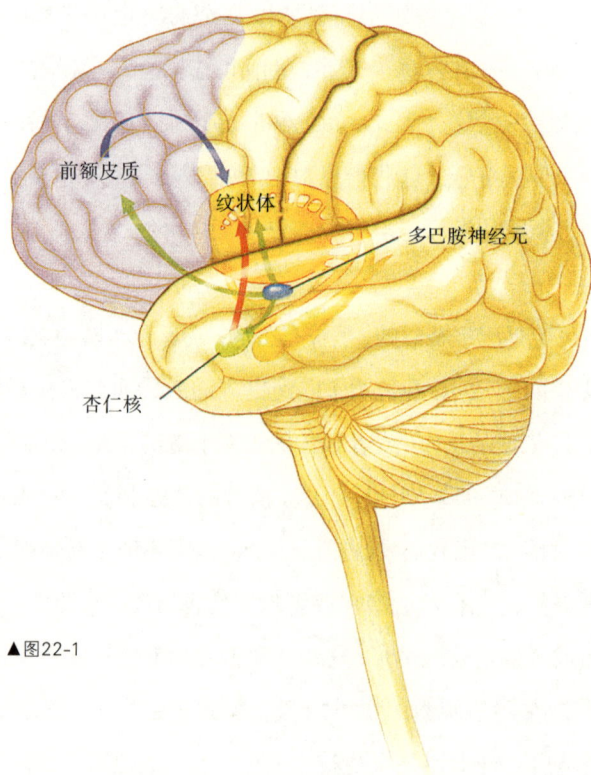

▲图22-1

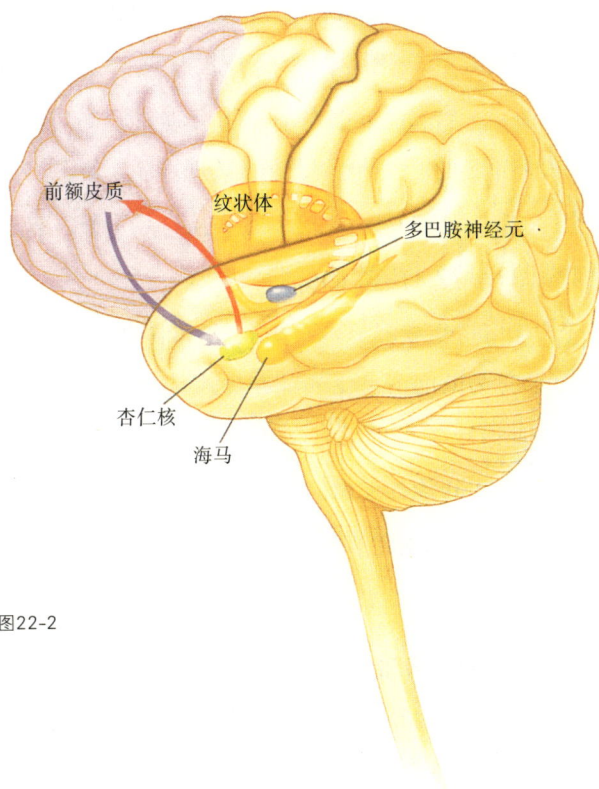

前额皮质

纹状体

多巴胺神经元

杏仁核

海马

▲图22-2

力至关重要，因为前额皮质根据内部目标来作出选择、编排想法和行动。作为
一个必然的结果，前额皮质对计划复杂的行为、作出有条理的决定和表达合适
的社会行为也是至关重要的。

前额皮质有损伤的人在很多方面都是正常的，但是他们容易作出冲动和
不理性的决定，而且很难作出以目标为导向的行为。他们对惊吓的刺激的反
应很正常，如突发的噪声或者一束刺眼的强光，表明他们的自主反应系统没
有受到损害；但是，这种刺激没有让他们感到不安或者使他们感到不舒服，这
种情况反映了大脑没有整合处理刺激。结果，这类人感受不到情感——他们
对事物的反应就显得很单调和冷漠。这种无法体验情感的能力有深刻的社会
和行为结果。

第一个有力地证明了前额皮质在情感与行为结合中发挥重要作用的是菲
尼斯·盖吉的例子，1848年，佛蒙特州的卡文迪什附近要修一条新的路线，盖

吉在当时是一个铁路建设的作业领班，他准备用火药炸石头来清理出一条路基。当他把炸药捣实的时候，一不小心引爆了炸药，结果重达13磅的铁钎插进他的头颅，严重地伤害了他大部分的左部前额皮质（图22-3）。约翰·马丁·哈洛是当地的一个经验不足的医生，他负责在事故现场治疗盖吉。为了治好盖吉，他尽了最大的努力，想了很多办法。结果，盖吉从这场可怕的事故中恢复得很不错。经过12周的治疗，盖吉可以走路、说话、上班了。

但是盖吉经历了这次事故之后，像换了一个人似的，不仅他的个人品质变了，而且他驾驭社会行为的能力也变了。以前，他是一个谨慎而且点子很多的人；在事故之后，他变得完全不可信赖，不会为将来做长久的打算，也不能控制好自己的行为。他不会为其他人考虑，对工作也变得不负责任。如果让他对行为作出选择，他决定不了什么对他来说最合适。

哈洛因此这样描述盖吉：

> 盖吉在4月份回到卡文迪什，他很健康而且充满力量，铁杆一直在他的大脑里，直到12年之后他去世。那次受伤似乎对他的智力官能与动物习性之间的平衡产生了严重的破坏。他现在变得反复无常，让人琢磨不定，有时候还傲慢无礼，而且他的自制力变得很差，此外他做事也变得摇摆不定。除了这些，还有其他变化，如他在智力和行为表现上变得很幼稚，但他的身体系统正常而且充满精力。盖吉的身体完全恢复了，但是曾经认识他的那些人觉得他的心理品质变了，他以前是一个精明睿智、充满精力而且坚持不懈的人。他的思维失去了平衡，他经常夸大其词地向侄子和侄女讲述他虎口脱险的经历，并且也开始喜欢宠物。

尽管不能对盖吉进行尸体解剖，但是他那带有螺栓孔的头颅还保存在博物馆（图22-4）。多年之后，从事医学调查工作的汉娜和安东尼奥·达马西奥指出螺栓的轨迹摧毁了前额皮质的两个区域（即腹内侧区域和部分内侧区域），这两个区域对抑制杏仁核，整合情感、认知、社会信息都很关键。

汉娜和达马西奥是根据另外一个案例研究来得出他们的结论的。这个案例研究的受试者是E.V.R.，他是一位既聪明又工作熟练的会计。他以前做过手

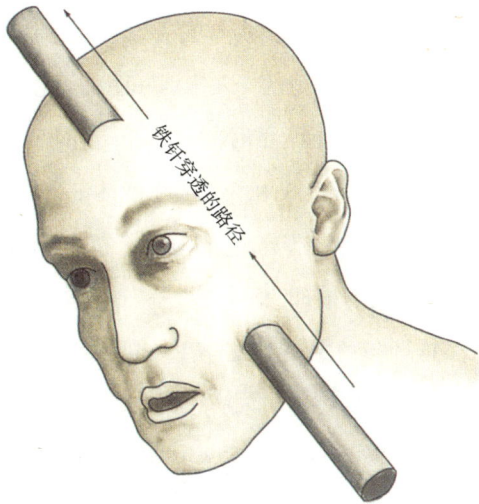

▶ 图22-3

◀ 图22-4 菲尼斯·盖吉的头骨和铁钎。

术，结果手术对他的前额皮质的腹侧区域造成损害。尽管E.V.R.的智商还和原来一样，但是他不像以前那样有杰出的组织能力和责任心。取而代之的是，他变得让人无法信赖，他的个人生活一团糟。此外，他的一些表现很不正常。当把电极放在他的皮肤上测量时，结果显示他对恐怖和色情图片没有任何反应。

达马西奥等人以E.V.R.为对象做的实证研究证实了弗洛伊德的观点，即情感是认知必不可少的一部分，它们对符合逻辑的行为是必不可少的。虽然E.V.R.可以作出相当不错的推理，但是他实际作决定的能力已经受到损害，因为在他的大脑中认知推理与情感表达没连在一起。这些研究也提供了独立的实证证据，证明通过对杏仁核的控制，前额皮质对自上而下的控制认知是必要的。

达马西奥研究了6个在成年时期前额皮质的腹内侧区域受到损害的病人，进一步证实了情感和认知之间的相互联系。这几个病人有正常的认知能力，但是他们的社会行为受到严重的损伤。他们不再兑现自己的承诺，不按时上班，不去完成指定的任务。而且，他们不会为将来做短期和长期计划。他们表现出缺乏情感，尤其是社会情感（比如羞耻心和同情心）。

这些结果使达马西奥转向去研究13个在早期（从出生到7岁）腹内侧区域受到损伤的病人。他们发现这些人小时候的智力是正常的，但是他们在家和在学校缺乏社会交际能力。他们很难控制自己的行为，不去和别人交朋友，对惩罚不敏感。值得一提的是，这些病人丧失了道德推理能力。

长期以来，人们认为思想和情感是彼此对立的，但由于这些关于杏仁核与前额皮质相互联系的研究的出现，使这个观点变得不可信了。现在我们的理解变得不一样了。我们知道了情感和认知是共同作用的。这种观点会让理性主义者们（如公元前400年的古希腊哲学家德谟克利特和18世纪的德国哲学家伊曼努尔·康德）感到十分惊讶，因为他们认为要想作出正确的道德判断，人们必须使用推理排除情感。但是这不会让弗洛伊德感到惊奇，因为他认为情感对帮助作出道德决策是必不可少的。

瑟华·格林尼是一个研究道德决策的当代学生，他发现道德困境随着它们参与感情的程度而变化，而且在参与感情的变化也会影响我们的道德判断。在研究这个难题的过程中，格林尼关注了另一个有趣的难题，这个难题被称作电车难题，是菲莉帕·富特和朱迪思·贾维斯·汤姆逊在1978年提出的。

电车难题让你考虑如果一辆飞驰的电车驶过来将会轧死5个人，你可以扳一下道岔让电车开到另一条轨道上，这样5个人就得救了。但是还有一个问题，另一条轨道上有一个人会因此而被轧死。你会怎么办？大多数人面对这个道德困境时认为救5个人比救一个人好，因此会去扳道岔。在另一种情形下，疾驰的电车威胁着5个人的生命，但是唯一救他们的方法是把一个人从天桥上推下去，让他掉在电车轨道上，这样会杀死那个人，但同时会让电车停下来。两种行为的结果都是一样的，但是处罚却很不同。其实大多数人认为在道德层面是可以接受电车换道，因为这样做的目的是救5个人；把一个人从人行天桥上扔下来去救5个人的性命是不能接受的，因为对大多数人来说，扔一个活人比扳道岔更能唤起人们的情感。

根据这个发现，格林尼提出了道德决策的"二元过程"理论，实用主义的道德判断和直觉的道德判断。前者倡导集体利益高于个人利益，这种判断更多的是受到非情感的、受控的认知过程的驱动。后者支持个人权利和责任（例如是否把一个人从天桥上扔下来），它受到情感回应的驱动，倾向加入自我服务的道德合理化推理，而非客观道德推理。这两种道德判断起用的是不同的神经系统。

前额皮质在道德推理中起着关键的执行作用，而且我们大脑皮层的三分之一差不多都是由前额皮质组成的（图22-5，图22-6）。正如我们了解的那样，它对我们精神生活的正常运行是必要的。1948年，乔治·罗斯和克林顿·沃尔兹一起在约翰斯·霍普金斯大学工作，他们发现前额皮质的不同部分与丘脑中的神经细胞的某些特定组织是连接着的，与所有感官（触觉、嗅觉、味觉、视觉和听觉）电路也是连接着的。在他们的研究中，他们还发现根据独特的连接类型，前额皮质可以划分为四部分。有两个腹侧区域：腹外侧区（也叫眶额叶）和腹内侧区。另外两部分是背外侧区和内侧区。每个部分从丘脑的不同区域接受信息，而且每部分与大脑中的目标区域都有自己的连接（图22-7）。前额皮质的所有四个区域都与杏仁核连接着。

前额皮质的四个区域有的功能是重叠的，有的功能是独立分开的。腹外侧

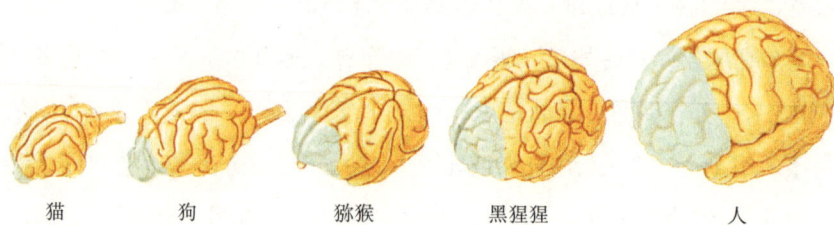

猫　　狗　　　猕猴　　黑猩猩　　　人

▲图22-5

区与杏仁核的联系最紧密，它的主要作用是评价刺激物的美、快乐和其他积极价值。通过颞叶的表面来处理信息，腹外侧区能够感知和生成面部表情。那些大脑的腹外侧区受到损伤的人可以感受到积极的情感，但是他们不能用笑容表达出来。

前额皮质的腹内侧区对以目标为导向的行为是至关重要的。它把积极的情感经历和社会行为、道德判断结合起来。因为杏仁核对情感刺激作出的反应会干涉认知，所以要抑制杏仁核从而发挥出腹内侧区的作用。那些大脑的腹内侧区受到损伤的人有正常的认知能力，然而他们容易作出冲动的决定。此外，他们的道德推理能力受损，因此他们很容易作出把一个人从天桥上扔下的决定。

背外侧区负责调节工作记忆，发挥执行和认知功能，如为达到理想的目标去计划和阻止自己的行为。为了发挥认知功能，背外侧区使用的是来自腹内侧区的信息。这两个区域共同作用才能保证行动有效地沿着满足我们需要的目标发展。处于客观的道德困境，背外侧区发挥它的作用，与情感领域（扔一个人）相比，人们更加看重认知领域（在电车难题中扳一下岔道）。

前额皮质的第四个区域就是内侧区，它包含前扣带皮层（扣带）。前扣带皮层又有两个子区域，一个是腹面区，另一个是背面区。腹面区在评价情感、调节血压和心率，还有其他自主功能中发挥重要作用；背面区在自上而下的调节认知功能（如预测奖励、作出决定、表示同情）中扮演着重要的角色。前扣带皮层受损的人情绪不稳定，在预测奖励中很难解决纠纷和发现错误，从而对变化的环境作出不适当的回应。

前扣带皮层的腹面区与前额皮质的腹外侧区、腹内侧区构成了社会认知系

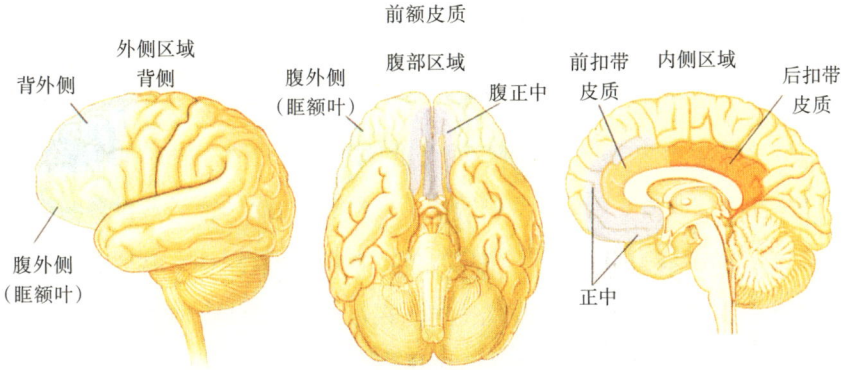

外侧区域
背侧

前额皮质

腹部区域

内侧区域

背外侧

腹外侧
（眶额叶）

腹外侧
（眶额叶）

腹正中

前扣带
皮质

后扣带
皮质

正中

▲图22-6

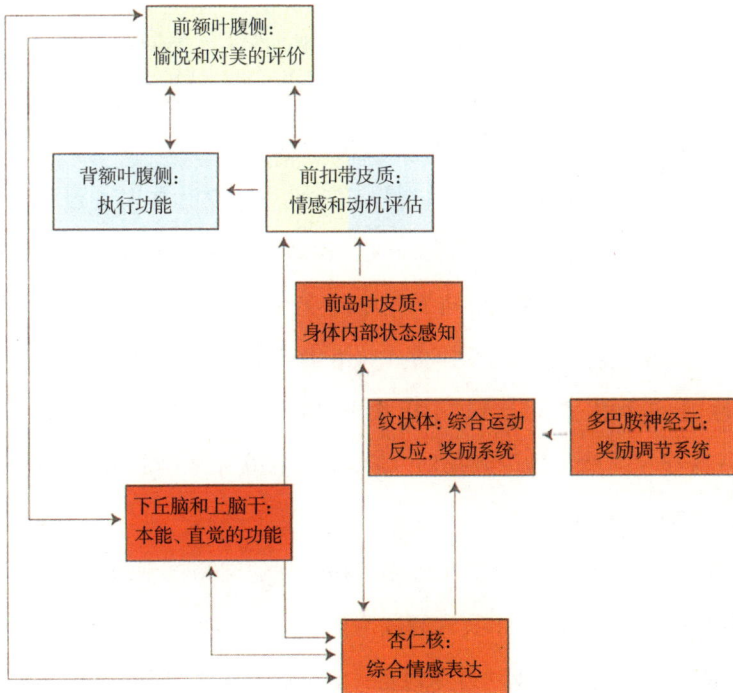

前额叶腹侧：
愉悦和对美的评价

背额叶腹侧：
执行功能

前扣带皮质：
情感和动机评估

前岛叶皮质：
身体内部状态感知

纹状体：综合运动
反应，奖励系统

多巴胺神经元：
奖励调节系统

下丘脑和上脑干：
本能、直觉的功能

杏仁核：
综合情感表达

▲图22-7 杏仁核与其他和情感相关的结构的内在联系：纹状体、扣带皮质和额叶腹侧。

统的一个部分，这是由克里斯·弗里斯提出来的。这些区域中的任何一个部分受到损伤都会影响正常的道德功能的运作。不正常的道德功能运作会导致社会行为的错乱。

不考虑弗洛伊德观点的影响，而仅检验潜意识的情感加工和有意识的感知是很困难的。弗洛伊德认为我们的情感是紧密地融入我们内心世界的织物，我们调节情感的能力阻止我们去解开它们。在最好的环境中，成功地调节由压力产生的不良情绪会让我们觉得很轻松。在最差的环境中，调节不好情绪会带来严重的后果，甚至产生精神错乱的症状。

弗洛伊德的观点与新的科学观点有多大关联呢？神经心理分析家马克·索姆斯曾致力于研究这个问题，他强调的一个中心观点，同时也是本书的基本观点，即现代的研究坚定地支持潜意识心理过程这个观点。而且，尽管弗洛伊德作了很多辩解，但是我们仍有理由相信不是所有的潜意识心理过程都是一样的。一些潜意识的心理过程可以通过有意识的关注被人们发觉（弗洛伊德把这种潜意识称作前意识），然而其他过程通常超出意识觉察范围（程序化的潜意识过程，动态的潜意识过程或本能的潜意识过程）。

弗洛伊德认为一些潜意识的过程——如动态的潜意识过程——受到约束。索姆斯也认为我们现在有证据证明出某些约束的形式。例如，右顶叶受损伤的人会否认他们的右胳膊瘫痪了；他们会忽略自己的胳膊，甚至会尝试把胳膊扔下床，来说明胳膊是属于别人的。弗洛伊德指出受压抑的潜意识语言遵循欢乐的原则，这种潜意识让人去追求欢乐并躲避痛苦。正如我们看到的那样，菲尼斯·盖吉的前额皮质受到损伤以后，他就在欢乐原则的引导下生活，而不考虑行为的社会影响。

索姆斯接着研究弗洛伊德在1933年提出来的结构模型，就现代大脑科学而言，这个模型是以自我、本我和超我为依据（图22-8）。弗洛伊德的观点（图22-8A）认为本我的本能驱动力受到超我的抑制，因此会阻止超我去扰乱理性思维。大多数的理性（自我）过程也是无意识和潜意识的，只有一小部分的自我（图22-8A顶部的灯泡形状的部分）可以掌控有意识的经验，这与感知是紧密

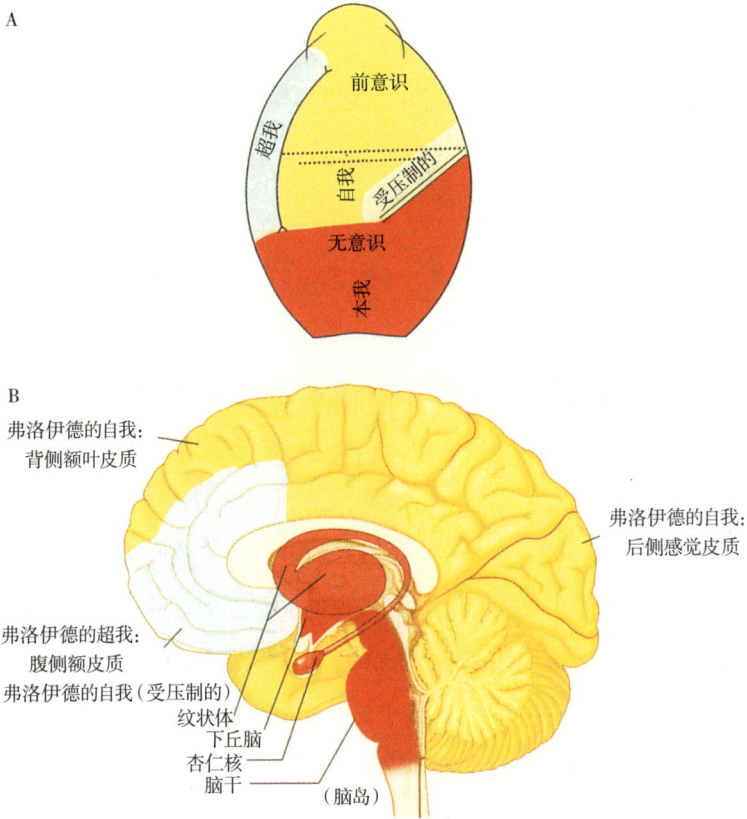

▲图22-8　弗洛伊德心理器官三分观的现代观点。

相连的。超我起到调节自我和本我争夺控制权的斗争的作用。

　　索姆斯认为神经学的映射研究（图22-8B）在大体上是与弗洛伊德的概念相关的。达马西奥研究认为前额皮质的腹内侧区的输入会选择性地抑制杏仁核，这一点和超我的功能大体上是一致的。掌控自我思维的前额皮质背外侧区和呈现外部世界的后感官皮质，与自我的功能大体上是一致的。因此，索姆斯发现弗洛伊德动态模型的关键看起来是很有道理的：原始本能的情感系统受到前额皮质中高级运作系统的调节和抑制。

　　现代心理生物学的关键不是评判弗洛伊德的对错，而是要认识到他对心理学的最大贡献是他用观察的方法描述出一套为后来大脑科学发展提供基石的认知和情感过程。弗洛伊德在这方面的贡献对实证研究很有帮助，也掀起一场新的精神科学研究的高潮。

第二十三章

对艺术中美与丑的生物反应

除了本能的感官愉悦，我们还能在现实生活中感受到高层次的美观和社会愉悦：美术、音乐、无私和超验。这些高层次的愉悦中有些是天生的，像我们对美与丑的评价；有些愉悦是后天获得的，像我们对艺术品和音乐的反应。

当看到一件瑰丽的艺术品时，我们大脑中会根据其形状不同、颜色各异、姿态不一而赋予不同的意义。定义和可视的美感浮现在我们脑海，证明美观愉悦不像觉察冷热或品尝酸甜那样是人的基本感觉。与此相反，它代表是对感官信息的一种高层次的评价，在大脑中这种感官信息沿着专门的路径被处理加工，以此评估环境中刺激物带来的潜在的回报——从上例也可以看出，评价我们看到的艺术品存在潜在的回报。

极少有能比美丽的面庞更赏心悦目的景致了（图23-1）。吸引人的脸庞会让人启动大脑中的赞赏区域，增进信任，激发性诱惑，想成为对方的性伴侣。对生活和艺术中吸引力的研究让人有了很多思考。

长期以来，科学家认为评价男女的美的标准源于不同的文化传统。实际上，美被当作一种个人的评价——它是旁观者的眼睛（思想）。但是，一些生物研究反对这种观点。研究发现，不考虑年龄、等级或者种族，任何地方的人都有一套潜在的标准去评价什么是美。在任何情况下，人的具有吸引力的品质表现为生殖力、健康和对疾病的抵抗力。得克萨斯大学的心理学家朱迪思·朗格卢瓦发现天真无邪的受试者——只有三到六个月大的婴儿——也有这些品质。

那什么能让面庞具有吸引力呢？相对于不对称来说，对称就是一个重要的特征。大卫·佩雷特（苏格兰圣安德鲁斯大学认知实验室主任）认为，无论男

◀图23-1 丹妮斯·坎德尔

女,对称能让面庞具有吸引力。实证研究表明在不同文化中,男女都喜欢对称的脸庞。此外,这种原则不仅适用于人类和大猩猩的伴侣选择,而且还存在于鸟类和昆虫中。为什么这种双向的偏好会保留在动物界呢?

佩雷特认为好的面部对称体现的是好的遗传基因。在成长期间,健康问题和环境压力会让脸庞朝着不对称的方向发展。因此,一个人的脸庞对称的程度能显示出他抵抗疾病和保持面部正常发展的能力。而且,面部发展的稳定性很大程度上是靠遗传决定的。因此,面部对称是美丽的,不仅因为严格的正式原因,而且因为它传达出未来伴侣的健康状况和伴侣后代的状况。脸庞的对称之美不仅能助益于社交,而且还能体现出一个潜在伴侣的健康,或是其繁衍后代的健康。

面庞之美的这些标准多大程度上运用到维也纳现代主义者的肖像绘画中去了呢?古斯塔夫·克里姆特画中的新艺术主义面庞淋漓尽致地展现了对称之美。我们通过数码处理把左半边脸叠加到右半边脸上,发现是重合的,反之亦然。由此我们可以看出对称(图23-2)。两边的脸难以区分,如果真有什么不同之处,那可能是由于不均匀的灯光造成的。这种完全的对称在自然界中是非常罕见的。它代表理想化的相称,无声地传递出健康状况和基因质量的信号,它是让克里姆特的画作拥有梦幻般的脸庞的重要因素。很明显,艺术家明白面庞最有吸引力的特点之一就是对称,然后巧妙地把它融入自己的艺术作品中。

326 思想的年代: 对话维也纳的艺术、思想与科学 (1900年至今)

　　面庞对称在奥斯卡·柯克西卡和埃贡·席勒的画中也有明显的体现,但是和克里姆特的作品不一样,他们的那些作品夸大了面部和情感(图23-2)。事实上,这种夸张手法促成了表现主义艺术的产生。克里姆特的画用沉默的手法展现一个人在他(她)所处的环境中处于心理上的平静状态,柯克西卡的画正好与此相反。甚至他那表现手法运用最少的作品——例如恩斯特·莱因霍尔德的画像(图23-2)——展现的是不对称。这些画传递出本身的不规则性和内部冲突,它们令人费解。通过利用沮丧的潜意识表现手法,表现主义艺术家能够用熟练、微妙的现代手法传达出故事和情感。

　　除了对称之外,具有吸引力的女性面庞还有其他特点: 柳叶眉,大眼睛,小鼻子,丰满的嘴唇,瓜子脸,尖下巴。我们不难发现上面提到的面部特征在克里姆特的作品中普遍存在,但是在柯克西卡的作品中却很少出现。当柯克西卡画女人的画像时,他会展现一些面部特征,如大眼睛和丰满的嘴唇,但是他喜欢把这些特征融入放大、不对称的面庞中。正是吸引力和排斥力的结合给了柯克西卡的作品那种令人不安的诱惑力。徘徊在美丽和焦虑之间,让他的那些作品显得非常有趣。

　　具有吸引力的男性特征是根据不同的标准设定的。在20世纪60年代,杰拉德·格思利和莫顿·威纳发现有一定弧度的(不是弯曲的)肩、肘和膝盖被认为是有男子气概和攻击性的。微微突出的下巴,眉毛,面颊,一直延伸到脸的下部——这些特征都是由于在青春期睾丸素增加形成的——被认为是男人有吸引力的地方。这些面部特征和潜在的过剩的睾丸素不仅会让男人性亢奋而且会产生以自我为中心的行为、攻击行为和支配别人的行为。

　　高加索人和日本人在评价他们各自的女性形象时喜欢把特征夸大。早前的研究表明,两种文化在具有吸引力的面部特征上有一个惊人的相似点,即夸张被当作一个具有吸引力的特征。佩雷特和他的同事认为这些面部特征能够传递出生物信号: 性成熟度、生育力和情感表现。

　　进化心理学家指出男孩和女孩的那些招人喜欢的面部特征出现在青春期,那时荷尔蒙浓度上升。男人喜欢女人的尖下巴,她们的尖下巴是青春期雌性激素造成的,而且雌性激素会减缓下巴的生长。和我们看到的情况很相似,女生

▲图23-2　自上而下：古斯塔夫·克里姆特，《许癸厄亚》（健康女神）（1900—1907），来自《医学》的细节，布面油画。埃贡·席勒，《自画像，头》（1910，细节），水，水粉，木炭，纸上铅笔画。奥斯卡·柯克西卡，《恩斯特·莱因霍尔德的自画像，入迷的球员》（1909，细节），布面油画。奥斯卡·柯克西卡，《路德维希·里特·冯·贾尼科夫斯基》（1909，细节），布面油画。图像有所调整。

喜欢男人厚重的下半部分脸，睾丸素的激增使下半部分脸变得厚重。遵循达尔文最初的观点，这些心理学家现在认为这些面部特征的出现是由于性激素过剩造成的，这种观点对依靠打猎和采集生活的原始人来说是一个好线索，因为他们可以靠此来寻求伴侣。

男女的面部特征有所不同，如男人的浓密的眉毛、夸大的下巴被认为是具有吸引力的面部特征；女人的尖下巴、高颧骨、丰满的嘴唇被认为是有吸引力的特征。当让男人评价女人的性格特征，他们会说女人是无私的，她们喜欢约会、性行为和养育孩子。

男人优异的品质在于他为养家所能获取的资源，女人的优异品质在于她抚养孩子的能力。一般来说，不考虑国籍或背景，男人把女人的美归因在她们有大胸、大屁股和生育能力。尽管不同文化间的这些评价标准是一致的，但是它们受当地的价值标准，最重要的是个人的知识体系，社会习俗和价值体系而得到修改。

席勒明白面部和身体特征扭曲的潜在意义。他的自画像展现出结构上的失真，他会描绘出尖头、消瘦的面部皱纹，这些特征意味着具有攻击性。他画出的面庞带有攻击性的特征。男女的面部特征不一定要相互排斥——因为一个人可以有男性的下巴外形，但实际上它是女性的下巴——席勒因此也能突出表现女性的面部特征。席勒画中的人物有弯弯的眉、大大的眼睛、小小的鼻子、厚厚的嘴唇和窄窄的脸庞，这些特征给人一种感觉上的亲密感，但是明显的下巴和眉毛特征呈现一种攻击性（如《跪着的自画像》）。通过把两类特征一起放到一个人的面部和身体上，席勒巧妙有效地揭示了两种表示出内心思想情感的本能驱动力，即爱和死亡的本能。

在1977年，麻省理工学院的发展心理学家苏珊·凯里和雷亚·黛蒙德把格式塔概念中的构形信息引入面部感知的研究。一直到那时，人们都认为大脑只使用以部分为基础的信息去感知面部——来自面部的空间要素的信息：两只处于同一水平线的眼睛被鼻子从中间部位分开。构形信息更加精妙，它指的是特征间的距离、位置和形状。凯里和戴蒙德认为当以部分为基础的信息如果不足以让人去区分物体间的面貌，那么构形信息就需要用来辨析两者的面貌了；构形信息似乎对评价一张脸是否美丽是尤为重要的。

佩雷特为构形信息在评价吸引力方面的作用提出了第一个证据，探究了一个问题：我们评价面部吸引力需要的是以部分为基础的信息还是构形信息？他使用了合成的面庞让志愿者去判定女性面庞具有什么样的特征才算有吸引力。然后，他根据这些研究结果创制出一张合成的具有一般吸引力的女性面庞。

当佩雷特夸大具有一般吸引力的面部特征时——高颧骨、消瘦的下巴、大眼睛，或者嘴巴与下巴之间、鼻子与嘴巴之间距离很短——志愿者评判这种面庞更具吸引力，虽然受到克里斯-贡布里希-拉马钱德兰假说的控制。正如我们看到的那样，夸张手法是漫画家和表现主义艺术家使用的一种创作手法。从本质上来说，他们抓住人面部的一个显著特征，从普遍特征中除去这个特征，然后增加不同之处。此外，多丽丝·曹和温里希·弗莱瓦尔德发现，两个脑区负责面孔识别的神经元使用基于部件和整体相结合的策略。通过给人展示动物卡通脸庞，多丽丝和温里希发现人的大脑细胞遵循格式塔原则：大脑细胞不会对单个或两个人物形象作出回应，除非它们被包含在一个卵形线内。此外，当面部特征被放大时——它们有可能出现在表现主义艺术家的画作中——大脑细胞的反应尤为强烈。

以上提到的不是小问题。关于美的生物发展，令人吃惊的是美的理想标准随着时间的推移和文化间的差异化发展竟然没什么变化。因此，我们评价出的美的一些标准有可能是随着进化保留下来的。很显然，我们对美的评价的确存在偏见，要不然在4000多年的选择压力下这些偏见也不会保留下来。经历了时间的考验，这些用于评价美的共同标准对理解和欣赏艺术非常重要。这就可以解释为什么提香的裸体像和克里姆特的裸体像都能感动我们的原因，虽然两幅画使用了不同的表现手法。

面部表情如何作用于美的评价呢？面庞对我们的吸引力，尤其是眼睛，似乎是天生就有的。婴儿和成人一样都喜欢看人的眼睛而不是面部的其他部位，都对凝视比较敏感。一个人凝视的方向对我们处理那个人面部呈现的情感是非常重要的，因为大脑会把凝视的信息与面部表情的信息结合在一起。这些线索的整合对引出是靠近还是躲避的原始情感回应是非常重要的。这些是掌控社会交际的重要因素，因此它们在人类进化中很可能是一个重要的适应性功能。

来自宾夕法尼亚州立大学的雷金纳德和来自达特茅斯学院的罗伯特·克拉克发现直视和欢乐的面部表情能促进交流和处理快乐、友好的表情，就像乌塔·弗里斯发现的那样，只有直视能开启多巴胺能系统。相比之下，一个躲闪、悲伤、害怕的凝视传递出以逃避为导向的情感。尽管人把凝视和面部表情结合在一起处理，但是美的其他方面（如性别和年龄）是分开处理的。

在一个检验美的神经关联性（即解释我们能感受到美且符合大脑中的机制）的生物试验中，约翰·欧多尔蒂和他的同事研究了微笑的作用。他们发现前额皮质的眶额叶（腹外侧区）区域受到奖励刺激可以被启动，被认为是大脑中快乐呈现的最高的表现形式，而且这部分区域因面部刺激也可以被启动。此外，这个区域的反应可以通过微笑得到加强。

伦敦大学学院的萨米尔·泽基发现眶额叶区域也可以通过对我们认为是美的那些微妙的、欢乐的人物形象作出反应而被开启。泽基做了一个实验，在实验中他首先让被测试者去观察很多人物画像、风景画和静止的事物，然后不考虑画的类别，以他们认为好看或者不好看为依据，把这些画进行分类。泽基认为当受试者们看着那些人物画像、风景画和静止的事物时，他们的大脑开启了前额皮质的眶额叶、前额叶和运动区。很有意思的是受试者分类出的最美的画刺激眶额叶最多、刺激运动区最少，而分类出的最丑的画刺激眶额叶最少、刺激运动区最多。前额皮质的运动区的启动让泽基明白充满情感的刺激物能调动运动系统，使其做好准备，当遇到丑陋或者有威胁的事物，运动系统会远离这种刺激物；当遇到美丽或者让人快乐的事物，运动系统会靠近这种刺激物。实际上，正如我们知道的那样，胆怯的面庞也会激活前额皮质的运动区。

认知科学家卡米洛·塞拉孔德用一种不同的方法来详细说明泽基的实验结果：磁脑摄像术，它可以在很短时间内解决问题。他的研究中设想了这一情况，即当受试者们看到一件让自己有美感的物品时大脑会产生脑电活动。这种成像能揭示出前额皮质的背外侧区的活动变化，它专门负责工作记忆，即计划我们的行动以获得期望的结果所必需的短期记忆。大脑左半球的活动很频繁，表明语言和对美的感知能力可能是并行进化和发展的。塞拉孔德认为，在进化期间,前额皮质的变化会让现代人拥有创造艺术和鉴赏艺术的能力。当我们谈到创造力时,我们稍后将会回到这个话题。

前额皮质激活之后对以前评价为美丽的事物作出反应需要一段相对较长的时间(400~1000毫秒)。与通常的130毫秒反应时间不同,塞拉孔德认为这种差异和泽基的观点一致:视觉处理需要几个步骤;此外,第一次看到这个图像与后来再次看到,对图像特征的处理也是不一样的。

欣赏画的美是一回事,爱上画的美又是另外一回事。一个大脑处理加工的例子,当我们爱上一幅美丽的画像时,就可以猜想罗纳德·朗德看见花了克里姆特三年时间才完成的而且是克里姆特最著名画作之一的《阿黛尔·布洛赫鲍尔I》的情形。当朗德14岁的时候,他爱上了画中的人物——她是一位漂亮而且神秘的女人,她那性感的嘴唇微微张开,脖子上佩戴着漂亮的宝石项链(图1-1)。画像中阿黛尔的情绪、性感和直视的神情深深吸引住了朗德。

画中人物的美不仅能让人产生积极的情感,还能产生其他东西,如爱和美学的吸引力,正如朗德的例子那样,他爱上了画像《阿黛尔·布洛赫鲍尔》。在第一次去看过那幅画之后,朗德回到维也纳,差不多每个夏天他都一次又一次地去看画像。他开始把《阿黛尔·布洛赫鲍尔》看成是20世纪维也纳最重要的画像,尽管那个时期最出名的画像是《蒙娜丽莎》。最后,朗德得到了《阿黛尔·布洛赫鲍尔》这幅画像。

我们现在知道了,看见一幅心爱的画像就像看见一个心爱的人一样,不仅能开启眶额叶皮层对美的反应,还能激活大脑深处的多巴胺神经元。这些多巴胺神经元在看到喜爱事物的形象时会被激活,这种形象可以是一个活人或者画像。同样的道理,当一个吸食可卡因者看见可卡因,他/她的多巴胺神经元也会被激活。还是朗德的那个例子,朗德无法时常地看到阿黛尔的画像已经长达47年了,这种情况也许会增强他的多巴胺神经元的活动,也许会增加他购买这幅画像的渴望,只要有机会,即使是很高的价格,他也愿意买下来。

对心爱的画像或人物的反应与对毒品的反应,这两者的相似之处首先是由爱因斯坦医学院和罗格斯大学的露西·布朗、海伦·费雪及他们的同事证明出来的。泽基的实验研究的是看画像能产生的效果，他们延伸了一下泽基的实验，研究看心爱的人物的画像能产生什么效果。他们研究对象是两类人，一类是那些恋爱早期阶段的人，另一类是处于恋爱阶段但是被对方拒绝的人。在任何情况下，他们发现对画像的情感反应都有一个鲜明的生物标识：多巴胺神经元激活与眶额叶皮层的神经激活（图23-3）。多巴胺系统是大脑应对奖励情况的重要的调节系统，我们将在第二十六章详细地探讨这个问题。此外，当一个人被对方拒绝但还深爱对方，这个人看到自己心爱人的画像时，多巴胺奖励系统受到的激活更强。因此，爱情像是一种自然成瘾，以获取补偿来作为其动力系统，但此类补偿并非一种情感，而是需要解决一种类似饥饿、口渴或药物需求的心理激励状态。这就可以解释当心爱的人的画像被取走，自己心里的失落感会很强烈的原因，和朗德无法时常看到阿黛尔画像的那种失落感是一样的。

费雪和他的同事还发现我们已经发展了针对魅力、性欲和依恋的生物系统。魅力是把注意力集中在一个人身上或他/她的象征代表物上，同时还伴有喜悦之情以及摆脱不了的那种渴望与他/她达到情感上的共鸣。性欲就是渴望得到性满足。依恋是一种与众不同的平静，它是一种亲密的社交感，一种平静、

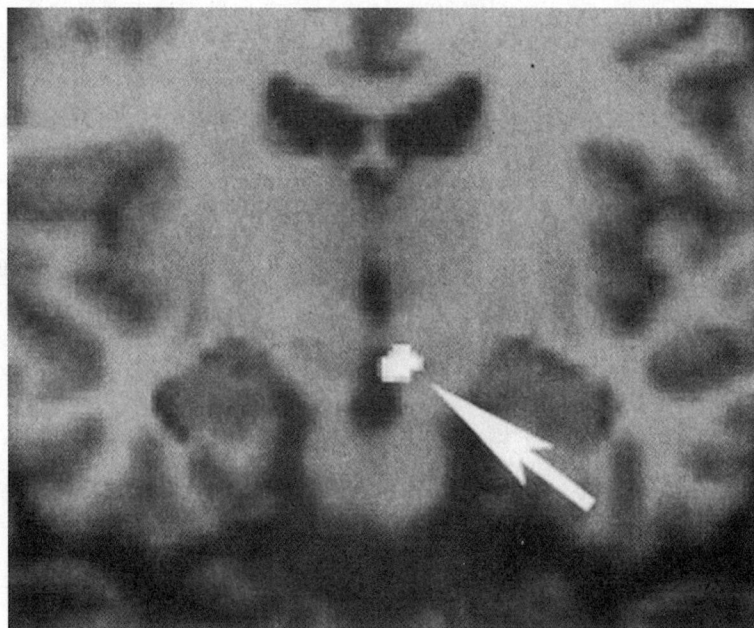

▲图23-3　个体在寻找他们所爱的图像时，右腹侧被盖区的多巴胺神经元被激活。

舒适、情感共鸣的感觉。魅力是找到伴侣的先兆，性欲是结婚和繁育下一代的先兆，依恋是养育子女的先兆。魅力会启动多巴胺系统，然而依恋会启动能释放肽激素和催产素的系统。

　　艺术不仅激励和迷惑我们，而且它能让我们感到吃惊，让我们感到震惊，甚至有时候会击退我们。直到20世纪，人们才把艺术与事实等同看待。这种标准源于古典艺术重点强调简单和美感。正如我们看到的那样，这种观点在20世纪的维也纳受到古斯塔夫·克里姆特为维也纳大学所画的三幅壁画的挑战（第八章）。当壁画因太激进、充满色情、太丑陋而被拒绝时，维也纳艺术学院的教职工，包括阿洛伊斯·里格尔和弗朗茨·维克霍夫，辩驳称事实是复杂的而且是不好看的。克里姆特为医学院教职工创作的壁画中描绘的疾病和死亡在传统意义上可能不好看，可是关于人身体的疾病的事实理解起来的确也很痛苦的。

　　维克霍夫在给维也纳哲学协会作演讲时提到，一个历史时期认为是丑陋的东西，在另一个时期会认为是美丽的。丑陋中有事实的关键之处，美当然也会有。从历史角度来看，美和丑都能表现出生物事实：本能地去获取那些能让人提高生存能力和增强生育潜能的东西，本能地躲避那些降低生存能力和生育能力的东西。按照历史的观点，丑陋是一个生活与死亡的问题。维克霍夫认为在文艺复兴期间这种生物差别不存在了，那时的古典美术家开始根据自己的性偏好来创作美丽的人物画像。在后来的美术史中，偏离这种限定观点的任何画作都被认为是既不美也不真实。

　　在克里姆特画出他的壁画之前，里格尔和维克霍夫已经提出来艺术不是停滞不前的。席勒曾经说过："在艺术中，不道德的行为是不存在的。艺术一直是神圣的，即使当艺术展现的是一个欲望过度膨胀的人物。由于艺术只去观察和描绘生活中真实的东西，所以它不可能贬低自己的价值"。随着社会的发展，艺术也会发展；因此，当代艺术应该遵循历史标准的这种观点鼓励观看者拒绝那些新的或困难的东西。在她的文章中（关于《丑陋与维也纳艺术学院史》），凯瑟琳·辛普森指出在维克霍夫做演讲的三年之后，里格尔按新的方向继续研究维克霍夫的问题。在特定的环境中，他指出只有新且完整的东西才是美丽的，而旧且破碎的东西就是丑陋的。

受到克里姆特对传统风格挑战的激励，柯克西卡和席勒提出了大胆的、带有个人主义表现的绘画风格，这种风格描述事实，当然会包括生活中丑陋的东西。就席勒而言，这意味着他会用这种创作风格把自己描绘成一个重病缠身、身体变形、精神失常的人，有时候还会描绘出做爱的画面（图10-10）；就柯克西卡而言，他会把自己描绘成一个狂躁的士兵或者一个遭拒绝的、无防御能力的情人（图9-8，图9-15）。

这引出了一个显而易见的问题。在生活中，对身体各部位美的特征是否符合理想中的美丽，人们的观点大多趋同，但是在现实生活中，我们还是对这种观点持有保守态度。为什么我们对艺术的反应会如此不同？为什么我们会被克里姆特创作的遭到阉割的朱迪思这个人物形象所吸引，或被席勒把自己刻画成一个焦虑、没有判断力、心理扭曲的这种人物形象所吸引。

很显然，这个问题围绕艺术的巨大功能而谈的——不仅仅只有肖像画，还有所有其他形式的艺术。通过向我们揭露出那些我们没有体验或想要体验的想法、感觉和情境，艺术能丰富我们的生活。艺术给我们机会用我们自己的想象力去探索和尝试各种各样的经历和情感。

在画中描绘出的脸庞美丽和丑陋之间的关系与快乐和痛苦之间的关系有相似之处。美丽和丑陋在大脑中处于相同的区域。两者都是表现大脑赋予它们价值的连续体的一部分，而且它们都通过大脑同一区域中的活动变化而被编码。这和积极与消极情感处于同一个连续体并且启动同一神经线路的观点是一致的。因此，杏仁核通常与恐惧情绪连在一起，但它也是快乐情绪的调节器。

正如维也纳历史学院的创立者所预料的那样，那些认为是从艺术和美学的角度去评价事实的是没有唯一标准的，但是对情感刺激物的评价似乎又遵循一些相同的基本原则。对情感的评价，从快乐到痛苦的评价，我们会使用相同的神经线路。就艺术而言，我们评价出一幅画像潜在的东西，目的是提供新的视角去解析另一个人的心理状态。这个发现是伦敦大学学院的雷·多兰和他同事的成果，他们的发现基于一组研究，在其研究中，受试者面部悲伤、恐惧、厌恶或者高兴的表情渐渐地从微弱到显著（图23-4）。

多兰和他的同事着手研究杏仁核——即大脑的情感指挥者——是如何对快乐或悲伤的面部表情作出回应的；确切地说，他们研究杏仁核如何对短暂呈现出的、可以被无意识感知到的、变化着的面部表情作出反应，以及它如何对缓慢呈现的面部表情、有意识的感知面部表情作出反应。多兰发现杏仁核和颞叶的梭状回面孔区会对面部图像作出反应，不考虑面部的情感呈现，不考虑面部图像是有意识还是无意识被感知的。大脑的其他区域，如躯体感觉皮质、与杏仁核直接连接的前额皮质的部分区域，只对面部有意识的感知有反应，但是不考虑面部表情的呈现，它们的反应表明这些区域是信息预测的部分来源，我们将在第二十九章看到信息预测对有意识的感知调节是必要的。这些发现也支持了一个观点：当杏仁核启动面部有意识和无意识的感知能力，对积极和消极的刺激作出反应时，只有有意识的面部感知会启动前额皮质。

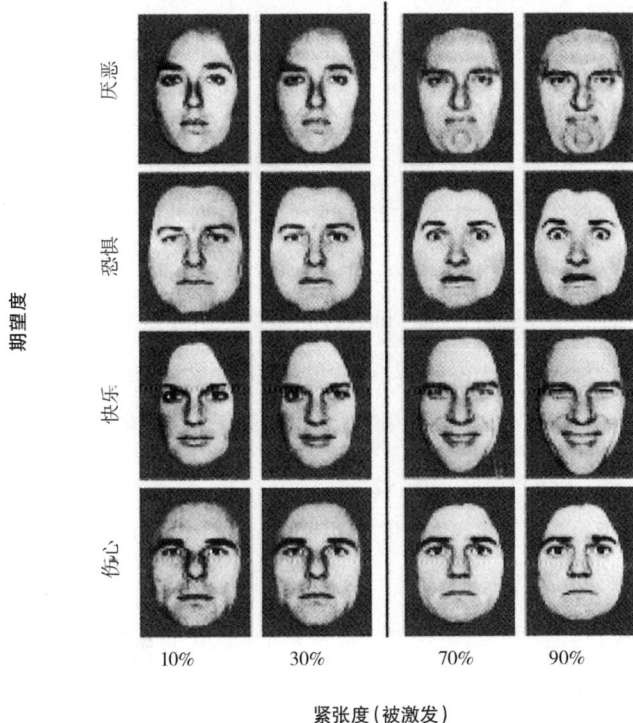

▲图23-4　雷·多兰对埃克曼面部的研究。紧张度代表了4种普遍的面部表情的明显程度。

在相似的情况下使用派特图像，多兰发现人的脸上既能显露出恐惧的表情，也能挂上愉悦的神采。当人们更多地看到惊恐的脸色时，他们大脑中杏仁核的活动性就会增强；反之，若是看到欢快的面容，那么其活动性就会降低。

前额皮质是如何触发各种不同的情绪，包括各种不同情绪的面部表情的呢？前额皮质中相同的细胞反应是相反的吗？或者不同种类的神经细胞会启动不同的情感？现代生物技术的发展再一次强调了达尔文的洞察力，即通过研究低等动物，我们可以知晓人类精神生活的基础。不仅基因可以通过进化被保存下来，而且人的体型、大脑结构和人的行为也可以被保留下来。因此，很有可能我们和其他动物一样拥有恐惧和快乐的一些基本神经机制。

很有可能我们和其他动物一样拥有恐惧和快乐的一些基本神经机制的观点已经被证明是对的。哥伦比亚大学的丹尼尔·萨尔兹曼曾研究过猴子，他检查前额皮质的个体细胞，发现神经元的某些特殊的组织对视觉刺激物是奖赏性的反应比视觉刺激物是惩罚性的反应更强烈。因此，这表明图像的积极和消极价值的变化会影响前额皮质的活动，这是通过启动神经元的不同组织才能实现的。

旁观者不仅仅会去想情感和经历对艺术的反应，还会尝试去推断别人在想什么。这种技能来源于人的大脑能产生"心智理论"的能力，这里所说的"心智理论"就是要形成一种观点：别人有他/她自己的想法、意图、计划和抱负，这些不受我们的想法、意图、计划和抱负的影响。无法正确地解读一个人的意图的情形经常出现在小说中，以简·奥斯丁为代表，她的小说通常会包含误解爱情意图的情节。阿瑟·施尼茨勒利用人物的内心独白让他的读者在同一时间内陷入两个或者更多的心理世界。

恩斯特·克里斯和恩斯特·贡布里希提出，观看画作的人也许需要去抓住画家的心思，想一想关于画中主人公的抱负和目标，作者想要表现什么。这种看画像时使用的读心术练习既是令人快乐的，也是有用的，同时也能提高我们猜测他人所感所想的能力。

在丹尼斯·达顿的《艺术本能》一书中，他把我们对艺术的天生反应描述成一个冲动的复杂组合体，这里所说的"冲动"源于"对颜色的那种纯粹的吸引……技术难题、性欲"。他接着描述道，我们喜欢艺术是因为它给了我们"一些意义深远的东西、可获得的那种感人的体验"。它也让我们锻炼了我们的情感、共鸣和心智能力——原则上来说，这些锻炼对我们的社交能力有好处，就像锻炼身体对我们的体能和认知能力有好处一样。

达顿认为艺术不是进化发展的副产品，它们是适应进化发展而保留下来的本能特征，能帮助我们生存下来。我们作为自然界的讲故事者进化和发展，我们有丰富的想象能力而且我们的生存价值是巨大的。达顿说，讲故事是一件令人快乐的事，因为它通过给我们机会假想一下这个世界以及世界上存在的问题从而拓展我们的经历。故事就像画像艺术品一样，是现实的高度组织形式，在这种现实中叙述者和聆听者都能在他们心里重复和考虑事情，分析不同社会背景和环境背景下人物行为之间的关系。讲故事是一种低风险的、在想象中解决生存问题的方法，它也是一种信息的来源。和人类的大脑一起，语言和讲故事能让我们以独特的视角塑造我们的世界，然后把那些塑造的成果传递给其他人。同样的，柯克西卡用他那如同X射线的眼睛去猜测画像模特的内心世界，而内心世界是通过人物的面部、身体表现出的。柯克西卡用一些夸大却又恰到好处的特点和颜色来增强情感的强度。

我们对艺术的反应来自一种抑制不住的动力，这种动力想要在我们大脑中再现创造过程——认知、情感和共鸣的——艺术家通过这个过程创作出自己的作品。贡布里希、克里斯、认知心理学家维莱亚努尔·拉马钱德兰和艺术评论家罗伯特·休斯都同意这一点。艺术家和观看者的创造动力大概能解释为什么来自世界各地不同时代的人群都能绘出画像，尽管艺术不是生存的必需品。艺术天生富于乐趣，具有教育意义，是艺术家和艺术鉴赏者彼此交流、相互分享创意的过程：此过程能塑造人的头脑，令人恍然顿悟——我们倏地识透他人的思想，也能让我们透过艺术家所描摹的美丽和丑陋表象觉出其本真。

第二十四章

旁观者部分: 进入另一个人思想的剧场

关于美感的生物学里的中心观点是，美术家和旁观者的大脑一样，都创造了这个世界的虚拟现实。为此，恩斯特·克里斯和恩斯特·贡布里希指出，美术家通过掌控大脑的先天能力来制造感知和情感现实，以此再创造外部世界。为了搞清楚在描绘人类世界时我们的大脑是怎么发挥作用的，美术家必须直觉地掌握感知、颜色和情感的认知心理。

直到19世纪50年代之后的几十年里，在有摄影技术之后，美术家才开始寻找绘画作品的新品种。正如亨利·马蒂斯后来描述的，"摄影的发明把绘画从复制自然的需求中解放出来"，允许美术家"通过最简单的方式尽可能直接地表达情感"。新的画家力求通过描绘情感而不是描绘外部世界来进入被画模特思想的剧场。

古斯塔夫·克里姆特、奥斯卡·柯克西卡和埃贡·席勒不仅进入了被画像模特思想的戏剧场，他们还透露了许多他们自己对被画像模特的情感，并且鼓励旁观者也作出情感反应。作为精神上的知觉和情感的部分，柯克西卡和席勒使观看者意识到他们的艺术技巧，也意识到美术家使用那些技巧去揭示被画像模特的本能生活。他们刺激旁观者的好奇心，然后告诉他或她艺术作品本身的重要性。这就是奥地利现代主义如此新颖和令人兴奋的部分原因。

的确，表现主义艺术家的能力，或者任何一个艺术家的能力，大部分来自补充观看者的移情能力。它能够做到是因为我们对别人情感的知觉可以在我们自己的身体里产生一种可比较的身体反应，比如心跳加速和呼吸率加快。由于这种移情的能力，我们可以通过看着幸福的表情提高我们的幸福感，通过看焦虑的表情增加我们的焦虑感。虽然这些个别影响很渺小，但是他们可以在一幅整体作品中得到加强：脸、手、身体、绘画的颜色，还有影像带给我们什么回忆。从纽约大学的社会心理学家塔尼亚·沙特朗和约翰·巴奇的作品中，我们知道当我们模仿某人的情感表情或者行为，比如顿足或贴脸，我们易于更加喜欢那个人，更想和他或她交流。相似地，当我们想表达愤怒、伤心或者其他表情，我们对此类表情的接纳度变得较弱。 因为此种经验随移情而增加。

新认知心理学和生物学研究表明奥地利现代主义能够发现和揭露这些无意识的过程，通过它们，我们移情和模拟他人的心理状态，自画像就是一个例子。艺术家通常是看着镜子里的表情来创造自画像。梅塞施密特在雕刻自己的卡通头像时使用了镜子，就像柯克西卡和席勒的自画像一样。我们现在知道，自画像时大脑通路中的重要成分是一种特殊镜像神经元，它们是一种分布在皮质运动区里的神经元。这些神经元表达出我们面前的人的行为和情感。艺术家不仅使用它们来自画像，而且用来表达他们自己和别人的行为和感情。我们将在下一章介绍这些吸引人的神经元。

有些美术家使用镜子的方式区别显著——他们把镜子放在画的中间，以此将观看者吸引到画像和美术家的思想当中去。最早用这种方式使用镜子的两位美术家是17世纪的杨·维梅尔和迭戈·委拉斯开兹。

在维梅尔1662年的作品《音乐课：有键乐器旁的女士和一位绅士》（图24-1）中，作者描绘了一位在弹乐器（一种简单的大键琴）的年轻女士的背部和一位站在她右边并且专注于她的绅士。从女士的头部角度看，似乎她的眼神专注于她在键上移动的双手。然而，维梅尔在大键琴的正上方嵌入一块镜子，以此就可以向观看者展示一个完全不同的事实。在镜子中，女士没有弯腰，但是却在右边，所以她的目光直接注视着男士。正如我们看到的一样，人的大脑对人的注视的方向极其敏感，它用人们的眼睛作为一种指出他们兴趣和情感状态的方式。镜子里女士眼睛的角度告诉我们她关注的真正物体，或许她本能的关注点正是这个站在旁边且离她仅几步远的男士。维梅尔的画中镜强调的是女士思想中的感知事实和真实情景之间的张力。

除了让观看者了解画像的思想，绘画者偶尔也会让观看者了解他们的思想。在委拉斯开兹于1656年创作的《侍女》（图24-2）中，似乎第一次让美术家成为整幅画的中心人物——不是作为自画像的画像而是一幅大组图的焦点，而他正在绘画。委拉斯开兹在画中是掌控者，即表明正是他才有这幅画。他也使用了镜子，以此向观看者展示那些看不见的人，并且让观看者意识到绘画作品中的巧妙。

《侍女》这幅画描绘了西班牙国王菲利普四世宫殿里的一个房间，在那里，委拉斯开兹在画一幅巨大的王室家族的画像。画像的前侧正中间是五岁的公主玛格丽塔，画像中的玛格丽塔最后将和父母站在一起，此时她正被她的随

▲图24-1　杨·维梅尔的布面油画作品，《音乐课》（1662—1665）。

▲图24-2　迭戈·委拉斯开兹的布面油画作品，《侍女》（1656）。

从围着——两位侍女、一位陪护人、一名保镖、两位矮子和一条狗。在她后面，
王妃的管家站在敞开的门口，似乎在向国王和王妃表示敬意，然后离开了房
间。站在稍稍左边的委拉斯开兹正在巨大的画布上创作，很自豪地展示他的画
笔、调色板和王室节杖等物。他不是在看画布，而是在看人物——菲利普国王
和玛丽安娜王妃。我们看不见他们，只能在画家后面的镜子中才能看得见，因
为我们正好站在了国王和王妃所站的位置。委拉斯开兹也在直直地看着我们。
这幅非凡的画像是阿洛伊斯·里格尔所推崇的群画技术手法的最佳范例——将
观看者融入作品中。

委拉斯开兹使用镜子将模糊引进到绘画中。我们是否看见美术家画画的画布的反射？或者我们是否看见国王和王妃站在画的外面的反射？委拉斯开兹第一次让观看者面对一个关乎美术又关乎心理学的问题：旁观者的角色是什么？旁观者能否展示国王和王妃站在画前的角色？什么是事实和什么是幻觉？不管它反射的是什么，镜子就是现实的下一步，因为它是一幅反射画像：它是影像中的影像。

我们如今来看，委拉斯开兹的画中引出的问题占据了现代思想，并且和奥地利表现主义画家有着重要意义，也与表达身体和心理现实有关。通过镜子表现出的模糊和画中他自己的主导地位的存在，委拉斯开兹把表现行为带入到观看者脑中的最前部。他让观看者意识到艺术表达现实幻觉的过程——画像是真实存在的而不仅仅只是艺术作品。

委拉斯开兹也让我们意识到那些无意识的过程，通过这些无意识的过程，思想有了表达身体的和情感的能力，这些能力存在于我们醒着的每一分钟里。这幅非凡的作品，以及许多不同层次的模糊和杰出的绘画，被认为是西方美术史上最重要的作品之一。它标志着自我意识的开始，是现代哲学思想的象征，也是古典主义转向现代美术的一个转折点。

维梅尔和委拉斯开兹的作品中出现的两种新方法被文森特·梵高、柯克西卡和席勒使用过。我们在维梅尔的作品中看出，第一种方法是作者不仅努力去揭示画像形式的方方面面，也揭示画像的情感方面。第二种方法在委拉斯开兹的作品中出现过，在梵高的作品中出现得更加戏剧化，就是画家对艺术作品的技术细节的揭示。如果画家不仅仅是赞助人的仆人，也是画像的焦点，正如委拉斯开兹画家自己，那么画家使用的这种技巧很有意义：它们不仅是创作现实生活幻觉的工具，也是解构画家所使用的手段的工具。

谈到梵高的后期作品——他使用短小的、显著的、有表现力的绘画技巧，每一个都细心地分开铺设，用明亮的、对比的、任意的颜色一起创作一张脸或一幅影像——现代画家故意将观看者的注意力吸引到创作过程本身。通过这种方法，他们强调所有的美术都是幻觉，反过来，幻觉就是对现实进行艺术再创作的过程。铅笔线的自然，画布上油的刮擦声，知觉能力的急剧下降或知觉的扭曲，都是在努力向观看者展示画家不断的贡献。

这个主题在奥地利表现主义画家中再次出现，如席勒的1910年的《镜子前的裸体女》（图24-3）。穿着衣服的席勒画了一个站在他面前的裸体模特，模特没有看向他，而是寻找着一个画中看不到的镜子。席勒和模特被反射在镜子中，所以观看者从后面看到模特和从前面看到两个人的映射。就像委拉斯开兹和席勒作为画家进入绘画领域时介绍自己一样，而不是描绘王室和权力。正如委拉斯开兹所做的一样，席勒描绘情色和性欲。

这个模特是裸体的，除了袜子、靴子、帽子和化妆。这些都强调她没有穿衣服和她的情色面貌。为了覆盖一些通常认为是没有必要覆盖的部分，席勒强调那些没有覆盖的地方。此外，模特的姿势是一幅完美的漫画，它夸张了女性身体的一部分，即天生性感的臀部。正如维莱亚努尔·拉马钱德兰曾指出的，情色艺术突出了那些男女区别显著的特征，比如胸部和臀部。席勒画中的模特的臀部画得非常好。它们漂亮地翘起，腰很苗条，半边臀部非常大方，躯体的曲线和长度也很匀称。她的大腿动人地张开，足以暗示观看者，使其目光不可抵御地被吸引过去。通过从模特脸部到耻骨画一条直线，席勒强调了这种暗示。

看上去席勒像是从背部画的模特，这似乎很无知，不会那么性感。但是通过把她放在镜子前面，他也在间接地从前面画她的裸体，在描绘她的时候也在描画自己。从镜子里看，不清楚这个女人是在无意识地向画家做动作还是她在诱惑。她的帽子很有型，她在影射地摆姿势，然而席勒坐在她后面，拿着画板，专心地看着她。席勒的目光显得有点偷窥癖，但是模特对着镜子看自己的时候似乎对他的注视和开玩笑地摆姿势显得很平淡。然而画家和模特充满感情地看着，席勒强烈的目光和镜子中模特吸引人的眼神互相交流，添加了一种感觉就像是我们在经历着一种充满欲望的关系。此外，模特迷人的姿势和她的影像给观看者和画家带来一种欲望反应。这种和模特相同的反应给席勒和旁观者之间创造了一种亲密感。

像维梅尔一样，席勒用一面镜子来表达他对直接和间接影像的兴趣，外观和内心思想，端庄的和肉欲的。但是席勒对模特躯体的描绘简直是揭露她：镜

▲图24-3　埃贡·席勒绘在纸上的铅笔画作品，《镜子前的裸体女》（1910）。

子当中她既是一个性对象，也是一个内心丰富的和令人着迷的女人。她对画家的态度和面对阿瑟·施尼茨勒的伊瑟小姐的态度截然不同，因为裸体模特对画家的吸引力就像施尼茨勒对她的吸引力一样。如此，席勒详细地解释了无意识的欲望，而弗洛伊德认为其是现在存在且潜藏于每个人的表象之下的。有趣的是，席勒和模特都注视着他们他们自己，而不是注视彼此或观看者，以此表明他们内心的性欲。

在《镜子前的裸体女》中，就像席勒和柯克西卡的其他作品一样，人们强烈感觉到画家的存在，不仅仅是因为他把自己的身体画进画里，也是因为他经常用一种直接而且令人相当不安的方式来表达情感。在奥地利表现主义中，画家和画像的身体特征不是来源于画家努力创造的现实生活的幻觉，而是来源于画家试图通过对画像人物的心理洞察和他用来创造图像的艺术技巧来传达他的内心感受。

使用一种类似但不同于委拉斯开兹采用的方式，奥地利表现主义画家柯克西卡和席勒突出画像人物的情感并且带入画作的中心，从而进入我们的视线里。他们能够做到这一点，归功于我们看到的大脑通路间的微妙作用——也归功于我们后面应该考虑到的一些通路，那些通路更加细微地转向我们自己的情感和那些在我们周围的人的情感。

第二十五章

观看者共享的生物学：
模拟他人的思想

当阿洛伊斯·里格尔和恩斯特·贡布里希提出观看者共享的观点时，他们知道，没有观看者参与互动，那么整个画面将是不完整的。观看者仔细研究一幅肖像画时会注意观察其面部、双手和身体，然后有情感地回应，并试图理解艺术家通过肖像的外部特征和对内心世界的刻画所要传递的信息。从生物学角度来看，观看者面对一幅人体画像的反应不仅仅包含知觉和情感能力，同时也包含了同感能力，即了解他人思想的能力。

观看者共享的生物学最终源自我们的社交头脑，包括我们的感知、情感和同感系统。我们之所以欣然地对肖像画产生反应，是因为我们是高度社会化、具有同感心的生物，我们的大脑从生理上设定要体验并表达情感。当我们两个人谈话时，我会考虑你在想什么，反之亦然。同样的，当我们看一幅肖像画时，有一刹那是在体验艺术家向我们传达的被画者的情感世界，我们认出它并有能力回应它。这种社交能力不仅使我们对艺术作品有所反应，还能让我们与他人进行交流，但很大意义上是使我们了解他人的心理状态。

来自伦敦大学学院的英国认知心理学家乌塔和克里斯·弗里斯认为，我们构建心理模型是为了预测别人要做什么并证实我们做事的动机。他们声称人们具备独特的社会认知有两个可能的原因。首先是固有的无意识的内驱力，它驱动我们去更新自己的当前知识和别人的当前知识的差异。这种内驱力驱使我们分享信息。事实上，有效的沟通要求了解他人所不知道的信息。其次，为了共享，知识必须是清晰、有意识的，我们的绝大多数知识是以特定的形式在大脑中呈现的,这种形式属于意识知觉。无论是在现实生活中还是艺术领域,自动地无意识地观察别人的情绪状态会激活人脑中这一情绪状态的表征,以及无意识的身体反应。

读懂他人的情绪状态并作出回应的能力有什么生物学基础呢?有两个独特且重合的因素:感知并回应他人的情绪状态,感知并回应他人的认知状态——包括其想法和心愿。

为了向观看者表达模特的情绪状态,现代主义艺术家首先努力了解模特的情绪状态,然后了解自己对这一状态的情感、同感和认知反应。奥斯卡·柯克西卡在和贡布里希的一次讨论中提到了自己对所画肖像的模特的情感反应。他说道:"他发现模特的表情很难解读,他就自动地刻画出一张相应的令人费解的满脸僵硬的苦瓜脸。"贡布里希说,对柯克西卡而言,"解读别人的面相取代了他自己的亲身体验。"

相似地,正如我们第九章看到的柯克西卡为恩斯特·莱茵霍尔德和鲁道夫·布米勒画的肖像画,这位大师为了刻画自己移情感受到的潜在精神状态,扭曲了两位模特面部的表情特征,夸大了手部细节。当我们欣赏这些重要的肖像画时,不由自主地会模仿他们面部的细微动作,如同瑞典乌普萨拉大学的心理学教授渥尔夫·狄伯格在"无意识的模仿"实验中描述的情景。狄伯格发现,让一个人看某一种情绪下的面部表情,即使时间很短,也会引起观看者的面部肌肉小幅收缩,模仿他或她刚刚看到的表情。此外,社会心理学研究发现无意识的模仿易于唤起融洽感,甚至可能会唤起对被模仿对象的亲切感。

当我们欣赏艺术作品时,模仿的这一方面可能也会引发疑问:这是如何发挥作用的?我们能够解读现实中和画像中别人的表情吗?这些表情会影响我们自己的面部表情吗?我们不自觉地模仿别人的表情是表示理解的一种方式吗?

克里斯·弗里斯举出一个关于模仿过程的特别例子:即使你没有看到一张笑脸,也可以用简单的方法让自己感到快乐。用牙齿咬住一支铅笔(嘴唇收缩)。这一动作会迫使自己露出笑脸,感到快乐。如果你想感受痛苦,就用上下唇夹住铅笔。

　　社会心理学研究证实我们不仅能仿效别人的面部表情，还可以模仿他们的肢体动作、手势和手部的姿势。此外，在一个社会群体中，人们不会相同程度地模仿每一个人而是模仿这一群体中处于中心位置且最重要的那个人。这些无意识过程会显示出显著的规律性并配合支持社交活动。里格尔指出，荷兰艺术家开始非常灵活地使用这些技巧，将观看者带入到画作中。

　　一个人的面部表情和肢体动作不仅仅显露了他或她是如何处理情绪的，同时还暗示着他或她对待他人的态度。通过我们交往的人进行解码，我们情绪的许多外在标记能揭露我们内心的情绪状态。当同事或家人实现某一目标时我们用微笑来表示为他们开心；当别人告诉我们第三方令人讨厌的行为时，我们会挑眉表示自己同样感到吃惊。

　　弗里斯继续着令人赞叹的发现，当我们看到别人快乐或恐惧的表情时，当我们自己经历快乐或恐惧时，大脑中相同的网络系统会激活。这些发现为查尔斯·达尔文和保罗·艾克曼关于人们对他人面部表情或姿势的同感反应的发现提供了相应的神经关联——大脑中的潜在机制。然而，我们的同感反应是比较薄弱的个人化的、编辑过的反应，它没有完全反应我们正在观察的那个人经历的情绪。我们对疼痛的同感反应是特别微弱的。

　　因为我们是高度社会化的生物，不仅需要解读的能力，还要通过构建别人的大脑模型来预测他们的行为。我们需要利用心智理论来创建这些模型，因为了解人脑可以使我们想象别人的想法、感受并能感同身受。为了完善这个内部模仿，大脑也需要自己的一个模型——稳定的特质、个性特征、能力限制，能做和不能做的。这两种模拟能力中的一个有可能先发展并为另一个创造条件。或者如常发生的那样，两种模式可能共同发展并互相充实，并最终发展成为人类所特有的反射自我意识。

　　观看者和艺术家的大脑都会创建他人头脑的同感模型。比如第二十四章看过的，杨·维梅尔、迭戈·委拉斯开兹和埃贡·席勒在画作中用镜子来揭露他们自己和模特的心理状态。但大脑是如何能让我们解读别人的心思的呢？

　　如同我们大脑的视觉区能依据人形基元构建实际模一样，我们的社会头脑与生俱来能扮演心理学家的角色，生成他人动机、欲望和想法的模型。了解他人思想需要一些附加能力，包含模仿和同感心，并且这些能力需要在家庭成员、朋友圈、学校和工作圈任何一个团体内发挥作用。

艺术欣赏紧密地依靠我们发展头脑理论的能力。乌塔·法瑞斯作为这一领域的先驱在其经典著作《自闭症》的封面上描写了这种能力的需要（图25-1）。该封面上是17世纪的艺术家乔治·德·拉图尔的画作《王牌骗局》，弗里斯这样描写了这一画作：

> 我们看到四个衣着考究的人：一个女士和两个男士围坐桌边忙着打牌。一个女仆手拿一瓶酒站在玩家身后。在我们看来，这些赤裸裸的事实并没有传达不言而喻的戏剧效果。然而，这种内在的戏剧性并不像人物和他们的动作一样是可见的。

> 因为人物眼神和手部动作的生动表达，我们知道一出戏剧正在上演。坐在中间的女士和女仆都好奇地瞄着左边的玩家，而玩家则向前望着。女士同时伸出右手食指指向左边玩家，玩家通过眼神和手势传达信息，左手背在背后拿着两张王牌，右肘支在桌上，手里捏着其他纸牌，右边的玩家全神贯注地低头看手里的牌。

▲图25-1　乔治·德·拉图尔的布面油画作品，《王牌骗局》（1635—1640）。

即使提供这些附加的信息，这一描述也无法捕捉到场景中正在发生什么……尽管我们不能看穿画中人的心理状态，但我们可以根据画家的意图按逻辑准确地将它们归类，而不需要依靠薄弱、模糊的推测进行分类。因此我们知道画家刻画的是打牌出千的事。我们为什么对事实如此肯定呢？我们的理解是基于强大的脑力工具，这一工具每一个正常成人都拥有并以发挥出不同程度的技巧来使用，这是一种心智理论。但不同于科学理论，心智理论更加实用，它赋予我们预测事情外部与内部状态关系的能力，我称之为"心智化能力"。

为了理解这个陌生的虚构单词，我们可以回过头去再看一下那张图画。图画内在的戏剧性可以从显露的王牌中找到线索。根据心智理论，我们能很自然地推断出别人看不到的、不知道的。同时，我们还可以推断出其他玩家以为王牌还在那副牌中，因为这是打牌的规则。目不转睛的女仆是第二条线索。我们可以从她站的位置推断她看到了玩家背在背后的王牌，知道了这次的出老千行为。第三条线索是坐在中间的女士面露怪异的表情，伸手指向使诈者，因此，她也知道。或许耍诈者本人并不知道她知道了，他扭头过去，看似漠不关心。最后且最重要的线索是第三个玩家的视线根本没有离开手中的牌。所以，画家想让我们认为第三个玩家并不知道正在发生的事。我们可以得出结论，他就是那个将被骗的人，很快会输掉面前的一堆硬币。

我们在解读图画中的戏剧事件时沉浸于一种无意识的读心术。我们自由自在地假设我们可以断定图画中的人物在想什么、他们知道什么、不知道什么。比如，我们可以心照不宣地推测出座位中间的女士知道这一骗局将如何发展。我们同样可以猜测出年轻的男子不知道将要发生的邪恶事件。我们自主的猜测甚至可以延伸到画中人物不同的情绪状态（吃惊、生气），但是吊我们胃口的是接下来会发生什么。那位女士会揭穿骗局吗？她会和作弊的男子合伙欺骗年轻人吗？年轻男子会及时得到提示吗? 画家引导我们猜测画中人物的精神状态但却给了一个开放性的结果。

心智理论的观点由西格蒙德·弗洛伊德最先引入到现代科学话语中, 他认为这一理论包含于他提出的心理分析情景的概念中: 分析者需要拥有同感心去了解病患的矛盾心理和志向。

弗里斯及其同事指出自闭的孩子缺少形成心智理论的能力, 因此他们不能辨别别人的精神状态或感觉。如面孔失认症(无法识别面孔)教授了我们大量关于局部化和大脑中面部表征本质的知识, 自闭症则教授了我们大量关于社会大脑、社交和同感心生物学的知识。许多自闭的孩子仅仅是不理解如何与别人进行社会交往, 因为他们不能理解其他人拥有他们自己的想法、情绪和观点。因此他们不能与他人产生情感共鸣或预测他们的行为。

两位出生于奥地利的儿科医生分别发现了自闭症——其中一位是曾就职于维也纳大学儿科诊室的汉斯·阿斯伯格, 另一位是在1924年离开欧洲前往美国的利奥·卡纳。1943年在约翰斯·霍普金斯大学医学院工作的卡纳写了一篇经典论文《情感接触的自闭障碍》, 在文中他描述了11个患有早期幼儿自闭症的孩子。一年之后, 阿斯伯格也写了一篇经典论文《自闭症儿童心理学》, 其中他描述了4个自闭症儿童。

卡纳和阿斯伯格都认为他们在研究一个从出生就显现出的生物紊乱现象, 惊人的是两人都称之为自闭障碍。这一术语已由尤金·布洛伊勒引入到医学文献中来描写精神分裂症的某些特征。布洛伊勒接替了柯克西卡著名肖像画中的主人公奥古斯特·法鲁在苏黎世精神病学研究所伯格尔茨里诊所的主任一职。布洛伊勒用"孤独"这一术语指代现在被称为精神分裂的阴性症状——社交尴尬、离群以及自发限制自己的社交活动。卡纳以下文作为其论文的开篇:

从1938年以来, 许多与报道的状况截然不同的孩子们开始引起我们的注意, 并且每一个病例都值得——我希望最终会得到——认真考虑其令人着迷的特点。

　　然后他继续呈现了他认为正遭受这一状况的9个男孩和2个女孩的生动图片。卡纳的观察细致入微，被奉为典型自闭症最重要的参照特点。这些特点——自闭症式的孤独、渴望一成不变和能力之岛——仍然被认为适用于所有案例，除了细节上的变化和额外的问题。关于自闭症式的孤独，卡纳写道：

> 　　这一显著的、特殊的、基本的障碍是孩子从出生就无法正常地与他人交往，无法正常地感知自己的处境。从最开始就表现出极度的自闭症式的孤独，只要可能就忽视、排除关于外面孩子的一切。他能与实物友好相处，如果对这些物体感兴趣的话，能和它们欢快地玩上几个小时……然而这些孩子的人际关系则完全不同……极大的孤独感支配着他们所有的行为。

　　当我们提及心智理论能让人们了解他人的精神状态并用来推测其行为时有什么意思呢？弗里斯和她的同事提出心智理论是关于人与事件的天生期望，是正常精神生活的一部分。她说，"这一事业基于当时（1983年）激进的设想，即幼儿的大脑从出生就拥有一些机制，用来积累现实世界重要特征的知识。"

　　如果健康的大脑拥有先天的社交机制和心智理论机制，那么它们在哪个位置呢？大脑的网络结构观点专注于社会认知方面，心智理论最先由莱斯利兄弟在1990年提出。由于她重要工作的进步，我们现在认为社会大脑是一个大约有5个系统的分层网络结构，能处理社交信息并生成可能的心智理论（图25-2）。

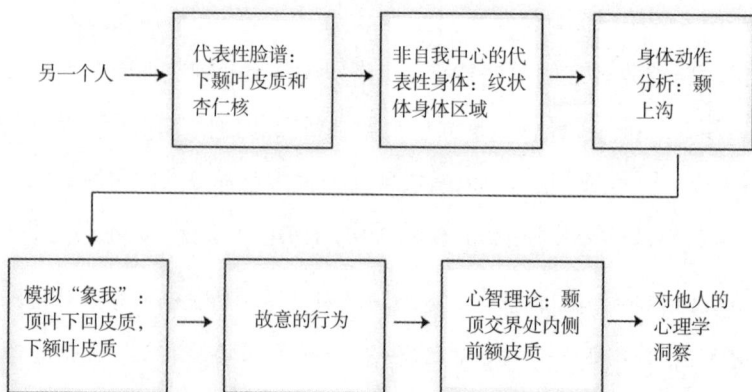

▲图25-2　与观赏者及社会大脑相关的神经回路流程图。

　　第一个是面部识别系统。这一系统的关键构成部分集中于杏仁核中，分析面部表情来解释和评估情绪状态。第二个系统能识别他人的外部身体特征及可能的动作。第三个系统通过生物运动的分析来阐释别人的行为和社交意图。第四个系统通过镜像神经元来模仿别人的动作。不论一个人是自己运动还是看到别人在运动，这些神经元都会被激活。这个网络结构的顶端是第五个系统，与心智理论特别相关。这一系统将不同人的精神状态归类并分析它们。

　　我们是如何识别面孔的？我们在第十七章看到，大脑下颚叶有几个面部识别区域，它们能处理看到的不同的脸部特征信息（图17-5）。这些脸部区域似乎是相互联通的，组成一个专用系统来处理高水平目标范畴，即面部。

　　为什么患有自闭症的人在社交方面有困难？其中一个可能的原因就是他们用不同的方式处理面部信息。当我们看一个人的时候几乎都会目不转睛地盯着他的眼睛，正如阿尔弗雷德·雅布斯在眼动追踪实验中的发现一样（图25-3）。凯文·佩尔瑞在耶鲁儿童研究中心针对自闭症儿童开展了相似的实验，结果发现这些孩子的关注点不在眼睛上而是在嘴巴上（图25-4）。另外，他们发现虽然所有新生儿的注意力都集中在眼睛，但是自闭症幼儿会在6个月和12个月之间的某一时间将注意力转移到嘴巴。

　　通常，提及别人行为的最初步骤，甚至先于面部识别，是意识到那个人是真实存在的。这一意识是由枕叶的纹外区主体区域完成的。南希·坎维舍的大

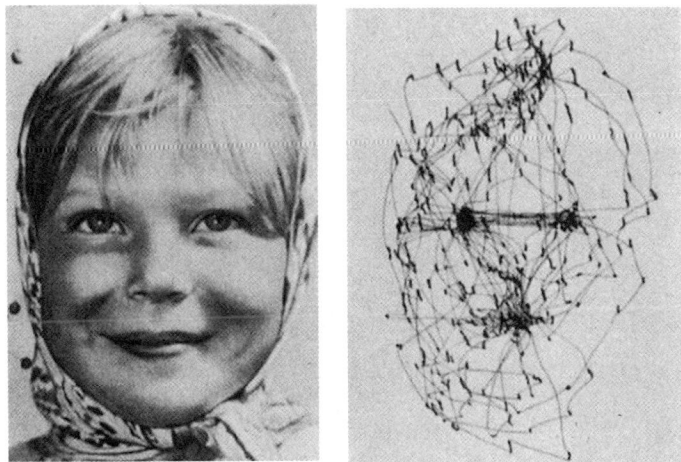

▲ 图25-3

孤独症   典型发展

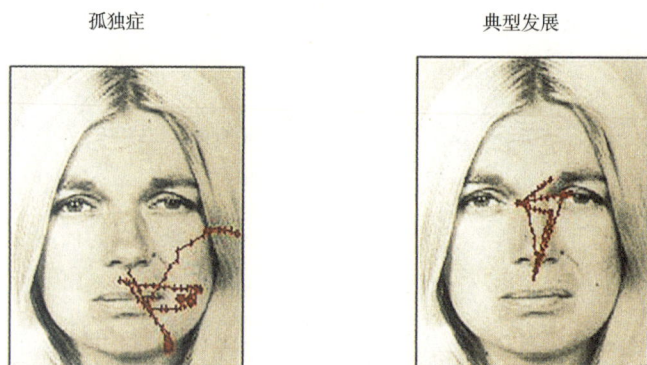

▲图25-4　自闭症和正常个体的眼动模式对比。

脑成像研究揭示大脑的这个区域选择性地回应人体的形象。即使我们专注于其他任务时，这些强大的身体形象或身体部位形象也会吸引我们的注意力。

身体部位的识别方式分为两类：一种是自我为中心的角度，比如看我们自己的双手或双脚，另一种是异我为中心的角度，比如看别人的手脚。纹外区主体区域看到别人身体时的反应更加活跃，而躯体感觉皮质的某些区域看到我们自己的身体时则更加活跃。因此，大脑将关于别人的视觉和触觉信息与我们自己的视觉和触觉信息区分开来。大脑的这些区域，尤其是与他人信息相关的纹外区主体区域，被认为是高级社会认知的通道。

大脑中的一个不同区域是分析生物运动、人和动物运动的关键。这一区域——颞上沟——位于右颞叶表层，接近纹外区主体区域。作为社会生物，我们发展了识别他人行动的成熟能力。即使把灯照在一个人的主要关节上然后在黑暗中拍摄这个人的动作，由此产生的粗略形象也能很容易被识别出来是走路、跑步或跳舞等动作。只有几天大的婴儿会注意这些移动点的显现。

编码生物运动的颞上沟由普斯和他的同事在1998年发现。他们称这一区域对人的嘴巴和眼睛运动的反应强于任何非肢体运动。2002年佩尔瑞进一步解释这一区域对眼睛、手和臂部运动及走路、跳舞反应强烈，但对同样复杂的非生物运动比如机器人的动作却不强烈。

一个针对人和人体部位运动的区域被发现后促使了一个观念的生成，即这一区域在大脑社交信息网络中的作用是反映感知到的动作。在猴子大脑中这一区域的神经元会回应相关的社交提示,包括头和视线的方向。另外,安德鲁·考尔德发现上颞叶上有斑块能对动作的不同构成部分作出反应,就像脸部斑块能对面部的不同方面作出反应。考尔德的发现激发了人们的想法,即颞叶通过生物运动尤其是凝视传达的线索来阐释别人的动作和社交意图。正如我们看到的,对视是一个强大的社交提示:互相对视意味着接近或是威胁,而目光闪躲则代表屈服或逃避。因此相较于目光闪躲,互相对视能使上颞叶更加活跃。

佩尔斯认为上颞叶依靠一个人的凝视方向来判断这个人的注意力以及其是想逃避或是融入社交活动。的确如我们所看到的,患有自闭症的人不会按常人常用的方式去看别人的脸。除此之外,佩尔斯发现自闭症患者的上颞叶没有被有效地激活。

影像实验表明接近上颞叶的一个区域会处理与生物运动不同的普通运动,这个被神经学家定义为V5的区域在图25-6中用绿色突出显示。如果我们记录大脑区域对两段不同视频的反应,一段视频中是一个跳动的球,另一段是一个人在走路,我们就可以看到这些区域的反应不同在哪里。跳动的球和走路的人都能刺激V5区域活跃起来,但是只有走路的人那段视频能刺激上颞叶活跃。神经学家认为正是因为这样,视觉处理系统能让大脑将生物运动作为一种独特的运动区分开来。

相比于面部表情,身体运动没有太特定地对应某些特别的情绪,比如,没有一个单独的身体姿势总代表恐惧,同时也没有某个身体姿势总是代表生气。如果一个人生气了,他或她的身体可能会在手臂、腿和站姿上呈现出肌肉紧张的状态。从一个人的姿势、运动方向或手部动作显示的状态,这个人可能准备好进行身体攻击。然而,当一个人害怕的时候这些动作也可能出现。

乌塔·法瑞斯率先提出,区分生物物体及动作和非生物物体及动作的能力很像是心智理论进化和发展的先驱。实际上作为我们生物运动检测器的上颞叶非常接近处理心智理论的区域,似乎这两个区域可以为了某一个共同目标携手合作。从一个人的动作推测他的目的和情绪状态的能力被称为意图觉察器,被认为是大脑解读别人心理状态的能力的一个组成部分。

如我们看到的那样,婴儿在出生的几天内就能对生物运动作出反应,这个反应被认为是他们对母亲的依恋至关重要的反应。既然上颞叶与包含面部检测、身体部位检测、模仿和心智理论的区域共同发展，克林和他的同事（2009）不禁好奇患有自闭症的幼童对生物运动是如何反应的。他们发现，自闭症儿童在两岁的时候对生物运动没有反应，尽管他们可能会对同龄孩子忽略的非生物运动作出反应。

社会交往也需要模仿，这一能力是组成社会大脑网络结构第四个系统的特长。模仿是在大脑中识别、呈现和模仿别人动作的能力，即使这些动作的动机是模糊的。模仿也会引起同感心，使我们能够处理一个不确定的社交情景。因此它是社交技巧和心智理论的一个关键先驱。确实，我们的大脑拥有镜像神经元使我们能够在内部复制别人自发的和深思熟虑的动作。

这一模仿神经基础是由贾科莫·里佐拉蒂和他在巴尔马大学的同事于1996年发现的。在对猴子的研究中，他们发现大脑中控制运动的运动前区皮质两个区域内的神经元会选择性地活跃起来，这是根据动物所做的不同抓取动作而定的。当猴子做精确的动作，比如用手指和大拇指捡起花生等效物体时，一些神经元会更加活跃，而其他神经元则会在猴子更用力地紧握，比如用整个手掌拾起玻璃杯时，变得更活跃。事实上，运动前区皮质包含着代表所有抓取动作的神经元。

令人惊奇的是，里佐拉蒂和他的同事发现大约20%的神经元会在猴子捡起花生时变得活跃，同时，当猴子看到另一只猴子或科学家捡起花生时，这些神经元也会做出反应。里佐拉蒂将这些神经细胞称为镜像神经元（图25-5）。直到发现了镜像神经元，大多数神经学家才认为知觉和动作分属于不同的大脑系统。

运动前区皮质中的镜像神经元从上颞叶这一回应生物运动的区域接收信息。一些镜像神经元甚至会对暗示某一动作的感官刺激作出反应，比如当科学家的手消失在猴子知道有食物的障碍物后面时。这个发现表明运动系统中的一些高阶神经元有认知能力：它们不仅对感官输入作出反应，还能理解看到的事情的感官暗示。里佐拉蒂和丽贝卡·萨克斯、南希·坎维舍及他们在麻省理工学院的同事利用功能性核磁共振发现，当我们运动时以及我们简单地看别人运

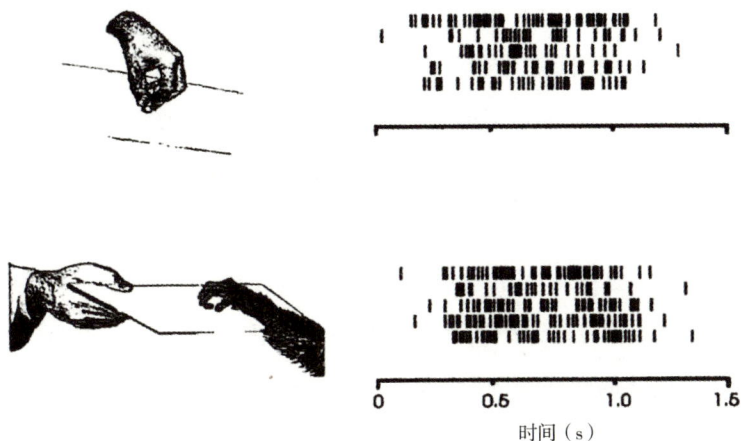

▲图25-5 猴子在拿取物体时镜像神经元被激发的图像。这与它们看到其他猴子拿取物体时镜像神经元被激发的图像一样。

动时，运动前区皮质的某些区域会发光。这说明镜像神经元不仅存在于猴子身上，也存在于人身上。

　　大脑中支持我们呈现别人动作和分析这些动作的隐含意图的三个区域出现在图25-6中。上颞叶（黄色的）将生物运动的视觉呈现信息发送给大脑皮层的两个区域，大家认为这两个区域组成了我们的镜像神经元系统并在呈现和

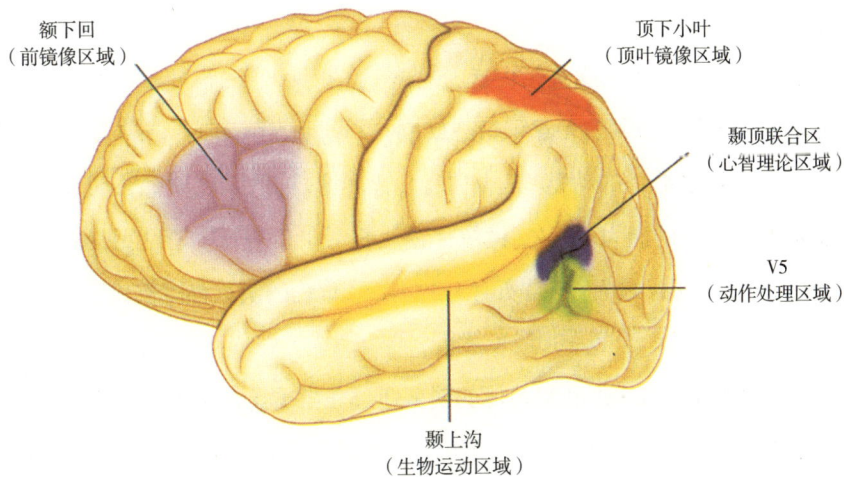

▲图25-6 与社会知觉相关的区域位置。

模仿别人动作的方面发挥作用。这两个区域位于皮质的顶骨叶（淡紫色）和额叶（红色）上。无论我们是自己运动还是观察别人做同样的动作，他们的反应是一样的，这就意味着他们通过某种模拟来呈现别人的动作。换言之，因其发光而引起末梢神经和肌肉运动的相同神经元会在接收到别人动作的视觉信息时发光。

有趣的是，大脑中这三个区域的神经元会在听到别人动作的声音时作出反应。因此，很明显这些区域的基本社交功能至少包含视觉和听觉两个感官系统。

尽管神经学家专注于识别社会大脑各个单独系统的作用，各个子系统被认为是相互连接的区域网络系统的一部分，这些区域来回沟通以完成越来越复杂的社会认知事件。例如，上颞叶和镜像神经元可能从凝视和肢体动作等线索的生物运动中共同推究出更复杂更高级的意义，利用信息来阐释动作、推测别人的所思所想。

假设你看到一位女士走向桌子伸手去拿桌上的一杯水。你的上颞叶允许你生动地呈现她的动作和注视的方向（本案例中为向水杯望去）。这一视觉呈现由包含镜像神经元的区域接收，通过某种模拟来表现一个人前进的动作。然后这一呈现被发送回上颞叶，在这里关于该情景的附加信息（比如她望向水杯的目光和她之前关于口渴的话）会和模拟结果整合在一起，因此，能允许你推测她打算拿起水杯并喝里面的水，而不是把水杯递给坐在她旁边的男士。多亏了社会大脑子系统的高效沟通，所有这些过程或多或少都是无意识、快速、自动地展开的。

镜像神经元不太可能直接促成心智理论。相反，它们很可能是重要的前驱成分，犹如身体对恐惧的无意识情感反应。首先，我们不知道猴子（我们有关于镜像神经元最多数据的动物）是否拥有心智理论。一些认知研究表明心智理论可能是人类独有的能力。其次，镜像神经元并不在参与心智理论实验的人大脑中变活跃的区域内。最后，不是所有有助于心智理论的实验都能被成功复制。

1995年，克里斯·弗里斯和他的同事通过正电子发射层析扫描技术开展了一项心智理论研究。他们对比了两组志愿者的大脑活动——一些倾听需要运用心智理论的故事（把自己放在别人的位置），一些倾听不需要运用心智理论的故事——结果发现了一个特定的活动模式。需要运用心智理论的故事激活了三个区域：一个区域位于前额皮质的内侧段，一个位于颞叶的前方，另一个是位于颞叶和顶叶交界处的上颞叶区域。这三个区域被合称为心智理论网络。接下来，弗里斯及其同事像萨克斯和坎维舍那样做了功能性核磁共振实验确认了这三个区域。

　　心智理论网络被用来识别或推理别人的思想。三个区域中的任何一个受损都会导致人的心智理论的缺失。萨克斯和坎维舍曾试着将含有心智理论的区域的数目减少至额叶和顶叶交叉处的其中一处（图25-7）。尽管这一区域在心智理论测试中强烈而持续地出现，最近的研究表明至少还有一个区域（即内侧前额皮质）也需要心智理论。

　　这些发现显示镜像神经元通过模仿促进学习，从而为心智理论提供了必备的一步，它们将信息传递给大脑中的心智理论区域，使我们能与经历某一情绪的人产生情感共鸣。因此这些镜像神经元可能类似于无意识的、自下而上的视觉和情绪感知加工，而移情心智理论可能类似于有意识的、从上至下的加工，这一过程依据先前移情经历的记忆。

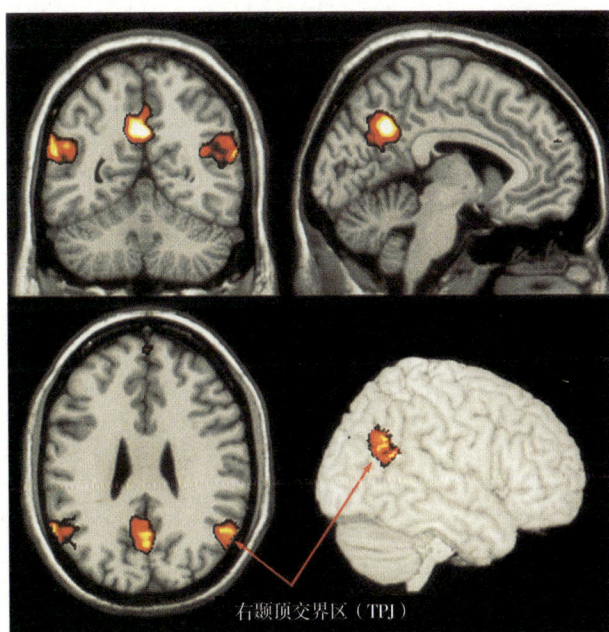

右颞顶交界区（TPJ）

▲图25-7　心智理论。当想到他人的想法、信念或欲望时，这一神经机制被激活。

在关于同感的研究中，心理学家凯文·奥什纳在哥伦比亚让志愿者观看别人的视频剪辑，然后模仿那个人的感受。他称这些条件为"积极同感"，因为志愿者既可以从认知上回应别人的动作和抱负，还可以模仿他们。他发现精确地解读视频剪辑中呈现的情绪状态需要激活镜像神经元和颞部顶骨连接部位。

或许大脑生物运动、镜像神经元和心智理论区域的结合也能使观看者重现和重温艺术家描绘的情绪（图25-6）。通过巧妙地选择和时常夸大这些大脑区域用来解读他人日常生活中的情绪和想法的面部和身体线索，艺术家们激活了我们固有的模拟他人思想的能力。

大脑系统的层次结构使心智理论和杏仁核、前额皮质的组成部分的动态连接和交互成为可能。杏仁核如同我们看到的那样对情绪有多重功能并能精心安排积极和消极这两个不同的情绪系统。前额皮质整合了杏仁核引发的身体反应，在社会认知中起着重要作用。例如，同感以前额皮质的某一区域为中介，好比三合一关注（两个人对彼此和共同任务的关注），这需要就一个共同目标而展开合作。同感和三合一关注都是社会认知与合作的关键组成部分。

最后，观看者通过自上而下地对比我们与别人对同一幅特别的肖像画的反应来进行调节。但是，如同其他许多与观赏者有关的社会行为的其他方面一样，理解他人的能力是通过一种自下而上的方式在大脑中成型的。这是两种与黏合其他的社会互动相关的化学传递介质：加压素和催产素，下一章我们会进一步介绍这两种介质。

在这些发现的基础上，我们可以预测说，自闭症患者很难发展出一种观赏者的视角，因为他们很难推测艺术家对作品的心理意图。这正是乌塔·法瑞斯在"王牌骗局"游戏中所描写的在社会交往中所出现的问题（图25-1）。理解此画作的关键在于，我们的潜意识参与了理解的过程，而这种能力正是自闭症患者所缺乏的。

第二十六章

大脑如何控制情绪和感情

我们已经在前几章讨论了大脑是如何发现并产生情绪和感情的。这些基础神经回路统称为传递系统（图26-1）。为了能有效地行为，作为人类，我们还必须能够预知和控制情绪与情感的产生。这种预知和控制的能力是基于大脑的调节系统的。这些调节系统调节作用于传递系统，而不是把传递系统打开或关掉。与其说它们是收音机的开关，倒不如说它们更像收音机的音量表盘。

在基础的情绪感知和情感体验中，大脑对情绪和感情的调节拥有内在的自下而上的和自上而下的过程。自下而上的过程主要是由基因决定的；而自上而下的过程则由记忆中存储的以前的经验来推断和比较。自下而上的和自上而下的过程都对我们与他人的感情和社会交流产生影响，并且都以观察者的方式指导行为艺术（图26-2）。调节神经元不论是在医学上还是药理学上都有着重要意义，因为调节神经元与很多疾病都相关，诸如精神分裂症和抑郁症，并且适用于很多常见药物。

我们对自上而下的调节的认识还只在起步阶段，但我们对关键的自下而上的大脑调节系统却有着深刻的认识。

在科学家所观察研究的大脑的六个调节系统中，大多数只有不多的神经元细胞，往往只有几千个，但是，它们连接着大脑皮层的很多区域，包括那些控制着激动、心情、学习以及对自主神经系统的管理的结构。每一个调节系统都负责一种情绪，并且与其他的调节系统一起创造出更复杂的情绪。这些神经元所释放的化学物质不光可以作为常规的神经递质来在神经突触部位激活接收单元，它们同样也可以释放神经激素并激活远离释放点的大脑接收单元。

情感调节回路的两个基本要素

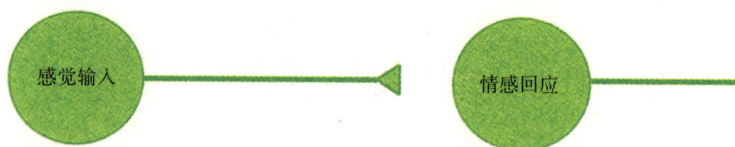

情感调节的基本过程

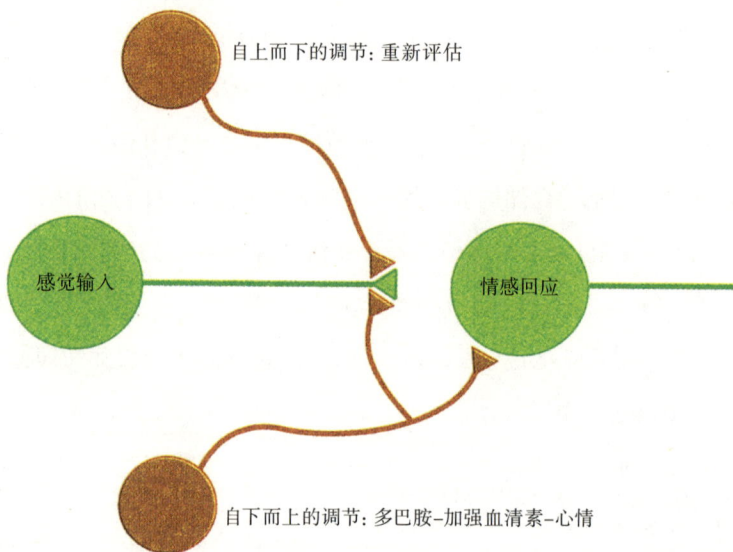

自上而下的调节: 重新评估

感觉输入

情感回应

自下而上的调节: 多巴胺–加强血清素–心情

▲ 图26-1

  控制自上而下调节的神经元在前脑部位，也就是前额皮质。控制自下而上调节的神经元主要聚集在中脑和后脑部位（图26-3）。自下而上调剂系统向大脑的不同区域的发射细胞发射其神经轴突。这些大脑区域主管着情绪、动机、注意力和记忆，包括杏仁核、纹状体、海马和前额皮质。这些结构又将信息反馈给自下而上的系统，从而自上而下地管理它们。各种不同的调节系统释放出不同的神经递质。而这些不同的神经递质又有着不同的生理和行为效果。

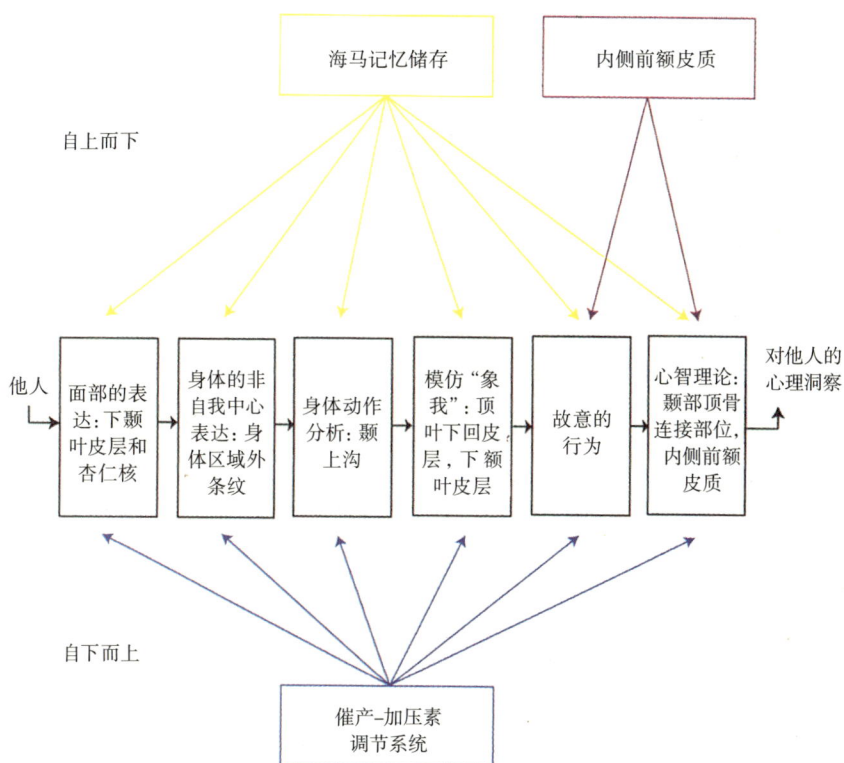

▲图26-2　与观赏者和社会大脑相关的神经回路的自上而下与自下而上的调节。

　　关键的自下而上的调节系统,包括我们所熟悉的多巴胺能系统,这个系统涉及对学习相关奖励的期待和预知,或者是对令人吃惊的重大事件的记录;内啡肽系统,主要是用来减少痛苦和提升快乐;催产素和抗利尿激素系统,这个系统涉及团结、社交和信任;肾上腺素系统,这个系统主要是用来提高注意力和对新鲜事物的探索,还有一些恐惧情绪;血清素系统,这个系统主要涉及一些针对注意力和记忆力种类的情绪状态。

　　大部分我们认为对社会功能重要的行为都十分依赖于自下而上的大脑调节系统,例如注意力、记忆、同情和感情。针对任何调节系统的干扰都会导致严重的大脑功能失调。例如,肾上腺素的提升就精神分裂的典型的表征;血清素和去甲肾上腺素的降低会导致抑郁;去甲肾上腺素的升高会导致后创伤应激障碍;类胆碱系统的活动性降低与一些形式的老年痴呆症认知功能失调有关。当这些调节系统正常工作时,我们的认知和反应就会处于我们所认为的正常范围之内。

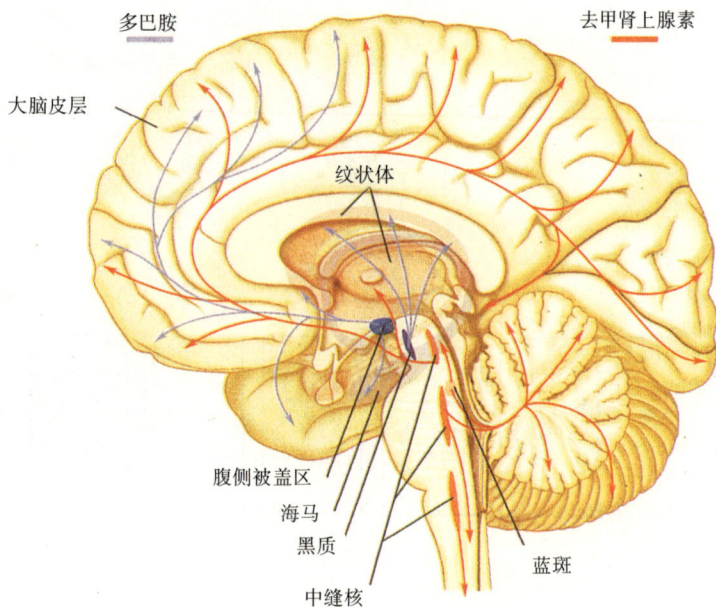

▲图26-3

　　第一个需要详细阐述的调节系统是多巴胺系统。在这个系统中，神经元释放出多巴胺来调节奖励。在人脑中的多巴胺神经元要多于其他任何种类的调节神经元。大约有450000个多巴胺神经元均匀分布在大脑的两个半球中。这些神经元的细胞体处在中脑的两个位置：黑质和腹侧被盖区。黑质拥有着最多的多巴胺细胞。这些细胞将它们的细胞轴突延伸到基底神经节来对外界环境刺激作出基础反应。基底神经节拥有着相对少量的神经元，这些神经元主要负责奖励。它们将轴突延伸至海马、杏仁核和前额皮质。由此可见，多巴胺神经元的轴突分布广泛并且调节着大脑中的多个系统。

　　多巴胺系统与奖励有关的事实是詹姆斯·欧兹和皮特·米奈于1954年偶然发现的。他们获得一项重大发现，那就是对大脑深处的不同部位进行电流刺激可以增强产生奖励的行为。令人惊奇的是，这些针对大脑深处的电流刺激与针对动物（包括人类）的一般性奖励有着异曲同工之效，但却有着一个很重要的不同点：只有在动物处在某种特定的需求状态下，一般性奖励才会有效。例如，只有当人感到饥饿时，食物才可以作为奖励。而针对大脑深处的刺激却不需要动物处在某种特定状态。学会通过按键来自我激励的老鼠对食物和性也会采取自我激励。在1955年出版的科学研究回顾作品中，欧兹写道：总的来说，动物在连续几周不断的自我激励后会死于饥饿。这一观察使他和米奈得出一个观点，那就是，针对大脑深层的刺激会激发那些平时只能被奖励所激活的神经系统。

　　什么是奖励呢？它们是目标、刺激、活动，或是对一个人和一个动物有着积极意义的内在物理状态。它们确保对愉悦的主观感受并且帮助产生积极的情绪。它们是积极的促使者，并且增加了那些可以帮助实现一个目标的行为频率和强度。

　　人与环境交流的复杂性需要一个具有针对性的机制。这个机制不仅可以发现奖励和打击激励的存在，还可以在现有经验的基础上预知将来的发生。伊万·帕乌乐乌在20世纪初曾做过一些基于联想学习这一经典式条件反射下的成功试验（参见第十八章）。我们也已经从中学到了很多关于奖励和奖励预期的知识。

　　据发现证实，多巴胺系统不仅可以回应奖励，也可以对预示奖励的激励进行回应。多年以来，心理学家认为经典式条件反射需要有条件的激励（神经的、知觉的）和无条件的激励共同出现，并且是互相联系的。根据这种观点，每一次两者配对，它们之间的神经联系就会增强并最终达到一定程度从而改变行为。人们认为条件反射的强度取决于配对的数目。

　　1969年，加拿大心理学家里昂·卡米取得了被认为是自帕乌乐乌最初发现之后在条件反射领域最重要的经验发现。卡米发现不只是简单的学会神经激励从而带来奖励，动物已领悟到神经激励预示着奖励。因此，联想学习并不取决于一定数目的激励配对。事实上，它取决于神经激励在预测生物上的重要奖励的能力。

　　这些发现揭示了为什么动物和人类天生具有经典条件反射。所有形式的联想学习可能都会进化，从而使我们能够区分经常性共同事件和随机性共同事件，并在此基础上使我们可以预测一个结果的发生。例如，我们在感受过一瓶上好的教皇新堡干红的酒香后，可能就会学会期待品尝好酒。

　　当实际发生事件不同于预期事件时，学习就会发生。很多种行为都受到奖励的影响，因此，当实际回报不同于预期回报时，这些行为就会经历长期变化。当实际回报与预期回报等值时，行为不会发生变化。

生理学研究发现，各种基于奖励的学习都需要多巴胺神经元。多巴胺神经元可被预期回报、非预期回报以及预期回报偏差激活。预期回报偏差可以由多巴胺产出的波动看出。这些发现得出多巴胺可以作为指导信号。因为多巴胺与海马的联系，多巴胺神经元可能调节海马对预期积极的增强激励的反应，就像之前在学习试验中的一样。

来自英国剑桥大学的沃夫瑞·舒兹指出了多巴胺神经元是如何在学习中发挥作用的。腹侧被盖区和黑质的细胞神经元可以被非预期回报、回报预期和回报预期偏差激活。当出现偏差时，在实际回报高于预期的情况下细胞被激活，反之则被压抑。当回报在非预期时间发生时，细胞被激活，当回报未在预期时间发生，细胞被压抑。当回报恰如预期无二致时，细胞无反应。

舒兹的发现与达尔文的情绪规范的两极论一致——也就是接近与避免（战斗与逃离）。他的发现显示多巴胺神经元不仅可以被诸如食物、性或药物的现实体验激活，也可以被对这些回报的预期激活。因此，多巴胺是被快乐预期激活的，甚至快乐本身不会出现。

多巴胺神经元对快乐预期的反应可能就是我们在欣赏艺术时所体验到的愉悦的生理基础。艺术预示生物回报（图26-4），因此可以让人有美好的感受。这种感受与之后是否会有超出观赏的回报无关。

增强或延长自然多巴胺分泌的药物可以带来强烈深入的愉悦。事实上，一些滥用的药物，如可卡因和安非他明，会俘获多巴胺系统并让大脑产生被回报的错觉，从而使人上瘾。

大脑的愉悦回路可以在多种情况下被激发，例如，当我们在欣赏一件艺术品时，在欣赏夕阳西下时，或在做爱时。在这些情况下，我们的体验已经超出了自下而上的多巴胺释放。我们可以了解这时也有自上而下的参与，并且使某一次的体验与之前的体验相结合。因此，在情绪愉悦中，正如在欣赏艺术和美好的事物时，即时的物理上的感官刺激带动了无意识的联想，从而扩大了感受范围。

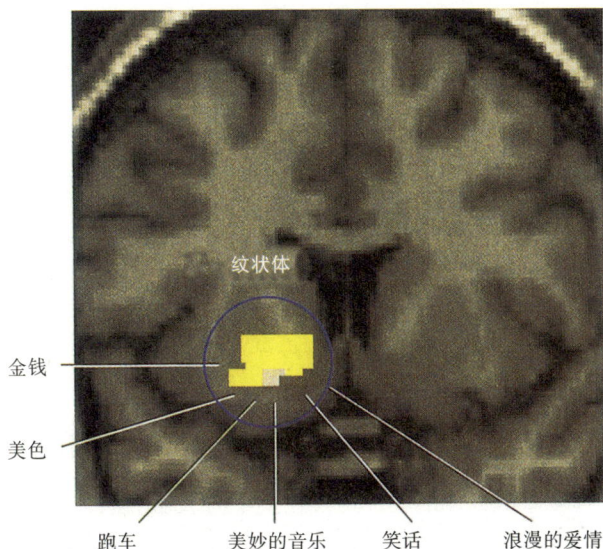

▲ 图26-4　纹状体中的多巴胺神经元对各种各样的愉悦情绪产生回应。

　　第二个自下而上的调节系统减少疼痛并扩大愉悦，包括我们在欣赏艺术时所感受的快乐。它是通过释放内啡肽神经递质来完成的。内啡肽是缩胺酸，是由6个或7个氨基酸链条组成的复合分子，它们是身体的天然止痛剂。内啡肽是由下丘脑释放的，并能调节脑下垂体。它们在阻挡疼痛刺激并创造愉悦感上与吗啡类似。激烈的运动可以刺激内啡肽的释放，并产生一种运动员偏爱的内啡肽高潮反应。事实上，运动员不再运动时会感到有气无力和抑郁，因为他们体内的内啡肽消退了。内啡肽也可以通过兴奋、疼痛、辛辣的食物和性高潮来释放。

　　内啡肽是苏格兰的约翰·胡格斯和科斯黛利兹于1975年发现的。他们研究了约翰斯·霍普金斯大学的所罗门·斯奈德在大脑中发现的类鸦片。结果发现内啡肽是由与多巴胺一样的刺激物释放的，并且延续了由多巴胺所带来的愉悦感。

　　第三个调节系统释放催产素和加压素。它们是很重要的神经递质，用来影响指导交配和亲子行为，以及更普遍的社会行为、社会认知，还有我们了解他人想法和动机的能力。催产素和加压素都属于缩胺酸并产生于下丘脑（如同大多数缩胺酸传递素）。两者都来自和流向脑垂体的后叶，并且激活整个大脑的接受者。

催产素和加压素可以在很多动物体内找到，从蠕虫到飞虫再到哺乳动物，并且以相类似的基因存在。我们目前所知的大部分有关催产素和加压素的作用都来自汤姆·恩赛、拉瑞·杨以及他们同事的先驱试验。他们的试验研究了草原和山区的田鼠，这是两种有着非常不同交配行为的类鼠啮齿动物。

草原田鼠遵守一夫一妻制来抚育新生命；山区田鼠滥交并独自生活在地洞里。这些不同点在生活最初的日子里很明显。在交配之后，雄性和雌性草原田鼠对它们的另一半忠贞不渝并依赖彼此。雄性草原田鼠帮助雌性养育它们的后代，并对其他雄性有敌对行为。对比之下，山区田鼠大量繁殖并且不形成任何配偶关系。这些雄性田鼠行为上的巨大差别与它们脑中的加压素的差别相一致。具有组建家庭倾向的草原田鼠在交配时大脑会释放高浓度的加压素，而滥交的山区田鼠则只会释放少量的加压素。雌性草原田鼠同样借助于催产素而与它们的雄性伴侣结成家庭关系。加压素关系到性器官的挺立和射精，主要涉及包括人类、田鼠和兔子在内的雄性社会行为，从结成伴侣、占有领域到进攻。

在所有的动物里，催产素影响着女性社会群体内的性关系行为——结成伴侣、性交、分娩、母性依附和哺育。催产素在性交和生产时得到释放。它有助于怀孕、生产以及稍后的哺育、出奶和看护。对于田鼠，催产素的释放会使它对其他幼崽也产生母性依附。与它的结成伴侣和性行为一致，催产素与多巴胺回报系统相交流。在一些情况下，催产素会释放来回应压力，在这些情形下，它会降低对紧张性压力的反应。加压素会在性刺激、子宫扩张、压力和脱水时得到释放，并且对社会行为有着相当的影响。

催产素和加压素在人类的社会行为和社会认知上发挥着重要的作用。催产素通过增加放松、信任、同感和利他主义来促进一个人的积极的社会交流。神经激素接受者的基因的不同被认为是可以改变大脑功能从而导致社会行为的不同。来自加州大学伯克利分校的萨日娜·罗德里格斯和她的同事们发现基因的差异会影响人们识别面部表情的能力以及对他人受难时的失落感，从而影响人们的同感行为。

皮特·克什和他的同事们工作在德国黑森大学的认知神经科学工作组。他们发现了催产素调节社会认知的神经回路。催产素可以很大程度上减少海马的活动性和对恐惧的自发的行为发泄。它也可以促进积极的交流,至少是通过减少皮质醇这种压力荷尔蒙来使人放松。

来自苏黎世的心理学家麦克尔·克斯菲尔德和他的同事们发现催产素能增强信任感并使人愿意去承担风险。因为信任对友谊、爱情和家庭,当然也包括经济交流,都很关键,所以催产素的变化可能对人类行为举足轻重。催产素特别会影响我们是否愿意承担社会风险以及是否愿意与他人建立起包容的利他的交流。

仅仅通过看到已与我们建立起信赖交流的人的脸就可以激发我们的下丘脑释放催产素,从而产生内啡肽。这说明了与值得信任的人交流,就其本身来说是具有回报性的和快乐的。我们可以认为催产素对某些社会关系来说可以促进同感和社会团结。

第四个自下而上的调节系统释放去甲肾上腺素。这是一种可以增加警觉的神经递质。在压力下产生的高浓度的去甲肾上腺素可以导致恐惧。一些去甲肾上腺素激活的神经元在学习新的任务时是活跃的。除此之外,多巴胺和去甲肾上腺素激活的神经元对一些负责学习的神经突触的长期变化具有作用。

令人惊奇的是,大脑仅仅只有少量的去甲肾上腺素神经元——大约只有10万个,它们聚集在一个名为蓝斑的神经核内,分布在中脑的两侧。尽管它们数目比较少,但是这些神经元在调节情绪方面发挥着重要的作用,包括我们对焦虑性障碍压力的反应,例如,创伤后应激障碍。这些神经元将它们的轴突伸到中枢神经系统的每一个地方,包括脊髓、下丘脑、海马、杏仁核、皮质层,特别是前额皮质。去甲肾上腺素使我们能够对突发性环境刺激保持警惕和反应,特别是对痛苦的刺激。它使我们的心跳加速,血压升高,是我们在战斗和逃跑反应过程中重要的组成部分。

去甲肾上腺素神经元对注意力的集中很重要,阻碍去甲肾上腺素的传递并不会干扰动物对特定认知事件的记忆,但是会干扰动物对该事件的情感内容的记忆。因此对于经历过经典恐惧状态的动物,阻碍去甲肾上腺素会干扰动物对痛苦刺激的回忆,相反的,当使用某种药物补充了去甲肾上腺素,可以使动物对恐怖刺激的记忆得到增强，从而增加它的恐惧。

相似的，当志愿者被要求浏览一些含有感情故事的照片时，在服用安慰剂之后，志愿者可以很形象地回忆起故事中的感情部分；当志愿者服用阻碍去甲肾上腺素的药物后，就没有表现出对这些图片增强的记忆。

第五个自下而上的调节系统是血清素系统，这也可能是最古老的系统。对于飞虫和蜗牛这样的无脊椎动物，因为它们无法制造去甲肾上腺素，因此它们只能利用血清素来调节它们的行为。在人类体内，血清素神经元聚集在脑干中线附近的九个脑瓣中。它们把它们的轴突延伸到脑中的几个区域中，包括杏仁核、纹状体、下丘脑和新大脑皮层。这些神经元在兴奋、警惕和情绪方面都有着重要的作用。在人的身体里，低量血清素会引起抑郁、攻击性和性欲；极其低量会带来自杀倾向。事实上，最有效的治疗抑郁的药理学方法就是基于一些药物可以增加大脑中的血清素浓度的能力。高浓度的血清可以带来平静、沉思、自我超越以及宗教和精神的体验。一些药物，比如LSD，因为可以控制血清素接受者，所以能够带来精神快乐和幻觉。

第六个自下而上的调节系统是类胆碱系统，它可以释放乙酰胆碱，并且调节睡觉和睡醒的循环，以及包括认知表现的一些方面，如学习、注意力和记忆力。类胆碱神经元位于大脑中的一些区域并且它们的轴突可以延伸到海马、杏仁核、丘脑、前额皮质和大脑皮层。类胆碱神经元控制多巴胺的释放，因此可以调节回报和回报预测的偏差。类胆碱神经元的一个很重要的组成群体位于前脑基部，能帮助记忆存储，让它的轴突延伸到海马、杏仁核和前额皮质。

这六个自下而上的调节系统是一个相当古老的并且保守的控制积极和消极情绪的方式。它们不仅存在于脊椎动物体内，而且也存在于无脊椎动物体内，如果蝇、蠕虫以及海螺。虽然它们有互相重叠的功能，每一种都有一套独特的行为方式，但它们在一起，对我们的健康、大脑的综合功能以及我们对环境作出适当回应和预测都至关重要。

我们同样也进化出了自上而下的调节系统，这些系统对我们积极或消极的认知和情绪，形成认知控制。这些控制在大脑皮层的高层区域展现。控制情绪，评估情绪，并在必要时重新评估情绪，所有这些对我们有效地发挥功能很重要。

冲突、失败和损失在一些情况下好像要来毁坏我们，但是我们有着非凡的能力可以在危险来临时控制情绪，这种调节能力决定了这些困难对我们身心健康带来的影响。凯文·奥斯莱是一名在自上而下系统的研究方面表现优异的学生，他向我们讲述了莎士比亚的人类思想和人类对认知管理能力的深入见解，并且引用了哈姆雷特的一段话："世间本没有善和恶，是我们的思想带来善和恶。"

有一种自上而下控制情绪的形式叫作重新评价，这种形式已经得到很好的研究，它实际上也是一种对感情的重新思考。一次非常令人不愉快的事件或图片所带来的感情上的冲击，可以通过理智的评价和再次评价来缓解和中和。再次评价事实上是认知疗法的基础，这个疗法是由费城大学的精神分析学家亚伦·贝克尔发展完善起来的，这种形式的治疗方法是用来使患抑郁症的人们以一种更加现实、综合的方式对信息的认知过程进行重新评估。

怎样进行重新评估呢？奥斯莱和他的同事们采用功能MRI来对神经系统进行重新探索，即根据人们是如何以理性的方式应对负面的场景来进行理性评估。研究人员发现重新评估与前额皮质背外侧和腹外侧区域的活动量增加有关，这两个区域与下丘脑和杏仁核有直接的联系。并且，这些区域活动量的增加与杏仁核活动的减少有关。这个发现与我们之前看到的一致——也就是说大脑高阶区域不仅仅通过下丘脑的联系来指挥和评估情绪，而且至少有一部分是通过对杏仁核的管理。此外，它们还通过前额皮质对激励强度评估的能力来施加它们自上而下的影响。

前额皮质的背外侧区域对工作记忆和反应选择施加着认知控制。因此，再次评估是一种在控制情绪的同时使我们对环境产生情绪的认知。再次评估的发现揭示了相似的认知控制策略，可以用在不同的环境中来调节情绪。奥斯莱从这些发现中总结出，前额皮质的高阶区域可以对情绪以及思想同时施加自上而下的认知控制。

对调节系统的研究使我们得以对情绪和情绪神经美学的生物学原理有了初始概念——观察者的大脑是如何重新创造了艺术品中的情绪状态，以及情绪、模仿和同感是如何在大脑中得以体现的。这些对生物学以及在感知、情绪和同感方面的认知心理学的洞察力的发展可以帮助我们理解为什么艺术使我们如此感动。

管理不同种类情绪的不同调节系统可以对相同的目标产生不同的影响（例如，前额皮质或杏仁核）。因此，当你在欣赏一件艺术品时，你在情绪图谱上的具体位置，一部分是由杏仁核、纹状体和前额皮质决定的，一部分是由各种调节系统决定的。事实上，正是调节系统这种独立而又互相重叠的功能，使你自如地从一种情绪状态转变到另一种情绪状态。

古斯塔夫·克里姆特笔下的《朱迪思》就是我们在面对一个绘画作品时所能体验到的情绪的复杂性的良好例子。正如我们所见，在犹太人看来，朱迪思是一个勇敢的自我牺牲的女英雄，她将她的人民从荷罗孚尼手下拯救出来。在整个文艺复兴时期，正如我们可以在荷罗孚尼的作品中所看到的一样，朱迪思被描绘成一个强大的理想化的年轻妇女，但是克里姆特改变了她的形象，使她色情化，他把朱迪思描绘成一个性感挑逗的烈火情人，同时具有强烈的性欲和杀死荷罗孚尼的虐待满足感（图8-22）。在最终的阉割版本里，她把荷罗孚尼的头砍掉，并且把他的头放到她裸露的胸膛上。

让我们猜想克里姆特的作品是如何以多种方式来牵动一个假想中的观察者的调节系统的。在最初，画像光彩照人的金色表面，身体的柔和呈现和整体色彩和谐的组合，所有这些所带来的美感会激起愉悦回路，带来多巴胺的释放。如果朱迪思光滑的肌肤和裸露的酥胸导致了内啡肽、催产素和加压素的释放，一个人可能会感到性高潮。荷罗孚尼被砍掉的头所引起的暴力影响，还有朱迪思的虐待的眼神和上翘的嘴唇，可以导致去甲肾上腺素的释放，从而使心跳加速、血压升高，并带来战斗或逃跑反应。相反的，柔和的画法，重复的甚至是沉思般的布局，可能导致血清素的释放。观察者观察这幅图像，并体验它多面的感情内容，乙酰胆碱释放到了海马中，并且帮助这个图像在观察者的记忆中储存。使一幅如克里姆特的《朱迪思》这样的作品如此不可抗拒和多样化的原因在于它的复杂性，这使它可以在大脑中激发独特的并且经常相互冲突的感情信号并且把这些感情信号结合起来去产生一种让人惊异的复杂且让人神魂颠倒的情感漩涡。

对情绪和移情的生物调节系统的研究虽然才刚刚起步，但是它有望在未来帮助我们深入了解为什么艺术可以如此深刻地影响我们。维也纳现代主义者的艺术作品表明，脸部、手和身体识别所借助的系统调节着大脑中那些与情感、模仿、移情和心智理论有关的区域。当一个艺术家的作品在情感上很丰富时，我们可以通过这种方式来感知、认同和描绘这个艺术家给我们带来的感觉。

第五部分

视觉艺术和科学之间不断发展的对话

第二十七章

艺术的共性和奥地利表现主义

2008年，考古学家尼古拉·康纳德在德国南部发掘出土的维纳斯雕像可能是迄今发现的最古老的人体雕像。这是一尊理想化的女性雕像，是用距今至少有35000年的猛犸象象牙雕刻而成的（图27-1）。在评论这一非凡发现时，保罗·梅拉斯提醒大家注意此图"显然的，几乎是攻击性的性的本质，它主要关注女性的性特征"。雕刻家故意缩小了雕像的身体、头部、手臂和腿部，而及其夸张地表现其"丰满的胸部，放大的阴户，还有隆起的腹部和臀部"。

的确，这是夸张的女性的性特征，这一新发现的雕像与大约5000到10000年后欧洲的几个地区发现的被称作金星人物的雕像相似。金星人物的文化根源至今仍然很模糊，虽然考古学家推测它们反映了关于生育能力方面的原

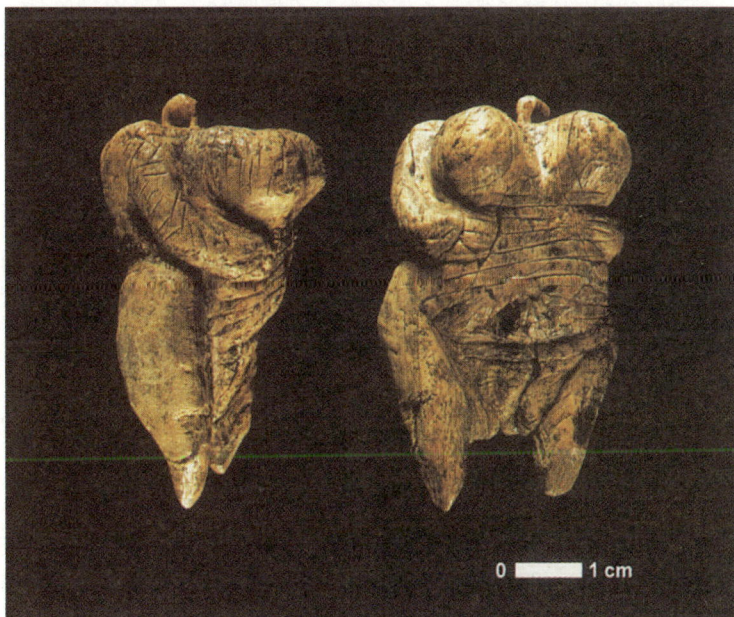

▲图27-1 费尔斯窟中的维纳斯雕像

始信仰。梅拉斯总结说，"不管从哪种角度都能明显看出，在人类进化史上，欧洲（乃至世界）艺术的性象征维度的历史非常久远。"正如我们所看到的，在本质上，在35000年后，奥地利表现主义艺术家也创造了一种现代版本的"象牙雕像"，他们仍然试图通过夸张的人脸和身体来突出他们的主题，以新的情感方式、情色、进取心和渴望来表现他们的主题。而已知的最早描绘人体的作品和奥地利表现主义艺术家作品之间的这种连续性更引发了一系列的问题。

艺术有普遍的功能和特征吗？由于科学和技术的进步，以及在一定程度上观点、知识、需求和艺术家期许的改变，每一代人都创造出新的艺术风格和表现形式。但除了这些转变外，还有其他艺术共性被保留下来了吗？如果保留了，这些普遍的特性是如何被大脑中的特殊通道感知的？为什么它们如此强大而令人回味呢？它们能像"维也纳1900"一样，为理解一个特定的文化环境的艺术创新提供一个科学的框架吗？

目前，关于艺术和人类大脑本质这样一些深刻的问题，我们还处于探索的早期阶段，但这是一个处理这些问题的合适时机。在20世纪最后的20年里，一种新的科学思想已经从认知心理学和大脑科学的融合中浮现出来。

从那时起出现的心理生物学思想，其重要性并不仅仅是对科学知识的贡献，它所研究的那些复杂的心理过程，比如感知、情感、移情作用、学习、记忆等，也会帮助弥合科学和艺术之间的差距。因为艺术家创造艺术和观众对艺术的反馈是大脑的产物，因此，对大脑科学最吸引人的挑战来源于艺术中。当心理生物学帮我们更多地理解了感知、情感、移情作用和创造力之后，我们将更好地理解为什么艺术经验会影响我们，以及为什么它是几乎所有类型的人类文化的一部分。

萨米尔·泽基是新美学先驱，他提醒我们，大脑的主要功能是获取世界中的新知识，视觉艺术是此功能的一个扩展部分。显然，我们可以从很多来源获取知识——书籍、网络、体验身边的环境。但是泽基认为艺术具有不同的目标：艺术延伸大脑的功能比获取知识的其他过程更加直接。所有的感官在世界上获取知识的时候都提供类似的功能，但视觉是迄今为止获取关于人、地点和对象这些知识最有效的方式。而且，确定的知识类型，如面部表情或社会团体的内部交往，只有通过视觉来获得。视觉是一种非常积极的活跃过程，因此艺术也鼓励这一种活泼的、有创意的对世界的探索。

　　奥地利表现主义艺术家让我们产生了一系列与情感神经美学相关的问题，这些问题属于一个将艺术与认知心理学、感知、情感和移情的神经心理学进行结合处理的研究领域。有一些情感神经美学的问题可以立即得到解答：生物美学的本质是什么？一般生物原则支配我们对艺术作品的反应吗？或者说我们的反应总是基于个体的感受吗？

　　丹尼斯·达顿是一个艺术哲学家，他识别出了我们对艺术反应的两个基本观点。第一个来源于20世纪下半叶以视角为主导的人文研究——这种研究认为，大脑本是一片空白，通过经验和学习，大多数的人类特征属性（包括艺术创造力和响应）才最终被镌刻于空白的大脑中。达顿的第二个观点是，艺术不仅仅是进化的副产品，也是一种进化的适应——一种本能的特质，它帮助我们生存，所以它是我们的福祉。相比较而言，后一种观点更加引人注目。

　　达顿认为，由于人类具有自然的想象力，这种想象力具有重要的生存价值，因此我们才进化为自然的说故事的人。他解释说，讲述故事令人愉悦，因为它使我们有机会去思考关于世界的假想和存在的问题，由此来扩展我们的经验。具象视觉艺术是讲故事的形式，艺术家和旁观者都可以可视化，在自己的头脑里思考，可以研究不同社会和环境设置中的角色表演间的关系。讲故事和具象视觉艺术是低风险、虚构的解决问题的方式。语言、讲故事和其他的艺术形式使艺术家塑造出独特的世界，并利用这个独特的世界来进行交流。

　　艺术允许我们以类似小说的方式参与到讲故事中。在不同的情况下，倾听者或旁观者从个人、内在角度的经历展开的故事情节，使他或她通过站在他者的角度来分析事物的相互关系。这种体验在阿瑟·施尼茨勒的现代主义艺术中更加显著，他使他的读者通过人物性格内部独白来感受剧中人物的思想。在享受小说和艺术的同时，我们采用心智理论，该理论允许我们从一个新的角度去感知世界，在那里，我们能够安全地应对和解决问题。这是进化的自适应，它使我们有机会为今后我们可能遇到的问题做预演和准备。

后文艺复兴时期，油画方面最重要的突破之一当属被阿洛伊斯·里格尔称之为"外部连贯"的艺术形式。在这种形式中，旁观者作为一个必要因素积极地参与到叙事中来。正如在小说中一样，旁观者积极地参与到叙事模式中来，没有他们参与的作品是不完善的。利用旁观者的想象力，或者艺术中的进一步叙事，它必须能够吸引旁观者的情感中心和调节系统。正如克里姆特的《朱迪思》，通过激发并结合大脑中不同区域的情感系统，它带领观赏者感受微妙差别，将观众带入奇特的情感体验中。

在故事或艺术作品中传达的信息不一定是简单的。它可以是复杂而多面的。每一个变化的声音，每个面部肌肉轻微的收缩，都能帮助我们理解人物的情感体验，从而预测他/她接下来会做什么。人们依赖阅读这些细微的变化来提高社会生存能力。这就是为什么人类发展出神经系统来代表它们、反应它们，当然，最重要的是理解它们。同时，它解释了我们为什么会生产、欣赏，并渴望艺术：艺术提升我们对社会和情感暗示的理解能力，这对人类的生存至关重要。人类的语言和讲故事的能力使我们能塑造我们的世界，并且能以之与别人交流。

为什么艺术会穿越历史的长河幸存下来？它具有的普世的吸引力的基础是什么？社会心理学家艾伦·迪萨纳亚克和艺术理论家南希·艾肯通过独立的研究，从进化生物学的角度来回答了这些问题。从观察入手，他们发现艺术无处不在：从35000年前的石器时代至今，所有人类社会都会生产出某种艺术形式，并都会对艺术作出回应。从表面上看，艺术不像事物和水那样，对人类的基本生存至关重要，但任何社会的艺术其实都必须服从于某种目的，这使它与人类的生存息息相关。语言、符号化、制造工具等这些人类比较独特的特征，在其他动物中也可以找到，但唯独艺术为人类所独有。

有趣的是，与我们在心理和生理上相似的克罗马农人，在32000年前就在法国南部的岩洞中作画，然而，就我们所知，同时期生活在欧洲的尼安德特人，则创建了不具象艺术。艾肯推测：

没有证据表明为什么尼安德特人灭绝了，甚至为什么今天只有一种人种存活下来。但这可能与我们的克罗马农祖先运用艺术来巩固自己种群的生存能力，而其他种群由于缺乏这一机制，无法适应变化的环境，或者在资源有限的情形下无法和克罗马农人竞争有关。

迪萨纳亚克认为，艺术作为人们行为和感觉所呈现的事实，它能够不断地进化和发展，这是因为它是旧石器时代社会统一最为重要的一种方法。通过将人类结合到一个团体中，艺术加强个体在群体中的生存能力。通过将一些具有重要社会意义的事物、活动和事件艺术化，使之变得具有可娱性并令人难忘，是艺术将人们团结起来的方式之一。通过将日常生活用品进行艺术化的处理，使他们远远地超越满足日常生活的目的，正是这些仪式所不可缺少的一部分。迪萨纳亚克写道（1988）：艺术在原始社会最杰出的特点也许是与日常生活密不可分，也是庆祝仪式上必然出现的。

由于艺术唤醒了情感，而情感引发了观赏者的认知和生理的双重情感反应，所以艺术能够产生全身反应。约翰·托比和科斯米德斯，这两位进化心理学的创始人，顺着恩斯特·克里斯和贡布里希的思路讨论道：

> 我们认为艺术具有普遍性，因为每个人都被进化成为一个艺术家，根据进化美学原则驾驭自己的心智发展。从婴幼儿时期起，自我编排的经历是原始的艺术媒介，而自我是最初最主要的受众。尽管别人不能体会我们自身形成的大部分的审美经历，从跑、跳到想象的场景，有一些表达的途径能够通过造物主和他人来得到体验。额外记录介质的发明（绘画、黏土、电影等）使观众可访问的艺术形式在人类历史上稳步拓展。然而，我们认为，即使人类永久记录表演的能力已经使这种观众导向的形式变得愈来愈庞大，也愈来愈不可抵抗，但社会公认的艺术仍然仅仅是人类美学领域的一小部分。

为了获得预期的反应，艺术家通过不同的艺术形式来触动观众原始的情感区域。为理解他们到底是如何完成这一行为的，认知心理学家维莱亚努尔·拉马钱德兰研究了"人类艺术体验所有不同体现背后的基本原则"——也就是说，那些形成人类视觉感知的基本格式塔原则。按照恩斯特·克里斯和贡布里希关于漫画的谈论，拉马钱德兰认为，很多艺术形式之所以是成功的，是因为其故意的夸大、夸张及变形，皆在于激起我们的好奇心并且在我们的大脑产生一个令人满意的情绪反应。

但是，艾肯认为，为了达到预期的效果，艺术不能随意地偏离现实。他们必须成功地捕捉到人类大脑本能的情感释放机制。这再次提醒了我们，行为心理学家和动物行为学家所强调的夸张在艺术中的重要性。这一发现为探索简单的符号刺激为什么能够释放出一种成熟的行为而对此行为稍加夸张会产生更加强烈的行为提供了基础。

拉马钱德兰将这些夸张的符号刺激称为峰值变化原则。按照这个原则，艺术家不仅要尝试去捕捉一个人的本质，而且要通过适当的夸张来放大这个人的本质，从而更有力地激活这些本就会由现实生活中的人触发的神经机制。拉马钱德兰强调说，艺术家快速捕获肖像的本质特征而放弃冗余或无关紧要信息的能力，与视角系统经过长期进化而形成的能力基本相似。这样，通过提取所有面孔的最普遍的特征，艺术家无意识地提供了一个夸张的符号刺激，而将这些普遍特征加以删减，就可以放大其不同之处。

峰值变化原则既适用于深度、颜色，也适用于形式。在克里姆特的绘画中，我们看到，虽然他缺乏一种透视感，但却有一种被夸张的深度。而奥斯卡·柯克西卡和埃贡·席勒描绘的面部常常以夸大的色彩著称。此外，研究以梵高、柯克西卡和席勒为首的画家的绘画，显示出他们峰值变化原则的知识主要体现在他们绘画中十分强调面部的组织特征上。拉马钱德兰还辨认了另外 10个通用的艺术原则，这些原则部分来自完形理论，它们是：分组、对比、隔离、感知问题的解决、对称性、一致性、节奏重复、有序、平衡和隐喻。

正如里格尔所着重强调的那样，美学具有放之四海而遵循的原则的观点并不排斥历史和风格影响的重要性，同时也应该承认地方性的偏好和艺术家个人的独创性。的确，正如我们所看到的那样，特殊艺术学校的出现，如“维也纳1900”的现代主义艺术，可能深深扎根于特定时间、地点的知识和文化活动之中。拉马钱德兰仅仅概括了一些原则，无论是有意还是无意，这些原则都可能是艺术所采用的原则。

　　一个特定的艺术家强调何种特殊的法则以及艺术家到底会获得何种效果，取决于他或她受到当代的或历史上的艺术风格的影响，以及其本身的智力和时代的艺术精神，他们自己的技巧、兴趣和创造力的影响。例如，或许有人会说，法国印象派大师通过自然采光的绘画，在色彩空间引入新的变化，而奥地利表现主义通过用新视野刻画人物面部及身体，在情感空间的变化引入人们的情感和本能生活。在这些情况中，艺术家都是在人类视角和情感系统的普遍原则下发展出新的视角。

　　同时，艺术家也无意识地遵循了另一个生物原则，这一原则是：人的注意力资源是有限的。在一个给定的时间里，只有一个神经表征能占据有意识的中心舞台。正如拉马钱德兰指出的那样，由于有关面部或身体的关键信息来自轮廓，而其他的一切，比如肤色、头发的形状等，就变得无关紧要了。事实上，这些无关紧要的细节可能会分散我们的注意力，使我们不能将注意力放在它们需要的地方。

　　这就是为什么克里姆特的黑暗新艺术的轮廓显得如此有力，这种艺术风格已经由柯克西卡和席勒修正成为视角图像。他们着重描绘并且唤起对脸、手、身体轮廓的注意，这种艺术手法以特殊的效果激活我们情感回应的神经机制。艺术家必须在图像中呈现这些高峰转移原则，并且摒弃其他一切不相关的因素，以使观众可以将注意力分配到那些艺术家想要观众注意的地方。有时，观众甚至可以不管颜色的影响。席勒在他的雕塑作品中运用少量色彩，有时甚至根本不用，尽管如此，他们的效果依然很强大。

　　在我们对艺术的反应中，感知和情感是如何相互作用的，这一洞见最初是从认知心理学的研究开始的。最初是里格尔，后来有克里斯、贡布里希和拉马钱德兰。从他们的作品中，我们了解到，艺术家创作图像后，我们大脑会对这些图像进行再创作。我们的大脑有一种天生的能力——这种能力最初由格式塔心理学家提出来——将感觉和情感的模型转化为现实的实体。关键是，在创作人和环境的艺术图像时，艺术家的目标是操纵我们大脑里的神经路径，这些神经路径和我们日常生活中呈现这些模型的现实实体时是一样的。更进一步，克里斯认为，作为模型创造者的艺术家与作为重现艺术创作者作品的观众，两者在生理和心理模型转化为现实实体的大脑运作方面基本是一致的。

表现主义艺术以高度一致的方式来运用大脑的情感和感知系统，大获成功。之所以如此，是因为他们将漫画的情感力量与20世纪的油画和色彩运用融合为一体。

传统上，艺术家们历来关注面部、手和敏感区域，因为那是人际互动中最重要的部分。克里姆特、柯克西卡和席勒却不仅仅绘画观众们注意的这些身体部位，而且通过夸张的手法来夸大它们，通过向观众展示他们如何创作这些夸大的部分来激发观众的原始情感并引进一套新的图标。通过这些方式，奥地利表现主义将我们本能情感系统中的潜意识标记带到意识的层面。

艺术中的情感感知部分是模仿和移情而发生作用，通过集中与大脑系统相关的生物运动、镜像神经元和心智理论来完成。这一过程无需有意识地考虑，而是自动地完成的。正如詹姆斯—兰格情绪理论预测的那样，或者如同现代大脑情感研究所证实的那样，一部伟大的艺术作品让我们体会到深层次的愉悦，也就是说无意识也能够引发有意识的感觉。因此，当我们欣赏克里姆特的艺术作品时，我们会与其中刻画的轻松的伟大的人物相互作用。我们感觉自己也更加自在和伟大。如果我们在席勒的画作中观看了焦虑的人物，我们的焦虑水平也随之上升。

正如达尔文对面部表情的研究所表明的那样，面部表情包含从愉悦到痛苦共六种典型的情感，这六种情感处于一个连续体状态。一个情感状态到底处于这个连续体的什么位置上，是由杏仁核、纹状体、前额皮质及大脑的各种调节系统决定的。这个连续体的存在解释了一幅画如何引起了一系列的情感，同时也解释了为什么奥地利表现主义者可以如此出色地将各种情感融合在一起：情色的快感和可怕的焦虑，对死亡的恐惧和生的希望。

在不违背普遍的艺术真理的前提下，克里姆特、柯克西卡和席勒表达了一种混合的情感，这种方式传达了他们所表达的角色的无意识的冲动。他们的作品以自己独特的方式，在他们自己的时代展示了艺术的两大用途：第一，通过夸大隐藏在个体日常举止中的情感和本能的冲动，他们使观众能够读取到情感，通过读取这些情感并感受其复杂性，我们能够与模特取得移情，从而能够感受到他或她的感情世界。第二，通过漫画的形式，他们能使我们的注意力集中于那些关键的情感元素上。通过简化面部、手和身体的轮廓，奥地利表现主义者能够迅速将他们的主题传达给观众，并且给观众留下更多的时间去凝思他们被唤起的感情。

拉马钱德兰关于艺术普遍性和峰值移位的论述直接关系到克里姆特对女性情色和破坏力的夸大，也与柯克西卡对面部表情的夸张和席勒的夸张且忧心忡忡的身体姿势有关，还与他对现代人同时挣扎于强劲生命力和死亡之愿的描述相关。同时，我们还看到，这种艺术的普遍性和峰值移位在当代伟大的肖像画家卢西安·弗洛伊德的作品中也能找到证据，弗洛伊德为他的研究对象画裸体肖像画，这些肖像画通过扭曲常规的比例和视角来表达他对现实的看法，以此展现人的内心世界和外在世界的交流。

第二十八章
创新思维

~~~~~~~~~~~~~~~~~~~~

艺术家和非艺术家的区别不在于强大的情感能力,而在于艺术家能够将情感客观化,将人类共有的情感以客观的方式展现出来。

——玛莎·葛兰姆

这就是画家做的事情,诗人、思辨哲学家和自然科学家也各按自己的方式做同样的事情。各人把他情感生活重心的中心点,构建出一个简单明了的世界,以便由此找到他在个人经验的狭小范围内所不能找到的宁静和安定。

——阿尔伯特·爱因斯坦

艺术家和科学家的相似之处在于他们都是还原主义者,但是他们对世界的理解和感知方式不同。科学家还原出世界基本特征的模型,这些模型可以被测试、被重新构造,这些测试依赖于观察者客观的态度和测试的方法。艺术家同样需要还原世界的基本模型,但他们不是采用试验的方法,而是通过日常的生活所遇到的实体来创造主观模糊的印象来完成。

创造世界的基本模型也是人类的大脑感知系统、情感系统和社会制度的核心功能。正是这种建模的能力,使艺术家对艺术品的创作和观众对其艺术品进行再创造都成为可能,二者都源于大脑内在的创造工作能力。此外,艺术家和观赏者都存在顿悟时刻——灵感突然闪现,这被认为与相似的大脑回路有关。

心理学家和艺术史学家正在从认知心理学角度探索艺术家和观赏者的创新思维的作用,甚至脑科学家也正从生物科学角度进行初步探索。对生物学家而言,对创造力的研究与对意识的研究一样,都处于未知的边缘。

认知心理学认为，艺术家通过设定目标和操纵大脑的能力来描绘世界及其中的人，将情感和感知中的要素实体化为模型。要做到这点，艺术家必须直观地理解关于知觉、色彩、情感和移情的大脑规则。反过来，模仿和移情的大脑功能也让艺术家和观赏者能够进入别人的私人精神世界。

伯纳德·贝伦森是一位美国艺术史学家，他也许是首位关注到观众对一幅画中的对象具有肌肉反应（即观赏者无意识地调整他或她的面部表情和姿势以模拟这幅画的对象）的人。贝伦森推测，这个反应就是观众的移情，并且其努力与绘画对象的情绪状态保持一致。今天，我们可以将观赏者的这种反应归功于大脑的镜像神经和心智理论系统。模拟客体的表情和姿势不仅使旁观者体会到绘画中的人物，也让旁观者将自己的感情投射到那个人物之上。

贡布里希认为，当艺术家将他自己的情感投射到他绘画的人物中，他可能使模特与自己相似。一个极端例子是奥斯卡·柯克西卡所画的前捷克斯洛伐克共和国的第一位总统——托马斯·马萨里克，这幅画像看起来与艺术家本人非常相像（图28-1）。贡布里希认为，柯克西卡的移情和投射能力带给观众对模特特别的见解，而不像那些对他们的主题涉及较少心理和情感状态的艺术家

▲图28-1　奥斯卡·柯克西卡的布面油画作品，《托马斯·马萨里克肖像》（1935—1936）。

的作品。通过他的绘画能力，体验换位思考和移情地描绘他的题材，柯克西卡允许观赏者进入主题和画家的思想世界。

绘画吸引我们，某种程度上说就是靠建立模糊性。因此，一件艺术品对不同的观众或不同时期的相同观众将会引起不同的反应。事实上，两个不同观赏者对同一件艺术品的感知重建的差别，可能和两个不同艺术家创造同一主题作品的差别一样大。

在观看一幅画时，我们会连续地无意识地调整我们的情感，我们的眼睛扫过画面时，作品会不断地暗示我们该如何反应，会不断地对我们的反应作出肯定或者否定的回应。每个观众选择注意的内容由其个人和历史关联所决定。贡布里希以达·芬奇的《蒙娜丽莎》画像为例，认为她在我们眼前像是一个时时变化的活生生的人。最后他说："所有这一切听起来都很神秘，也确实是这样，这就是一件伟大艺术品经常产生的效果。"

艺术家和观众都会带着创造力去欣赏一件艺术品。所有创造性风格的共性是什么？是科学的？艺术的？或仅仅是感知的生物过程？还是一些原创性的涌现？抑或是创造力和想象力？这一问题引发了一个更大的问题：创造力的性质是什么？什么样的认知心理过程有助于创造力的产生？

首先，我们要问的首要问题是，这些难以捉摸的问题的答案是否超出我们的理解。诺贝尔生理学或医学奖获得者彼得·梅达瓦认为，"'创造力超出分析'，它是一种现在我们正逐渐脱离的浪漫幻想。"他进一步指出，对人类创造力的分析将需要从各种观点进行平行研究。的确，我们现在初步认识到创造力非常复杂，并且以多种不同形式存在——对此我们才刚刚开始了解它。

创造力是否是人脑的唯一？或者它是一切达到一定复杂程度的信息处理设备的固有特性？人工智能领域的一些科学家声称，一旦计算机变得足够强大，它们会具有通常是人类才具有的一些创造性智能，如人脸识别和新奇思想的形成。这是发明家及未来学家雷蒙德·库茨魏尔在他的著作《奇点临近》一书中提倡的观点。库茨魏尔认为，在将来，为智能计算机设计程序的科学家将会创造出比我们人类更智能的机器；而这些机器反过来，也能够设计出比它们更智能的计算机。库茨魏尔相信，在数十年内，信息化技术就可能会融合很多人类智慧。这一升级将会导致超智能机器的诞生，进而挑战人类的智能。

这个雄心勃勃的人工智能工程在2011年前进了一大步。2011年，一台房间一样大小，名叫沃森的IBM计算机被制造出来，它能够理解人类的语言，而且可以回答广泛的问题。沃森参加了电视智力竞赛节目《危险边缘》。该节目要求参赛选手不仅要尽可能多地掌握人类已知领域的百科知识，同时还要有能力解释模棱两可的问题和陈述。沃森能够破译复杂的修辞措辞问题，并获取所有需要的相关信息来回答问题，它的回答速度比被它击败的两位人类冠军都快。只有当其储存的问题措辞模糊，而所需求的信息特别具体的时候，沃森才会遇到困难。这说明在涉及特别细微的差别需要复杂理解能力的情况下，仍然需要人的大脑来进行处理。

然而，沃森和国际象棋计算机"深蓝"引发出一个有趣的问题，复杂的计算机系统是否确实像人类的思维一样具有相同的强大力量去"思考"，或它们仅仅是以一个高度复杂的方式计算数据。我们能够将"思考"这个词想象成一台机器吗？或者这仅是计算机对它的模拟心理学科合并的一个案例？

目前还没有一个明确的答案。加州大学伯克利分校的约翰·塞尔认为，一个计算机程序，无论如何"智能"和复杂，也不能等同于人类思维。他提出一个有趣的方式，来展示像"深蓝"和沃森这样的计算机系统和人脑之间的差异。

塞尔让我们想象一个中式房间，一个人在房间里面。他有一个符号系统的转换规则，这套规则能够产生另外一套符号系统。假如这些符号系统都是中文的，而这个在房间里的人并不懂得中文。在这种情况下，要将一套中文文字转化成另一套中文文字就只能依据文字的字形，从形式上进行转化，而不是从意义上进行转换。这个人根据转换规则已经能非常熟练地转换中文表达了，无论何时，只要给他一串中文，他就能即刻开始工作，并很快输出一串不同的中文。在这种情况下，由房间外说中文的人看来，输入到房间里的中文是一个问题，输出房间的则是这个问题的答案。假如房间里面是一个中国人，这种输入输出关系正是我们所期待的。但是，由于房间里面的人并不懂任何中文，因此房间里面并不存在真正的对中文的理解，仅仅存在一些基于图形或者句法的符号操作。但真正的理解是需要语义的，需要懂得这些符号所代表的含义。

塞尔说，现在，如果我们用计算机代替这个人进入这个中国房间，按程序执行他的规则，什么都不会改变。计算机和这个人都能按照他们的句法操纵这些字符串。计算机不会比房间里的人更了解汉语。确实，这正是我们可能归因于像沃森一样的计算机的过程。尽管沃森能够详尽回答一系列问题——政治和诗歌、科学和运动、准备意大利面的最好方法——但这并不意味着它比房间里的那个人更懂汉语。当沃森快速地进行输入反应行为时，它将自己的对手置于危险的边缘，而事实上，它的人类对手确实能够理解他们所给予问题的答案。

很多人工智能专家和认知心理学家支持计算机理论思维，认为思维和计算机数据处理并不存在任何差别。对这些人来说，塞尔反对计算机思维的理论并不是建立在踏实的证据之上，而仅仅是一种"感觉"，这种感觉是：当我们在理解句子时，我们并不仅仅是在操作符号。既然塞尔并没有硬性的试验证据来否定计算机思维，他就可能仅仅是诉诸自己的直觉，而直觉常常可能是要出错的。

除了直觉的缺点外，计算方式和机器之间存在的显著差异，可能阻碍计算机实现类人智能。

马格努斯·卡尔森，一位挪威的国际象棋杰出人才，他在21岁时和卡斯帕罗夫下棋就水平相当，已经独立地得出一个相似结论。卡尔森宣称，在和计算机下棋的时候，计算机无法凭直觉出招。它们很迅速并且可以通过其巨大的储存内存比赛，它们如此之快，以至于在下棋时并不需要思考或者智力来击败人类。它们可以为接下来每个可能出现的情境列出15种可能，却不需要采用技巧。卡尔森等极富创意的国际象棋棋手则依靠一个更直觉的判断，一种依据对棋的走势的直观感受进行比赛，因此，他们不可能像计算机那样玩。结果，像卡尔森那样的人，对那些依靠软件和数据作为策略与训练手段的象棋大师来说，就是一个困难和不可预知的对手。

计算机做事情做不好的另一个例子是学习人脸识别规则。正如帕旺·辛哈和其同事写道的：

尽管大量的研究工作已投入到人脸特征点的识别算法中，但是我们还没有看到，一个在无约束的设置中的被有效配置的系统。……唯一一个貌似在应对这些挑战面前工作得很好的是人类视觉系统。

值得说明的是，人脸识别并不采用单一复杂算法，但采用一连串原始的程序。这种策略有利于进化：它比单一详尽程序更易发展成多种平行程序。通过无意识地选择，不管过程中会产生什么最好的结果，我们能够在各种情况下识别人脸。事实上，我们要比单一复杂算法可能产生的结果做得更为有效。这是视觉处理的一个普遍特征，正如我们所看到的无数单眼和双眼深度线索，而且它似乎很可能也确实适用于其他进程。维莱亚努尔·拉马钱德兰总结这一途径时意味深长地说："它就像两个醉鬼朝一个目标走去，都不能自己走过去，但可以互相搀扶蹒跚着走过去。"

科普作家和计算机智能专家布莱恩·克里斯汀进一步详细阐述了人类和机器智能的区别：人类智能具有语言理解能力，从零碎的信息、空间导向及合适的目标设置中理解意思。尤为重要的是，人脑可以集中情感和意识的关注点来辅助决策和预测，然而计算机却不能。根据威廉·詹姆斯的说法，有意识地注意，能够让我们意识到大脑的状态，从而引导我们与情感一起获取知识。

此外，克里斯汀强调，虽然计算机发展得越来越好，但是人类没有坐以待毙。当1997年"深蓝"击败了卡斯帕罗夫（之前输给了他），卡斯帕罗夫于1998年提出进行复赛。IBM拒绝了，因为担心卡斯帕罗夫找出了"深蓝"的下棋策略并且会击败它，所以该公司拆卸了"深蓝"，它再也不能进行国际象棋比赛了。

如果当今的计算机缺乏人类所特有的情感和丰富的自我意识，或者它们的计算方法无法简化到和人类的相差不大，它们仍然可能展示出我们通常认为的创造力吗？它们可以通过编程形成新想法，例如，生成新颖的爵士乐，在算法的基础上完成即兴旋律。更广泛地说，它们可以通过随机组合旧的思想，并将结果与现有的模式进行对比来创造新的观念。如果一定要认为计算机具有创造性，一个直觉的困难在于需要首先知道人脑的创造性具有哪些关键的特征。只有知道了这些特征，我们才能开始理解创造力真正是什么意思。

　　根据恩斯特·克里斯和精神病学家南希·安德森所述，创造力的基本先决技能是技术能力和努力工作的愿望。为方便起见，他们把创造过程的其余方面分为四个部分：①个性的类型很可能特别富有创意；②当一个人在有意识或无意识地处理一个问题的时候，这个时期为准备或孵化期；③自己初始时刻的创造力；④实现创意的后续工作。

　　什么类型的人最有可能富有创意？从历史观点上说，创造力丰富的人通常被视作被神的灵感感动。在20世纪初，随着心理学作为一个学科的出现，试图衡量创造力的理论，比如智商（IQ）就是用来测量智力的。这导致了这样的结论，创造力是以智能为基础，它是一个富有创意的人能够证明和应用于任何知识领域的单一特性。因此，一个人在某件事上的创意就意味着在所有事情上都富有创造力。

　　最近，受霍华德·加德纳多种智能形式著作的影响，大多数社会科学家也开始认为创造力有多种形式。加德纳，在哈佛大学任职的认知心理学家，针对创造力写出如下的文字：

> 　　我们认识到各种各样的相对独立的创造性努力。一个创造开拓者可以解决迄今为止令人头痛的问题（如DNA的结构），构造一个新的难题或者理论（如物理学弦理论），创作时尚风格的作品，[或]真实的在线表演或模拟战斗……我们也识别了一系列创造性成果——从将花环编成小c到相对论中的大C。最重要的是，我们不假设一个人在某一个领域的创造力……换到其他领域仍然会保持这种创造力。

　　安德森的研究中也出现相似的发现，他同样引用心理学家路易斯·特曼系统的研究的内容。在对1910年出生于美国加州的757个孩子的纵向研究中——他们的智商介于135~200，特曼发现高智商和创造力之间没有任何关系。

　　加德纳继续谈论创造力的社会要素，而这一要素的重要性最初是由心理学家米哈伊·奇凯岑特-米哈伊发现的。米哈伊·奇凯岑特-米哈伊的观点是，创造力不是一个单个个体甚至一个小组的孤独成就。恰恰相反，创造力来源于相互作用的三个因素："已经掌握某些学科或实践领域的个人；……个体工作所处的文化领域；……［以及］社会领域——那些提供相关教育经验及实践机会的个人和院校。"要激发创造力，行为必须被他人认同，而这需要一定的社会环境。从更广泛的意义上说，创造力，特别是科学上的创造力，通常是由科学家工作的社会和智力环境激发出来的。我们能很明显地识别那些具有科学思维的学校，在这些学校，一些前沿的科研工作通常都会有重要的发现。如托马斯·亨特·摩根，他发现基因位于染色体上；还有弗朗西斯·克里克和詹姆斯·沃森，他们发现了DNA双螺旋结构。

通过加德纳和安德森的研究，我们现在意识到，克里斯正在寻找的类型——导致创造性思维模式的活跃——它们很多并不是完全表现在智力上：一些极富创造力的人可能有阅读障碍或在算术方面比较薄弱。而且，最常见的创造性思维方式并不是通才似的而是局限于特定的专业领域。这种创造性思维包含一系列非常重要的特性，包括好奇心、独立性、不墨守成规、灵活性，还有正如我们所看到的，休闲消遣的能力。这种思维模式在具有绘画天分的自闭症患者身上特别显而易见，我们将在第三十一章讨论这些天才。

很显然，有很多方法可以表达创造性——通过写作、舞蹈、推理，或者绘画——但在所有这些活动中，是否可能存在一组相同的心理能力呢？构成创造力的各种因素包括：构建隐喻、重新诠释数据、寻找无关的思想之间的联系、化解矛盾、在混乱中寻找秩序。当然，创意项目的性质决定了这些能力如何被采用和定义（随意性对量子物理学家的意义可能不同于对印象派画家），但在更加广泛的意义上，这些方法可能有些叠加之处。这并不是说弗洛伊德和柯克西卡可以调换位置——他们在技能和方法上有根本的区别——但是他们可以共享一组相似的总体策略，包括共同拥有潜意识和心智理解方面的一些相同的能力。

那么，准备和孕育的时间又是什么呢？当我们有意识地解决一个问题的时候，这个时期就是准备期，孕育期是当我们抑制有意识思维并且允许我们潜意识进行工作的这一时期。促进创造力的时刻，人们需要放松，让自己的思维游离。加州大学圣塔芭芭拉分校的心理学家乔纳森·斯库勒，回顾了"让心灵漫步"的历史，并认为，那些重大的时刻，创造性的顿悟时刻，通常是在人们努力处理某个问题的时候似乎会突然出现，当他们分心的时候：散步、洗澡、想着其他事情的时候，突然间，先前孤立的想法汇聚到一起，人们会看到之前没有看到的新的内在联系。

斯库勒已经为其中一个类型或成分的性质下了定义，创造力的顿悟（即啊哈时刻）发生在下面这种条件下：首先，顿悟瞬间的发生在一般人的能力之内；其次，需要创造性地解决的问题通常会导致僵局的出现——人们在这种情况下不知道下一步将采取什么行动；最后，这一问题的解决通常还需要继续努力，这种努力最终会获得顿悟，从而打破僵局并揭示出问题的答案。通常情况下，只有在解决问题的人打破了没有根据的假设，并在已经存在的概念和技巧之间形成新颖的以任务为中心的连接之时，这样的解决方案才会出现。

啊哈时刻被称为尤里卡经验的变体，这是由古希腊数学家阿基米德的命名而来，他声称，"尤里卡!"（Eureka，希腊语，意指"我发现它了!"）他在洗澡时发现，他可以通过比较排出的水的质量来确定一个物体的密度。（阿基米德对测定国王的皇冠是否为纯金特别感兴趣，据说，那是含有少量银的合金。）

在很多天才的自我叙述中，安德森发现了很多的顿悟时刻，下面是音乐天才沃尔夫冈·阿玛多伊斯·莫扎特的叙述：

> 当我完全独自一人的时候，心情也很轻松愉快——比如乘一辆马车旅行，或饭后散步，抑或在我无法入睡的夜晚，这种场景中，我总是思如泉涌。我不知道它们是从哪儿冒出来的、怎么来的，我也不想驱赶它们。我灵魂所有的灵感，并没给我带来困扰，我的题材在扩大，变得有条理、清晰起来……整个灵感产生的过程，发生在一个令人愉快的活灵活现的梦境中。

像艺术家一样，观赏者也会经历顿悟时刻。这样的时刻是令人愉悦的，就像维莱亚努尔·拉马钱德兰写的那样，"你的视觉中心到你的情感中心的连线确保寻找解决方案的行动是令人愉快的"。

轻松愉悦是随时准备进入无意识精神过程的重要特征，在这个意义上，它有些类似做梦。最近的研究表明，像我们的很多认知和情感生活一样，我们的决策部分是无意识的，这表明无意识对创造性思维来说也是必要的。考虑到弗洛伊德精神决定论的发现，格式塔心理学家随后所论证的，以及威廉·詹姆斯所论述的直觉和感情自下而上处理中无意识的重要性等理论，将决策和无意识联系起来可能并不令人惊讶。

在接下来的两章，我们将要讨论顿悟时刻前的准备工作，以及创造性观点的产生过程，这两者都需要有意识的注意。而且，我们还会看到，某些类型的创造性的工作和决定能由无意识更好地完成。多亏了脑成像实验，我们现在能够开始辨认大脑的一些区域，这些区域有助于无意识间的顿悟和后续的工作。在心理功能的各个区域，我们已经从这些自然的试验中收获甚多——也就是说，和提高技能相关的各种脑部紊乱，在某些情况下，会提高创造力。

第二十九章
无意识认知和创造性的大脑

西格蒙德·弗洛伊德第一个指出我们的精神生活是无意识的，通过意识，我们仅仅能了解很有限的一部分无意识。最近关于几种不同类型无意识功能的存在性的思考本质上已经超越了弗洛伊德的预期。

现代的一系列经典试验揭示了无意识心理过程在决策中的作用。首批试验是由本杰明·利贝特于20世纪70年代在加州大学旧金山分校做的。英国科学哲学家苏珊·布莱克摩尔称这些试验是人们曾经做过的关于意识研究的最为著名的试验。利贝特将1964年由德国神经学家汉斯·赫尔穆特·科恩休伯设计的试验作为自己的新起点。在那个试验中，科恩休伯要求志愿者活动他们的右手食指；然后，他用计算作用力的传感器测量这项随意运动；同时，通过志愿者头皮上的电极记录每个人大脑的脑电波活动。数百例试验后，科恩休伯发现，无一例外，每次有意识运动之前，都有一个来自大脑的电流记录的小波点领先于它，那是自由意志的火花！他称大脑里的准备状态为潜力，它在手指运动前不足一秒的时间内出现。

利贝特跟进科恩休伯的研究，继续做了一个实验，他要求志愿者在想要举起手指的时候就可以举起手指。他在每个人的头骨处放置了一个电极，结果证明：在人们举起他或她的手指不到一秒钟（1000毫秒）之前，准备电位就会激发。随后，利贝特比较了人们产生运动意愿和准备电位激发之间的时间间隔。令人惊讶的是，他发现该准备电位是在一个人移动他或她的手指之前的300毫秒时出现的。因此，仅通过观察脑电波活动，利贝特就能够在一个人真正意识到自己决定做什么之前预测其行动。

2011年加州大学洛杉矶分校的神经外科教授弗里特和他的同事在为癫痫患者做大脑手术的过程中，进一步推进了本研究。他们发现，我们的大脑中一个由250个神经元组成的一个较小的群体负责预测运动的意志。这一发现和以下观点一致，即我们感觉到的意志事实上仅仅是简单地读取控制自愿行动的大脑区域活动而已。

问题是，如果一个行动在有意识地选择之前就已经在大脑中被决定了，那么，我们的"自由"意志在哪里呢？最新的研究表明，我们对运动意愿的感觉仅仅是一种幻觉，是一个潜意识过程的事后合理化，与感觉和情感的关系类似。我们的选择可以"自由"进行吗？即使是不自觉的？有意识决策和行为本身有因果关系吗？

利贝特认为，自愿行动进程一开始迅速出现在大脑的一个无意识区域，但是那仅在行动被发起之前，意识来得就更缓慢，但却能对动作产生自上而下的许可或否决。因此，在你提起你的手指前150毫秒，意识会决定你是否移动它。同样的，布莱克摩尔也认为，在人的意识层面，经验是慢慢积累的，在采取行动前总是需要数百毫秒时间。

哈佛大学社会心理学家丹尼尔·韦格纳进一步推进了利贝特关于决策行为的无意识层面。韦格纳发现，对意识的感觉将有助于我们去记住和领会我们是自己思想和身体所做的重要事情的主人。意识是心灵的指南针：它是一种行动感应机制，用来检验思想和行为之间的关系。当两者相互匹配时，它会给出回应："这是我愿意的。"

这些观点和利贝特的发现向韦格纳暗示，存在这样一个回路：在这个回路中，只有当我们感知到一种主人翁的感觉的时候，才能经验到有意识的意志，那时，我们会感觉到自己有意识的思维引起了一个感知到的行动。如果仅仅是潜意识的思维引起的行动，或者我们没有感知到行动，我们就不会有意志感。这种关于自由意志的观点，其在几个方面与社会交往过程中的视觉信息、自下而上和自上而下的处理过程，以及情感和感觉的两步处理方案的相似，说明有没有这样的可能：创造力像情感一样，在我们意识到它的时候它早已不知不觉地开始了？最近的关于无意识心理过程的一些见解，为意识的研究以及分析意识和无意识过程在创造性中的作用打开了一条新的路径。

但，究竟什么是意识呢？它位于大脑中的什么位置呢？这个词本身很常见，但因为它包含了许多不同的功能，所以直到现在，哲学家、心理学家、神经科学家都无法确切地把握其真正的定义。有时，意识是用来描述一种专注的意识，如"她有意识地倾听"。在其他时候，意识仅仅描述了清醒状态，如"他手术不久后就恢复了意识"。神经系统科学家最有疑问的莫过于任何关于意识的理论最终必须参考内省经历，这是一种自我意识和感觉，它不是一种用客观的科学探索可以接近的对象。

现在就职于哥伦比亚大学的迈克尔·珊德伦提出了一个有关意识特征的更全面也更连贯的理论。他认为，意识的各种属性可以归纳为两个不同的组成的构成部分。一个来源于经验，心理神经学角度；另一个来源于哲学视角。心理神经学角度侧重链接到觉醒和各种与环境互动中的苏醒状态的意识方面。在这种情况下，意识的缺失指的是如睡眠、最小意识状态或昏迷这样的情况，在这些情况下，人与环境之间缺乏互动。与此相反，哲学角度注重主观的、极具个人特征的心理过程，诸如自我意识这样的个人特征。意识的这些方面促成了我们自省的能力、我们叙事的能力及我们的自由意志感。

安东尼奥·达马西奥将这种意识的主观方法称为"自我过程"。他认为，在这个过程中，我们的主观心理状态与身体状态相互呼应，就像我们的意识情感对应我们的身体状态一样。"自我过程"能够使我们的意识心智体验我们自己的历史和周围的世界。经验总是需要一个经验者来提供主体性。否则，（达马西奥认为）我们的思想就不属于我们。

源于哲学的意识理论对神经科学家来说仍然是一个大问题，因为科学观察目前还无法对内省经验、主观的个人角度进行测量。然而，近年来，舆论关注的焦点主要是包括大多数心理神经视觉的意识理论的一组核心概念。

这种关注焦点主要基于以下的发现，即我们的意识有能力通报一个感性经验，它源于大脑皮层的同步活动，这个同步活动出现在一个刺激出现之后，在这个刺激向位于前额叶和顶叶皮层的关键区域传递后的一段时间内。正是这个刺激在大脑内的传递使我们经历了感知这样的意识状态。威廉·詹姆斯在他的教科书《心理学的原则》中首次介绍了这个概念。他将意识描述为一个监控系统，这个系统是一个额外的器官，被用作引导本身太复杂而无法引导自己的神经系统。这一观点后来被演化为这样一个观念：只有当信息处于这个监管的注意系统之内，并在大脑皮层进行广泛传播时，它才能成为意识。最近，弗朗西斯·克里克和克里斯托夫·科赫认为，意识和整个大脑形成的稳定的神经元的联合有关，而其中，前额皮质发挥着至关重要的作用。

1988年，认知心理学家伯纳德·巴尔斯综合了这些思想，形成了一种思考意识问题的被称为全局工作空间的理论——这一理论已经被意识生物学领域的学者所采纳和推广。根据这一理论，意识与随时发生的、活跃的、主观经验的工作记忆相呼应。巴尔斯认为意识并不是在一个单一点引发的：它能够在很多不同的点被前意识引发。这些引发意识的点形成一个广泛的网络，他称这个网络为全局工作空间。根据这一观点，意识只是在广泛地传播或广播前意识的信息。

全局工作空间有三个部分，巴尔斯用喜剧剧场的比喻来描述它们：①注意力的聚光灯聚集于当下的行动；②当下的行动并不包括幕后的演员和工作人员；以及③观众。这个比喻代表思维——包括它的有意识和无意识功能。思维并不仅仅是演员、工作人员或观众，而是他们三者之间相互作用的网络。

在巴尔斯的舞台上，有对刺激的意识对应于聚光灯——聚光灯下的焦点——聚焦于中央舞台上的演员。因为，意识每次只能处理有限的信息量，正如聚光灯仅照亮舞台的一小部分以及少量的工作人员和观众那样。舞台上被照亮的动作，也即意识内容——相当于我们对一个事件的工作记忆，这个记忆只持续16~30秒。

接着，意识内容被传送并且分配给其他处理员——包括所有观众及幕后工作人员——大量无意识的、自主的、有助于少量意识信息成为注意的焦点的专门的大脑网络区。

巴尔斯的全局工作空间理论与我们现在知道的意识神经结构理论相互呼应，非常契合。巴黎法兰西学院的认知神经科学家斯坦尼斯·德阿纳和理论神经科学家让·皮埃尔·赞克斯，创制出了巴尔斯理论的神经元模型。根据这个模型，可见我们经历的意识是一个单一的信息对大脑多个大脑皮层的选择、放大和传播。该模型的神经网络由大脑皮层前额皮质的一些锥体神经元和大脑皮层的其他部分组成。

通过研究从无意识向有意识感知的转换，德阿纳探索了传播功能的性质。正如我们所见，一个图像投射到视网膜，在能够被有意识地察觉之前，必须经过临界转换。这种滞后的处理适应于所有的感官信息，这些信息找到了能够进入我们的意识的途径后才可能进入我们记忆、情感、感觉和意志。因为感觉信息必须首先进行初步处理，所有出现在我们意识里的事件必须首先在我们的潜意识中开始。正如利贝特发现我们的运动意志开始于无意识，这同样也适用于我们所有的感觉过程，包括视觉。这里就出现了德阿纳所提出的那个有趣的问题：在处理外界刺激时，在什么点上我们的意识能被激发呢？在什么情况下，信息能够从无意识的感观进入到被有意识的感知？

使用功能磁共振成像后，德阿纳发现：在视觉处理过程中，图像的意识知觉出现得比较晚，这个时间大约是在视觉处理开始之后的三分之一到二分之一秒。最初，无意识的活动趋向于只激活初级视觉皮层（V1和V2）的局部区域。在视觉处理最初的200毫秒期间，观察者会完全否认曾看到刺激物。但随着视觉跨进意识的门槛，神经元活动有一个突然的爆发，并同步传递到广泛的大脑区域（图29-1）。因此，正如弗洛伊德预测的那样，无意识过程几乎是我们每部分有意识生活的基础，包括感知、创造、对艺术作品的欣赏。

为了确定自觉意识为应对感官的刺激而集中起来时到底发生了什么，德阿纳将脑成像和同步脑电波记录相结合。他发现，当信息被广泛传播并且被意识感知到的时候，它也同步于脑电波活动的节奏特征。这些节奏被认为通过激发引起自上而下放大的大脑顶骨和额区锥体神经元网络，从而点燃了意识的火花。在关于声音和触觉的试验中，也获得了类似的结果。

在巴尔斯的戏剧比喻中，关注的焦点激发出构成舞台事件的那些看不见的演员和工作人员及观众的活力。从生物学角度看，当锥体细胞激发遍布大脑的大量区域的活力时，意识的注意力就会发出信号，尤其在那些与工作记忆和决策相联系的前额皮质的区域。因此，锥体细胞是负责在聚光灯下向其

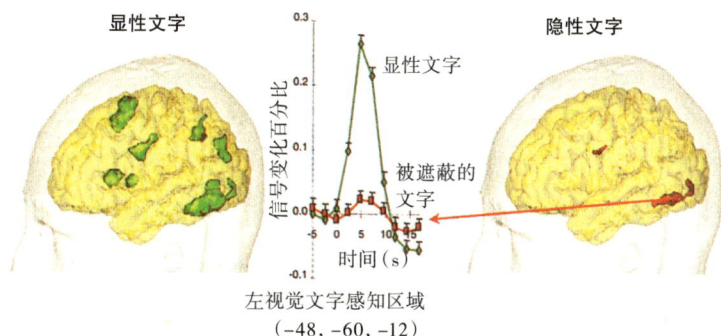

▲图29-1　左侧大脑描绘了广泛的神经活性有意识地领会文字。右侧大脑中描绘了局部神经活性对无意识的文字的反应。在此情况下，该文字被隐蔽的刺激包围起来——一组无关刺激在该词组之前和之后立马出现——这使该文字难以辨认，同时保留无意识目视检测。这将激活神经元在左视觉皮层和颞叶的专业领域。与此相反，文字有意识的感知不仅唤醒参与无意识知觉的皮层区域，而且也会唤醒广泛分布在顶下、前额叶及扣带皮层的锥体细胞。

他广大观众发布有关注意力聚焦的信息的，如果没有发布信息，这些观众本来是独立的。

　　我们不知道无意识究竟在复杂的认知操作中扮演什么样的角色。然而，无意识的心理过程可以同时有序且连贯地处理几个项目，而我们的意识注意力仅可关注有限的信息。这使荷兰心理学家迪克特赫斯提出一个有趣的观点：无意识思维和有意识思维差异的重要途径表现在我们的作决策方面。

　　迪克特赫斯遵循弗洛伊德的思想，认为意识思维代表的仅仅是大脑的整体处理能力的一小部分。而且，虽然它对于简单的、只有几种可能性的定量决策，比如确定高速公路的方向或解决一个算术问题，可能具有优势。但是，意识思维在解决有许多可能性的定性决策方面，比如选择购买什么车、改变职业或从美学观点上评价一幅画时，很快就会变得力不从心。这是因为意识能够集中我们的注意力，它可以只检验少量的可能性，通常一次只检验一个。

　　与此相反，无意识思维由一个巨大的自治网络组成，专业网络遍及大脑，该网络能够独立处理若干过程。迪克特赫斯认为，由于大量记忆是无意识的——即程序性记忆知觉、运动神经，甚至认知能力——在需要同时比较多种方案的决策时，无意识思维更具有优势。

在一个典型的决策实验中，迪克特赫斯给研究对象提供了四个不同公寓复杂且详细的信息。他用贬低式的词汇描述其中一个公寓，用中性的词汇描述另外两个公寓，再用溢美之词描述第四个公寓。所有的受试都接受同样的信息，并选择一个公寓作为自己的住所。接着，他将受试分为三组，其中一组在读完公寓信息后立刻作出评价并选择，他们的评价和选择主要依据第一印象；第二组在读完信息思考三分钟后作出评价并选择，他们的选择和评价主要依靠的是有意识的思考；第三组也是在读完信息三分钟后作出评价并选择，但这次为了避免他们有意识地思考，就故意在这三分钟内设置了一些事来分散他们的注意力——比如构词游戏，从而给他们创造出一个潜意识思考的时间。奇怪的是，第三组——分心组——更有可能选择到满意的公寓。其他两组发现涉及多个变量的游戏任务太难，结果选择不佳。

这个结果似乎违反直觉。一般大家可能会认为，涉及许多不同变量的复杂决策需要详细的有意识的分析。相反，迪克特赫斯认为，分散的无意识思考方式更适合于包含多个变量的思考。正如我们所看到的，在视觉感知和情感方面，大脑同时以自上而下和自下而上的方式运行。有意识的思维从上而下的工作受到期望和内部模型的引导，它是分层的。迪克特赫斯认为，潜意识思维是从下而上的工作，它是不分层的，因此在寻找新的组合和排列上更加灵活。有意识的思维过程能够迅速整合信息，可能形成有冲突的结论；无意识的思维过程在整合信息方面更加缓慢，但能形成清晰的、可能是更加和谐的感觉。

这种对无意识思维过程的强调并不是新鲜的理论。19世纪伟大的德国哲学家叔本华——对弗洛伊德产生了重大影响——就曾撰文探讨过无意识的心理过程在创造性地解决问题中的作用：

> 人们可能相信，我们的思维有一半在不知不觉中发生……我对理论问题或实际问题的数据已经烂熟于心，不再思考它了；但几天以后，问题的答案就完全自动地进入我的大脑。但是，这一运作过程的机制，对我仍是一个谜，就像加法机器对我而言是一个谜团一样：所发生的一切，都是无意识的思考。

其他也有许多实验关注在何种情况下，有意识的决策优于无意识的决策。许多决策涉及不同概率和价值的选择。这样的决策，最好的办法是使选择的期望效应最大化，这可能需要有意识的注意。然而，有意思的是，我们使用无意识的心理过程可以作任何重要的决定，这些无意识的过程能提高创造力。

恩斯特·克里斯首先提出了无意识心理过程可以促进创造力这一理论，他认为，富有创造力的人有时会以一种受控的方式，使无意识自我和有意识自我自由地交流。克里斯将这种受控进入的无意识思维称为"回归自我的服务"，它由大脑自上而下的推理过程进行调节。他和恩斯特·贡布里希都认为，在创造力爆发时，艺术家以一种有益于他们创造过程的方式自愿地回归。相比之下，回归到更早期的、原始的心理功能，即在精神病发作中的心理功能是无意识的；它们不受控于个体，而且不总是对他们有利。通过这种控制方式回归，艺术家能够带来无意识的驱动力，以及为自己形象的前沿注入欲望的力量。也许就是因为奥地利现代主义顺应了这样的回归，他们才能够如此真实地描绘性行为和攻击性的主题，并且集中表达如此准确的夸张或扭曲的类型，这些类型成功地唤起视觉系统的情感基础。

继弗洛伊德之后，克里斯认为无意识和有意识思维遵循不同的逻辑和语言。无意识的心理过程特点是初级过程的思考。其思维的逻辑思考是类比的、自由联想的，其特点是具体形象（而不是抽象），并由快乐原则指导。相比之下，有意识的心理过程则取决于次级思考过程，它具有抽象性、逻辑性，遵循现实导向。因为初级思考过程更加自由而且具有超联想性，它被认为是有利于新排列组合思想的出现，从而能够促进创造力时刻的出现——相当于顿悟时刻——但同时也需要次级思考过程来对创造性的见解作进一步的深化。

迪克特赫斯和德因穆恩进行了一系列的研究，旨在探索为什么无意识思维（即没有注意力的思维）会产生创造力。在设计实验时，他们探讨了最常见的观念，这种观念认为，在孵化期无意识最有效，这一时期是人们从有意识的思维退出的时期。这种观点认为，当我们用错误的方式解决问题——这经常发生，继续思考下去会一事无成。但是如果我们放弃考虑这个问题，并且分心做其他事情时，就会发生定势转换。定势转换是从一个僵化、收敛的角度向关联、分散的角度转换的过渡期；这种转换使我们不再按错误的方法进行思维，有时甚至彻底忘记了它。

为了测试定势转换这一想法，迪克特赫斯和德因穆恩比较了三组受试者：受试者们被要求按照具体指示生成项目，例如"以字母A开头的列表清单"或"人们可以用砖干什么事情"。他们或者要求这些不同的受试立刻作出回应，或者让其思考几分钟后作出回应，或者在从事其他分散注意力的事情后作出回应。结果发现，虽然每组生成的项目数上没有差别，但无意识思考者所列的项目总是相异的、不同寻常的，而且是充满创造性的。此外，正如前文中的公寓实验一样，意识潜伏期小组的人们被证明比其他两组获得更令人满意的解决方案。因此，分心让大脑思维活跃，不仅可以鼓励无意识（自下而上）思想，而且能够从记忆存储中唤起新的自上而下的思考进程，从而出现新的解决方案。

乍一看，利贝特、迪克特赫斯及韦格纳的发现似乎不符合常识——我们应该有意识地作出生活中的重要决定才更符合我们的常识。但就像布莱克摩尔指出的那样，一旦我们理解了无意识进程有不同的类型，这个问题也就迎刃而解了。一些无意识过程能够关联组合；其他那些被弗洛伊德归因于本我，是不受控制的本能冲动的存储库。因此，我们需要重新考虑我们所说的无意识的心理功能。

我们已经看到，无意识信息处理的一个组成部分和认知有关，并且随时准备进入意识的通道。这是认知的无意识——自我的认知部分。其过程与现代精神分析思想相一致，它认为，自我有一个独立自治的领域，它相对独立于本能的冲动并能在做决策时被使用。"认知无意识"最初于1987年首次由加州大学伯克利分校认知心理学家J.F.凯尔斯通提出，并由西摩·爱泼斯坦和之后的一些认知心理学家详细阐述。

认知无意识与弗洛伊德提出的自我中的两个无意识组成部分共享一些特征：程序（隐含的）无意识，负责我们动作和感知技能的无意识记忆；前意识无意识，它关注组织和规划。像弗洛伊德的两个无意识进程一样，凯尔斯通指出认知无意识也不断地随着经历而不断更新，这种经历指的是我们一生中各种各样的有意识思维。事实上，迪克特赫斯认为，没有意识，也就是没有自上而下的过程，我们将无法磨炼和更新那些为决策和创造性行为所需的认知技能。此外，在某些情况下，意识（或者说自上而下的认知过程）监控着认知无意识的决策和创造行为。

有两个原因让我们认为认知无意识是创造性的。首先，认知无意识比同期出现的意识过程可以控制更多数量的操作。其次，克里斯认为，认知无意识可能尤其容易接近被弗洛伊德称之为动态无意识的情形——我们的冲突、性斗争以及被压抑的思想和行为——因此能够创造性地利用这些流程。

本章所述的有关无意识在自主行为、决策行为以及创造力中的作用的观点，比弗洛伊德在一个世纪前所能想象的更丰富、更多样化。更重要的是，当我们更好地理解了意识和无意识过程的生物学之后，在不久的将来，我们很可能看到艺术和脑科学之间的进一步对话。正如我们所看到的那样，这个对话从"维也纳1900"的精神分析和大脑科学的交流之际就已开始了。

第三十章

创造力的大脑回路

是否可以找到创造性见解——那些"啊哈"顿悟时刻的神经回路呢?

从多种证据来源的初步证明看,尽管大脑皮层的各个部分都有助于创造力的产生,但创造力的某些方面可能更有可能发生在皮质联合区。创造力主要涉及大脑右半球大脑皮层,尤其是右前颞上回和右顶叶皮层,这一结论很有趣,但并不太引人注意。在研究中,当志愿者需要创造性地解决语言问题时,右颞叶的活动会增强。而且,在创造性的洞见产生以前的0.3秒,这一区域会突然产生一阵高频率的活动。右颞叶的这种活动模式表明,创造性的解决方案需要这个区域的大脑无意识地整合信息,从而使我们能够用新的眼光看问题。而这种眼光在自觉的情况下通常是不会想到的。同样,在对具有数学天分的儿童的研究中,约翰·吉克发现,主要是右顶叶区域和大脑两侧的额叶在负责集中于创造性维度来解决数学问题。

这些发现特别有趣,因为很长一段时间内,人们认为,除了语言外,许多"左脑、右脑存在差异"的观点是伪科学。例如,在20世纪80年代,有人首次提出左脑更具分析性和逻辑性,右脑思维更全面和直观。许多研究未能支持这一广泛的论断;研究结果只表明,从本质上讲,这两个半脑都参与如音乐、数学和逻辑推理这样的认知活动。然而,罗伯特·奥恩斯坦系统地回顾了这些研究,其结论表明,至少某些思想洞见的出现,右脑发挥的作用更大。

虽然这些现代发现都是研究完整的人脑而获得的结论。但是,从19世纪伟大的神经学家保罗·布洛卡和卡尔·韦尼克的前期研究中,我们知道,通过研究特定区域的大脑损害对行为的影响,能获得很多关于大脑复杂认知过程的生物学的知识。自19世纪中叶以来，尽管左右脑半球看起来对称并且在感觉、思维及行动上都协同运作，但是它们在功能上并不对称。首先，大脑的左半球主要关涉身体右边的感觉和运动，而右半球主要关涉身体左边的感觉和运动。因此，我们是右撇子的原因主要在于我们的活跃运动皮层在左边；此外，几乎所有的右撇子，口语和手语的理解与表达主要由左半球调节。而右脑主要与语言的音乐感和语调相关。在不需要语言的感知功能方面，比如视觉空间信息处理、抽象设计记忆、复制、绘画及面部识别等方面，右脑也比左脑要好。

根据这些观察，英国神经学的创始人约翰·休林·杰克逊将大脑左右的这种功能差别归因于其认知差别。继韦尼克和布洛卡的发现之后，他在1871年指出，大脑左半球专事于分析组织，因此负责语言结构；而大脑右半球专事于刺激和反应，从而能够把创意转化为相互关联的新组合。

休林·杰克逊就这一观点在更广泛的脑功能理论背景下进行了阐述。他设想，通过进化，大脑累积了一系列日益增多的复杂层面。每个高的层面都由综合行为的规则管辖，底层也具有类似的规则，所有层级都由抑制和兴奋之间的平衡管辖——类似于斯蒂芬·库夫勒在视网膜中的发现及大卫·休伯尔和托斯坦·威泽尔在大脑皮层中的发现。休林·杰克逊认为，通常情况下，兴奋和抑制在两个半球之间是平衡的，因此大脑的潜能仅仅只有某一部分得以表达。其他能力（包括大脑右半球的创造能力）都被抑制住。但如果大脑的一个半球受到损害，就会破坏其抑制另一半大脑的能力；因此，包括创造力以及之前隐藏在未受损的大脑半球的心理能力都不再被压抑。

在研究患有失语症的儿童的音乐能力时，休林·杰克逊发现，语言的障碍并未累及大脑左半球的音乐能力。他指出，损害大脑左半球丝毫没有减弱孩子的音乐能力，这种能力由大脑右半球支配；相反，这种损害实际上增强了他们的音乐能力。对休林·杰克逊来说，他发现大脑左半球的损害通常带来了被它抑制的右脑功能（音乐性）的释放。

虽然他用于检查大脑的工具实质上是间接的，而且仅限于反射锤、一个安全别针、一团棉花和非凡的临床观察技能。休林·杰克逊对大脑右半球进行新的联想的能力以及大脑左半球抑制这种创造力潜力的洞见，是很有先见之明的，尽管可能有些夸大其词。首先，他的研究结果表明，损伤揭示了哪些大脑区域有助于创造力，无论是积极还是消极的方式。此外，它们还表明大脑左侧倾向于使用逻辑作为其语言，面向细节和关心事实、规则与语言；而大脑的右侧趋向使用幻想和想象，即关注宏观取向、符号、图像、冒险和浮躁。

休林·杰克逊为现代神经内科奠定了基础。一个世纪之后，高德伯再次提出大脑左半球专门处理程序或熟悉的信息，而大脑右半球是专门处理新信息的观点。他当时是一名研究大脑认知功能的学生。亚历克斯·马丁和他在美国国家卫生研究院的同事支持高德伯的这一想法。利用正电子计算机断层扫描大脑的成像，他们发现，当一个刺激（如一个对象或单词）反复出现时，大脑左半球保持持续活跃。相比之下，大脑右半球，只有当一个新的刺激或一个新的任务被提出时，才变得活跃。随着刺激或任务的减少，或者练习变得常规化，大脑右半球活动也减少，而大脑左半球仍会继续处理刺激。

高德伯的早期研究证明，在需要创造性地解决问题时，大脑右半球扮演着特殊的角色。这可能是因为大脑右半球需要不断地处理一个问题中松散的或不相关的因素之间的关联。事实上，在让志愿者处理一个需要创造力才能处理的问题时，在休息阶段，一些活动仍然持续地出现在大脑右半球。

麻省理工学院的厄尔·米勒和普林斯顿大学的乔纳森·科恩认为，前额皮质通常被认为是参与抽象推理和情绪自上向下的调节，同时还负责通过使用二次推理和逻辑思考来进行的创造性地解决问题。一个人一旦获得了一个创造性的解决方案，前额皮质变得活跃，它不仅关注当前的任务，而且同时考虑当前的问题还需要哪些大脑区域的参与。因此，科普作家乔纳·莱勒认为，如果我们试图解决一个口头难题，前额皮质会选择性地激活——通过自上而下的处理——特定的大脑区域参与口头处理。如果它决定开启大脑右半球的一部分，我们可能最终会有创造力。如果它决定仅仅将搜索局限于大脑左半球，那么我们可能得到的是一个逐步解决的方案。

前额皮质完成这些活动并不具有任何计划的意识性，这意味着它对认知无意识具有重要意义。这一发现引出的观点是：在解决问题时，无论是创新性地解决抑或是按部就班地解决，都不会从零做起。通常情况下，人在之前就解决过这方面的问题。因此，在解决问题时，如同决策一样，都有一个先前存在的无意识的大脑状态，这种状态使人能够考量要么选择一个创造性的策略，要么选择一个有条理的策略。

现在我们可以回到休林·杰克逊最初提出的问题：通过研究那些因为大脑变异或者有缺憾的"正常"大脑而具有天赋的人，我们能够了解决策及与之相关的创造力的哪些方面？脑成像研究表明，在视觉感知和意象中，脑前额叶前部皮层非常活跃，而在创造性活动中，则趋向于涉及前额皮质两侧的活动。然而，随着视觉艺术技巧的增加，左侧和右侧之间的链接被重新配置，右前额皮质的活动似乎覆盖了左侧的抑制潜能。因此，左右前额皮质之间的相互作用既可能帮助也可能抑制原创性和创造力的活动。

这些发现可能可以解释为什么罹患额颞叶痴呆的人会突然具有艺术天赋。加利福尼亚大学的神经学家布鲁斯·米勒研究了一组这类痴呆患者，他们的损伤很大程度被局限于左侧额叶和颞叶。这种伤害可能降低了大脑左半球抑制右额叶和颞叶抑制行动的能力。

因为在这组患者中，他们的左侧大脑比右侧大脑损坏严重，就像大多数自闭症天才和诵读困难的人，他们的天赋通常是视觉而非言语。然而，释放现象——因大脑左半球损伤而爆发创意——似乎并不普遍；相反，它可能仅存在于那些已经具有创造潜能的人身上。

即使在他们的疾病晚期的时候，一些患者甚至继续作画和摄影。其中一位患者是章简瑟，她是一位从小画画的高中美术老师。由于她的额颞叶痴呆不断恶化，她必须从教学岗位上退休。米勒发现，章的社会和语言能力丧失得越来越厉害，这表明她的左额叶和颞皮层的抑制活动越来越弱，而她的艺术则变得愈加自由和大胆。她一生的作品都在追求现实主义，但现在她突然改变了风格，不再追求现实主义，她的画风变得张扬而疯狂——大量使用色彩、极端的扭曲和夸张的面部表情及身体姿势。

然而，与章不同的是，大多数患额颞叶痴呆的患者显示艺术天赋时所创作的绘画、摄影和雕塑作品，是缺乏抽象或象征性组件的现实主义的再现。那些人的作品似乎是从他们早年生活中回忆肖像，往往是他们的青春，然后在没有语言中介的情况下在精神上重现那些照片。此外，这些艺术家对脸部、对象和形状的细节逐渐显示出兴趣。最后，他们强烈地，几乎是不由自主地专注于他们的艺术并且愿意重复工作直到它变得完美。一个51岁的家庭主妇开始画她童年记忆中的河流和农村场景；一个从来没有艺术兴趣的53岁男子，对他孩提时见过的教堂中的绘画表现出前所未有的兴趣；一个56岁的商人也突然具有绘画热情，并由此赢得多个奖项。在这些情况下，人们通常认为，由于右额叶残留的神经处理不再被左脑抑制，视觉元素被组织成连贯性且有意义的画面。

其他的来自对那些大脑左侧由于中风而受损的艺术家的研究表明，病症降低了他们的语言使用能力，从而使大脑右半球不再受到抑制。这些艺术家不仅保留了艺术能力，而且在某些情况下，随着语言的丧失，他们的绘画技能被大大提高了。认知心理学家霍华德·加德纳查阅了这些文献，引用一位中风后转为失语症的画家的话："我现在以两个人的形式存在，一个真实地在作画，另一个是不能支配语言的傻瓜。"

心理学家纳伦德·卡普尔用"自相矛盾的功能便利"来形容这种由于脑损伤而带来的让人意外的行为改变。他认为，就如休林·杰克逊的早期研究和奥利弗·萨克斯最近的研究一样，在健康的大脑中，抑制性机制和兴奋性机制在一种复杂的和谐中相互影响。而受伤后，由于大脑一侧抑制作用受到损害，可能导致大脑另一侧特定功能的增强。

与创造力源于抑制机制的消除这一观念一致，有研究发现，在通常情况下，艺术天才的表达源于不抑制对新奇的追求。追求新奇的个性，包括诸如突破传统的思考、在开放式的情况下运用发散性思维以及易接受新体验。额叶是负责寻找及检测新奇事物的网络的一部分，这一过程是创造力的基础。

创造力是如何在人脑未经损坏的大脑右半球中体现的？到目前为止，还没有系统的脑成像研究人的创造力，比如伟大的艺术家、作家、科学家。然而，美国西北大学的强比曼和德雷克塞尔大学的库尼奥斯之间富有成效的合作，使其对创造力的一个组成部分的研究——即正常人的顿悟时刻——得以大幅推进。在他们两人进行合作研究之前,强比曼和库尼奥斯在创造力的顿悟或解决问题方面都进行了独立的认知心理学研究———种可视化的新颖的解决问题的方案。

对渐进的和突然的行为习得的研究具有悠久的历史,1949年伟大的加拿大心理学家唐纳德·赫布指出,要产生顿悟,任务需要具有合适的难度。它不能容易到一下就被解决,也不能困难到需要一系列重复的实验和死记硬背的学习外没有其他解决方法。这样的任务有一个特别有趣的例子,是由来自哈佛大学和纽约大学的纳瓦·鲁宾、肯·中山以及罗伯特·沙普利来于1997年所做的研究,这个研究基于第十八章中提到的达尔马西亚人提出的狗的幻觉。正如我们所看到的,这种幻觉的观察者突然感知到狗的轮廓,那是一种类似于顿悟现象的体验。观察者从"不知道"状态到"知道"状态,并没有一个学习过程的中间状态。鲁宾和她的同事们认为,这些实验表明,除了刺激(即狗)的特定视觉特征,必须有一个更高的层次———般的感知顿悟,这种顿悟会突然察觉到视觉的轮廓。

正是这种库尼奥斯和强比曼提到的顿悟感知的更高阶组件,使强比曼首次对创造洞察力产生了强烈的兴趣,他在无意中遵循类似休林·杰克逊研究大脑右半球的路径。当时,他正在研究那些因中风或外科手术而使大脑的两半球受到损害的病人的右半球。他注意到大脑右半球做过手术的人并没有失去说话和理解语言的能力,但是他们确实存在严重的认知问题,尤其是对语言的细微差别产生了理解困难。他由此得出的结论是,左脑擅长处理指称义,即一个词的原始含义;而右半球擅长处理隐含义,即一个词语的隐喻性和推论。他延续休林·杰克逊和高德伯的研究思想,强比曼认为右脑处理隐含义的功能基于它具有广泛联系的功能。这一发现让他感觉到解决疑难有两种方式:瞬间的创意洞察力以及按部就班地不断测试潜在的解决问题的方法。

与此同时,库尼奥斯也开始通过认知心理学的方法来研究创造性洞察力,这种洞察力也让格式塔心理学家着迷。的确,正如我们所看到的那样,要解决他们的图形背景问题,确实需要洞察力:只有大脑发现了两张图片,我们的注意力才会经由"啊哈"顿悟在全有和全无的方式中,从一个图像转到另一个图像（图12-2，图12-3）。

库尼奥斯以检测下面这个理论从而开始研究洞察力：信息将经由以下两种方式中的一种得到处理，即连续的处理方式和瞬间的处理方式。为了确定人们解决一个问题时，到底运用的是瞬间的方式还是连续的方式，库尼奥斯和他的同事罗德里克·斯密斯测算了人们吸收信息的速度。他们发现，这些信息确实是通过两种方式处理的：突然的方式或连续的方式。此外，突然的解决方案——具有离散加工的特点，能够与系统的解决方法较为清晰地区分出来。因此，通过专注于解决方案的突然性，库尼奥斯和史密斯为研究创造力的潜在构成开发了一种新的实验范式——这也是一个顿悟时刻。

其独立的心理研究导致库尼奥斯和强比曼在一系列的实验中进行合作。强比曼用核磁共振成像研究了顿悟时刻，而库尼奥斯使用脑电图进行探索。使用这两种技术测量大脑活动能够完美互补：脑电图长于事件发生的时间性，但对确定事件发生的位置很困难，它具有良好的时间分辨性但空间分辨性较差；而功能性核磁共振成像刚好具有相反的优点和不足。

强比曼和库尼奥斯为研究的参与者提供了大量简单问题，所有这些问题都可以通过洞察或系统努力来解决。例如，他们为参与者提供了三个名词——蟹（crab）、松树（pine）、酱（sauce）——让他们想到一个词，以与每个名词相结合而形成一个熟悉的复合名词。其答案是苹果（apple）——可组词为海棠（crabapple）、菠萝（pineapple）和苹果酱（applesauce）。大约有一半的受试者通过系统努力的方式找到了答案，而另一半通过一瞬间的灵感解决了这个问题。

大脑成像显示，经历顿悟时刻的参与者右颞叶区域——前颞上回——会变得特别活跃（图30-1）。而在最初努力解决问题期间，相同的区域也变得活跃，这表明它的反应不仅限于感情的顿悟时刻。最后，与人们为了推导一个模棱两可的故事主题时一样，同一区域的右颞叶在需要整合甚远的语义关联时，右颞叶区域也同样变得活跃。

为了获得更精确的时间分辨率，并确定什么样的大脑信号与这些解决方案相关，强比曼和库尼奥斯使用了脑电图。他们发现，在刚作出确定的决定之前，在大脑成像确定的右颞叶的相同区域也同样出现了高频（伽马）活动（图30-2）。

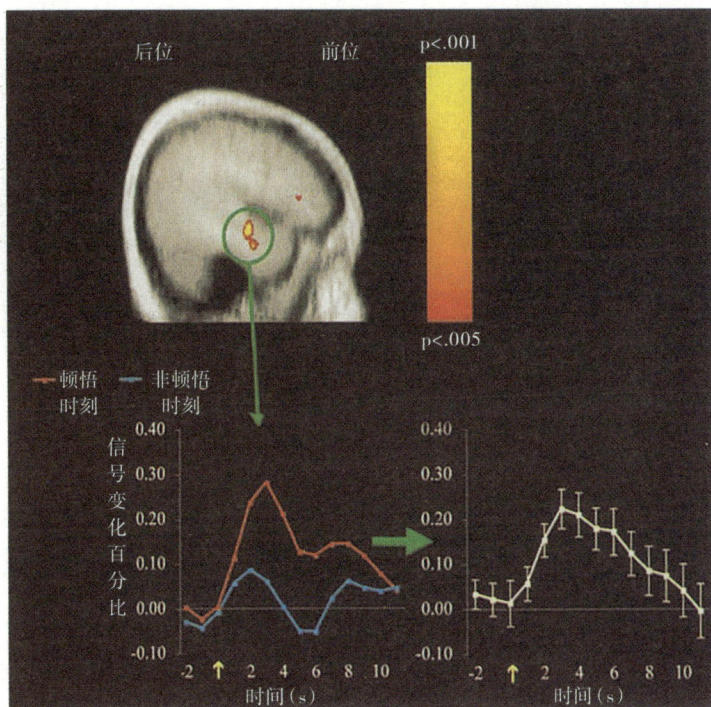

▲ 图30-1　通过功能性核磁共振成像，人们检测到脑的右前颞在顿悟时刻比非顿悟
　　　　　时刻产生了更大的激活反应。

　　因此，正如休林·杰克逊在一个世纪前所说的一样，大脑右半球似乎能够在不同类型的信息之间建立关联。虽然解决问题通常依赖于共享的皮质网络，但当我们从事不同的神经和认知过程时，洞察力的突然出现似乎让我们看到了以前一直让人难以捉摸的连接。

　　他们继续合作，强比曼和库尼奥斯发现创造性的见解实际上基十一系列大脑状态瞬间高潮在不同地方不同时间长度的运转。这是真实的，即使看上去洞察力是突然出现的，似乎与此前存在的思维过程完全无关。

　　在研究参与者运用创造性洞察力解决问题时，第一个被激活的区域是大脑两侧的前额皮质的前扣带回区域和颞叶皮层。而当分析地解决问题时，视觉皮层被激活，这表明参与者将注意力转向提出的问题的屏幕上。强比曼和库尼奥斯将此定义为预备阶段，这段时间处于问题本身呈现的时间前——类似于戈

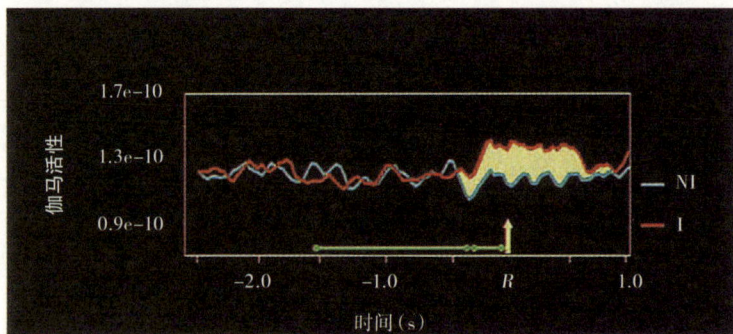

▲图30-2　只有在作出决定之前，一个人在同一右前颞上回会表现出高频（伽马）活性。参见图30-1。

德堡定义的大脑状态先存状态。强比曼认为，在这一阶段，大脑试图把重点放在这个问题上，并且屏蔽一切。接着，与参与者实际获得的解决方案相一致，脑电图记录下一阵高频脑电活动刺突。与伽马活性激发的同一时刻，核磁共振成像显示了右颞叶的活动，特别是上面讨论的前颞上回活动频繁（图30-2）。

与南希·安德森对创造性作家的研究结论一致，强比曼认为，放松阶段对顿悟现象至关重要。他认为，创造性的洞察力是一种微妙的大脑平衡，大脑需要运用很多的注意力才能达到此种平衡。一旦集中，它就需要放松下来，以寻求其他潜在途径去解决问题，这些途径更可能是作为大脑右半球处理后的结果。这种对放松的强调，也许是为什么如此多的创意见解被认为发生在温暖的淋浴期间。还有一个为创造性见解准备的理想时刻，该时刻被认为是在清晨我们醒来之后。昏昏欲睡的大脑，思维是松散的且杂乱无章的，更加可能展开各种非常规的联想。

强比曼进一步指出，当一个人试图努力通过创造性解决一个问题时，他或她需要集中注意力，但同时在这个过程的某个时刻——无论处于僵局或孵化过程中——也要让大脑思维处于游离—回归状态。这一观点也适用于艺术品鉴赏，认真欣赏一件艺术品需要我们摒除一切，专注于作品，当然，这也要掌握好必要的度。如果我们只专注于肖像的细节而并非整体画面，我们可能破坏我们对整体形象的洞察。因此，有一点是重要的，正如阿尔弗雷德·雅布斯对眼球运动的研究所阐明的那样，我们的眼睛要在整个场景中扫视，既摄入细节，也摄入整体情况。

创造性思维和非创造性、分析性思维在功能上有不同吗？如果它们是不同的，那么推测起来，那些创造性思考的人，他们是不是可以很容易接触到他们的无意识思想，从而根本不同于那些倾向于系统性的、按部就班的思考方式？

为了进一步探讨这个问题，库尼奥斯和强比曼开展了一项研究，参与者被分为两组：一组是那些在报告中通过突然闪现的灵感解决问题的人，另一组是那些在报告中声称按部就班地解决问题的人。在试验中，所有参与者必须放松且保持安静，以便研究人员用脑电图测量他们的大脑活动。然后，他们面前会呈现需要重新排列成单词的杂乱字母，这是一项既可以按部就班地解决的任务，也是一项可以通过突然间的顿悟和灵感解决的任务。这两组成员显示出截然不同的大脑活动模式，这种不同不仅存在于问题解决期间，也同时存在于试验开始前的放松阶段。在这两个时段中，创造性解决者大脑的右半球几个区域都会参与到活动中来。

同样，在著作《新兴的思维》中，维莱亚努尔·拉马钱德兰确定了右顶叶是大脑回路的一部分，与对艺术的感觉相关。而如果成人的这一区域产生病变，则会导致艺术感的丧失。

因此，现在我们有充足的理由来接受这个想法，即大脑的两个半球之间存在工作分工，这种分工以利用各自的相对优势为基础。因此，虽然两个半球工作时过程相同——无论是观念、思想，还是行为——它们都同步并且合作进行，但它们似乎以不同的方式有助于创造力，而右半球更加有助于创造力。然而，到目前为止，我们仅仅有限地观察到一些创造力的组成成分（如无意识）导致了顿悟时刻。

第三十一章
天赋、创造力和大脑开发

维莱亚努尔·拉马钱德兰帮助我们建立了这样一个观念: 疾病是一种自然的实验, 通过对它们进行仔细的研究, 我们可以学到很多被它们破坏的基本生物活动。人们可以从疾病状态——自然的实验——了解关于正常的生物学功能这一思想, 后来被保罗·布洛卡和卡尔·韦尼克应用到由于脑部损伤而使语言区域病变的患者的大脑研究上。从那时起, 人们通过大脑疾病如何破坏大脑来不断地获得关于大脑的知识。确实, 通过研究那些大脑发育不良或患病的人所展现出来的惊人天赋, 我们已经获得了一些关于创造力的令人惊讶的发现。这些研究表明, 某些大脑疾病的确能使人释放出创造力。这些研究与对正常人的创造力研究相互补充, 共同说明创造力是如何形成的。

那些具有发育障碍的患者, 比如阅读障碍和自闭症, 尽管语言方面有明显残疾, 但是却可能表现出艺术方面的优势。这表明视觉艺术和语言, 虽然同为符号交流的形式, 但有趣的是, 它们却可能并没有内在的关联。也许, 人类用图像文字表达自我的能力的发展, 先于用语言表达能力的发展。一个必然的推论也许是, 艺术曾经是大脑的一种普遍性的能力, 但随着进化的发展, 现在被替换为一种普遍性的语言能力。到现在, 艺术仅仅局限于那些具有创造力的人们, 包括那些语言技能发育不全的人。

孩子必须学会如何区分 "镜像" 字母——如b和d, 或6和9——以及如何从正确的方向书写字母 "s" 而不是相反。一开始, 所有孩子对做好这些区分都有困难, 但尤为困难的是患有失读症的孩子。事实上, 视觉心理学家查尔斯·格罗斯和马克·波恩斯坦建议, 发展性阅读障碍 (智力正常的孩子在某一年龄段的阅读困难) 可能不仅反映了大脑左半球的不足, 非语言性的右半球也负有重要责任。这正是因为阅读既是大脑左半球的技能，也是右半球的技能，例如镜像等效，将一个b和一个d视作本质上相同的字符。所以这种组合导致习得阅读较慢，这就可以解释为什么诵读困难的儿童常常颠倒字符。

诵读困难的人同样也难以将书面上的文字转化为那些文字所代表的声音，这一技能在诵读时有明显地体现；同时，他们也难以将声音转化为文字，这一困难在写作时最为明显。这些困难导致他们阅读缓慢，这通常是诵读困难症患者的第一个症状。通常情况下，阅读速度慢被认为是低智商的表现，但这种相关性对诵读困难症患者并不成立，他们之中的很多人都是非常聪明而且具有创造力的。

现在的一些研究报告表明，诵读困难的人对艺术有很大的倾向，而且要比其他人更擅长绘画。这种艺术趋势在阅读障碍表现出来之前的幼儿时期表现得尤其明显。沃尔夫和兰德贝根将瑞典一所享有崇高声誉的大学的艺术系学生与其他的学生进行了比较，结果发现艺术系学生的诵读困难症发生率更高。

创造力和类似于阅读障碍这样的发育障碍之间的联系，在当代最伟大的画家之一的查克·克洛斯身上体现得最为明显。查克是诵读症困难患者，和其他诵读困难症患者一样，他相信他的创造力也源于这种障碍。年轻的时候，他有巨大的阅读困难。除非有骨牌的帮助，他才能做出5加5的算术。但从4岁起，他开始喜欢画画。尽管他的父母收入水平中等，但还是安排他去上美术班。14岁时，他参观了杰克逊·波洛克的展览，这鼓舞他将一生奉献给绘画事业。

无论在他的艺术领域或在他的现实生活中，克洛斯都挣扎受困于三维立体结构。他无法识别一张脸并处理其复杂性。这是因为除了诵读困难，克洛斯还患有人面失认症，无法识别个人的面孔。最终，他发现自己可以识别人脸，他可以在脑海里将脸部三维图像压缩为二维图像，用这种巧妙的方法来应对人面失认症。克洛斯毕其一生来画面部，事实上，他的整个艺术创作都是在回应自己无法看到而别人能看到的那个视觉世界。

克洛斯的人面失认症可能增强了他描绘脸部的能力。肖像画家面临的最大挑战是在二维的画布上描绘一张三维立体的面部，但是对克洛斯而言，把三维空间平面化的过程与他每天生活中识别人的过程没什么区别。在画肖像时，克洛斯首先把它照下来；之后，他在一个大而平坦的平面上进行工作，在照片上放置紧密间隔的网格方块；然后，他用小的通常是装饰性的图案来填满方块；最后，一个方块接一个方块地把它们转移到画布上。克洛斯将疾病引发的缺陷转变为自己才能的能力也许是他众多艺术成就中最令人印象深刻的。

　　了解完克洛斯的作品和发育障碍所产生的奇迹后，我们可能会产生如约翰·休林·杰克逊那样的疑问：这些东西对我们理解创造力具有何种启发？正如我们所看到的，当艺术技能增强时，左右半球的连接会被重新配置。具体而言，随着左边的抑制能力的减少，右侧前额皮质的活动更活跃。

　　耶鲁大学儿童研究中心的贝内特和莎莉通过成像技术发现，诵读困难学生的大脑在韦尼克区有一个缺陷，这一区域位于大脑左半球，与词语的理解有关。当这些学生试图提高阅读技能的时候，他们右脑的一个被认为是与视觉空间思维相关的一个区域接管了左脑的构词区域。因此，诵读困难可能干扰了克洛斯对书面语言的理解能力，但是他也可能因此而增强了右脑——右脑负责他非凡的制图术和创造力。

　　克洛斯绝不是艺术家中的唯一。其他有诵读困难的艺术家包括摄影师安塞尔·亚当斯、雕刻家马尔科姆·亚历山大、画家兼雕塑家罗伯特·劳森伯格，甚至列奥纳多·达·芬奇。其他有创意但患有读写困难的人有亨利·迪斯尼、约翰·列侬、温斯顿·丘吉尔、纳尔逊·洛克菲勒、阿加莎·克里斯蒂、马克·吐温和威廉·巴特勒·叶芝。我们或许不应该为他们的成功感到惊讶，因为伟大的写作和诗歌取决于作家对文字是如何影响我们的理解，而不是机械的技能。

　　其他一些有趣而又深入的关于天赋与发育障碍的发现，来自关于自闭症的研究——在某一领域非常有才华的人在其他大多数领域表现平凡。学者大约占据了自闭症人群的10%~30%，并且他们有些共同特点。首先，他们有把注意力集中于手头任务的非凡能力。这种能力来源于自闭症学者的三种常见能力：强大的感官功能、惊人的记忆力、伟大的实践能力。强大的感官功能使他们能够将注意力集中在一定环境下的特定模式和特点之上，从而获得比正常情况更精

准的细节分辨度。这三个特征同时也在非自闭症天才人群中出现，但非自闭症
天才的技能可能扩展到很多领域，而自闭症学者的技能通常局限于四个方面：
音乐（通常表现在钢琴、音高辨别力、罕有的作曲能力），艺术（绘画、雕塑或油
画），数学和计算（包括以闪电般的速度进行计算和计算质数的能力），以及机
械及空间技能。

　　一些罕见天才拥有与众不同的技能，以至于他们可以在任何群体中脱颖而
出。心理学家崔佛特认为，这些技能可能反映了左脑的功能障碍，可矛盾的是，
它们促进右脑的活动。罗娜·瑟尔夫、乌塔·法瑞斯和奥利弗·萨克斯描述了几个
拥有这样才能的自闭症患者的有趣事例。纳迪亚就是其中之一，5岁的她画的并
不是简笔画和她这个年纪天才儿童所画的典型圆脸，甚至她画的马也不是简单
的一般马的造型，而是具体的、个性的、专家所欣赏的马的类型（图31-1）。

　　纳迪亚于1976年出生于英国诺丁汉。1977年心理学家瑟尔夫在她的著作
《纳迪亚》中这样描述道：一个自闭症儿童非凡的绘画能力的案例。在纳迪亚
两岁半的时候，她突然开始画画，有了第一幅马的作品以及其他各种各样的主
题画。心理学家认为两岁的孩子根本不可能做到。她的绘画从品质上说是异于
别的儿童的。最早的作品展现出对空间的把握，有描绘外观和阴影的能力。一
般而言，天才儿童直到十几岁才会开发出透视感。但由于具有大师般的视角，
她不断从不同的角度进行尝试。

　　纳迪亚3岁的时候，她开始创作动物和人物的线条画，多数来自记忆。令人
不可思议的是，她具有准确的记忆力和流畅的构图能力。正常儿童需要经过一

5岁纳迪亚的画　　　　　　达·芬奇的画　　　　　　正常8岁孩子的画

▲ 图31-1

系列的顺序慢慢发展——从随机涂鸦到示意图和几何图形。但是纳迪亚，这个在5岁的时候仍然不能说话而且社交反应迟钝的孩子，似乎绕过了那些阶段，直接跳转到高辨识度的细节作图阶段：她可以画出一匹近乎在纸上跳跃的马。为了说明纳迪亚非凡的才能，维莱亚努尔·拉马钱德兰将她所画的优质马与正常8~9岁儿童绘制的毫无生气的二维的草图进行对比，并且同时还把它与达·芬奇在达到职业生涯巅峰时所绘制的马进行了对比：

> 由于自闭症，纳迪亚大脑模块的很多部分（也许是大部分）都被损害，但右顶叶有一个皮层组织幸存下来，所以，她的大脑自发地将她所有的注意力资源分配到仍然正常工作的那个模块，即她的右顶叶。

音乐领域，天才并不少见。有很多这样的天才，其中莫扎特最为有名；事实上，大多数伟大的作曲家都是天才且早年就开始了创作。但正如毕加索曾指出的，"艺术中没有天才"。毕加索在他10岁的时候就已然成为一个了不起的画家，但他在3岁的时候画不出马，在7岁的时候也画不出教堂。而这两项成就，纳迪亚在3岁时就得以实现。

纳迪亚的早熟对现代人思考早期人类有一个有趣的影响。她杰出的画马的才能类似于30000年前的欧洲洞窟壁画（图31-2，图31-3）。事实上，纳迪亚的马和其他绘画作品，使心理学家汉弗莱质疑现代人关于洞窟彩绘时期的思维状态理论。

恩斯特·贡布里希和其他艺术史学家认为，欧洲洞窟艺术的出现证明了人类思维于30000年前就完全形成了。贡布里希认为，这些早期的欧洲人已经发展出复杂的语言能力，使他们能够使用符号沟通。在描述自己对当时在考斯科和法国南部新发现的肖维岩洞的画作的印象时，贡布里希引用了拉丁短语"*Magnum miraculum est homo*"——"人是一个伟大的奇迹"。他暗示，一种新的思想注入了这些洞窟绘画作品中：现代的、成熟的，以及我们今天熟知的经过锤炼的认知思想。

但汉弗莱认为，事实可能并非如此。他指出，纳迪亚的画和洞窟壁画之间存在惊人的相似之处。两者都以惊人的自然主义为特征，其重点都在于关注动

▲图31-2　肖维岩洞的史前的马的形象。

▲图31-3　纳迪亚绘制的马。

物个体。此外，纳迪亚的绘画中动物比人更多，而肖维岩洞中也不包含人的画像——人类的第一幅图像是13000年后拉斯科洞窟中绘制的粗糙符号。而纳迪亚的艺术是一个不具复杂语言符号能力和沟通能力的3岁儿童的产品。事实上，她的沟通能力很弱以致几乎没什么语言能力。纳迪亚的思想和洞窟艺术家之间假定的差异性让汉弗莱质疑关于洞窟艺术家的语言能力的假设。

汉弗莱推测，30000年前的人类的思维仍然处于进化中。这一早期阶段的心理发展可能类似于自闭症患者的思维，只有有限的口头交流能力和移情心理。事实上，根据他对纳迪亚的研究，汉弗莱提出，洞窟壁画的艺术家有明显的前现代的思想：他们很少有象征性思想。石窟艺术，远非大脑新的状态的标志，可能只是旧时代最后的挽歌。他接着说，纳迪亚告诉了我们更多关于人类心智的本质的东西：人们可能并不需要一个进化的现代思想才能进行绘画。的确，要画得那么好，可能艺术家并不需要特有的现代思维。

进一步推论，汉弗莱认为，对30000年前的欧洲人来说，语言并非像我们今天认为的那样属于他们的基本特征。相反，语言可能是后来才进化的，是以奇妙的艺术能力为代价换取的——纳迪亚和洞窟艺术家已经显示了这种艺术能力；语言产生后，艺术可能沿着更为传统的路线发展。"也许，最后，是诗歌的出现最后才使自然主义绘画风格消失。人类能够拥有肖维岩洞壁画或《吉尔伽美什史诗》，但他们不能兼得。"汉弗莱写道。

虽然这些观点阐明的关于艺术和语言的潜在独立性有一定道理，但它们似乎不太可能。事实上，汉弗莱等人推测，纳迪亚的艺术和石窟绘画之间的相似之处可能是偶然的。"相似思维，"就像汉弗莱自己说的那样，"并不意味着同一。"相反，它们告诉我们不能轻易假设洞窟艺术家的思维能力。

纳迪亚早熟的天赋消失的速度和出现时一样地快。当她开始在其他发育领域取得进步时，如语言的进步，它就退化了。在其他自闭症天才的案例中，例如天才青年艺术家克劳迪娅，乌塔·法瑞斯对其进行了研究，其天赋才能被保留下来。克劳迪娅在她习得语言之后继续画画，而且现在已成为一个知名的艺术家；她在15分钟内就画出了法瑞斯的肖像（图31-4）。

自闭症艺术家斯蒂芬·威尔特也许是最为声名显赫的艺术家，他在习得语言之后也保留了他的天赋。他引起了英国皇家艺术学院院长休·卡森爵士的注意，称他"可能是英国最好的儿童艺术家"。在对建筑观察几分钟后，斯蒂芬能够很快且自信、精准地将其绘制出来。他的准确率几乎是不可思议的，因为他的绘画完全靠记忆，没有任何笔记，而且很少丢失或添加细节。事实上，斯蒂芬的感知能力非凡。卡森在他的《绘画》一书的序言中写道："与大多数孩子不

◀图31-4　由克劳迪娅绘制的乌塔·法瑞斯。

同——他们往往直接观察作画而不是从符号或二手图像中绘制,斯蒂芬·威尔特的绘画来自其惊人的回忆,也就是他所看到的事物——不多也不少。"

　　萨克斯对斯蒂芬能具有如此艺术天赋饶有兴趣,尽管其情绪和智力上存在巨大缺陷。这引起萨克斯的疑问:"艺术是不是一个标准的个人愿景的表达,它代表自我吗?一个没有自我的人能成为艺术家吗?"萨克斯曾与斯蒂芬在一起工作过一段时间。在那段时间里,斯蒂芬的非凡感知能力表现得越来越明显,但并没有开发出巨大的同情心。这犹如艺术的两个组成部分——知觉和移情——在他的大脑中进行了分离。为了支持这两个分离的特性,萨克斯引用了莫奈的话:

　　　　每当你出去写生的时候,试着忘记你面前的物体——一棵树,一间
　　房子,一片田野……只是想,这里有一抹蓝色,还有一个粉红色长方形,
　　黄色的条纹……在描绘的时候就像它看着你那样,按照准确的颜色和

形状，直到它在你面前呈现出最天然的印象。

也许，斯蒂芬和其他自闭症艺术家不必作这样的解构，因为正如萨克斯所指出的，他们从不会也无须在心中进行建构。这些想法也支撑着哈佛大学心理学家霍华德·加德纳的看法，他认为不同种类的智力都可能导致艺术生产力，尽管并不是所有的智力都可以产生创造力——那些能够看到世界中的全新东西的能力：

> 在……自闭症天才……的情况下……我们看见人类有一种独特的能力，这种独特的能力以其他方面能力的普通甚至受限为背景。……这些人的存在让我们能够近距离相对独立甚至是完全独立地观察这种人的智力。

加德纳设想了多种智力——视觉的、音乐的、词汇的——每一种智力都是自主而独立地存在，可凭借自身的能力去理解规则和结构。它具有自己的规则，在大脑中也存在自己的基础。

萨克斯认为，从更一般的角度看，自闭症天才强有力地证明，可以有许多不同形式的才智，所有这些才智都是潜在的相互独立存在的。"这不只是自闭症天才的异常表现，"他说，"而是他们似乎从根本上就偏离了正常的发展模式。"

更有趣的是，天才似乎是立即就达到自己能力的巅峰的。他们似乎不需要开发他们的这份礼物——他们的才能从一开始就是完全的。在斯蒂芬7岁的时候，他就显示出非凡的艺术天分；在19岁时，他可能已经发展出一些社会能力和个人能力，但他的艺术才华没有进一步发展。事实上，人们可能认为，尽管自闭症学者才华横溢，却没有创造力。他们并没有创造新的艺术形式或在艺术领域生产一种新的世界观。他们只是全面展示了加德纳有关多元智力和多元天才的说法。

没有人为这些自闭症天才的技艺给出合理解释。澳大利亚研究员泰德·内托贝克提出，当大脑在某些领域开发新的认知模块时，这些新的模块接着又创建了一个通向知识和长期记忆的热线，它具有处理基本信息的独立运行能力，这时，天才就出现了。而乌塔·法瑞斯则认为，天才是自闭过程本身的产物。澳大利亚悉尼大学心理中心主任艾伦·斯奈德则支持这样的观点，在自闭症案例中，左脑对右脑创造潜力的控制减弱了。正如我们所见，艺术修养的提升往往被认为是伴随着右脑抑制的减弱。

斯奈德为解释自闭症天才在艺术、音乐、历算、数学等方面的超群技能，还提出了另外一个观点。他认为，天才有通向底层的那些很少被处理的信息的能力，这种能力正常人并不拥有。斯奈德认为，这个能力产生了一个截然不同的认知方式，天才的作品从局部到整体都是以这样的方式呈现的。在普通人中，这种能力可以通过采用某些类型的实验技术来抑制左前颞叶以释放右前颞叶，从而人为地在普通人中引发这个能力。

我们该如何看待这个问题呢？大脑克服缺陷处理外部世界的能力——如自闭症学者和阅读障碍的艺术家这样的情况——与人们应对社会和经济困难一样，即使无所倚仗，依然能激起那些雄心勃勃的人达到目标，只是在这种情况下，困难变成了生理上的困难而已。但诵读困难与自闭症的不同之处在于，有读写困难的人并不缺乏同情心或心智理论。相反，诵读困难的人们可以深切地感受他人的感受，他们不仅才华横溢，而且富有创意。就如查克·克洛斯那样，他无法对人脸进行识别，却能够将高超的技巧和情感结合起来，从而能达到最高的艺术水平。

我们知道，当人们某些方面的感官功能缺失时，在其他领域的灵敏度就会提高。例如，盲人通常触觉更为敏感，他们学习盲文的能力远优于常人。这种高度的敏感性并非他们具有较常人更高的学习动机，而是由于大脑中的触觉部分更为敏感。在盲人的大脑中，触觉网络较普通人的更大，因此活动的区域也更大。

因为脑部疾病而富有创造力的最后一个例子来自临床心理学家凯·瑞德菲尔德·贾米森。她发现躁狂抑郁症和创造力之间的一个有趣关系，这个关系于1921年首先由德国精神学家埃米尔·柯兰培林提出。柯兰培林是第一位区分躁狂疾病和早发型痴呆（后更名为精神分裂症）的临床心理医生，他认为躁郁症带来了思维过程的变化，"释放力量，这种力量本来受到各种各样的抑制。艺术活动……可能……受到一定的促进。"

在她的著作《躁狂抑郁多才俊》中，贾米森认为艺术气质和躁狂抑郁气质有相互重叠的部分。她通过对文献的研究证明，作家和艺术家表现出躁狂抑郁症（双相）和抑郁症（单级）的概率要高出一般人群。有趣的是，两位表现主义创始人，文森特·梵高和爱德华·蒙克都患有躁狂抑郁症。

贾米森还提到了南希·安德森的作品，南希研究健在作家的创造力并且发现，他们患有躁狂抑郁症障碍和抑郁症的概率比没有创造力的人分别高出四倍和三倍。在一次对20位屡获殊荣的欧洲作家、画家、雕塑家进行的精神病学调查中，哈格普·阿克斯卡尔发现，这些人中几乎三分之二的人都具有躁狂抑郁倾向，超过一半的人经历过严重抑郁发作。

贾米森发现，大部分时间里，躁狂抑郁症患者并没有症状，随着他们在抑郁和狂躁之间的转换，他们能产生令人振奋的能量并形成思路，极大地增强艺术创造力。贾米森认为，紧张力之间的相互作用和情绪状态之间的转换，以及躁狂抑郁症患者在其健康期间的饮食和控制，是极为重要的。同样的紧张和转换最终让艺术家充满创造力。

在《丰盛：激情的生活》中，贾米森写道：

> 创意和躁狂的思维都具有极强的流动性，而且有能力将思维以新的和创造性的方式连接在一起。这两种思维本质上是发散性的，不受目标的限制，更有可能是漫无目的的，或在不同的方向跳跃。几千年前，扩散、多样化、跨越式的想法就被认为是躁狂的思想。

她接着引用了瑞士精神病学家尤金·布洛伊勒的观点：

> 躁狂症患者的思维是反复无常的。他们可以从一个主题跳到另一个主题，因此他们可以很轻易地产生各种想法。因为更快速流动的想法，尤其因为无所禁忌，即使有些有价值的事物仅产生于非常温和的情况下，而且要求患者在相反的方向具有一定的才华，但这还是促进了艺术活动。

她指出，思想的豪放、躁狂的特征可以开辟更广泛的认知选项，并且扩大观测领域。躁狂大概也可以通过增加产生的思想数量来增强创造力，从而使好的想法得以产生。

哈佛大学的露丝·理查兹对此作了进一步分析，并测试了这种思想，即基因上倾向于躁郁症的人可能同时更加具有创造力。她检查了患者的直系亲属，他们没有患躁郁症，并且她发现确实存在相关性。她猜测，基因上具有躁狂抑郁症的疾病风险时，也更可能具有更大的创造性。这并不意味着疾病使创造力具有先天性，而是患有这种疾病的人同时也极度地热情而精力充沛，这使他们在创造力中表达自己。理查兹推测认为，这种补偿优势类似于镰状细胞性贫血携带者中发现的对疟疾的抗体。

不过贾米森强调，一如大多数普通人群，大多数作家和艺术家没有重大情绪障碍。此外，许多患有躁郁症疾病的患者，包括遭受这种疾病折磨的艺术家，通常在他们病重时都不会创作作品。

这些吸引人的研究表明，我们仍然处于关于神经方面创造力和艺术技能的思考方面的初期，但是研究的新途径是开放的。从某种意义上说，我们对创造力神经基础的理解，与20世纪50年代斯蒂芬和他同事们对视觉感知的神经基础的理解，以及2000年时我们对情感的理解不相上下。然而，作为一名见证这一领域日渐成熟起来的脑科学家，在我们早期研究记忆神经基础时，作为被一些生物学家觉得过于超前而不会取得成功的研究者，我对理解创造力的新途径持乐观态度。

我们已经看到，大脑是创造力的机器。它在混乱和模糊中搜寻模式，而且构建起了我们周围复杂现实的模型。这种搜寻秩序和模式的工作正与艺术和科学事业一样。伟大的画家蒙德里安于1937年雄辩地表达了这一观点：

> 有"制造"的规律，有"发现"的规律，但规律是所有时代的真理。这些真理或多或少地隐藏在我们周围的现实中。科学和艺术都向我们展示了，最初，现实是难以理解的，但逐渐地，通过事物固有的相互

关系，它会慢慢地展示出它的本来面目。

在大脑左半球额颞痴呆患者中出现的艺术家、自闭症天才的存在和患有诵读困难的艺术家的创造力都使我们懂得了一些大脑运转的过程，这些过程能够被集中起来形成艺术才能和创造力。这些引人注目且具有启发性的案例仅仅代表少数几条通往创造力的路线。我们希望，在未来50年里，心理生物学能够以让人满意的学术的方式来解答这些问题。

第三十二章
认识自己：艺术和科学之间的新对话

德尔福的阿波罗神庙入口处，铭刻着"认识自己"的箴言。自从苏格拉底和柏拉图提出人类思维的本质的问题之后，严肃的思想家一直试图理解自身和人类行为。过去的几代人对这一问题的探索，仅限于哲学和心理学的知识和非实验的框架之内。然而，今天，脑科学家试图将抽象的哲学和心理问题转化为认知心理学和大脑生物学的实证语言。

这些科学家的指导原则是，心理是一组由大脑构建的运作，是具有惊人的复杂计算潜力的装置，它构造我们对外部世界的感知能力，能指挥我们的注意力，控制我们的行为。这种新科学的愿望之一是通过把心理生物学和人类知识的其他领域联系起来，获得更深入理解我们自己的洞察力，包括更好地理解我们如何对艺术品作出反应以及我们如何创作艺术品。

建立科学和艺术间的对话并不容易，而且需要特殊的环境。1900年的维也纳有了成功的开始，因为城市比较小，而且具备了合适的社会背景——大学、咖啡馆、沙龙——科学家和艺术家随时能够在这里交流思想。此外，这个初始的对话通过共同关心的话题（即关注无意识的心理过程）而得以促进。正如我们看到的，这一关注主要来自科学的医学、心理学、精神分析学和艺术史。维也纳时期的艺术和科学间的对话在20世纪30年代继续发展，视觉感知的认知心理学和格式塔心理学在这一时期也为它作出了贡献。20世纪30年代这种大胆而成功的推进，为21世纪初期应用从认知、情感、同感到创造力等方面获得的洞见来继续推进这一话题奠定了基础，这也是现在这个新对话的来源。

我们现在知道，表现主义艺术吸引我们的理由之一就是我们已经进化出一种强大的社会化大脑。它包含夸张的脸、手、身体和身体运动。最终使我们不自觉地有意识无意识地对这些夸张的身体部位和它们的动作产生回应。此外，大脑的镜像神经元系统、心智理论系统、情感和移情的生物调节器赋予了我们理解他人心理和情感的巨大能力。

奥斯卡·柯克西卡和埃贡·席勒的表现主义的主要成就是通过他们的肖像使我们的无意识心理过程参与进来。其对脸、手、身体沟通情感和引发移情能力的直觉理解和详细研究，使它们能传达出戏剧性和现代心理画像的新类型。奥地利现代主义者也拥有对感知原则的独特掌控力，这个感知原则正是我们的眼睛和大脑用以构建我们周围世界的方式。古斯塔夫·克里姆特把握隐含的线条、轮廓、自上而下处理的能力使他能创造出一些在现代艺术史上最微妙、最感性的作品。通过这种全新的进入大脑无意识移情、情感和感知的方法，奥地利现代主义者确实已成为自己领域的认知心理学家。与弗洛伊德一样，他们知道如何进入其他人心中隐秘的空间，理解其性质、情绪、情感，并向观众传达这种理解。

无论是作家、诗人、哲学家、心理学家，还是科学家、艺术家，他们对人的心理都具有很好的理解能力。每一种创造性的努力都已经让我们并且继续让我们加深对心理特定方面的认识。如果我们喜好一个而讨厌另一个，我们的思想很可能是不完整的。毕竟，只有像弗洛伊德那样的心理学家才有能力去解释什么是无意识进程；但如果没有之前像莎士比亚、贝多芬、克里姆特、柯克西卡及和他同时期的席勒这样的艺术家，我们就无法知道这些无意识的过程究竟意味着什么样的感觉。

科学分析代表着向更大的客观性迈进，向更准确地描述事物的本质靠近。在视觉艺术的情况下，它通过描述观察者对物体的视角，而非对客体的印象，来完成这种客观化描写。最好的对艺术的理解，是将它看作纯粹经验的升华。因此，它为大脑科学的研究提供了一个理想的、合适的补充，同时也丰富了对大脑科学的研究。就像"维也纳1900"所表明的那样，任何一种方法本身并不足以让我们完全理解人类经验的动态性。我们需要的是第三种途径，一座跨越艺术和科学鸿沟的解释性的桥梁。

　　这一桥梁结构提出的问题是：什么是导致艺术和科学产生鸿沟的第一因素？20世纪的知识分子、英国历史学家以赛亚·柏林，他赞成科学和人文学科之间的分离，并将这一鸿沟的现代起源追溯到乔瓦尼·巴蒂斯塔·维柯在18世纪初开始的工作。后者是意大利历史学家和政治哲学家，生活在那不勒斯。维柯认为，在科学的真理研究和人类的问题研究之间，很少有交叉之处。而数学和物理学都涉及独特的逻辑，特别适于用来研究和分析"外部自然"。维柯认为对人类行为的研究需要一个非常不同类型的知识，一种内部知识，他将此称作我们内部的"第二天性"。

　　尽管在"维也纳1900"和20世纪30年代，人们建立了艺术和科学之间的成功连接，但是这种分裂的说法在过去的20世纪的最后20年仍占据主导地位。C.P.斯诺，一位从物理学家变成作家的名人，在1959年的瑞德演讲《两种文化》中，把这种分裂的观点又提了出来。斯诺描述了科学家之间共有的不理解和敌意，他们关心的是宇宙的本质；而人文主义者，他们关心的是人类经验的本质。

　　在斯诺演讲后的几十年里，科学和艺术的鸿沟开始逐渐缩小。有几件事促成了这种缩小。第一件事是斯诺于1963年在他的著作《两种文化：第二种见解》的第二版结尾部分讨论了对他演讲的广泛回应，并描述了可以调和科学家和人类学家之间对话的第三种文化：

　　　　然而，如果运气比较好，我们可以培养我们大部分人的大脑，以使他们具有更丰富的想象力，以使其看到，大部分人类的痛苦都是可以补救和治愈的。而无论是科学还是艺术，或者应用科学，一旦看到这种责任，都无法否认此点。

　　30年后，约翰·布罗克曼在他的论文《第三种文化：超越科学革命》中发展了斯诺的观点。布罗克曼强调，弥合鸿沟最有效的方法是鼓励科学家们为大众用一种可以让普通受教育读者迅速理解的语言写作。这项工作目前正在以印刷品、广播、电视、互联网和其他媒体的形式进行：良好的科学正在通过创造它的科学家们成功地传达给大众。

哈佛大学历史学家杰拉尔德·霍尔顿则用另一种雄心勃勃的方法来弥合二者的鸿沟，这一方法被称为"爱奥尼亚魅力"，它以自然的统一为特征。它最初由米利都的泰利斯所阐明，泰利斯活跃在公元前585年左右，而且通常被视为古希腊时期的第一个哲学家。当注视着爱奥尼亚海蓝色的水域时，泰利斯和他的追随者们寻找起自然界的基本原则，并最终提出了这样一个观点，世界是由单一物质状态的无穷组成的——水。将这个大胆的想法延伸到人类行为上，局限性是显而易见的。以赛亚·柏林将泰利斯统一世界基础的说法称为"爱奥尼亚谬论"。

那么，我们该如何一方面借助"维也纳1900"弥合斯诺和布罗克曼的做法，另一方面又和霍尔顿的做法弥合起来，从而找到对话双方都能接受的共同的概念和有意义的观念呢？一种方法是检验早期尝试沟通不同学科的努力，看看它们是怎么成功的，它们花费了多长时间，完成到哪一步？

有人可能会说，整个科学史就是企图统一知识的历史。我们可能会从这些早期的例子中学习到一些东西，从而优化我们统一科学和艺术的努力，并可能揭示如何才能获得一个有意义的整合。

也许，最成熟的例子是尝试统一大自然伟大力量的例子：物理、引力、电、磁，以及最近的核能。将这些家族成员统一起来，是一例不同寻常和非常成功的案例，它足足用了三个世纪来实现，并且还没有完全完成。

万有引力定律在1687年首次由艾萨克·牛顿在其著作《自然哲学的数学原理》中描述出来。牛顿举例说明，万有引力是苹果落地、月球绕地球的轨道运转和地球绕太阳的轨道运转的原因。1820年，丹麦物理学家汉斯·克里斯蒂安·奥斯特发现电流会产生围绕自己的磁场。在那以后，英国物理学家法拉第和苏格兰物理学家詹姆斯·克拉克·麦克斯韦从概念上扩展了奥斯特的发现，他们发现电和磁都是一种共同作用力的反映，一种单一的相互作用，电磁学诞生了。

1967年，斯蒂芬·温伯格、谢尔登·格拉肖和阿卜杜勒·萨拉姆各自独立地发现，电磁力及原子核的弱力代表同一电弱力的两个方面。在接下来的十年中，霍华德·乔治和格拉肖揭示了强核力可以与电弱力相结合的统一，从而实现了他们所谓的"大统一"。尽管被称为"大统一"，但这并不意味着这已经完全实现了物理学的完全统一。正如温伯格曾经大胆设想的那样，引力和其他两种力的结合，才能算是这一终极理论梦想的开始。

从20世纪初开始，物理学家讲了两种互不兼容的语言。从1905年开始，他们说的是爱因斯坦的相对论语言，一种试图解释宇宙中恒星和星系的强大力量以及时空统一的语言。另一方面，物理学家还讲尼尔斯·玻尔的量子力学的语言，威尔纳·海森堡及马克斯·普朗克、埃尔温·薛定谔都会这种语言，这种语言试图用很小的原子结构和亚原子粒子来解释宇宙。如何把这两种语言结合起来，仍是21世纪物理学的大问题。物理学家布赖恩·格林指出，"因为它们目前都仍在发展、构建的过程中，广义相对论和量子力学不可能同时是正确的。"

然而，我们知道，广义相对论和量子力学存在内在联系。在行星尺度上发生的事件是通过在量子尺度上的事件决定的。所有量子效应的综合必然导致全球性的影响。因此，同样的，我们的知觉、情感和思想是由我们大脑的活动决定的。在这两种情况下，我们都可以看到一个向上的因果关系具有必然性，但目前还不清楚这种关系的性质。

物理学的终极理论——如果将来存在的话——将会提供一种更深入的解释宇宙本质的理论，包括其构造的具体细节——无论是大还是小——从而解开这一困境。这种终极理论的可能性也给予其他科学信心，同时也给予我们架设科学和人文之间桥梁的信心。物理学能和化学统一起来吗？和生物学呢？关于大脑的新科学能作为一个类似的焦点展开与人文学科的对话吗？

物理学、化学以及生物学之间的交汇，是一个领域的统一如何积极地影响其他领域的一个经典例证。在20世纪30年代，李纳斯·鲍林开始通过量子力学来解释化学键的结构以期统一物理学和化学。他证明，可以以量子力学的物理原理解释在化学反应中的原子行为。部分地受到鲍林的影响，1953年随着詹姆斯·沃森和弗朗西斯·克里克对DNA分子结构的发现，化学和生物学开始融合。有了这种结构，分子生物学以绝妙的方式统一了先前分离的生物化学、遗传学、免疫学、发育学、细胞生物学、肿瘤生物学以及最近的分子神经生物学。这种统一为其他学科设置了一个先例。它主张任何时候都存在希望，这种大规模的理论融合当然也包括思维的科学。

统一生物学和人文学科的方法是对斯诺和布罗克曼最近主张的广泛和现实的扩展，最近由进化生物学家E.O.威尔逊所提倡，他基于学科间对话的一致而主张统一的可能性。

威尔逊认为，新知识的获取和科学的进步是通过冲突和解决的过程实现的。对于每个母学科，如心理学、行为研究，还有一个更重要的领域，即一个对手学科——在这种情况下，即大脑科学——它会挑战母学科的方法和主张的精确性。在通常情况下，对手学科会因为太狭隘而不能提供更连贯或丰富的范式来取代母学科（无论是心理学、伦理学还是法学）的角色。母学科在内容上范围更广、层次更深，因此，不可能被缩小到对手学科之内，但它能够与对手学科进行合作并且从中受益。这就是现在正发生在认知心理学上的，通过心理科学、神经科学、大脑科学的结合，从而产生新的思维科学。

这是不断发展的关系，正如艺术和大脑科学的关系一样。艺术和艺术史都是母学科，心理学和大脑科学都是它们的对手学科。我们已经看到，我们的感知和艺术的享受是完全由大脑的活动来调控的，我们已经开始研究了一些方法，通过这些方法，可以从大脑科学的反对学科中获得一些洞见，这会丰富我们对艺术的讨论。同时我们还看到，从解释观赏者的角度，大脑科学也会受益匪浅。

但霍尔顿和威尔逊的宏伟愿景必须用对历史、现实的理解来平衡。与看到一个统一的语言和有益的人文科学和自然科学之间概念的连接就认为科学必然进步的想法相反，我们应该将这种吸引人的思想契合看作是为打开知识的专业限制而进行讨论的一种努力。

对于艺术，这种讨论可以就是贝尔塔·祖卡坎德尔大沙龙的现代版：大学里的跨学科中心中，艺术家、艺术史学家、心理学家和脑科学家与彼此交谈。正如现代思维科学出现于认知心理学和大脑科学之间的对话一样，现在，大脑科学的学生也可以参与到艺术家和历史学家的对话中去。

美国生物学家斯蒂芬·杰伊·古尔德曾写过其对科学和人文学科间的差异的认知，他是这样写的：

> 我希望科学和人文学科成为最伟大的好朋友，相互认同，以建立起
> 一种共同为追求人类尊严和成就的深厚情感和联系。同时，这种合作和
> 相互学习也以各自保持自己的不同目的和逻辑为基础。让它们成为两个
> 火枪手——相辅相成——但并非单一的等级或大规模的一致统一。

正如本书试图说明的意义，人们必须记住的是，当不同领域具有自然结盟的倾向时，它们的对话才可能是成功的，正如大脑科学和艺术感知之间的关系一样。当对话的目的有限时，它会惠及所有参与这一对话的领域。在可以预见的将来，大脑生物学和美学完全的统一还是不太可能的，但是，从艺术和感知情感科学的相互融合中产生新的发现，并对二者的发展产生启发，却是完全可能的，而且这些交互具有累积效应。

维也纳的现代主义的主要特征之一是有意识地尝试整合和统一知识。在"维也纳1990"中汇聚了医学、心理学以及跨越人类身体和思维的艺术探索，以探寻隐藏的意义，它带来的科学和医学的洞见永远地改变了我们对自身的看法。它揭示了我们的本能驱动——我们无意识的情色和冲动，我们的情感——暴露了隐藏在视觉里的防御结构。在精神分析的起源中，在弗洛伊德创办的杂志《意象》中，我们可以看到维也纳哲学家圈统一知识的梦想，从而消除了精神分析与艺术之间的鸿沟。

最近，我们见证了神经美学的问世，这是对恩斯特·克里斯和恩斯特·贡布里希的研究继续深入研究的学科，他们首次将现代心理研究应用到艺术作品中。神经美学结合了视觉生物学和心理生物学，并且将它们应用到艺术研究中。情感神经美学领域则更进一步，试图将认知心理学和生物的感知、情感和移情与艺术研究的生物学相结合。

视觉是一个创造性的过程这一知识，有助于我们理解观众的感受，同时也是大脑科学和艺术之间一个富有成效的对话。这种肯定会带来进步的思想鼓

励我们停下来提出这样的问题：这个对话将带来什么好处？谁会从中获利？

心理的新科学的潜在收获是显而易见的。这个新科学的终极目标之一是了解大脑如何回应艺术作品。作为观看者，如何处理无意识及有意识的认知、情感和移情？此次对话对艺术家的潜在价值是什么？从15、16世纪的现代实验科学开始以来，菲利普·布鲁内莱斯基、马萨乔、阿尔布里奇·德尔、彼得·勃鲁盖尔这些艺术家们，及当代的理查德·塞拉和达米安·赫斯特一直对科学感兴趣。达·芬奇用他从人体解剖学获得的新知识以更为引人注目和准确的方式描绘人类形体，同样的，通过对情感反应的关键特征的揭示来反映人脑的运转过程，同样有可能造福于当代艺术家。

今后，像过去一样，对感知、情感和移情反应的生物学的新知识可能影响艺术家并产生新的表现形式。事实上，一些艺术家为心理的非理性运作方式着迷，如勒内·马格利特，他在这方面已经进行了一些尝试。马格利特和其他超现实主义者依靠内省来判断自己的大脑发生了什么，当然，虽然反省是有益和必要的，但它通常无法提供大脑详细的目标及其工作原理的一般理解。通过获知人类大脑是如何工作的，传统的内省可能进行得更为有效。因此，视觉感知和情绪反应的神经生物学不仅是大脑科学的重要目标，同时也将刺激新的艺术形式和新的创造性的表达。

贡布里希所提倡的还原论方法——也是本书所概述的方法——是科学的核心。但是许多人仍然担心，对人类思想的还原论将会削弱我们对大脑活动的兴趣，或者使它变得琐碎无趣，但这也很有可能相反。正如我们明知心脏是一个肌肉泵，它帮助血液周流全身，但这并没有丝毫改变我们对其杰出功能的赞叹一样。而在1628年，当威廉·哈维首次描述了心脏及其循环系统的实验时，世界的舆论对这种平淡无奇且简单化的观点报以一片反对之声，以致他担心起自己的此项发现。他写道：

> 但是，有待讨论的问题是，这些血液的数量和来源仍然是一个谜。
> 这些东西是如此的奇特而且闻所未闻，我不仅担心自己会受到少数嫉妒

者带来的伤害，而且也担心自己将成为大多数人的众矢之的，因为，习俗和习惯是人的第二天性。某种教义一旦变得根深蒂固，对古风的尊重就会影响所有人。但无论如何，木已成舟，我唯一能信任的就是我对真理的热爱及多年来培养出的坦诚精神。

同样，理解大脑生物学并不会否认思维的丰富性和复杂性。相反，通过一次专注于一个心理过程的组成部分，这种简化可以拓展我们的视野，使我们能够感知生物和心理现象之间之前未曾预料到的关系。

这种类型的还原论方法并不限于生物学家。在人文领域，包括艺术领域，它总是隐形存在的，有时甚至是很显然地存在着。如抽象艺术家康定斯基、蒙德里安和马列维奇都是激进的还原论者，后期的威廉·透纳也同样如此。在艺术中，如同在科学中一样，还原论者不会轻视我们的感知——色彩、光线和角度——但会让我们以一种新的方式看待这些组成部分。事实上，一些艺术家，尤其是现代艺术家，有意地限制了他们表达的范围和词汇，以传达他们艺术中最本质的，甚至是精神上的观念，正如马克·罗斯科和艾德·莱茵哈特所做的一样。

在21世纪，也许是我们第一次能够将克里姆特、柯克西卡、席勒和贡布里希连接到一起，直接讨论神经科学家能够从艺术家那里学到什么，以及艺术家和观众能够从神经科学家那里学到关于艺术创造性、模糊性以及观众对艺术的感知和情感反应的东西。在本书中，我使用了"维也纳1900"的表现艺术和新兴的感知、情感、移情、美学和创造性生物学理论，通过特定的例证来说明艺术和科学如何能够相互吸收营养，促进自身的发展。我已经阐述了作为新知识的大脑生物学在可能促进神经科学和人文社会科学之间对话方面的重要性。这种对话可以帮助我们更好地理解大脑具有创造力的机制，无论这种创造力是在艺术中、科学中，还是在人文学科中，并开辟人类知识新的维度。

参考文献

前　言

Gombrich E, Eribon D. 1993. *Looking for Answers: Conversations on Art and Science.* Harry N. Abrams. New York.

Kandel ER. 2006. *In Search of Memory: The Emergence of a New Science of Mind.* W. W. Norton. New York.

Schorske CE. 1961. *Fin-de-Siècle Vienna: Politics and Culture.* Reprint 1981. Vintage Books. New York.

Zuckerkandl B. 1939. *My Life and History.* J Summerfield, translator. Alfred A. Knopf. New York.

第一章

All modern discussions of the intellectual flowering of Vienna 1900 are deeply indebted to the three magisterial and distinctively different scholarly works on this period: Johnston(1972); Janik and Toulman(1973); and Schorske(1981).

Other information in this chapter was drawn from the following sources:

Alexander F. 1940. Sigmund Freud: 1856—1939. Psychosomatic Medicine 2(1):68-73.

Ash M. 2010. The Emergence of a Modern Scientific Infrastructure in the Late Habsburg Era. Unpublished lecture. Center for Austrian Studies. University of Minnesota.

Belter S, editor. 2001. *Rethinking Vienna 1900.* Berghan Books. New York.

Bilski EP, Braun E. 2007. Ornament and Evolution: Gustav Klimt and Zuckerkandl. In: *Gustav Klimt.* Neue Galerie. New York.

Braun E. 2005. The Salons of Modernism. In: *Jewish Women and Their Salons: The Power of Conversation.* EP Bilski, E Braun, editors. The Jewish Museum. Yale University Press. New Haven.

Broch H. 1984. *Hugo von Hofmannsthal and His Time: The European Imagination 1860—1920,* p. 71. MP Steinberg, editor and translator. University of Chicago Press.

Cernuschi C. 2002. *Re/Casting Kokoschka: Ethics and Aesthetics, Epistemology and Politics in Fin-de-Siècle Vienna.* Associated University Press. Plainsboro, NJ.

Coen DR. 2007. *Vienna in the Age of Uncertainty: Science, Liberalism, and Private Life.* University of Chicago Press.

Comini A. 1975. *Gustav Klimt.* George Braziller. New York.

Darwin C. 1859. *On the Origin of Species by Means of Natural Selection.* Appleton-Century-Crofts. New York.

Dolnick E. 2011. *The Clockwork Universe: Isaac Newton, the Royal Society, and the Birth of the Modern World.* Harper Collins. New York.

Freud S. 1905. *Jokes and Their Relation to the Unconscious.* The Standard Edition. Introduction by Peter Gay. W. W. Norton. New York.

Gay P. 1989. *The Freud Reader.* W. W. Norton. New York.

Gay P. 2002. *Schnitzler's Century: The Making of Middle-Class Culture 1815—1914.* W. W. Norton. New York.

Gombrich E. 1987. *Reflections on the History of Art.* R Woodfield, editor. University of California Press. Berkeley.

Helmholtz H von. 1910. *Treatise on Physiological Optics.* JPC Southall, editor and translator. 1925. Dover. New York.

Janik A, Toulmin S. 1973. *Wittgenstein's Vienna.* Simon and Schuster. New York.

Johnston WA. 1972. *The Austrian Mind: An Intellectual and Social History 1848—1938.* University of California Press. Berkeley.

Kallir J. 2007. *Who Paid the Piper: The Art of Patronage in Fin-de-Siècle Vienna.* Galerie St. Etienne. New York.

Lauder R. 2007. Discovering Klimt. In: *Gustav Klimt.* Neue Galerie. New York, p. 13.

Leiter B. 2011. Just cause: Was Friedrich Nietzsche "the First Psychologist"? Times Literary Supplement. March 4, 2011, pp. 14-15.

Lillie S, Gaugusch G. 1984. *Portrait of Adele Bloch-Bauer.* Neue Galerie. New York.

Mach E. 1896. *Populär-wissenschaftliche Vorlesungen.* Johann Ambrosius Barth. Leipzig.

Main VR. 2008. The naked truth. The Guardian. October 3, 2008.

McCagg WO. Jr. 1992. *A History of Habsburg Jews 1670—1918.* Indiana University Press. Bloomington, IN.

Musil R. 1951. *The Man Without Qualities. Vol. I: A Sort of Introduction and Pseudoreality Prevails.* Sophie Wilkins, translator. Alfred A. Knopf. 1995. New York.

Nietzsche F. 1886. *Beyond Good and Evil.* H Zimmern, translator. 1989. Prometheus Books. New York.

Rentetzi M. 2004. The city as a context for scientific activity: Creating the Mediziner Viertel in fin-de-siècle Vienna. Endeavor 28: 39-44.

Robinson P. 1993. *Freud and His Critics*. University of California Press. Berkeley.

Schopenhauer A. 1891. *Studies in Pessimism: A Series of Essays*. TB Saunders, translator. Swan Sonnenschein. London.

Schorske CE. 1981. *Fin de Siècle Vienna: Politics and Culture*. Vintage Books. New York.

Springer K. 2005. Philosophy and Science. In: *Vienna 1900: Art, Life and Culture*. Christian Brandstätter, editor. Vendome Press. New York.

Taylor AJP. 1948. *The Habsburg Monarchy 1809—1918: A History of the Austrian Empire and Austria-Hungary.* Hamish Hamilton. London.

Toegel C. 1994. *Und Gedenke die Wissenschafft—auszubeulen—Sigmund Freud's Wegzur Psychoanalyse(Tübingen)*, pp. 102—103, for discussion of Rokitansky's presence on the occasion of Freud's presenting to the Austrian Academy of Science.

Witcombe C. 1997. The Roots of Modernism. What Is Art? What Is an Artist?

Wittels F. 1944. Freud's scientific cradle. American Journal of Psychiatry 100:521-528.

Zuckerkandl B. 1939. *Ich erlebte 50 Jahre Weltgeschichte*. Bermann-Fischer Verlag. Stockholm. Translated as Szeps B. 1939. *My Life and History*. J Sommerfield, translator. Alfred A. Knopf. New York.

Zweig S. 1943. *The World of Yesterday: An Autobiography*. University of Nebraska Press. Lincoln, NE.

第二章

My discussion of the state of European medicine in the eighteenth century derives importantly from Nuland(2003) and Arika(2007). Erna Lesky's book still stands as the definitive work on the Vienna School of Medicine at that time.

Other information in this chapter was drawn from the following sources:

Ackerknecht EH. 1963. *Medicine at the Paris Hospital 1794—1848*. Johns Hopkins University Press. Baltimore.

Arika N. 2007. *Passions and Tempers: A History of the Humours*. Ecco/HarperCollins. New York.

Bonner TN. 1963. *American Doctors and German Universities. A Chapter in International Intellectual Relations 1870—1914*. University of Nebraska Press. Lincoln, NE.

Bonner TN. 1995. *Becoming a Physician: Medical Education in Britain, France, Germany, and the United States, 1750—1945*. Oxford University Press. New York.

Brandstätter C., editor. 2006. *Vienna 1900: Art, Life and Culture*. Vendome Press. New York.

Buklijas T. 2008. Dissection, Discipline and the Urban Transformation: Anatomy at the University of Vienna, 1845—1914. Ph.D. dissertation. University of Cambridge.

Hollingsworth JR, Müller KM, Hollingsworth EJ. 2008. China: The end of the science superpowers. Nature 454: 412-413.

Janik A, Toulmin S. 1973. *Wittgenstein's Vienna*. Simon and Schuster. New York.

Kandel ER. 1984. The Contribution of the Vienna School of Medicine to the Emergence of Modern Academic Medicine. Unpublished lecture.

Kink R. 1966. Geschichte der Universität zu Wien. In: Puschmann T. *History of Medical Education*. EH Hare, translator. H. K. Lewis. London.

Lachmund J. 1999. Making sense of sound: Auscultation and lung sound codification in nineteenth-century French and German medicine. Science, Technology, and Human Values 24 (4): 419-450.

Lesky E. 1976. *The Vienna Medical School of the 19th Century*. Johns Hopkins University Press. Baltimore.

Miciotto RJ. 1979. Carl Rokitansky. Nineteenth-Century Pathology and Leader of the New Vienna School. Johns Hopkins University. Ph. D. dissertation. University of Michigan microfilm.

Morse JT. 1896. *Life and Letters of Oliver Wendell Holmes*. Two volumes. Riverside Press. London.

Nuland SB. 2003. *The Doctors' Plague: Germs, Childbed Fever, and the Strange Story of Ignac Semmelweis*. W. W. Norton. New York.

Nuland SB. 2007. Bad medicine. New York Times Book Review. July 8, 2007, p12.

Rokitansky CV. 1846. *Handbuch der pathologischen Anatomie*. Braumüller & Seidel. Germany.

Rokitansky AM. 2004. Ein Leben an der Schwelle. Lecture presented at the University of Vienna.

Rokitansky O. 2004. Carl Freiherr von Rokitansky zum 200 Geburtstag: Eine Jubiläumgedenkschrift. Wiener Klinische Wochenschrift 116(23): 772-778.

Seebacher F. 2000. *Primum humanitas, alterum scientia*: Die Wiener Medizinische Schule im Spannungsfeld von Wissenschaft und Politik. Dissertation, Universität Klagenfurt.

Vogl A. 1967. Six Hundred Years of Medicine in Vienna. A History of the Vienna School of Medicine. Bulletin of the New York Academy of Medicine 43(4): 282-299.

Wagner-Jauregg J. 1950. *Lebens errinnerungen Wien*. Springer-Verlag.

Warner JH. 1998. *Against the Spirit of System: The French Impulse in Nineteenth-Century American Medicine*. Princeton University Press. Princeton.

Weiner DB, Sauter MJ. 2003. The City of Paris and the rise of clinical medicine. Osiris 2nd Series 18:23-42.

Wunderlich CA. 1841. *Wien und Paris: Ein Beitragzur Geschichte und Beurtheilung der gegenwärtigen Heilkunde*. Verlag von Ebner & Seubert. Stuttgart.

第三章

Braun E. 2005. The Salons of Modernism. In: *Jewish Women and Their Salons: The Power of Conversation*. ED Bilski, E Braun, editors. The Jewish Museum. Yale University Press. New Haven.

Braun E. 2007. Ornament and Evolution: Gustav Klimt and Berta Zuckerkandl. In: *Gustav Klimt: The Ronald S. Lauder and Serge Sabarsky Collections*. R Price, editor. Prestel Publishing. New York.

Buklijas T. 2011. The Politics of Fin-de-Siècle Anatomy. In: *The Nationalization of Scientific Knowledge in Nineteenth-Century Central Europe*. MG Ash, J Surman, editors. Palgrave Macmillan. Basingstoke, UK. In preparation.

Janik A, Toulmin S. 1973. *Wittgenstein's Vienna*. Simon and Schuster. New York.

Kallir J. 2007. *Who Paid the Piper: The Art of Patronage in Fin-de-Siècle Vienna*. Galerie St. Etienne. New York.

Meysels LO. 1985. *In meinem Salon ist Österreich: Berta Zuckerkandl und ihre Zeit*. A. Herold. Vienna.

Schorske CE. 1981. *Fin de Siècle Vienna: Politics and Culture*. Vintage Books. New York.

Seebacher F. 2006. *Freiheit der Naturforschung! Carl Freiherr von Rokitansky und die Wiener medizinische Schule: Wissenschaft und Politik im Konflikt*. Verlag der OAW. Vienna.

Springer K. 2005. Philosophy and Science. In: *Vienna 1900: Art, Life and Culture*. Christian Brandstätter, editor. Vendome Press. New York.

Zuckerkandl B. 1939. *Ich erlebte 50 Jahre Weltgeschichte*. Bermann-Fischer Verlag. Stockholm. Translated as *My Life and History*. J Sommerfield, translator. Alfred A. Knopf. New York.

Zweig S. 1943. *The World of Yesterday*. University of Nebraska Press. Lincoln, NE.

第四章

Ernest Jones's scholarly three-volume work is a definitive biography of Freud and also describes Breuer, Krafft-Ebing, Meynert, and Brücke.

Gay's biographical volume on Freud(1988) is another superb guide to Freud's life and work, and his *Freud Reader*(1989) is an excellent introduction to Freud's writing.

Other information from this chapter is drawn from the following sources:

Auden WH. 1940. In Memory of Sigmund Freud. In: *Another Time*. Random House. New York.

Breuer J. 1868. *Die Selbststeuerung der Athmung durch den Nervus vagus. Sitzungsberichte der kaiserlichen Akademie der Wissenschaften. Mathematisch-naturwissenschaftliche Classe*. Vol. II, pp. 909-937. Abtheilung. Vienna.

Freud S. 1878. Letter from Sigmund Freud to Eduard Silberstein, August 14, 1878. *The Letters of Sigmund Freud to Eduard Silberstein, 1871—1881*, pp. 168-170. W Boehlich, editor, AJ Pomerans, translator. Belknap Press. Cambridge, MA.

Freud S. 1884. The Structure of the Elements of the Nervous System(lecture). Annals of Psychiatry 5(3): 221.

Freud S. 1891. *On Aphasia: A Critical Study.* E Stengel, translator. 1953. Imago Publishing. Great Britain.

Freud S. 1895. *Studies on Hysteria.* J Strachey, translator. 1957. Basic Books. New York.

Freud S. 1905. *Jokes and Their Relation to the Unconscious.* The Standard Edition. Introduction by Peter Gay. W. W. Norton. New York.

Freud S. 1909. *Five Lectures on Psycho-Anafysis.* The Standard Edition. J Strachey, translator. W. W. Norton. New York.

Freud S. 1924. *An Autobiographical Study.* The Standard Edition. J Strachey, translator. 1952. W. W. Norton. New York.

Freud S. 1950. *The Question of Lay Analysis: Conversations with an Impartial Person.* The Standard Edition. J Strachey, translator. W. W. Norton. New York.

Gay P. 1988. *Freud: A Life for Our Time.* W. W. Norton. New York.

Gay P. 1989. *The Freud Reader.* W. W. Norton. New York.

Gay P. 2002. *Schnitzler's Century: The Making of Middle-Class Culture 1815—1914.* W. W.Norton. New York.

Geschwind N. 1974. *Selected Papers on Language and the Brain.* D. Reidel Publishing. Holland.

Jones E. 1981. *The Life and Work of Sigmund Freud. Vol. Ⅲ, The Last Phase: 1919—1939.* Basic Books. New York.

Kandel ER. 1961. The Current Status of Meynert's Amentia. Unpublished paper delivered to the Residents Reading Circle of the Massachusetts Mental Health Center.

Krafft-Ebing R. 1886. *Psychopathia Sexualis, with Special Reference to Contrary Sexual Feelings.* Ferdinand Enke Verlag. Stuttgart.

Lesky E. 1976. *The Vienna Medical School of the 19th Century.* Johns Hopkins University Press. Baltimore.

Makari G. 2007. *Revolution in Mind: The Creation of Psychoanalysis.* HarperCollins.New York.

Meynert T. 1877. *Psychiatry: A Clinical Treatise in Diseases of the Forebrain Based upon a Study of Its Structure and Function.* Hafner Publishing. 1968. New York.

Meynert T. 1889. *Lectures on Clinical Psychiatry (Klinische Vorlesungen über Psychiatrie).* Wilhelm Braumueller. Vienna.

Rokitansky C. 1846. *Handbuch der pathologischen Anatomie.* Braumüller & Seidel. Germany.

Sacks O. 1998. The Other Road: Freud as Neurologist. In: *Freud: Conflict and Culture,* pp. 221-234. MS Roth, editor. Alfred A. Knopf. New York.

Sulloway FJ. 1979. *Freud, Biologist of the Mind: Beyond the Psychoanalytic Legend.* Basic Books. New York.

Wettley A, Leibbrand W. 1959. *Von der Psychopathia Sexualis zur Sexualwissenschaft.* Ferdinand Enke Verlag. Stuttgart.

Wittels F. 1944. Freud's Scientific Cradle. American Journal of Psychiatry 100: 521-528.

第五章

Ellenberger(1970) provides a scholarly introduction to the history of the discovery of the unconscious and documents the importance of Schopenhauer and Nietzsche as key predecessors of Freud's work.

Other information in this chapter was drawn from the following sources:

Alexander F. 1940. Sigmund Freud 1856 to 1939. Psychosomatic Medicine II :68-73.

Ansermet F, Magistretti P. 2007. *Biology of Freedom: Neural Plasticity, Experience and the Unconscious.* Karnac Books. London.

Brenner C. 1973. *An Elementary Textbook of Psychoanalysis.* International Universities Press. New York.

Burke J. 2006. *The Sphinx on the Table: Sigmund Freud's Art Collection and the Development of Psychoanalysis.* Walker and Co. New York.

Darwin C. 1872. *The Expression of the Emotions in Man and Animals.* Appleton-Century-Crofts. New York.

Ellenberger HE. 1970. *The Discovery of the Unconscious: The History and Evolution of Dynamic Psychiatry.* Basic Books. New York.

Exner S. 1884. *Untersuchungen über die Localisation der Functionen in der Grosshirnrinde des Menschen.* W. Braumüller. Vienna.

Exner S. 1894. *Entwurf zu einer physiologischen Erklärung der psychischen Erscheinung.*Leipzig und Wien. Vienna.

Finger S. 1994. *Origins of Neuroscience.* Oxford University Press. New York.

Freud S. 1891. *On Aphasia: A Critical Study.* E. Stengel, translator. 1953. Imago Publishing. Great Britain.

Freud S. 1893. Charcot. In: *The Standard Edition of the Complete Psychological Works of Sigmund Freud. 1893—1899.* Vol. III , pp. 7-23. Early Psycho-Analytic Publications.

Freud S. 1896. Heredity and the aetiology of the neuroses. Revue Neurologique 4:161-169.

Freud S. 1900. The Interpretation of Dreams. In: *The Standard Edition of the Complete Psychological Works of Sigmund Freud.* 1953. Vols. IV and V. Hogarth Press. London.

Freud S. 1905. Three Essays on the Theory of Sexuality. In: *The Standard Edition of the Complete Psychological Works of Sigmund Freud.* 1953. Vol. VII, pp. 125-243. Hogarth Press. London.

Freud S. 1914. On Narcissism. In: *The Standard Edition of the Complete Psychological Works of Sigmund Freud.* 1957. Vol. XIV (1914—1916), pp. 67-102. J Strachey, translator. Hogarth Press. London.

Freud S. 1915. *The Unconscious.* Penguin Books. London.

Freud S. 1920. Beyond the Pleasure Principle. In: Gay, *The Freud Reader.* W. W. Norton. New York.

Freud S. 1924. *An Autobiographical Study.* J Strachey, translator. 1952. W. W. Norton. New York.

Freud S. 1933. New Introductory Lectures in Psycho-analysis. In: *The Standard Edition of the Complete Psychological Works of Sigmund Freud.* Vol. XXII, pp. 3-182. W. W. Norton. New York.

Freud S. 1938. Some Elementary Lessons in Psychoanalysis. In: *The Standard Edition of the Complete Psychological Works of Sigmund Freud.* Vol. XXIII, pp. 279-286. Hogarth Press. London.

Freud S. 1954. *The Origins of Psychoanalysis: Letters to Wilhelm Fliess.* M Bonaparte, A Freud, E Kris, editors. Introduction by E Kris. Basic Books. New York.

Freud S, Breuer J. 1955. Studies on Hysteria. In: *The Standard Edition of the Complete Psychological Works of Sigmund Freud.* Vol. II(1893—1895). J Strachey, translator. Hogarth Press. London.

Gay P. 1988. Freud: *A Life for Our Time.* W. W. Norton. New York.

Gay P. 1989. *The Freud Reader.* W. W. Norton. NewYork.

Gombrich E, Eribon D. 1993. *Looking for Answers: Conversations on Art and Science.* Harry N. Abrams. New York.

James W. 1890. *The Principles of Psychology.* Harvard University Press. Cambridge, MA, and London.

Jones E. 1955. *Sigmund Freudd Life and Work, Volume II: Years of Maturity 1901—1919.* Hogarth Press. London.

Kandel E. 2005. *Psychiatry, Psychoanalysis, and the New Biology of Mind.* American Psychiatric Publishing. Virginia.

Masson JM, editor. 1985. *Complete Letters of Freud to Fliess(1887—1904).* Harvard University Press. Cambridge, MA.

Meulders M. 2010. *Helmholtz: From Enlightenment to Neuroscience.* L Garey, translator and editor. MIT Press. Cambridge, MA.

Neisser U. 1967. *Cognitive Psychology.* Appleton-Century-Crofts. New York.

O'Donoghue D. 2004. Negotiations of surface: Archaeology within the early strata of psychoanalysis. Journal of the American Psychoanalytic Association 52: 653-671.

O'Donoghue D. 2007. Mapping the unconscious: Freud's topographic constructions. *Visual Resources* 33:105-117.

Pribram KH, Gill MM. 1976. *Freud's "Project" Re-Assessed.* Basic Books. New York.

Ramón y Cajal S. 1894. La fine structure des centres nerveux. Proceedings of the Royal Society of London 55:444-468.

Rokitansky C. 1846. *Handbuch der pathologischen Anatomie.* Braumüller & Seidel. Germany.

Schliemann H. 1880. *Ilios: The City and Country of the Trojans.* Murray. London.

Skinner BF. 1938. *The Behavior of Organisms: An Experimental Analysis.* D. Appleton-Century. New York.

Solms M. 2007. Freud Returns. In: *Best of the Brain from* Scientific American. FEBloom, editor. Dana Press. New York/Washington, DC.

Toegl C. Über den psychischen Mechanismus hysterischer Phanomene. Vorläufige Mitteilung. *Neurol Zbl.* Bd. 12 (1893), S. 4-10, 43-47.

Toegl C. *Aus den Anfängen der Psychoanalyse, Briefe an Wilhelm Fließ, Abhandlungen und Notizen aus den Jahren 1887—1902,* hsrg. von Marie Bonaparte, Anna Freud und Ernst Kris, London 1950; mit einer Einleitung von Ernst Kris.

Zaretsky E. 2004. *Secrets of the Soul: A Social and Cultural History of Psychoanalysis.* Alfred A. Knopf. New York.

第六章

Brenner C. 1973. *An Elementary Textbook of Psychoanalysis.* International Universities Press. New York.

Darwin C. 1859. *On the Origin of Species by Means of Natural Selection.* Appleton-Century-Crofts. New York.

Darwin C. 1871. *The Descent of Man and Selection in Relation to Sex.* Appleton-Century-Crofts. New York.

Darwin C. 1872. *The Expression of the Emotions in Man and Animals.* Appleton-Century-Crofts. New York.

Finger S. 1994. *Origins of Neuroscience.* Oxford University Press. New York.

Freud S. 1893. Charcot. In: *The Standard Edition of the Complete Psychological Works of Sigmund Freud.* 1893—1899. Vol. III, pp. 7-23. Early Psycho-Analytic Publications.

Freud S. 1895. *Studies on Hysteria.* J Strachey, translator. 1957. Basic Books. New York.

Freud S. 1900. The Interpretation of Dreams. In: *The Standard Edition of the Complete Psychological Works of Sigmund Freud.* 1953. Vols. IV and V. Hogarth Press. London.

Freud S. 1924. *An Autobiographical Study.* W. W. Norton. New York.

Freud S. 1938. Some Elementary Lessons in Psycho-analysis. In: *The Standard Edition of the Complete Psychological Works of Sigmund Freud.* Vol. XXIII, pp. 279-286. W. W. Norton. New York.

Freud S. 1949. *An Outline of Psycho-Analysis.* W. W. Norton. New York.

Freud S. 1954. *The Origins of Psychoanalysis: Letters to Wilhelm Fliess.* M Bonaparte, A Freud, E Kris, editors. Introduction by E Kris. Basic Books. New York.

Freud S. 1962. *Three Essays on the Theory of Sexuality.* J Strachey, translator. Basic Books. New York.

Gay P. 1989. *The Freud Reader.* W. W. Norton. New York.

Kris AO. 1982. *Free Association: Method and Process.* Yale University Press. New Haven.

Pankejeff S. 1972. My Recollections of Sigmund Freud. In: *The Wolf Man and Sigmund Freud.* Muriel Gardiner, editor. Hogarth Press and the Institute of Psychoanalysis. London.

Schafer R. 1974. Problems in Freud's psychology of women. Journal of the American Psychoanalytic Association 22: 459-485.

Schliemann H. 1880. *Ilios: The City and Country of the Trojans.* Murray. London.

Wolf Man T. 1958. How I came into analysis with Freud. Journal of the American Psychoanalytic Association 6:348-352.

第七章

Barney E. 2008. *Egon Schiele's Adolescent Nudes within the Context of Fin-de-Siècle Vienna.*

Bettauer H. 1922. *The City without Jews: A Novel about the Day after Tomorrow.* S Brainin, translator. 1926. Bloch Publishing. New York.

Dukes A. 1917. Introduction. In: *Anatol, Living Hours and The Green Cockatoo.* Modern Library. New York.

Freud S. 1856—1939. *Papers in the Sigmund Freud Collection.* Library of Congress Manuscript Division. Washington, DC.

Freud S. 1905. Fragment of an Analysis of a Case of Hysteria. In: *Collected Papers,* Vol. III. E Jones, editor. Hogarth Press. London.

Gay P. 1989. *The Freud Reader.* W. W. Norton. New York.

Gay P. 1998. *Freud: A Life for Our Time.* W. W. Norton. New York.

Gay P. 2002. *Schnitzler's Century: The Making of Middle-Class Culture 1815—1914.* W. W. Norton. New York.

Gay P. 2008. *Modernism: The Lure of Heresy,* pp. 192-193. W. W. Norton. New York.

Jones E. 1957. *The Life and Work of Sigmund Freud . Vol.III, The Last Phase: 1919—1939.* Basic Books.

New York.

Luprecht M. 1991. What People Call Pessimism. In: *Sigmund Freud, Arthur Schnitzler, and Nineteenth-Century Controversy at the University of Vienna Medical School.* Ariadne Press. Riverside, CA.

Schafer R. 1974. Problems in Freud's psychology of women. Journal of American Psychoanalytic Association 22: 459-485.

Schnitzler A. 1896. *Anatol. A Sequence of Dialogues.* Paraphrased for the English stage by Granville Barker. 1921. Little, Brown. Boston.

Schnitzler A. 1900. *Lieutenant Gustl. In: Bachelors: Novellas and Stories.* M Schaefer, translator and editor. 2006. Ivan Dee. Chicago.

Schnitzler A. 1925. *Traumnouvelle(Dreamstory).* OP Schinnerer, translator. 2003. Green Integer.

Schnitzler A. 1925. *Fraulein Else. In: Desire and Delusion: Three Novellas.* M Schaefer, translator and editor. 2003. Ivan Dee. Chicago.

Schnitzler A. 2003. *Desire and Delusion: Three Novellas.* M Schaefer, translator and editor. 2003. Ivan Dee. Chicago.

Schorske CE. 1980. *Fit-de-siècle Vienna: Politics and Culture.* Alfred A. Knopf. New York.

Yates WE. 1992. *Schnitzler, Hofmannsthal, and the Austrian Theater.* Yale University Press. New Haven.

第八章

Bayer A, editor. 2009. *Art and Love in Renaissance Italy.* Metropolitan Museum of Art. Yale University Press. New Haven.

Bisanz-Prakken M. 2007. Gustav Klimt: The Late Work. New Light on the Virgin and the Bride in Gustav Klimt. In: *Custav Klimt: The Ronald S. Lauder and Serge Sabarsky Collection.* R Price, editor. Neue Galerie. Prestel Publishing. New York.

Bogner P. 2005. *Gustav Klimt's Geometric Compositions in Vienna 1900.* Édition de la Réunion des Musées Nationaux. Paris.

Brandstätter C, editor. 2006. *Vienna 1900: Art, Life and Culture.* Vendome Press. New York.

Braun E. 2006. Carnal Knowledge. In: *Modigliani and His Models,* pp. 45-63. Royal Academy of Arts. London.

Braun E. 2007.Ornament and Evolution: Gustav Klimt and Berta Zuckerkandl. In: *Gustay Klimt: The Ronald S. Lauder and Serge Sabarsky Collection.* R Price, editor. Neue Galerie. Prestel Publishing. New York. In her chapter, Braun refers to Christian Nebehey, Gustav Klimt Dokumentation, Vienna. Galerie Christian M. Nebehey 1969, p. 53, under Klimt's Bibliothek, *Illustrierte Naturgeschichte der Thiere.* 4 vols. Philip Leopold Martin, general editor. Leipzig

Brockhaus 1882—1884.

Cavanagh P. 2005. The Artist as Neuroscientist. Nature 434: 301-307.

Clark DL. 2005. The masturbating Venuses of Raphael, Giorgione, Titian, Ovid, Martial, and Poliziano. Aurora: Journal of the History of Art 6:1-14.

Clark K. 1992. *What Is a Masterpiece?* Thames and Hudson. New York.

Comini A. 1975. *Gustav Klimt.* George Braziller. New York.

Cormack R, Vassilaki M, editors. 2008. *Byzantium.* Royal Academy of Arts. London.

Dijkstra B. 1986. *Idols of Perversity: Fantasies of Feminine Evil in Fin-de-Siècle Culture.* Oxford University Press. New York.

Elsen A. 1994. Drawing and a New Sexual Intimacy: Rodin and Schiele. In: *Egon Schiele: Art, Sexuality, and Viennese Modernism.* P Werkner, editor. Society for the Promotion of Science and Scholarship. Palo Alto, CA.

Feyerabend P. 1984. Science as art: A discussion of Riegl's theory of art and an attempt to apply it to the sciences. Art & Text 12/13. Summer 1983—Autumn 1984:16-46.

Freedberg D. 1989. *The Power of Images. Studies in the History and Theory of Response.* University of Chicago Press. Chicago.

Freud S. 1900. The Interpretation of Dreams. In: *The Standard Edition of the Complete Psychological Works of Sigmund Freud.* 1953. Vols. IV and V. Hogarth Press. London.

Freud S. 1923. The Infantile Genital Organization(An Interpolation into the Theory of Sexuality). In: *The Standard Edition of the Complete Psychological Works of Sigmund Freud.* Vol. XIX(1923—1925), *The Ego and the Id and Other Works,* pp. 139-146. Hogarth Press. London.

Freud S. 1924. The Dissolution of the Oedipus Complex. In: *The Standard Edition of the Complete Psychological Works of Sigmund Freud.* Vol. XIX(1923—1925), *The Ego and the Id and Other Works,* pp. 171-180. Hogarth Press. London.

Goffen R. 1997. *Titian's Women.* Yale University Press. New Haven and London.

Gombrich EH. 1986. Kokoschka in His Time. Lecture given at the Tate Gallery on July 2, 1986. Tate Gallery Press. London.

Greenberg C. 1960. Modernist Painting. Forum Lectures. Washington, DC.

Gubser M. 2005. Time and history in Alois Riegl's Theory of Perception. Journal of the History of Ideas 66: 451-474.

Kemp W. 1999. Introduction to Alois Riegl's *The Group Portraiture of Holland.* Getty Publications. New York.

Kokoschka O. 1971. *My Life.* D Britt, translator. Macmillan. New York.

Lillie S, Gaugusch G. 1984. *Portrait of Adele Bloch-Bauer.* Neue Galerie. New York.

Natter TG. 2007. Gustav Klimt and the Dialogues of the Hetaerae: Erotic Boundaries in Vienna around 1900. In: *Gustav Klimt: The Ronald S. Lauder and Serge Sabarsky Collection,* pp. 130-143. R Price, editor. Neue Galerie. Prestel Publishing. New York.

Natter TG, Hollein M. 2005. *The Naked Truth: Klimt, Schiele, Kokoschka and Other Scandals.* Prestel Publishing. New York.

Price R, editor. 2007. *Gustav Klimt: The Ronald S. Lauder and Serge Sabarsky Collections.* Neue Galerie. Prestel Publishing. New York.

Ratliff F. 1985. The influence of contour on contrast: From cave painting to Cambridge psychology. Transactions of the American Philosophical Society 75(6):1-19.

Rice TD. 1985. *Art of the Byzantine Era.* Thames and Hudson. London.

Riegl A. 1902. *The Group Portraiture of Holland.* E. Kain, D. Britt, translators. 1999.Introduction by W Kemp. Getty Research Institute for the History of Art and the Humanities. Los Angeles.

Rodin A. 1912. *Art.* P Gsell, R Fedden, translators. Small, Maynard. Boston.

Schorske CE. 1981. *Fin-de-Siecle Vienna: Poliltics and Culture.* Vintage Books. New York.

Simpson K. 2010. Viennese art, ugliness, and the Vienna School of Art History: the vicissitudes of theory and practice. Journal of Art Historiography 3:1-14.

Utamaru K. 1803. *Picture Book: The Laughing Drinker.* Two volumes. 1972. Published for the Trustees of the British Museum by British Museum Publications.

Waissenberger R, editor. 1984. *Vienna 1890—1920.* Tabard Press. New York.

Westheimer R. 1993. *The Art of Arousal.* Artabras. New York.

Whalen RB. 2007. *Sacred Spring: God and the Birth of Modernism in Fin de Siècle Vienna.* Wm B. Eerdmans. Cambridge.

Whitford F. 1990. *Gustav Klimt(World of Art).* Thames and Hudson. London.

第九章

Berland R. 2007. The early portraits of Oskar Kokoschka: A narrative of inner life. Image [&] Narrative [e-journal], September 18, 2007.

Calvocoressi R, Calvocoressi KS. 1986. *Oskar Kokoschka, 1886—1980.* Solomon R. Guggenheim Foundation. New York.

Cernuschi C. 2002. Anatomical Dissection and Religious Identification: A Wittgen-steinian Response to Kokoschka's Alternative Paradigms for Truth in His Self-Portraits Prior to World War I. In: *Oskar Kokoschka: Early Portraits from Vienna and Berlin, 1909—1914.* TG Natter, editor. Hamburg Kunstalle.

Cernuschi C. 2002. *Re/Casting Kokoschka: Ethics and Aesthetics, Epistemology and Politics in Fin-de-Siècle Vienna.* Associated University Press. Plainsboro, NJ.

Comenius JA. 1658. *Orbis Sensualium Pictus.* C Hoole, translator. 1777. Printed for S. Leacroft at the Globe. Charing-Cross, London.

Comini A. 2002. Toys in Freud's Attic: Torment and Taboo in the Child and Adolescent. Themes of Vienna's Image Makers in Picturing Children. In: *Construction of Childhood between Rousseau and Freud.* MR Brown, editor. Ashgate Publishing. Aldershot, UK.

Cotter H. 2009. Passion of the moment: A triptych of masters. New York Times Art Review. March 12, 2009.

Dvorak M. Oskar Kokoschka: Das Konzert. Variationen über ein Thema. Reinhold Graf Bethusy Saltzburg, Wien, Galerie Weltz 1988.

Freud L. April 2010. Exhibition, L'Atelier, Centre Pompidou, Paris.

Freud S. 1905. Three Essays on the Theory of Sexuality. In: *The Standard Edition of the Complete Psychological Works of Sigmud Freud.* Vol. VII, pp. 125-243. 1953. Hogarth Press. London.

Gay P. 1998. Freud: *A Life for Our Time.* W. W. Norton. New York.

Gombrich EH. 1980. Gedenkworte für Oskar Kokoschka. Orden pour le mérite für Wissenschaften und Künste, Reden und Gedenkworte 16:59-63.

Gombrich EH. 1986. *Kokoschka in His Time.* Tate Gallery. London.

Gombrich EH. 1995. *The Story of Art.* Phaidon Press. London.

Hoffman DD. 1998. *Visual Intelligence: How We Create What We See.* W. W. Norton. New York.

Kallir J. 2007. *Who Paid the Piper: The Art of Patronage in Fin-de-Siècle Vienna.* Galerie St. Etienne. New York.

Kokoschka O. 1971. *My Life.* David Britt, translator. Macmillan. New York.

Kramer H. 2002. Viennese Kokoschka: Painter of the soul, one-man movement. *New York Observer.* April 7, 2002.

Levine MA, Marrs RE, Henderson JR, Knapp DA, Schneider MB. 1988. The electron beam ion trap: A new instrument for atomic physics measurements. Physica Scripta T22: 157-163.

Natter TG, editor. 2002. *Oskar Kokoschka: Early Portraits from Vienna and Berlin, 1909—1914.* Dumont Buchverlag. Koln, Germany.

Natter TG, Hollein M. 2005. *The Naked Truch: Klimt, Schiele, Kokoschka and Other Scandals.* Prestel Publishing. New York.

Röntgen WC. 1895. Ueber eine neue Art von Strahlen(Vorläufige Mitteilung). Sber. Physik.-med. Ges. Würzburg 9:132-141.

Schorske CE. 1980. *Fin-de-Siècle Vienna: Politics and Culture.* Alfred A. Knopf. New York.

Shearman J. 1991. *Mannerism(Style and Civilization).* Penguin Books. New York.

Simpson K. 2010. Viennese art, ugliness, and the Vienna School of Art History: The vicissitudes of theory and practice. Journal of Art Historiography 3:1-17.

Strobl A, Weidinger A. 1995. *Oskar Kokoschka, Works on Paper: The Early Years, 1897—1917*. Harry N. Abrams. New York.

Trummer T. 2002. A Sea Ringed About with Vision: On Cryptocothology and Philosophy of Life in Kokoschka's Early Portraits. In: *Oskar Kokoschka: Early Portraits from Vienna and Berlin, 1909—1914*. TG Natter, editor. Dumont Buchverlag. Köln, Germany.

Van Gogh V. 1963. *The Letters of Vincent van Gogh*. M Roskill, editor. Atheneum, London.

Werner P. 2002. Gestures in Kokoschka's Early Portraits. In: *Oskar Kokoschka: Early Portraits from Vienna and Berlin, 1909—1914*. TG Natter, editor. Dumont Buchverlag. Köln, Germany.

Zuckerkandl B. 1927. Neues Wiener Journal. April 10.

第十章

Barney E. 2008. *Egon Schiele's Adolescent Nudes within the Context of Fin-de-Siècle Vienna*.

Blackshaw G. 2007. The pathological body: Modernist strategising in Egon Schiele's self-portraiture. Oxford Art Journal 30(3):377-401.

Brandow-Faller M. 2008. Man, woman, artist? Rethinking the Muse in Vienna 1900. Austrian History Yearbook39:92-120.

Cernuschi C. 2002. *Re/Casting Kokoschka: Ethics and Aestietics, Epistemology and Politics in Fin-de-Siècle Vienna*. Associated University Press. Plainsboro, NJ.

Comini A. 1974. *Egon Schiele's Portraits*. University of California Press. Berkeley.

Cumming L. 2009. *A Face to the World: On Self-Portraits*. Harper Press. London.

Danto A. 2006. Live flesh. *The Nation*. January 23, 2006.

Davis M. 2004. *The Language of Sex: Egon Schiele's Painterly Dialogue.* .

Elsen A. 1994. Drawing and a New Sexual Intimacy: Rodin and Schiele. In: *Egon Schiele: Art, Sexuality, and Viennese Modernism*. P Werner, editor. Society for the Promotion of Science and Scholarship. Palo Alto, CA.

Kallir J. 1990, 1998. *Egon Schiele: The Complete Works*. Harry N. Abrams. NewYork.

Knafo D. 1993. *Egon Schiele: A Self in Creation*. Associated University Press. Plainsboro, NJ.

Simpson K. 2010. Viennese art, ugliness, and the Vienna School of Art History: The vicissitudes of theory and practice. Journal of Art Historiography 3:1-14.

Westheimer R. 1993. *The Art of Arousal*. Artabras. New York.

Whitford F. 1981. *Egon Schiele*. Thames and Hudson. London.

第十一章

In my discussion of Freud's writing on art, the quote from his letter to Hermann Struck was written in November of 1914. It was originally published in Anna Freud's *Gesammelte Werke* and is cited in *The Essential Gombrich*.

Edwin Boring's *A History of Experimental Psychology* has an excellent discussion of Hermann Helmholtz on unconscious inference.

Other information in this chapter was drawn from the following sources:

Arnheim R. 1962. Art history and the partial god. Art Bulletin 44: 75-79.

Arnheim R. 1974. *Art and Visual Perception: A Psychology of the Creative Eye*. The New Version. University of California Press. Berkeley and Los Angeles.

Ash MG. 1998. *Gestalt Psychology in German Culture 1890—1967: Holism and the Quest for Objectvity*. Cambridge University Press. New York.

Boring EG. 1950. *A History of Experimental Psychology*. Appleton-Century-Crofts. New York.

Bostrom A, Scherf G, Lambotte MC, Potzl-Malikova M. 2010. *Franz Xavier Messer-schmidt, 1736— 1783: From Neoclassicism to Expressionism*. Neue Galerie catalog accompanying exhibition of work by Messerschmidt, September 2010 to January 2011. Officina Libraria. Italy.

Burke J. 2006. *The Sphinx on the Table: Sigmund Freud's Art Collection and the Development of Psychoanalysis*. Walker and Co. New York.

Da Vinci L. 1897. *A Treatise on Painting*. JF Rigaud, translator. George Bell & Sons. London.

Empson W. 1930. *Seven Types of Ambiguity*. Harcourt, Brace. New York.

Freud S. 1910. Leonardo da Vinci and a Memory of His Childhood. In: *The Standard Edition of the Complete Psychological Works of Sigmund Freud*. Vol. XII:57-138.

Freud S. 1914. The Moses of Michelangelo. Originally published anonymously in Imago 3:15-36. Republished with acknowledged authorship in 1924. In: *The Standard Edtition of the Complete Psychological Works of Sigmund Freud*. Vol. XII:209-238.

Frith C. 2007. *Making Up the Mind: How the Brain Creates Our Mental World*. Blackwell Publishing. Oxford.

Gombrich EH. 1960. *Art and Illusion. A Study in the Psychology of Pictorial Representation*. Princeton University Press. Princeton and Oxford.

Gombrich EH. 1982. *The Image and the Eye: Further Studies in the Psychology of Pictorial Representation*. Phaidon Press. London.

Gombrich EH. 1984. Reminiscences of Collaboration with Ernst Kris(1900—1957). In: *Tributes: Interpreters of Our Cultural Tradition*. Cornell University Press. Ithaca, NY.

Gombrich EH. 1996. *The Essential Gombrich: Selected Writings on Art and Culture*. R Woodfield, editor. Phaidon Press. London.

Gombrich EH, Kris E. 1938. The principles of caricature. British Journal of Medical Psychology

17:319-342. In: *Psychoanalytic Explorations in Art*.

Gombrich EH, Kris E. 1940. *Caricature*. King Penguin Books. London.

Gregory RL, Gombrich EH, editors. 1980. *Illusion in Nature and Art*. Scribner. New York.

Helmholtz von H. 1910. *Treatise on Physiological Optics*. JPC Southall, editor and translator. 1925. Dover. New York.

Henle M. 1986. *1879 and All That: Essays in the Theory and History of Psychology*. Columbia University Press. New York.

Hoffman DD. 1998. *Visual Intelligence: How We Create What We See*. W. W. Norton. New York.

Kemp W. 1999. Introduction. In Riegl: *The Group Portraiture of Holland*, p. 1. Getty Research Institute Publications and Exhibition Program. Los Angeles.

King DB, Wertheimer M. 2004. *Max Wertheimer and Gestalt Theory*. Transaction Publishers. New Brunswick, NJ, and London.

Kopecky V. 2010. Letters to and from Ernst Gombrich regarding *Art and Illusion*, including some comments on his notion of "schema and correction". Journal of Art Historiography 3.

Kris E. 1932. Die Charakterköpfe des Franz Xaver Messerschmidt: Versuch einer historischen und psychologischen Deutung. Jahrbuch der Kunst-historischen Sammlungen. Wien 4:169-228.

Kris E. 1933. Ein geisteskranker Bildhauer(Die Charakterköpfe des Franz Xaver Messerschmidt). *Imago* 19:381-411.

Kris E. 1936. The psychology of caricature. International Journal of Psycho-Analysis 17:285-303.

Kris E. 1952. Aesthetic Ambiguity. In: *Psychoanalytic Explorations in Art*. International Universities Press. New York.

Kris E. 1952. A Psychotic Sculptor of the Eighteenth Century. In: *Psychoanalytic Explorations in Art*. International Universities Press. New York.

Kris E. 1952. *Psychoanalytic Explorations in Art*. International Universities Press. New York.

Kuspit D. 2010. A little madness goes a long creative way. Artnet Magazine Online. October 7, 2010.

Mamassian P. 2008. Ambiguities and conventions in the perception of visual art. Vision Research 48:2143-2153.

Meulders M. 2010. *Helmholtz: From Enlightenment to Neuroscience*. L Garey, translator. MIT Press. Cambridge, MA.

Mitrović B. 2010. A defense of light: Ernst Gombrich, the Innocent Eye and seeing in perspective. Journal of Art Historiography 3:1-30.

Neisser U. 1967. *Cognitive Psychology*. Appleton-Century-Crofts. New York.

Persinger C. 2010. Reconsidering Meyer Schapiro in the New Vienna School. Journal of Art Historiography 3:1-l7.

Popper K. 1992. *The Logic of Scientific Discovery*. Routledge. London and New York.

Riegl A. 1902. *The Group Portraiture of Holland.* EM Kain, D Britt, translators. 2000. Getty Research Institute. Los Angeles.

Rock I. 1984. *Perception.* Scientific American Library. W. H. Freeman. San Francisco.

Roeske T. 2001. Traces of psychology: The art historical writings of Ernst Kris. American Imago 58:463-474.

Rose L. 2007. Daumier in Vienna: Ernst Kris, E. H. Gombrich, and the politics of caricature. Visual Resources 23(1-2):39-64.

Rose L. 2011. *Psychology, Art, and Antifascism: Ernst Kris, E. H. Gombrich, and the Caricature Project.* Fordham University Press. In press.

Sauerländer W. 2010. It's all in the head: Franz Xaver Messerschmidt, 1736—1783: From Neoclassicism to Expressionism. D Dollenmayer, translator. New York Review of Books 57(16).

Schapiro M. 1936. The New Viennese School. In: *The Vienna School Reader. 2000.* C Wood, editor. Zone Books. New York.

Schapiro M. 1998. *Theory and Philosophy of Art: Style Artist, and Society.* George Braziller. New York.

Schorske CE. 1961. *Fin-de-Siècle Vienna: Politics and Culture.* Reprint 1981. Vintage Books. New York.

Simpson K. 2010. Viennese art, ugliness, and the Vienna School of Art History: The vicissitudes of theory and practice. Journal of Art Historiography 3:1-14.

Wickhoff F. 1900. *Roman Art: Some of Its Principles and Their Application to Early Christian Painting.* A Strong, translator and editor. Macmillan. New York.

Worringer W. 1908. *Abstraction and Empathy: A Contribution to the Psychology of Style.* M Bullock, translator. International University Press. New York.

Wurtz RH, Kandel ER. 2000. Construction of the Visual Image. In: *Principles of Neural Science,* Chap. 25, pp. 492-506. 4th ed. Kandel ER, Schwartz JH, Jessell T, editors. McGraw-Hill. New York.

第十二章

Ferretti S. 1989. *Cassirer, Panofsky, and Warburg: Symbols, Art, and History.* R Pierce, translator. Yale University Press. New Haven.

Friedlander MJ. 1942. *On Art and Connoisseurship(Von Kunst und Kennerschaft).* T Borenius,translator. Bruno Cassirer Ltd. Berlin.

Gombrich EH. 1960. *Art and Illusion. A Study in the Psychology of Pictorial Representation.* Princeton University Press. Princeton and Oxford.

Handler-Spitz E. 1985. Psychoanalysis and the aesthetic experience. In: *Art and the Psyche.* Yale University Press. New Haven. For a discussion of Freud's essay on Leonardo, see pp. 55-65.

Holly MA. 1984. *Panofsky and the Foundations of Art History.* Cornell University Press. Ithaca, NY.

Necker LA. 1832. Observations on some remarkable optical phenomena seen in Switzerland, and on an optical phenomenon which occurs on viewing a figure of a crystal or geometrical solid. London and Edinburgh Philosophical Magazine and Journal of Science 1(5);329-337.

Panofsky E. 1939. *Studies in Iconology: Humanistic Themes in the Art of the Renaissance.* Westview Press. Boulder, CO.

Rock I. 1984. *Perception.* Scientific American Books. New York.

Rose L. 2010. Psychology, Art and Antifascism: Ernst Kris, E. H. Gombrich, and the Caricature Project. Manuscript.

Searle J. 1986. *Minds, Brains, and Science(1984 Reith Lectures).* Harvard University Press. Cambridge, MA.

Wittgenstein W. 1967. *Philosophical Investigations.* GEM Anscombe, translator. Macmillan. New York.

第十三章

Gauss CE. 1949. *The Aesthetic Theories of French Artists: 1855 to the Present.* Johns Hopkins University Press. Baltimore.

Gombrich EH. 1950. *The Story of Art.* Phaidon Press. London.

Gombrich EH. 1986. *Kokoschka in His Time.* Lecture given at the Tate Gallery on July 2, 1986. Tate Gallery Press. London.

Hughes R. 1991. *The Shock of the New: The Hundred-Year History of Modern Art—Its Rise, Its Dazzling Achievement, Its Fall.* 2nd ed. Thames and Hudson. London.

Novotny F. 1938. Cézanne and the End of Scientific Perspective. Excerpts in: *The Vienna School Reader: Politics and Art Historical Method in the 1930s,* pp. 379-438. CS Wood, editor. 2000. Zone Books. New York.

第十四章

Crick F. 1994. *The Astonishing Hypothesis: The Scientific Search for the Soul.* Charles Scribner's Sons. New York.

Daw N. 2012. *How Vision Works.* Oxford University Press. New York.

Frith C. 2007. *Making Up the Mind. How the Brain Creates Our Mental World.* Blackwell Publishing. Malden, MA.

Gombrich EH. 1982. *The Image and the Eye: Furtaer Studies in the Psychology of Pictorial Representation.* Phaidon Press. London.

Gregory RL. 2009. *Seeing Through Illusions,* p. 6. Oxford University Press. New York.

Hoffman DD. 1998. *Visual Intelligence: How We Crate What We See.* W. W. Norton. New York.

Kemp M. 1992. *The Science of Art: Optical Themes in Western Art from Brunelleschi to Seurat.* Yale University Press. New Haven and London.

Miller E, Cohen JP. 2001. An integrative theory of prefrontal cortex function. Annual Review of Neuroscience 24:167-202.

Movshon A, Wandell B. 2004. Introduction to Sensory Systems. In: *The Cognitive Neurosciences* III, pp. 185-187. MS Gazzaniga, editor. Bradford Books. MIT Press. Boston.

Olson CR, Colby CL. 2012. The Organization of Cognition. In: *Principles of Neural Science.* 5th ed. Kandel ER, Jessell TM, Schwartz JH, editors. McGraw-Hill. New York.

Wurtz RH, Kandel ER. 2000. Constructing the Visual Image. In: *Principles of Neural Science*(Chap. 25). 4th ed. Kandel ER, Schwartz J, Jessell T, editors. McGraw-Hill. New York.

第十五章

Ball P. 2010. Behind the Mona Lisa's smile: X-ray scans reveal Leonardo's remarkable control of glaze thickness. Nature 466: 694.

Changeux JP. 1994. Art and neuroscience. Leonardo 27(3):189-201.

Gilbert C. 2012. The Constructive Nature of Visual Processing. In: *Principles of Neural Science* (Chap. 25). 5th ed. Kandel ER, Schwartz JH, Jessell T, Siegelbaum S, Hudspeth JH, editors. McGraw-Hill. New York.

Hubel DH. 1995. *Eye, Brain, and Vision.* Scientific American Library. W. H. Freeman. New York.

Hubel DH, Wiesel TN. 2005. *Brain and Visual Perception: The Story of a 25-Year Collaboration.* Oxford University Press. New York.

Katz, B. 1982. Stephen William Kuffler. Biographical Memoirs of Fellows of the Royal Society 28:225-259. Published by the Royal Society. London.

Lennie P. 2000. Color Vision. In: *Principles of Neural Science*(Chap. 27), pp. 523-547. 4th ed. Kandel ER, Schwartz JH, Jessell T, editors. McGraw-Hill. New York.

Livingstone M. 2002. *Vision and Art: The Biology of Seeing.* Abrams. New York.

Mamassian P. 2008. Ambiguities and conventions in the perception of visual art. Vision Research 48:2143-2153.

McMahan UJ, editor. 1990. *Steve: Remembrances of Stephen W. Kuffler.* Sinauer Associates. Sunderland, MA.

Meister M, Tessier-Lavigne M. 2012. The Retina and Low Level Vision. In: *Principles of Neural Science*(Chap. 26). 5th ed. Kandel ER, Schwartz JH, Jessell T, Siegelbaum S, Hudspeth JH, editors. McGraw-Hill. New York.

Purves D, Lotto RB. 2003. *Why We See What We Do: An Empirical Theory of Vision.* Sinauer Associates. Sunderland, MA.

Sherrington CS. 1906. *The Integrative Action of the Nervous System.* University Press. Cambridge, MA.

Stevens CF. 2001. Line versus Color: The Brain and the Language of Visual Arts. In: *The Origins of Creativity,* pp. 177-189. KH Pfenninger, VR Shubick,editors. Oxford University Press. Oxford and New York.

Tessier-Lavigne M, Gouras P. 1995. Color. In: *Essentials of Neural Science and Behavior,* pp. 453-468. Kandel ER, Schwartz JH, Jessell TM, editors. Appleton and Lange. Stamford, CT.

Trevor-Roper P. 1998. *The World through Blunted Sight.* Updated edition. Souvenir Press. Boutler and Tanner. Frome, UK.

Whitfield TWA, Wiltshire TJ. 1990. Colour psychology: A critical review. Genetic, Social and General Psychology Monographs 116:387-413.

Wurtz RH, Kandel ER. 2000. Construction of the Visual Image. In: *Principles of Neural Science* (Chap. 25), pp. 492-506. 4th ed. Kandel ER, Schwartz JH, Jessell T, editors. McGraw-Hill. New York.

Zeki S. 1999. *Inner Vision: An Exploration of Art and the Brain.* Oxford University Press. New York.

第十六章

Albright T. 2012. High-Level Vision and Cognitive Influences. In: *Principles of Neural Science* (Chap. 28). 5th ed. Kandel ER, Schwartz JH, Jessell T, Siegelbaum S, Hudspeth JH, editors. McGraw-Hill. New York.

Cavanagh P. 2005. The artist as neuroscientist. Nature 434:301-307.

Daw N. 2012. *How Vision Works.* Oxford University Press. New York.

Elsen A. 1994. Drawing and a New Sexual Intimacy: Rodin and Schiele. In: *Egon Schiele: Art, Sexuality, and Viennese Modernism.* P Werkner, editor. Society for the Promotion of Science and Scholarship. Palo Alto, CA.

Frith C. 2007. *Making Up the Mind. How the Brain Creates Our Mental World.* Blackwell Publishing. Malden, MA.

Gombrich EH. 1982. *The Image and the Eye: Further Studies in the Psychology of Pictorial Representation.* Phaidon Press. London.

Gregory RL. 2009. *Seeing Through Illusions.* Oxford University Press. New York.

Hoffman DD. 1998. *Visual Intelligence: How We Create What We See.* W. W. Norton. New York.

Hubel DH, Wiesel TN. 1979. Brain Mechanisms of Vision. In: *The Mind's Eye: Readings from*

Scientific American. 1986. Introduced by JM Wolfe. W. H. Freeman. New York.

Hubel DH, Wiesel TN. 2005. *Brain and Visual Perception: The Story of a 25-Year Collaboration.* Oxford University Press. New York.

Kemp M. 1992. *The Science of Art: Optical Themes in Westen Art from Brunelleschi to Seurat.* Yale University Press. New Haven and London.

Kleinschmidt A, Biichel C, Zeki S, Frackowiak RSJ. 1998. Human brain activity during spontaneously reversing perception of ambiguous figures. Proceedings of the Royal Society 265:2427-2433. London.

Livingstone M. 2002. *Vision and Art: The Biology of Seeing.* Abrams. New York.

Marr D. 1982. *Vision: A Computational Investigation into the Human Representation and Processing of Visual Information.* W. H. Freeman. New York.

MovshonA,Wandell B. 2004. Introduction to Sensory Systems. In: *The Cognitive Neurosciences* III, pp. 185-187. MS Gazzaniga, editor. Bradford Books. MIT Press. Cambridge, MA.

Ramachandran VS. 1988. Perceiving shape from shading. Scientific American 259:76-83.

Ratliff F. 1985. The influence of contour on contrast: From cave painting to Cambridge psychology. Transactions of the American Philosophical Society 75(6):1-19.

Rittenhouse D. 1786. Explanation of an optical deception. Transactions of the American Philosophical Society 2:37-42.

Schwartz A. 2011. Learning to see the strike zone with one eye.

Solso RL. 1994. *Cognition and the Visual Arts.* Bradford Books. MIT Press. Cambridge, MA.

Stevens CF. 2001. Line versus Color: The Brain and the Language of Visual Arts. In: *The Origins of Creativity*, pp. 177-189. KH Pfenninger, VR Shubick,editors. Oxford University Press. Oxford and New York.

Von der Heydt R, Qiu FT, He JZ. 2003. Neural mechanisms in border ownership assignment: Motion parallax and Gestalt cues. (Abstract). Journal of Vision 3:666a.

Wurtz RH, Kandel ER. 2000. Perception of Motion, Depth, and Form. In: *Principles of Neural Science* (Chap. 28), pp. 492-506. 4th ed. Kandel ER, Schwartz JH, Jessell T, editors. McGraw-Hill. New York.

Zeki S. 1999. *Inner Vision: An Exploration of Art and the Brain.* Oxford University Press. New York.

Zeki S. 2001. Artistic creativity and the brain. Science 293(5527):51-52.

Zeki S. 2008. *Splendors and Miseries of the Brain: Love, Creativity, and the Quest for Human Happiness.* John Wiley and Sons. Oxford.

第十七章

Baker C. 2008. Face to face with cortex. Nature Neuroscience (11):862-864.

Bodamer J. 1947. Die Prosop-Agnosie. Archiv für Psychiatrie und Nervenkrankheiten 179:6-53.

Code C, Wallesch CW, Joanette Y, Lecours AR, editors. 1996. *Classic Cases in Neuro-psychology.* Pyschology Press. Erlbaum(UK). Taylor & Francis Ltd. UK.

Connor CE. 2010. A new viewpoint on faces. Science 330:764-765.

Craft E, Schütze H, Niebur E, von der Heydt R. 2007. A neuronal model of figureground organization. Journal of Neurophysiology 97:4310-4326.

Darwin C. 1872. *The Expression of the Emotions in Man and Animals.* Appleton-Century-Crofts. New York.

Daw N. 2012. *How Vision Works.* Oxford University Press. New York.

de Gelder B. 2006. Towards the neurobiology of emotional body language. Nature Reviews Neuroscience 7(3):242-249.

Exploratorium: Mona: Exploratorium Exhibit. [Internet]. 2010. San Francisco: Exploratorium [last updated October 12, 2010; cited 2011 January 10, 2011].

Felleman DJ, Van Essen DC. 1991. Distributed hierarchical processing in primate cerebrat cortex. Cerebral Cortex 1:1-47.

Freiwald WA, Tsao DY, Livingstone MS. 2009. A face feature space in the macaque temporal lobe. Nature Neuroscience 12(9):1187-1196.

Freiwald WA, Tsao DY. 2010. Functional compartmentalization and viewpoint generalization within the macaque face processing system. Science 330: 845-851.

Gombrich EH. 1960. *Art and Illusion. A Study in the Psychology of Pictorial Representation.* Princeton University Press. Princeton and Oxford.

Gross C. 2009. *A Hole in the Head: More Tales in the History of Neurosciense.* Chap. 3, pp. 179-182. MIT Press. Cambridge, MA.

Haxby J, Hoffman E, Gobbini M. 2002. Human neural systems for face recognition and social communication. Biological Psychiatry 51:59-67.

Hubel DH, Wiesel TN. 1979. Brain Mechanisms of Vision. In: *The Mind's Eye. Readings from Scientific American,* p. 40. 1986. Introduced by JM Wolfe. W. H. Freeman. New York.

Hubel DH, Wiesel TN. 2004. *Brain and Visual Perceptipon: The Story of a 25-Year Collaboration.* Oxford University Press. New York.

James W. 1890. *The Principles of Psychology.* Vols. 1 and 2. Henry Holt. New York.

Johansson G. 1973. Visual perception of biological motion and a model for its analysis. Perception and Psychophysics 14:201-211.

Kanwisher N, McDermott J, Chun MM. 1997. The fusiform face area: A module in human extrastriate cortex specialized for face perception. *Journal of Neuroscience* 17:4302-4311.

Lorenz K. 1971. *Studies in Animal and Human Behavior.* Harvard University Press. Cambridge, MA.

Marr D. 1982. *Vision: A Computational Investigation into the Human Representation and Processing of Visual Information.* W. H. Freeman. New York.

Meltzoff AN, Moore MK. Imitation of facial and manual gestures by human neonates. Science 198(4312):75-78.

Miller E, Cohen JP. 2001. An integrative theory of prefrontal cortex function. Annual Review of Neuroscience 24:167-202.

Moeller S, Freiwald WA, Tsao DY. 2008. Patches with links: A unified system for processing faces in the macaque temporal lobe. Science 320(5881):1355-1359.

Morton J, Johnson MH. 1991. *Biology and Cognitive Development: The Case of Face Recognition.* Blackwell Publishing. Oxford.

Pascalis O, de Haan M, Nelson CA. 2002. Is face processing species-specific during the first year of life? Science 296(5571):1321-1323.

Puce A, Allison T, Asgari M, Gore JC, McCarthy G. 1996. Differential sensitivity of human visual cortex to faces, letter strings, and textures: A functional magnetic resonance imaging study. Journal of Neuroscience 16(16): 5205-5215.

Puce A, Allison T, Bentin S, Gore JC, McCarthy G. 1998. Temporal cortex activation in humans viewing eye and mouth movements. Journal of Neuroscience 18:2188-2199.

Quian Quiroga R, Reddy L, Kreiman G, Koch C, Fried I. 2005. Invariant visual representation by single neurons in the human brain. Nature 435:1102-1107.

Ramachandran VS. 2003. *The Emerging Mind.* The Reith Lectures. BBC in association with Profile Books. London.

Ramachandran VS. 2004. *A Brief Tour of Human Consciousness: From Imposter Poodles to Purple Numbers.* Pi Press. New York.

Sargent J, Ohta S, MacDonald B. 1992. Functional neuroanatomy of face and object processing. Brain 115:15-36.

Soussloff CM. 2006. *The Subject in Art: Portraiture and the Birth of the Modern.* Duke University Press. Durham, NC.

Thompson P. 1980. Margaret Thatcher: A new illusion. Perception 9:483-484.

Tinbergen N, Perdeck AC. 1950. On the stimulus situation releasing the begging response in the newly hatched herring gull chick. Behaviour 3(1):1-39.

Treisman A. 1986. Features and objects in visual processing. Scientific American 255(5):114-125.

Tsao DY. 2006. A dedicated system for processing faces. Science 314:72-73.

Tsao DY, Freiwald WA. 2006. What's so special about the average face? Trends in Cognitive Sciences 10(9):391-393.

Tsao DY, Livingstone MS. 2008. Mechanisms of face perception. Annual Review of Neuroscience 31:411-437.

Tsao DY, Schweers N, Moeller S, Freiwald WA. 2008. Patches of face-selective cortex in the macaque frontal lobe. Nature Neuroscience 11:877-879.

Viskontas IV, Quiroga RQ, Fried I. 2009. Human medial temporal lobe neurons respond preferentially to personally relevant images. Proceedings of the National Academy of Sciences 106(50):21329-21334.

Wurtz RH, Goldberg ME, Robinson DL. 1982. Brain mechanisms of visual attention. Scientific American 246(6) :124-135.

Zeki S, Shipp S. 2006. Modular connections between areas V2 and V4 of macaque monkey visual cortex. European Journal of Neuroscience 1(5):494-506.

Zeki S. 2009. *Splendors and Miseries of the Brain: Love, Creativity, and the Quest for Human Happiness.* John Wiley & Sons. Oxford.

第十八章

Albright T. 2011. High-Level Vision and Cognitive Influences. In: *Principles of Neural Science* (Chap. 28). 5th ed. Kandel ER, Schwartz JH, Jessell T, Siegelbaum S, Hudspeth JH, editors. McGraw-Hill. New York.

Arnheim R. 1954. *Art and Visual Perception: A Psychology of the Creative Eye.* The New Version. 1974. University of California Press. Berkeley and Los Angeles.

Cavanagh P. 2005. The Artist as Neuroscientist. Nature 434:301-307.

Ferretti S. 1989. *Cassirer, Panofsky, and Warburg: Symbols, Art, and History.* R Pierce, translator. Yale University Press. New Haven.

Gilbert C. 2011. The Constructive Nature of Visual Processing. In: *Principles of Neural Science* (Chap. 25). 5th ed. Kandel ER, Schwartz JH, Jessell T, Siegelbaum S, Hudspeth JH, editors. McGraw-Hill. New York.

Gilbert C. 2011. Visual Primitives and Intermediate Level Vision. In: *Principles of Neural Science* (Chap. 27). 5th ed. Kandel ER, Schwartz JH, Jessell T, Siegelbaum S, Hudspeth JH, editors. McGraw-Hill. New York.

Gombrich EH. 1987. In: *Reflections on the History of Art,* R Woodfield, editor, p. 211. Originally published as a review of Morse Peckham, *Man's Rage for Chaos: Biology, Behavior, and the Arts.* New York Review of Books. June 23, 1966.

Kris E. 1952. *Psychoanalytic Explorations in Art.* International Universities Press. New York.

Mamassian P. 2008. Ambiguities and conventions in the perception of visual art. Vision Research 48:2143-2153.

Miller E, Cohen JP. 2001. An integrative theory of prefrontal cortex function. Annual Review of Neuroscience 24:67-202.

Milner B. 2005. The medial temporal lobe amnesiac syndrome. Psychiatric Clinics of North America 28(3):599-611.

Pavlov IP. 1927. *Conditioned Reflexes: An Investigation of the Physiological Activity of the Cerebral Cortex.* GV Anrep, translator. Oxford University Press. London.

Polanyi M, Prosch H. 1975. *Meaning.* University of Chicago Press. Chicago.

Riegl A. 1902. *The Group Portraiture of Holland.* EM Kain, D Britt, translators. 1999. Getty Research Institute. Los Angeles.

Rock I. 1984. *Perception.* Scientific American Library. W. H. Freeman. San Francisco.

Tomita H, Ohbayashi M, Nakahara K, Hasegawa I, Miyashita Y. 1999. Top-down signal from prefrontal cortex in executive control of memory retrieval. Nature 401:699-703.

第十九章

Bostrom A, Scherf G, Lambotte MC, Potzl-Malikova M. 2010. *Franz Xaver Messerschmidt, 1736—1783: From Neoclassicism to Expressionism.* Neue Galerie catalog accompanying exhibition of work by Messerschmidt, September 2010 to January 2011. Officina Libraria. Italy.

Bradley MM, Sabatinelli D. 2003. Startle reflex modulation: Perception, attention, and emotion. In: *Experimental Methods in Neuropsychology,* p. 78. K Hugdahl, editor. Kluwer Academic Publishers. Norwell, MA.

Changeux JP. 1994. Art and neuroscience. Leonardo 27(3):189-201.

Chartrand TL, Bargh JA. 1999. The chameleon effect: The perception-behavior link and social interaction. Journal of Personality and Social Psychology 76(6) :893-910.

Damasio AR. 1999. *The Feeling of Whar Happens: Body and Emotion In the Making of Consciousness.* Mariner Books. Boston.

Darwin C. 1859. *On the Origin of Species by Means of Natural Selection.* Appleton-Century-Crofts. New York.

Darwin C. 1871. *The Descent of Man and Selection in Relation to Sex.* Appleton-Century-Crofts. New York.

Darwin C. 1872. *The Expression of the Emotion in Man and Animals.* Appleton-Century-Crofts. New York.

Descartes R. 1694. *Treatise on the Passions of the Soul.* In: *The Philosophical Works of Descartes.* ES Halman, GRT Ross, translators. 1967. Cambridge University Press.

de Sousa R. 2010. Emotion. In: *The Stanford Encyclopedia of Philosophy.* Fall 2010 ed. EN Zalta, editor. Metaphysics Research Lab. Stanford, CA.

Dijkstra B. 1986. *Idols of Perversity: Fantasies of Feminine Evil in Fin-de-Siècle Culture.* Oxford University Press. New York and Oxford.

Ekman P. 1989. The argument and evidence about universals in facial expressions of emotion. In: *Handbook of Psychophysiology: Emotion and Social Behavior*, pp. 143-164. H Wagner, A Manstead, editors. John Wiley & Sons. London.

Freud S. 1938. An Outline of Psycho-Analysis. In: *The Standard Edition of the Complete Psychological Works of Sigmund Freud (1937—1939).* Vol. XXIII, pp. 139-208. Hogarth Press 1964. London.

Freud S. 1950. *Collected Papers.* Vol 4. J Riviere, translator. Hogarth Press and Institute of Psychoanalysis. London.

Gay P. 1989. *The Freud Reader.* W. W. Norton. New York.

Gombrich EH. 1955. *The Story of Art.* Phaidon Press. London.

Helmholtz H von. 1910. *Treatise on Physiological Optics.* JPC Southall, editor and translator. 1925. Dover. New York.

Iverson S, Kupfermann I, Kandel ER. 2000. Emotional States and Feelings. In: *Principles of Neural Science* (Chap. 50), pp. 982-997. 4th ed. Kandel ER, Schwartz JH, Jessell T, editors. McGraw-Hill. New York.

James W. 1890. *The Principles of Psychology.* Harvard University Press. Cambridge, MA, and London.

Kant I. 1785. *Groundwork for the Metaphysics of Morals.* 1998. Cambridge University Press. New York.

Kemball R. 2009. Art in Darwin's terms. Times Literary Supplement. March 20, 2009.

Kris E. 1952. *Psychoanalytic Explorations in Art.* International Universities Press. New York.

Lang PJ. 1995. The emotion probe: Studies of motivation and attention. American Psychologist 50(5):272-285.

Panofsky E. 1939. *Studies in Iconology: Humanistic Themes in the Art of the Renaissance.* Westview Press. Boulder, CO.

Pascalis O, do Haan M, Nelson CA. 2002. Is face processing species-specific during the first year of life? Science Magazine 296(5571):1321-1323.

Rolls ET. 2005. *Emotion Explained.* Oxford University Press. New York.

Silva PJ. 2005. Emotional response to art: From collation and arousal to cognition and emotion. Review of General Psychology 90:342-357.

Slaughter V, Heron M. 2004. Origins and early development of human body knowledge.Monographs of the Society for Research in Child Development 69(2):103-113.

Solms M, Nersessian E. 1999. Freud's theory of affect: Questions for neuroscience. Neuropsychoanalysis 1:5-14.

Strack F, Martin LL, Stepper S. 1988. Inhibiting and facilitating conditions of the human smile: A nonobtrusive test of the facial feedback hypothesis. *Journal of Personality and Social Psychology* 54(5):768-777.

第二十章

Aiken NE. 1984. Physiognomy and art: Approaches from above, below, and sideways. Visual Art Research 10:52-65.

Bamett JR, Miller S, Pearce E. 2006. Colour and art: A brief history of pigments. Optics and Laser Technology 38:445-453.

Chartrand TL, Bargh JA. 1999. The chameleon effect: The perception-behavior link and social interaction. Journal of Personality and Social Psychology 76(6): 893-910.

Damasio A. 1994. *Descartes' Error: Emotion, Reason, and the Human Brain.* G. P. Putnam's Sons. New York.

Darwin C. 1872. *The Expression of the Emotions in Man and Animals.* Appleton-Century-Crofts. New York.

Downing PE, Jiang Y, Shuman M, Kanwisher N. 2001. A cortical area selective for visual processing of the human body. Science 293(5539):2470-2473.

Ekman P. 2003. *Emotions Revealed: Recognizing Faces and Feelings to Improve Communication and Emotional Life.* Owl Books. New York.

Frith U. 1989. *Autism:Explaining the Enigma.* Blackwell Publishing. Oxford.

Gage J. 2006. *Color in Art.* Thames and Hudson. London.

Hughes R. 1991. *The Shock of the New: Art and the Century of Change.* 2nd ed. Thames and Hudson. London.

Javal E. 1906. *Physiologie de la Lecture et de l'Écriture (Physiology of Reading and Writing).* Felix Alcan. Paris.

Langton SRH, Watt RJ, Bruce V. 2000. Do the eyes have it? Cues to the direction of social attention. Trends in Cognitive Science 4:50-59.

Livingstone M. 2002. *Vision and Art: The Biology of Seeing.* Harry N. Abrams. New York.

Livingstone M, Hubel D. 1988. Segregation of form, color, movement, and depth: Anatomy, physiology, and perception. Science 240:740-749.

Lotto RB, Purves D. 2004. Perceiving color. Review of Progress in Coloration 34:12-25.

Marks WB, Dobelle WH, MacNichol EF. 1964. Visual pigments of single primate cones. *Science* 13:1181-1182.

Molnar F. 1981. About the role of visual exploration in aesthetics. In: *Advances In Intrinsic Motivation and Aesthetics.* H Day, editor. Plenum. New York.

Natter T. 2002. *Oskar Kokoschka: Early Portraits from Vienna and Berlin, 1909—1914.* Dumont Buchverlag. Koln, Germany.

Nodine CF, Locher PJ, Krupinski EA. 1993. The role of formal art training on perception and aesthetic judgment of art compositions. Leonardo 26(3):219-227.

Pelphrey KA, Morris JP, McCarthy G. 2004. Grasping the intentions of others: The perceived intentionality of an action influences activity in the superior temporal sulcus during social perception. Journal of Cognitive Neuroscience 16(10) : 1706-1716.

Pirenne MH. 1944. Rods and cones and Thomas Young's theory of color vision. Nature 154:741-742.

Puce A, Allison T, Bentin S, Gore JC, McCarthy G. 1998. Temporal cortex activation in humans viewing eye and mouth movements. Journal of Neuroscience 18:2188-2199.

Sacco T, Sacchetti B. 2010. Role of secondary sensory cortices in emotional memory storage and retrieval in rats. Science 329:649-656.

Simpson K. 2010. Viennese art, ugliness, and the Vienna School of Art History: The vicissitudes of theory and practice. Journal of Art Historiography 3:1-14.

Slaughter V, Heron M. 2004. Origins and early development of human body knowledge.Monographs of the Society for Research in Child Development 69(2):103-113.

Solso RL. 1994. *Cognition and the Visual Arts.* Bradford Books. MIT Press. Cambridge, MA.

Zeki S. 2008. *Splendors and Miserries of the Brain.* Wiley-Blackwell. Oxford.

第二十一章

Adolphs R, Tranel D, Damasio AR. 1994. Impaired recognition of emotion in facial expression following bilateral damage to the human amygdala. Nature 372:669-672.

Adolphs R, Gosselin F, Buchanan TW, Tranel D, Schyns P, Damasio A. 2005. A mech-anism for impaired fear recognition after amygdala damage. Nature 433:68-72.

Anderson AK, Phelps EA. 2000. Expression without recognition: Contributions of the human amygdala to emotional communication. Psychological Science 11(2):106-111.

Arnold MB. 1960. *Emotion and Personality.* Columbia University Press. New York.

Barzun J. 2002. *A Stroll with James.* University of Chicago Press. Chicago.

Boring EG. 1950. *A History of Experimental Psychology.* Appleton-Century-Crofts. New York.

Bradley MM, Greenwald MK, Petry MC, Lang PJ. 1992. Remembering pictures: Pleasure and arousal in memory. Journal of Experimental Psychology: Learning, Memory, and Cognition 18:379-390.

Cannon WB. 1915. *Bodily Changes in Pain, Hunger, Fear, and Rage: An Account of Recent Researches into the Function of Emotional Excitement.* D. Appleton & Co. New York.

Cardinal RN, Parkinson JA, Hall J, Everitt BJ. 2002. Emotion and motivation: The role of the amygdala, ventral striatum, and prefrontal cortex. Neuroscience and Biobehavioral Reviews 26:321-352.

Craig AD. 2009. How do you feel—now? The anterior insula and human awareness. National Review of Neuroscience 10(1):59-70.

Critchley HD, Wiens S, Rotshtein P, Öhman A, Dolan RJ. 2004. Neural systems supporting interoceptive awareness. Nature Neuroscience 7:189-195.

Damasio A. 1994. *Descartes' Error: Emotion, Reason, and the Human Brain.* G. P. Putnam's Sons. New York.

Damasio A. 1996. The somatic marker hypothesis and the possible functions of the prefrontal cortex. Proceedings of the Royal Society of London B 351:1413-1420.

Damasio A. 1999. *The Feeling of What Happens: Body and Emotion in the Making of Consciousness.* Harcourt Brace. New York.

Darwin C. 1872. *The Expression of the Emotiom in Man and Animals.* John Murray. London.

Etkin A, Klemenhagen KC, Dudman JT, Rogan MT, Hen R, Kandel E, Hirsch J. 2004. Individual differences in trait anxiety predict the response of the basolateral amygdala to unconsciously processed fearful faces. Neuron 44:1043-1055.

Freud S. 1915. *The Unconscious.* Penguin Books. London.

Frijda NH. 2005. Emotion experience. Cognition and Attention 19:473-498.

Frith C. 2007. *Making Up the Mind: How the Brain Creates Our Mental World.* Blackwell Publishing. Malden, MA.

Harrison NA, Gray MA, Gienoros PS, Critchley HD. 2010. The embodiment of emotional feeling in the brain. Journal of Neuroscience 30(38):12878-12884.

Iverson S, Kupfermann I, Kandel ER. 2000. Emotional States and Feelings. In: *Principles of Neural Science* (Chap. 50), pp. 982-997. 4th ed. Kandel ER, Schwartz JH, Jessell T, editors. McGraw-Hill. New York.

James W. 1884. What is an emotion? Mind 9:188-205.

James W. 1890. *Principles of Psychology.* Vols. 1 and 2. Dover Publications. Mineola, NY.

Kandel E. 2006. *In Search of Memory. The Emergence of a New Science of Mind.* W. W. Norton. New York.

Kliiver H, Bucy PC. 1939. Preliminary analysis of functions of the temporal lobes in monkeys.

Archives of Neurology and Psychiatry 42(6):979-1000.

Knutson B, Delgado M, Phillips P. 2008. Representation of Subjective Value in the Striatum. In: *Neuroeconomics: Decision Making and the Brain* (Chap. 25). P Glimcher, C Camerer, E Fehr, R Poldrack, editors. Academic Press. London.

Lang PJ. 1994. The varieties of emotional experience: A meditation on James-Lange theory. Psychological Review 101:211-221.

LeDoux J. 1996. *The Emotional Brain: The Mysterious Underpinning of Emotional Life*. Simon and Schuster. New York.

Miller EK, Cohen JD. 2001. An integrative theory of prefrontal cortex function. Annual Review of Neuroscience 24:167-202.

Oatley K. 2004. *Emotions: A Brief History*. Blackwell Publishing. Oxford.

Phelps EA. 2006. Emotion and cognition: Insights from studies of the human amygdata. Annual Review of Psychology 57:27-53.

Rokitansky C. 1846. *Handbuch der pathologischen Anatomie*. Braumüller & Seidel. Germany.

Rolls ET. 2005. *Emotion Explained*. Oxford University Press. New York.

Salzman CD, Fusi S. 2010. Emotion, cognition, and mental state representation in amygdala and prefrontal cortex. Annual Review of Neuroscience33. June 16, 2010 (ePub ahead of print).

Schachter S, Singer JE. 1962. Cognitive, social, and physiological determinants of emotional states. Psychological Review 69:379-399.

Vuilleumier P, Richardson MP, Armory JL, Driver J, Dolan RJ. 2004. Distant influences of amygdala lesion on visual cortical activation during emotional face processing. Nature Neuroscience 7:1271-1278.

Weiskrantz L. 1956. Behavioral changes associated with ablation of the amygdaloid complex in monkeys. Journal of Comparative Physiological Psychology 49:381-391.

Whalen PJ, Kagan J, Cook RG, Davis C, Kim H, Polis S, McLaren DG, Somerville LH, McLean AA, Maxwell JS, Johnston T. 2004. Human amygdala responsivity to masked fearful eye whites. Science 306:2061.

Whitehead AN. 1925. *Science and the Modern World*. Macmillan. New York.

Wurtz RH, Kandel ER. 2000. Construction of the Visual Image. In: *Principles of Neural Science* (Chap. 25), pp. 492-506. 4th ed. Kandel ER, Schwartz JH, Jessell T, editors. McGraw-Hill. New York.

第二十二章

Amodio DM, Frith CD. 2006. Meeting of minds: The medial frontal cortex and social cognition. National Review of Neuroscience 7(4);268-277.

Anderson AK, Phelps EA. 2002. Is the human amygdala critical for the subjective experience of emotion? Evidence of dispositional affect in patients with amygdala lesions. Journal of Cognitive Neuroscience 14:709-720.

Anderson SW, Bechara A, Damascott TD, Damasio AR. 1999. Impairment of social and moral behavior related to early damage in the human prefrontal cortex. Nature Neuroscience 2:1032-1037.

Berridge KC, Kringelbach ML. 2008. Effective neuroscience of pleasure: Rewards in humans and animals. Psychopharmacology 199:457-480.

Breiter HC, Aharon I, Kahneman D. 2001. Functional imaging of neural responses to expectancy and experience of monetary gains and losses. Neuron 30:619-639.

Breiter HC, Gollub RL, Weisskoff RM. 1997. Acute effects of cocaine on human brain activity and emotion. Neuron 19:591-611.

Cardinal R, Parkinson J, Hall J, Everitt B. 2002. Emotion and motivation: The role of the amygdala, ventral striatum, and prefrontal cortex. Neuroscience and Biobehavioral Reviews 26:321-352.

Churchland PS. 2002. *Brain-Wise: Studies in Neurophysiology.* MIT Press. Cambridge, MA.

Colby C, Olson C. 2012. The Organization of Cognition. In: *Principles of Neural Science* (Chap. 18). 5th ed. Kandel ER, Schwartz JH, Jessell TM, Hudspeth AJ, Siegelbaum S, editors. McGraw-Hill New York.

Damasio A. 1996. The somatic marker hypothesis and the possible functions of the prefrontal cortex. Proceedings of the Royal Society of London B 351:1413-1420.

Damasio H, Grabowski T, Frank R, Galaburda AM, Damasio AR. 1994. The return of Phineas Gage: Clues about the brain from the skull of a famous patient. Science 254(5162):1102-1105.

Darwin C. 1872. *The Expression of the Emotions in Man and Animals.* Appleton-Century-Crofts. New York.

Delgado M. 2007. Reward-related responses in the human striatum. Annals of New York Academy of Science 1104:70-88.

Foot P. 1967. The problem of abortion and the doctrine of double effect. Oxford Review 5:5-15.

Freud S. 1915. *The Unconscious.* Penguin Books. London.

Frijda NH. 2005. Emotion experience. Cognition and Attention 19:473-498.

Fuster JM. 2008. *The Prefrontal Cortex.* 4th ed. Academic Press. London.

Greene JD. 2007. Why are VMPFC patients more utilitarian? A dual-process theory of moral judgment explains. Trends in Cognitive Sciences 11(8):322-323.

Greene JD. 2009. Dual-process morality and the personal/impersonal distinction: A reply to McGuire, Langdon, Coltheart, and Mackenzie. Journal of Experimental Social Psychology 45(3):581-584.

Greene JD, Nystrom LE, Engell AD, Darley JM, Cohen JD. 2004. The neural bases of cognitive conflict and control in moral ludgment. Neuron 44:389-400.

Greene JD, Paxton JM. 2009. Patterns of neural activity associated with honest and dishonest moral decisions. Proceedings of the National Academy of Sciences USA 106(30):12506-12511.

James W. 1890. *The Principles of Psychology.* Vols. 1 and 2. Harvard University Press. Cambridge, MA, and London.

Knutson B, Delgado M, Phillips P. 2008. Representation of Subjective Value in the Striatum. In: *Neuroeconomics: Decision Making and the Brain* (Chap. 25). P Glimcher, C Camerer, E Fehr, R Poldrack, editors. Academic Press. London.

Lang PJ. 1994. The varieties of emotional experience: A meditation on James-Lange theory. Psychological Review 101:211-221.

LeDoux J. 1996. *The Emotional Brain: The Mysterious Underpinnings of Emotional Life.* Simon and Schuster. New York.

MacMillan M. 2000. *An Odd Kind of Fame. Stories of Phineas Gage.* Bradford Books. MIT Press. Cambridge, MA.

Mayberg HS, Brannan SK, Mahurin R, Jerabek P, Brickman J, Tekell JL, Silva JA, McGinnis S. 1997. Cingulate function in depression: A potential predictor of treatment response. NeuroReport 8:1057-1061.

Miller EK, Cohen JD. 2001. An integrative theory of prefrontal cortex function. Annual Review of Neuroscience 24:167-202.

Oatley K. 2004. *Emotions: A Brief History.* Blackwell Publishing. Malden, MA.

Olsson A, Ochsner KN. 2008. The role of social cognition in emotion. Trends in Cognitive Sciences 12(2):65-71.

Phelps EA. 2006. Emotion and cognition: Insights from studies of the human amygdala. Annual Review of Psychology 57:27-53.

Rolls ET. 2005. *Emotion Explained.* Oxford University Press. New York.

Rose JF, Woolsey CN. 1948. The orbitofrontal cortex and its connections with the mediodorsal nucleus in rabbit, sheep and cat. *Research Publications of the Association for Research in Nervous and Mental Diseases* 27:210-232.

Salzman CD, Fusi S. 2010. Emotion, cognition, and mental state representation in amygdala and prefrontal cortex. *Annual Review of Neuroscience* 33. June 16, 2010 (ePub ahead of print).

Solms M. 2006. Freud Returns. In: *Best of the Brain from* Scientific American. F Bloom, editor. Dana Press. New York and Washington, DC.

Solms M, Nersessian E. 1999. Freud's theory of affect: Questions for neuroscience. Neuro-psychoanalysis 1(1):5-12.

Thompson JJ. 1976. Killing, letting die, and the trolley problem. Monist 59:204-217.

Thompson JJ. 1985. The trolley problem. Yale Law Journal 94:1395-1415.

第二十三章

Adams RB, Kleck RE. 2003. Perceived gaze direction and the processing of facial displays of emotion. Psychiatric Science 14:644-647.

Aron A, Fisher H, Mashek DJ, Strong G, Li H, Brown LL. 2005. Reward, motivation, and emotion systems associated with early stage intense romantic love. Journal of Neurophysiology 94 :327-337.

Bar M, Neta M. 2006. Humans prefer curved visual objects. Psychological Science 17:645-648.

Barrett LF, Wagner TD. 2006. The structure of emotion: Evidence from neuroimaging studies. Current Directions in Psychological Science 15(2):79-85.

Bartels A, Zeki S. 2004. The neural correlates of maternal and romantic love. NeuroImage 21:1155-1166.

Berridge KC, Kringelbach ML. 2008. Affective neuroscience of pleasure: Reward in humans and animals. Psychopharmacology 199:457-480.

Brunetti M, Babiloni C, Ferretti A, del Gratta C, Merla A, Belardinelli MO, Romani GL. 2008. Hypothalamus, sexual arousal and psychosexual identity in human males: A functional magnetic resonance imaging study. European Journal of Neuroscience 27(11) :2922-2927.

Calder AJ, Burton AM, Miller P, Young AW, Akamatsu S. 2001. A principal component analysis of facial expressions. Vision Research 41: 1179-1208.

Carey S, Diamond R. 1977. From piecemeal to configurational representation of faces. Science 195:312-314.

Cola-Condo CJ, Marty G, Maestu F, Ortiz T, Munar E, Fernandez A, Roca M, Rossello J, Quesney F. 2004. Activation of the prefrontal cortex in the human visual aesthetic perception. Proceedings of the National Academy of Sciences 101:6321-6325.

Cowley G. 1996. The biology of beauty. Newsweek. June 3, 1996,pp. 60-67.

Cunningham MR. 1986. Measuring the physical in physical attractiveness: Quasiexperiments on the sociobiology of female facial beauty. Journal of Personality and Social Psychology 50:925-935.

Damasio A. 1999. *The Feeling of What Happens: Body and Emotion in the Making of Consciousness.* Harcourt Brace. New York.

Darwin C. 1871. *The Descent of Man and Selection in Relation to Sex.* Appleton-Century-Crofts. New York.

Downing PE, Bray D, Rogers J, Childs C. 2004. Bodies capture attention when nothing is expected.

Cognition B28-B38.

Dutton DD. 2009. *The Art Instinct: Beauty, Pleasure, and Human Evolution*. Bloomsbury Press. New York.

Elsen A. 1994. Drawing and a New Sexual Intimacy: Rodin and Schiele. In: *Egon Schiele: Art, Sexuality, and Viennese Modernism*. P Werner, editor. Society for the Promotion of Science and Scholarship. Palo Alto, CA.

Fink B, Penton-Voak IP. 2002. Evolutionary psychology of facial attractiveness. Current Directions in Psychological Science 11:154-158.

Fisher H. 2000. Lust, attraction, attachment: Biology and evolution of the three primary emotion systems for mating, reproduction, and parenting. Journal of Sex Education and Therapy 25(1):96-104.

Fisher H, Aron A, Brown LL. 2005. Romantic love: An fMRI study of a neural mechanism for mate choice. Journal of Comparative Neurology 493: 58-62.

Fisher HE, Brown LL, Aron A, Strong G, Mashek D. 2010. Reward, addiction, and emotion regulation systems associated with rejection in love. Journal of Neuro-physiology 104: 51-60.

Gilbert D. 2006. *Stumbling on Happiness*. Alfred A. Knopf. New York.

Gombrich EH. 1987. In: *Reflections on the History of Art*, p. 211. R Woodfield, editor. Originally published as a review of Morse Peckham, *Man's Rage for Chaos: Biology, Behavior, and the Arts*. New York Review of Books. June 23, 1966.

Guthrie G, Wiener M. 1966. Subliminal perception or perception of partial cues with pictorial stimuli. Journal of Personality and Social Psychology 3:619-628.

Grammer K, Fink B, Møller AP, Thornhill R. 2003. Darwinian aesthetics: Sexual selection and the biology of beauty. Biological Reviews 78(3):385-407.

Hughes R. 1991. *The Shock of the New: Art and the Century of Change*. 2nd ed. Thames and Hudson. London.

Kawabata H, Zeki S. 2004. Neural correlates of beauty. Journal of Neurophysiology 91:1699-1705.

Kirsch P, Esslinger C, Chen Q, Mier D, Lis S, Siddhanti S, Gruppe H, Mattay VS, Gallhofer B, Meyer-Lindenberg A. 2005. Oxytocin modulates neural circuitry for social cognition and fear in humans. Journal of Neuroscience 25(49):11489-11493.

Lang P. 1979. A bio-informational theory of emotional imagery. Psychophysiology 1:495-512.

O'Doherty J, Winston J, Critchley H, Perrett D, Burt DM, Dolan RJ. 2003. Beauty in a smile: The role of medial orbitofrontal cortex in facial attractiveness. NeuropsychoLogy 41:147-155.

Marine MJ, Wittmann M, Bradley SR, Hubert GW, Smith Y, Conn PJ. 2001. Activation of Group 1 metabotropic glutamate receptors produces a direct excitation and disinhibition of GABAergic projection neurons in the substantia nigra pars reticulata. Journal of Neuroscience 21(18):7001-

7012.

Paton JJ, Belova MA, Morrison SE, Salzman CD. 2006. The primate amygdala represents the positive and negative value of visual stimuli during learning. Nature 439:865-870.

Perrett DI, Burt DM, Penton-Voak IS, Lee KJ, Rowland DA, Edwards R. 1999. Symmetry and human facial attractiveness. Evolution and Human Behavior 20:295-307.

Perrett DI, May KA, Yoshikawa S. 1994. Facial shape and judgments of female attractiveness. Nature 368:239-242.

Ramachandran VS, Hirstein W. 1999. The science of art: A neurological theory of aesthetic experience. Journal of Consciousness Studies 6 (6-7):15-51.

Ramachandran VS. 2003. *The Emerging Mind*. The Reith Lectures. BBC in association with Profile Books. London.

Ramsey JL, Langlois JH, Hoss RA, Rubenstein AJ, Griffin A. 2004. Origins of a stereotype: Categorization of facial attractiveness by 6-month-old infants. Developmental Science 7:201-211.

Riegl A. 1902. *The Croup Portraiture of Holland*. E Kain, D Britt, translators. 1999. Introduction by W Kemp. Getty Research Institute for the History of Art and the Humanities. Los Angeles.

Rose C. 2006. An hour with Ronald Lauder at the Neue Galerie. September 4, 2006.

Salzman CD, Paton JJ, Belova MA, Morrison SE. 2007. Flexible neural representations of value in the primate brain. Annals of the New York Academy of Science 1121:336-354.

Saxton TK, Debruine LM, Jones BC, Little AC, Roberts SC. 2009. Face and voice attractiveness judgments change during adolescence. Evolution and Human Behavior 30:398-408.

Schorske CE. *Fin-de-siècle Vienna: Politics and Culture*. 1981. Random House. New York.

Simpson K. 2010. Viennese art, ugliness, and the Vienna School of Art History: The vicissitudes of theory and practice. Journal of Art Historiography 3:1-14.

Singer T, Seymour B, O'Doherty J, Kaube H, Dolan RJ, Frith C. 2004. Empathy for pain involves the affective but not sensory components of pain. Science 303:1157-1162.

Tamietto M, Geminiani G, Genero R, de Gelder B. 2007. Seeing fearful body language overcomes attentional deficits in patients with neglect. Journal of Cognitive Neuroscience 19:445-454.

Tooby J, Cosmides L. 2001. Does beauty build adapted minds? Toward an evolutionary theory of aesthetics, fiction and the arts. Substance 30(1):6-27.

Tsao DY, Freiwald WA. 2006. What's so special about the average face? Trends in Cognitive Sciences 10(9):391-393.

Winston JS, O'Doherty J, Dolan RJ. 2003. Common and distinct neural responses during direct and incidental processing of multiple facial emotions. Neurological Image 30:84-97.

Zeki S. 1999. *Inner Vision: An Exploration of Art and the Brain*. Oxford University Press. New York.

Zeki S. 2001. Artistic creativity and the brain. Science 293(5527):51-52.

第二十四章

Allison T, Puce A, McCarthy G. 2000. Social perception from visual cues: Role of the STS region. Trends in Cognitive Sciences 4:267-278.

Clark K. 1962. *Looking at Pictures.* Readers Union. UK.

Dijksterhuis A. 2004. Think different: The merits of unconscious thought in preference development and decision making. Journal of Personality and Social Psychology 87(5):494.

Dimberg U, Thunberg M, Elmehed K. 2000. Unconscious facial reactions to emotional facial expressions. Psychological Science 11(1):86-89.

Fechner GT. 1876. *Vorschule der Aesthetik (Experimental Aesthetics).* Breitkopf and Hartel. Leipzig.

Gombrich EH. 1960. *Art and Illusion: A Study in the Psychology of Pictorial Representation.* Princeton University Press. Princeton and Oxford.

Gombrich EH. 1982. *The Image and the Eye.* Phaidon Press. New York.

Harrison C, Wood P. 2003. *Art in Theory, 1900—2000: An Anthology of Changing Ideas.* Blackwell Publishing. Malden, MA.

Ochsner KN, Beer JS, Robertson ER, Cooper JC, Kihlstrom JF, D'Esposito M, Gabrieli JED. 2005. The neural correlates of direct and reflected self-knowledge. NeuroImage 28:797-814.

Onians J. 2007. *Neuroarthistory.* Yale University Press. New Haven.

Perner J. 1991. *Understanding the Representatonal Mind.* Bradford Books. MIT Press. Cambridge, MA.

Ramachandran VS. 1999. The science of art: A neurological theory of aesthetic experience. Journal of Consciousness Study 6:15-51.

Riegl A. 1902. *The Group Portraiture of Holland.* E Kain, D Britt, translators. 1999. Introduction by W Kemp. Getty Research Institute for the History of Art and the Humanities. Los Angeles.

Saxe R, Jamal N, Powell L. 2005. My body or yours? The effect of visual perspective on cortical body representations. Cerebral Cortex 16(2):178-182.

Spurling H. 2007. *Matisse the Master: A Life of Henri Matisse: The Conquest of Colour, 1909—1954.* Alfred A. Knopf. New York.

第二十五章

The Gombrich quotes early in this chapter are taken from an essay entitled "The Mask and the Face" which appeared in Gombrich, Hochberg, and Black(1972).

Asperger H. 1944. Die "Autistichen Psychopathen" in Kendesalter.

Blakemore SJ, Decety J. 2001. From the perception of action to the understanding of intention. Nature Reviews Neuroscience 2(8):561-567.

Bleuler EP. 1911. *Dementia Praecox or The Group of Schizophrenias.* J Zinkin, translator. 1950. International University Press. New York.

Bleuler EP. 1930. The physiogenic and psychogenic in schizophrenia. American Journal of Psychiatry 10:204-211.

Bodamer J. 1947. Die Prosop-Agnosie. Archiv für Psychiatrie und Nervenkrankheiten 179:6-53.

Brothers L. 2002. The Social Brain: A Project for Integrating Primate Behavior and Neurophysiology in a New Domain. In: *Foundations in Social Neuroscience.* 2002. JT Cacioppo et al., editors. MIT Press. Cambridge, MA.

Brown E, Scholz J, Triantafyllou C, Whitfield-Gabrieli S, Saxe R. 2009. Distinct regions of right temporo-parietal junction are selective for theory of mind and exogenous attention. PLoS Biology 4(3):1-7.

Calder AJ, Burton AM, Miller P, Young AW, Akamatsu S. 2001. A principle component analysis of facial expressions. Vision Research 41:1179, 1208.

Carr L, Iacoboni M, Dubeau MC, Mazziotta JC, Lenzi GL. 2003. Neural mechanisms of empathy in humans: A relay from neural systems for imitation to limbic areas. Proceedings of the National Academy of Sciences 100(9):5497-5502.

Castelli F, Frith C, Happe F, Frith U. 2002. Autism, Asperger syndrome and brain mechanisms for the attribution of mental states to animated shapes. Brain 125:1839-1849.

Chartrand TL, Bargh JA. 1999. The chameleon effect: The perception-behavior link and social interaction. Journal of Personality and Social Psychology 76(6):893-910.

Chong T, Cunnington R, Williams MA, Kanwisher N, Mattingley JB. 2008. fMRI adaptation reveals mirror neurons in human inferior parietal cortex. Current Biology 18(20):1576-1580.

Cutting JE, Kozlowski LT. 1977. Recognizing friends by their walk: Gait perception without familiarity cues. Bulletin of the Psychonomic Society 9:353-356.

Dapretto M, Davies MS, Pfeifer JH, Scott AA, Stigman M, Bookheimer SY. 2006. Understanding emotions in others: Mirror neuron dysfunction in children with autism spectrum disorders. Nature Neuroscience 9(1):28-30.

Decety J, Chaminade T. 2003. When the self represents the other: A new cognitive neuroscience view on psychological identification. Conscious Cognition 12:577-596.

De Gelder B. 2006. Towards the neuroBiology of emotional body language. Nature 7:242-249.

Dimberg U, Thunberg M, Elmehed K. 2000. Unconscious facial reactions to emotional facial expressions. Psychological Science 11(1):86-89.

Flavell JH. 1999. Cognitive development: Children's knowledge about the mind. Annual Review of Psychology 50:21-45.

Fletcher PC, Happe F, Frith U, Baker SC, Dolan RJ, Frackowiak RSJ, Frith CD. 1995. Other minds in the brain: A functional imaging study of "theory of mind" in story comprehension. Cognition 57:109-128.

Freiwald WA, Tsao DY, Livingstone MS. 2009. A face feature space in the macaque temporal lobe. Nature Neuroscience 12(9):1187-1196.

Frith C. 2007. *Making Up the Mind. How the Brain Creates Our Mental World*. Blackwell Publishing. Oxford.

Frith U. 1989. *Autism: Explaining the Enigma*. Blackwell Publishing. Oxford.

Frith U, Frith C. 2003. Development and neurophysiology of mentalizing. Philosophical Transactions of the Royal Society of London, Series B. Biological Science 358:439-447.

Gallagher HL, Frith CD. 2003. Functional imaging of "theory of mind." Trends in Cognitive Science 7:77-83.

Gombrich EH. 1987. In: *Reflections on the History of Art*, p. 211. R Woodfield, editor. Originally published as a review of Morse Peckham, *Man's Rage for Chaos: Biology, Behavior, and the Arts*. New York Review of Books. June 23, 1966.

Gombrich EH. 2004. *Art and Illusion: A Study in the Psychology of Pictoral Representation*. Phaidon Press. New York.

Gombrich EH, Hochberg J, Black M. 1972. *Art, Perception, and Reality*. Johns Hopkins University Press. Baltimore.

Gross C. 2009. *A Hole in the Head: More Tales in the History of Neuroscience*, Chap. 3, pp. 179-182. MIT Press. Cambridge, MA.

Gross C, Desimone R. 1981. Properties of inferior temporal neurons in the macaque. Advances in Physiological Sciences 17:287-289.

Iacoboni M. 2005. Neural mechanisms of imitation. Current Opinion in Neurobiology 15(6):632-637.

Iacoboni M, Molnar-Szakacs I, Gallese V, Buccino G, Mazziotta JC, Rizzolatti G. 2005. Grasping the intentions of others with one's own mirror neuron system. PloS Biology 3(3):1-7.

Kanner L. 1943. Autistic disturbances of affective contact. Nervous Child 2:217-250.

Kanwisher N, McDermott J, Chun MM. 1997. The fusiform face area: A module in human extrastriate cortex specialized for face perception. Journal of Neuroscience 17(11):4302-4311.

Klin A, Lim DS, Garrido P, Ramsay T, Jones W. 2009. Two-year-olds with autism orient to non-social contingencies rather than biological motion. Nature 459:257-261.

Langer SK. 1979. *Philosophy in a New Key: A Study in the Symbolism of Reason, Rite, and Art*. 3rd ed.

Harvard University Press. Cambridge, MA.

Mitchell JP, Banaji MR, MacRae CN. 2005. The link between social cognition and selfreferential thought in the medial prefrontal cortex. Journal of Cognitive Neuroscience 17(8):1306-1315.

Ochsner KN, Knierim K, Ludlow D, Hanelin J, Ramachandran T, Mackey S. 2004. Reflecting upon feelings: An fMRI study of neural systems supporting the attribution of emotion to self and other. Journal of Cognitive Neuroscience 16(10):1748-1772.

Ohnishi T, Moriguchi Y, Matsuda H, Mori T, Hirakata M, Imabayashi E. 2004. The neural network for the mirror system and mentalizing in normally developed children: An fMRI study. Neuroreport 15(9):1483-1487.

Pelphrey KA, Morris JP, McCarthy G. 2004. Grasping the intentions of others: The perceived intentionality of an action influences activity in the superior temporal sulcus during social perception. Joumal of Cognitive Neuroscience 16(10): 1706-1716.

Pelphrey KA, Sasson NJ, Reznick JS, Paul G, Goldman BD, Piven J. 2002. Visual scanning of faces in autism. Journal of Autism and Developmental Disorders 32:249-261.

Perner J, Aichhorn M, Kronbichler M, Staffen W, Ladurner G. 2006. Thinking of mental and other representations. The roles of left and right temporoparietal junction. Social Neuroscience 1:245-258.

Perrett DI, Smith PA, Potter DD, Mistlin AJ, Head AS, Milner AD, Jeeves MA. 1985. Visual cells in the temporal cortex sensitive to face view and gaze direction. Proceedings of the Royal Society of London, Series B: Biological Science 223:293-317.

Piaget J. 1929. *Child's Conception of the World*. Routledge & Kegan Paul. London.

Puce A, Allison T, Asgari M, Gore JC, McCarthy G. 1996. Differential sensitivity of human visual cortex to faces, letter strings, and textures: A functional magnetic resonance imaging study. Journal of Neuroscience 16(16):5205-5215.

Puce A, Allison T, Bentin S, Gore JC, McCarthy G. 1998. Temporal cortex activation in humans viewing eye and mouth movements. Journal of Neuroscience 18:2188-2199.

Ramachandran VS. 2004. Beauty or brains. Science 305:779-780.

Riegl A. 1902. *The Group Portraiture of Holland*. EM Kain,D Britt, translators. 1999. Getty Research Institute. Los Angeles.

Rizzolatti G, Fadiga L, Gallese V, Fogassi L. 1996. Premotor cortex and the recognition of motor actions. Cognitive Brain Research 3(2):131-141.

Saxe R. 2006. Uniquely human social cognition. Current Opinion in Neurobiology 16:235-239.

Saxe R, Carey S, Kanwisher N. 2004. Understanding other minds: Linking developmental psychology and functional neuroimaging. Annual Review of Psychology 55:87-124.

Saxe R, Kanwisher N. 2003. People thinking about thinking people. The role of the temporo-parietal junction in "theory of mind". NeuroImage 19(4):1835-1842.

Saxe R, Xiao DK, Kovacs G, Perrett DI, Kanwisher N. 2004. A region of right posterior temporal sulcus responds to observed intentional actions. Neuropsychologia 42(11):1435-1446.

Singer T, Seymour B, O'Doherty J, Kaube H, Dolan RJ, Frith C. 2004. Empathy for pain involves the affective but not sensory components of pain. Science 303:1157-1162.

Strack F, Martin LL, Stepper S. 1988. Inhibiting and facilitating conditions of the human smile: A nonobtrusive test of the facial feedback hypothesis. Journal of Personality and Social Psychology 54(5):766-777.

Yarbus AL. 1967. *Eye Movements and Vision.* Plenum Press. New York.

Zaki J, Weber J, Bolger N, Ochsner K. 2009. The neural bases of empathic accuracy. Proceedings of the National Academy of Sciences USA 106(27):11382-11387.

第二十六章

Berridge KC, Kringelbach ML. 2008. Effective neuroscience of pleasure: Rewards in humans and animals. Psychopharmacology 199:457-480.

Blakeslee S, Blakeslee M. 2007. *The Body Has a Mind of Its Own. How Body Map in Your Bain Help You Do (Almost) Everything Better.* Random House. New York.

Cohen P. 2010. Next big thing in English: Knowing that they know that you know. New York Times. April 1, C1.

Damasio A. 1996. The somatic marker hypothesis and the possible functions of the prefrontal cortex. Proceedings of the Royal Society of London B 351:1413-1420.

Damasio A. 1999. *The Feeling of What Happens: Body and Emotion in the Making of Consciousness.* Harcourt Brace. New York.

Darwin C. 1872. *The Expression of the Emotions in Man and Animals.* Appleton-Century-Crofts. New York.

Ditzen B, Schaer M, Gabriel B, Bodenmann G, Ehlert U, Heinrichs M. 2009. Intranasal oxytocin increases positive communication and reduces cortisol levels during couple conflict. Biological Psychiatry 65(9):728-731.

Donaldson ZR, Young LJ. 2008. Oxytocin, vasopressin, and the neurogenetics of sociality. Science 322:900-904.

Gray JA, McNaughton N. 2000. *The Neuropsychology of Anxiety: An Enquiry into the Functions of the Septo-Hippocampal System.* 2nd ed. Oxford Psychology Series No. 33. Oxford University Press. Oxford.

Insel TR. 2010. The challenge of translation in social neuroscience: A review of oxytocin, vasopressin, and affiliative behavior. Neuron 65:768-779.

Jhou TC, Fields HL, Baxter MG, Saper CB, Holland PC. 2009. The rostromedial tegmental nucleus(RMTg), a GABAergic afferent to midbrain dopamine neurons, encodes aversive stimuli and inhibits motor responses. Neuron 61(5):786-800.

Kamin LJ. 1969. Predictability, Surprise,Attention, and Conditioning. In: *Punishment and Aversive Behavior*, pp. 279-296. BA Campbell, RM Church, editors. Appleton-Century-Crofts. New York.

Kampe KK, Frith CD, Dolan RJ, Frith U. 2001, Reward value of attractiveness and gaze. Nature 413:589.

Kandel ER. 2005. Biology and the Future of Psychoanalysis. In: *Psychiatry Psychoanalysis, and the New Biology of Mind* (Chap. 3). American Psychiatric Publishing. Washington, DC.

Kirsch P, Esslinger C, Chen Q, Mier D, Lis S, Siddhanti S, Gruppe H, Mattay VS, Gallhofer B, Meyer-Lindenberg A. 2005. Oxytocin modulates neural circuitry for social cognition and fear in humans. Journal of Neuroscience 25:11489-11493.

Kosfeld M, Heinrichs M, Zak PJ, Fischbacher U, Fehr E. 2005. Oxytocin increases trust in humans. *Nature* 435:673-676.

Kosterlitz HW, Hughes J. 1975. Some thoughts on the significance of enkephalin, the endogenous ligand. Life Sciences 17(1):91-96.

Kris E. 1952. *psychoanalytic Explorations in Art*. International Universities Press. New York.

Linden DJ. 2011. *The Compass of Pleasure: How Our Brains Make Fatty Foods, Orgasm Exercise, Marijuana, Generosity, Vodka, Learning and Cambling Feel So Good*. Viking Press. New York.

Natter T. 2002. Portraits of Characters, Not Portraits of Faces: An Introduction to Kokoschka's Early Portraits. In: *Oskar Kokoschka: Early Portraits of Vienna and Berlin, 1909—1914*. Neue Galerie. NewYork.

Ochsner KN, Bunge SA, Gross JJ, Gabrieli JDE. 2002. Rethinking feelings: An fMRI study of the cognitive regulation of emotion. Journal of Cognitive Neuroscience 14(8):1215-1229.

Ochsner KN, Knierim K, Ludlow DH, Hanelin J, Ramachandran T, Glover G, Mackey SC. 2004. Refiecting upon feelings: An fMRI study of neural systems supporting the attribution of emotion to self and other. Journal of Cognitive Neuroscience 16(10):1746-1772.

Olds J. 1955. "Reward" from brain stimulation in the rat. Science 122:878.

Olds J, Milner P. 1954. Positive reinforcement produced by electrical stimulation of the septal area and other regions of the rat brain. Journal of Comparative and Physiological Psychology 47:419-427.

Olsson A, Phelps EA. 2007. Social learning of fear. Nature Neuroscience 10:1095-1102.

Pavlov IP. 1927. Conditioned Reflexes: An Investigation of the Physiological Activity of the Cerebral

Cortex. GV Anrep, translator. Oxford University Press. London.

Pert CB, Snyder SH. 1973. Opiate receptor: Demonstration in nervous tissue. Science 179(77):1011-1014.

Ramachandran VS. 1999. The science of art: A neurological theory of aesthetic experionce. Journal of Consciousness Study 6:15-51.

Rodrigues SM, Saslow LR, Garcia N, John OP, Keltner D. 2009. Oxytocin receptor genetic variation relates to empathy and stress reactivity in humans. Proceedings of the National Academy of Sciences 106(50):21437-21441.

Rolls ET. 2005. *Emotion Explained*. Oxford University Press. Oxford.

Schachter S, Singer JE. 1962. Cognitive, social, and physiological determinants of emotional states. Psychological Review 69:379-399.

Schultz W. 1998. Predictive reward signal of dopaminergic neurons. Journal of Neurophysiology 80:1-27.

Schultz W. 2000. Multiple reward signals in the brain. Nature Reviews Neuroscience 1:199-207.

Singer T, Seymour B, O'Doherty J, Kaube H, Dolan RJ, Frith C. 2004. Empathy for pain involves the affective but not sensory components of pain. Science 303:1157-1162.

Whalen PJ, Kagan J, Cook RG, Davis C, Kim H, Polis S, McLaren DG, Somerville LH, McLean AA, Maxwell JC, Johnston T. 2004. Human amygdala responsivity to masked fearful eye whites. Science 306:2061.

Young LJ, Young M, Hammock EA. 2005. Anatomy and neurochemistry of the pair bond. Journal of Comparative Neurology 493:51-57.

第二十七章

Aiken NE. 1998. *The Biological Origins of Art*. Praeger. Westport, CT.

Cohen P. 2010. Next big thing in English: Knowing they know that you know. New York Times.April 1, C1.

Darwin C. 1859. *On the Origin of Species by Means of Natural Selection*. Appleton-Century-Crofts. New York.

Darwin C. 1871. *The Descent of Mam and Selection in Relation to Sex*. Appleton-Century-Crofts. New York.

Darwin C. 1872. *The Expression of the Emotions in Man and Animals*. Appleton-Century-Crofts. New York.

Dijkstra B. 1986. *Idols of Perversity: Fantasies of Feminine Evil in Fin-de-Siècle Culture*. Oxford University Press. New York.

Dissanayake E. 1988. *What Is Art For?* University of Washington Press. Seattle.

Dissanayake E. 1995. *Homo Aestheticus: Wheree Art Came from and Why.* University of Washington Press. Seattle.

Dutton D. 2009. *The Art Instinct: Beauty, Pleasure, and Human Evolution.* Bloomsbury Press. New York.

Fechner GT. 1876. *Introduction to Aesthetics.* Breitkoff & Hartel. Leipzig.

Hughes R. 1987. *Lucian Freud: Paintings.* Thames and Hudson. New York.

Iverson S, Kupfermann I, Kandel ER. 2000. Emotional States and Feelings. In: *Principles of Neural Science* (Chap. 50), pp. 982-997. 4th ed. Kandel ER, Schwartz JH, Jessell T, editors. McGraw-Hill. New York.

Kimball R. 2009. Nice things. Times Literary Supplement. March 20, pp. 10-11.

Kris E. 1952. *Psychoanalytic Explorations in Art.* International Universities Press. New York.

Kris E, Gombrich EH. 1938. The Principles of Caricature. British Journal of Medical Psychology 17:319-342. In: *Psychoanalytic Explorations in Art.*

Lang PJ. 1994. The varieties of emotional experience: A meditation on James-Lange theory. Psychological Review 101:211-221.

Lindauer MS. 1984. Physiognomy and art: Approaches from above, below, and sideways. Visual Art Research 10:52-65.

Mellars P. 2009. Archaeology: Origins of the female image. Nature 459:176-177.

Natter T. 2002. Portraits of Characters, Not Portraits of Faces: An Introduction to Kokoschka's Early Portraits. In: *Oskar Kokoschka: Early Portraits of Vienna and Berlin, 1909—1914.* Neue Galerie. New York.

Pinker S. 1999. *How the Mind Works.* W. W. Norton. New York.

Pinker S. 2002. *The Blank Slate.* Viking Penguin. New York.

Ramachandran VS. 1999. The science of art: A neurological theory of aesthetic experience. Journal of Consciousness Study 6:15-51.

Ryan TA, Schwartz CB. 1956. Speed of perception as a function of mode of representation. American Journal of Psychology 69(1):60-69.

Riegl A. 1902. *The Group Portraiture of Holland.* E Kain, D Britt, translators. 1999. Introduction by W Kemp. Getty Research Institute for the History of Art and the Humanities. Los Angeles.

Singer T, Seymour B, O'Doherty J, Kaube H, Dolan RJ, Frith CD. 2004. Empathy for pain involves the affective but not sensory components of pain. Science 303: 1157-1162.

Stocker M. 1998. *Judith: Sexual Warriors: Women and Power in Western Culture.* Yale University Press. New Haven.

Tooby J, Cosmides L. 2001. Does beauty build adapted minds? Toward an evolutionary theory of aesthetics, fiction and the arts. SubStance 94/95(30):6-27.

Zeki S. 1999. *Inner Vision: An Exploration of Art and the Brain.* Oxford University Press. New York.

第二十八章

Andreasen NC. 2005. *The Creating Brain: The Neuroscience of Genius.* Dana Press. New York.

Andreasen NC. 2011. *A Journey into Chaos: Creativity and the Unconscious.* In preparation.

Berenson B. 1930. *The Italian Painters of the Renaissance.* Oxford University Press. Oxford.

Bever TG, Chiarello RJ. 1974. Cerebral dominance in musicians and nonmusicians. Science 185(4150):537-539.

Bowden EM, Beeman MJ. 1998. Getting the right idea: Semantic activation in the right hemisphere may help solve insight problems. Psychological Science 9(6):435-440.

Bowden EM, Jung-Beeman M. 2003. Aha! Insight experience correlates with solution activation in the right hemisphere. Psychonomic Bulletin and Review 10(3):730-737.

Bowden EM, Jung-Beeman M, Fleck J, Kounios J. 2005. New approaches to demystifying insight. Trends in Cognitive Sciences 9(7):322-328.

Bower B. 1987. Mood swings and creativity: New clues. Science News. Oetcher24, 1987.

Changeux JP. 1994. Art and neuroscience. Leonardo 27(3):189-201.

Christian B. 2011. Mind vs. machine: Why machines will never beat the human mind. Atlantic Magazine. March 2011.

Damasio A. 1996. The somatic marker hypothesis and the possible functions of the prefrontal cortex. Proceedings of the Royal Society of London B 351:1413-1420.

Damasio A. 2010. *Self Comes to Mind: Constructing the Conscious Brain.* Pantheon Books. New York.

De Bono E. 1973. *Lateral Thinking: Ceativity Step by Step.* Harper Colophon. New York.

Edelman G. 1987. *Neural Darwinism: The Theory of Neuronal Group Selection.* Basic Books. New York.

Fleck JI, Green DL, Stevenson JL, Payne L, Bowden EM, Jung-Beeman M, Kounios J. 2008. The transliminal brain at rest: Baseline EEG, unusual experiences, and access to unconscious mental activity. Cortex 44(10):1353-1363.

Freedman DJ, Riesenhuber M, Poggio T, Miller EK. 2001. Categorical representation of visual stimuli in the primate prefronta] cortex. Science 291:312-316.

Gardner H. 1982. *Art, Mind, and Brain: A Cognitive Approach to Creativity.* Basic Books. New York.

Gardner H. 1983. *Frames of Mind: The Theory of Multiple Intelligences.* Basic Books. New York.

Gardner H. 1993. *Creating Minds: An Anatomy of Creativity as Seen Through the Lives of Freud, Einstein, Picasso, Stravinsky, Eliot, Graham, and Gandhi.* Basic Books. New York.

Gardner H. 2006. *Five Minds for the Future.* Harvard Business School Press. Boston.

Geake JG. 2005. The neurological basis of intelligence: Implications for education: An abstract. Gifted and Talented (9)1:8.

Geake JG. 2006. Mathematical brains. Gifted and Talented (10)1:2-7.

Goldberg E, Costa LD. 1981. Hemisphere differences in the acquisition and use of descriptive systems. Brain Language 14:144-173.

Gombrich EH. 1950. *The Story of Art.* Phaidon Press. London.

Gombrich EH. 1960. *Art and Illusion: A Study in the Psychology of Pictorial Representation.* Princeton University Press. Princeton and Oxford.

Gombrich EH. 1996. *The Essential Gombrich: Selected Writings on Art and Culture.* R Woodfield, editor. Phaidon Press. London.

Gross C. 2009. Left and Right in Science and Art. In: *A Hole in the Head,* Chap. 6 (with M Bornstein), pp. 131-160. MIT Press. Cambridge, MA.

Hawkins J, Blakeslee S. 2004. *On Intelligence.* Henry Holt. New York.

Holton G. 1978. *The Scientific Imagination: Case Studies.* Cambridge University Press. Cambridge.

Jackson JH. 1864. Loss of speech: Its association with valvular disease of the heart, and with hemiplegia on the right side. Defects of smell. Defects of speech in chorea. Arterial regions in epilepsy. London Hospital Reports Vol. 1(1864):388-471.

James W. 1884. What is an emotion? Mind 9:188-205.

Jamison KR. 2004. *Exuberance: The Passion for Life.* Vintage Books. Random House. New York.

Jung-Beeman M, Bowden EM, Haberman J, Frymiare JL, Arambel-Liu S, Greenblatt R, Reber PJ, Kounios J. 2004. Neural activity observed in people solving verbal problems with insight. PloS Biology 2(4):500-510.

Jung-Beeman M. 2005. Bilateral brain processes for comprehending natural language. Trends in Cognitive Sciences 9(11):512-518.

Kounios J, Fleck JI, Green DL, Payne L, Stevenson JL, Bowden EM, Jung-Bee-man M. 2007. The origins of insight in resting-state brain activity. Neuropsychologia 46:281-291.

Kounios J, Frymiare JL, Bowden EM, Fleck JI, Subramaniam K, Parrish TB, JungBeeman M. 2006. The prepared mind: Neural activity prior to problem presentation predicts subsequent solution by sudden insight. Psychological Science 17:882-890.

Kris E. 1952. *Psychoanalytic Explorations in Art,* p. 190. International Universities Press. New York.

Kurzweil R. 2005. *The Singularity Is Near: When Humans Transcend Biology.* Viking. New York.

Lehrer J. 2008. The Eureka hunt: Why do good ideas come to us when they do? New Yorker. July 28, pp. 40-45.

Markoff J. 2011. Computer wins on 'Jeopardy!' Trivial, it's not. New York Times. February 17, A1.

Martin A, Wiggs CL, Weisberg J. 1997. Modulation of human medial temporal lobe activity by form, meaning, or experience. Hippocampus 7:587-593.

Martinsdale C. 1999. The Biological Basis of Creativity. In: *Handbook of Creativity.* RJ Steinberg, editor. Cambridge University Press. New York.

Max DT. 2011. A chess star that emerges from the post-computer age. New Yorker. May 21, pp. 40-49.

McGilchrist I. 2009. *The Master and His Emissary: The Divided Brain and the Making of the Western World.* Yale University Press. New Haven and London.

Miller AI. 1996. *Insights of Genius: Imagery and Creativity, in Science and Art.* Copernicus. New York.

Miller EK, Cohen JD. 2001. An integrative theory of prefrontal cortex function. Annual Review of Neuroscience 24:167-202.

Podro M. 1998. *Depiction.* Yale University Press. New Haven.

Rabinovici GD, Miller BL. 2010. Frontotemporal lobar degeneration: Epidemiology, pathophysiology, diagnosis, and management. CNS Drugs 24(5):375-398.

Ramachandran VS. 2003. *The Emerging Mind.* The Reith Lectures. BBC in association with Profile Books. London.

Ramachandran VS. 2004. *A Brief Tour of Human Consciousness: From Impostor Poodles to Purple Numbers.* Pearson Education. New York.

Ramachandran VS, Hirstein W. 1999. The science of art: A neurological theory of aesthetic experience. Journal of Consciousness Studies 6(6-7):15-51.

Ramachandran V and colleague. Undated Correspondence.

Riegl A. 1902. *The Group Portraiture of Holland.* E Kain, D Britt, translators. 1999. Introduction by W Kemp. Getty Research Institute for the History of Art and the Humanities. Los Angeles.

Sacks O. 1995. *An Anthropologist on Mars: Seven Paradoxical Tales.* Alfred A. Knopf. New York.

Schooler JW, Ohlsson S, Brooks K. 1993. Thoughts beyond words: When language overshadows insight. Journal of Experimental Psychology 122:166-183.

Searle JR. 1980. Minds, brains, and programs. Behavioral and Brain Sciences 3:417-424.

Sinha P, Balas B, Ostrovsky Y, Russell R. 2006. Face recognition by humans: Nineteen results all computer vision researchers should know about. Proceedings of the IEEE 94(11): 1948-1962.

Smith RW, Kounios J. 1996. Sudden insight: All-or-none processing revealed by speedaccuracy decomposition. Journal of Experimental Psychology 22:1443-1462.

Snyder A. 2009. Explaining and inducing savant skills: Privileged access to lower level, less processed information. Philosophical Transactions of the Royal Society B 364:1399-1405.

Subramaniam K, Kounios J, Parrish TB, Jung-Beeman M. 2008. A brain mechanism for facilitation of insight by positive affect. Journal of Cognitive Neuroscience 21(3):415-432.

Treffert DA. 2009. The savant syndrome: an extraordinary condition. A synopsis: past, present, future. Philosophical Transactions of the Royal Society 364:1351-1357.

Warrington E, Taylor EM. 1978. Two categorical stages of object recognition. Perception 7:695-705.

第二十九章

Baars BJ. 1997. In the theater of consciousness: Global workspace theory, a rigorous scientific theory of consciousness. Journal of Consciousness Studies 4(4): 292-309.

Blackmore S. 2004. *Consciousness: An Introduction.* Oxford University Press. New York.

Blackmore S. 2007. Mind over Matter? Many philosophers and scientists have argued that free will is an illusion. Unlike all of them, Benjamin Libet has found a way to test it. Commentary. Guardian Unlimited. August 28, 2007.

Boly M, Balteau E, Schnakers C, Degueldre C, Moonen G, Luxen A, Phillips C, Peigneux P, Maquet P, Laureys S. 2007. Baseline brain activity fluctuations predict somatosensory perception in humans. Proceedings of the National Academy of Sciences USA 104:12187-12192.

Crick F, Koch C. 2003. A framework for consciousness. National Neuroscience 6:119-126.

Crick F, Koch C. 2005. What is the function of the claustrum? Philosophical Transactions of the Royal Society of London, Biological Sciences 360:1271-1279.

Damasio A. 2010. *Self Comes to Mind: Constructing the Conscious Brain.* Pantheon Books. New York.

Dehaene S, Changeux JP. 2011. Experimental and theoretical approaches to conscious processing. Neuron 70(2):200-227.

Dennett DC. 1991. *Consciousness Explained.* Back Bay Books. Little Brown. Boston and London.

Dijksterhuis A. 2004. Think different: The merits of unconscious thought in preference development and decision making. Journal of Personality and Social Psychology 87(5):586-598.

Dijksterhuis A, Bos MW, Nordgren LF, van Baaren RB. 2006. On making the right choice: The deliberation-without-attention effect. Science 311(5763):1005-1007.

Dijksterhuis A, Meurs T. 2006. Where creativity resides: The generative power of unconscious thought. Consciousness and Cognition 15:135-146.

Dijksterhuis A, Nordgren LF. 2006. A theory of unconscious thought. Association for Psychological Science 1(2):95-109.

Dijksterhuis A, van Olden Z. 2006. On the benefits of thinking unconsciously: Unconscious thought can increase post-choice satisfaction. Journal of Experimental Social Psychology 42:627-631 .

Edelman G. 2006. *Second Nature: Brain Science and Human Knowledge.* Yale University Press. New Haven.

Epstein S. 1994. Integration of the cognitive and the psychodynamic unconscious. American

Psychologist 49:709-724.

Fried I, Mukamel R, Kreiman G. 2011. Internally generated preactivation of single neurons in human medial prefrontal cortex predicts volition. Neuron 69:548-562.

Gombrich EH. 1960. *Art and Illusion: A Study in the Psychology of Pictorial Representation*. Princeton University Press. Princeton and Oxford.

Haggard P. 2011. Decision time for free will. Neuron 69:404-406.

Kornhuber HH, Deecke L. 1965. Hirnpotentialandeerungen bei Wilkurbewegungen und passiv Bewegungen des Menschen: Bereitschaftspotential und reafferente Potentiale. Pflugers Archiv fur Gesamte Psychologie 284:1-17.

Libet B. 1981. The experimental evidence for subjective referral of a sensory experience backward in time: Reply to PS Churchland. Philosophy of Science 48:182-197.

Libet B. 1985. Unconscious cerebral initiative and the role of conscious will in voluntary action. Behavioral and Brain Sciences 8:529-566.

Moruzzi G, Magain HW. 1949. Brain stem reticular formation and activation of the EEG. Electroencephalography and Clinical Neurophysiology 1:455-473.

Piaget J. 1973. The affective unconscious and the cognitive unconscious. Journal of the American Psychoanalytic Association 21:249-261.

Sadaghiani S, Hesselmann G, Kleinschmidt A. 2009. Distributed and antagonistic contributions of ongoing activity fluctuations to auditory stimulus detection. Journal of Neuroscience 29:13410-13417.

Sadaghiani S, Scheeringa R, Lehongre K, Morillon B, Giraud AL, Kleinschmidt A. 2010. Intrinsic connectivity networks, alpha oscillations, and tonic alertness: A simultaneous electroencephalography/functional magnetic resonance imaging study. Journal of Neuroscience 30:10243-10250.

Schopenhauer A. 1970. *Essays and Aphorisms*. RJ Hollingdale, translator. Penguin Books. London. (Original work published 1851.)

Shadlen MN, Kiani R. 2011. Consciousness as a decision to engage. In: *Characterizing Consciousness: from Cognition to the Clinic? Research Perspectives in Neurosciences*. S Dehaene and Y Christen (eds.) Springer-Verlag. Berlin Heidelberg.

Wegner DM. 2002. *The Illusion of Conscious Will*. Bradford Books. MIT Press. Cambridge, MA.

第三十章

Andreasen NC. 2005. *The Creating Brain: The Neuroscience of Genius*. Dana Press. New York.

Bever TG, Chiarello RJ. 1974. Cerebral dominance in musicians and nonmusicians. Science

185(4150):537-539.

Bowden EM, Beeman MJ. 1998. Getting the right idea: Semantic activation in the right hemisphere may help solve insight problems. Psychological Science 9(6):435-440.

Bowden EM, Jung-Beeman M. 2003. Aha! Insight experience correlates with solution activation in the right hemisphere. Psychonomic Bulletin and Review 10(3):730-737.

Bowden EM, Jung-Beeman M, Fleck J, Kounios J. 2005. New approaches to demystifying insight. Trends in Cognitive Sciences 9(7):322-328.

Bower B. 1987. Mood swings and creativity: New clues. Science News. Oetcher 24, 1987.

Damasio A. 1996. The somatic marker hypothesis and the possible functions of the prefrontal cortex. Proceedings of the Royal Society of London B 351:1413-1420.

Damasio A. 2010. *Self Comes to Mind: Constructing the Conscious Brain.* Pantheon Books. New York.

Fleck JI, Green DL, Stevenson JL, Payne L, Bowden EM, Jung-Beeman M, Kounios J. 2008. The transliminal brain at rest: Baseline EEG, unusual experiences, and access to unconscious mental activity. Cortex 44(10):1353-1363.

Freedman DJ, Riesenhuber M, Poggio T, Miller EK. 2001. Categorical representation of visual stimuli in the primate prefrontal cortex. Science 291:312-316.

Gardner H. 1982. *Art, Mind, and Brain: A Cognitive Approach to Creativity.* Basic Books. New York.

Gardner H. 1983. *Frames of Mind: The Theory of Multiple Intelligences.* Basic Books. New York.

Gardner H. 1993. *Creating Minds: An Anatomy of Creativity Seen Through the Lives of Freud, Einstein, Picasso, Stravinsky, Eliot, Graham, and Gandhi.* Basic Books. New York.

Gardner H. 2006. *Five Minds for the Future.* Harvard Business School Press. Boston.

Geake JG. 2005. The neurological basis of intelligence: Implications for education: An abstract. Gifted and Talented (9)1:8.

Geake JG. 2006. Mathematical brains. Gifted and Talented (10)1:2-7.

Goldberg E, Costa LD. 1981. Hemisphere differences in the acquisition and use of descriptive systems. Brain Language 14:144-173.

Hawkins J, Blakeslee S. 2004. *On Intelligence.* Henry Holt. New York.

Hebb DO. 1949. *Organization of Behavior.* New York: John Wiley and Sons.

Jackson JH. 1864. Loss of speech: Its association with valvular disease of the heart, and with hemiplegia on the right side. Defects of smell. Defects of speech in chorea. Arterial regions in epilepsy. London Hospital Reports Vol. 1(1864):388-471.

Jamison KR. 2004. *Exuberance: The Passion for Life.* Vintage Books. Random House. New York.

Jung-Beeman M. 2005. Bilateral brain processes for comprehending natural language. *Trends in Cognitive Sciences* 9(11):512-518.

Jung-Beeman M, Bowden EM, Haberman J, Frymiare JL, Arambel-Liu S, Greenblatt R, Reber PJ,

Kounios J. 2004. Neural activity observed in people solving verbal problems with insight. PloS Biology 2(4):500-510.

Kapur N. 1996. Paradoxical functional facilitation in brain-behavior research. Brain 119: 1775-1790.

Katz B. 1982. Stephen William Kuffler: Biographical Memoirs of Fellows of the Royal Society 28:225-259.

Kounios J, Fleck JI, Green DL, Payne L, Stevenson JL, Bowden EM, Jung-Beeman M. 2007. The origins of insight in resting-state brain activity. Neuropsychologia 46:281-291.

Kounios J, Frymiare JL, Bowden EM, Fleck JI, Subramaniam K, Parrish TB, Jung-Beeman M. 2006. The prepared mind: Neural activity prior to problem presentation predicts solution by sudden insight. Psychological Science 17:882-890.

Lehrer J. 2008. The Eureka hunt: Why do good ideas come to us when they do? New Yorker. July 28,pp. 40-45.

Martin A, Wiggs CL, Weisberg J. 1997. Modulation of human medial temporal lobe activity by form, meaning, or experience. Hippocampus 7:587-593.

Martinsdale C. 1999. The Biological Basis of Creativity. In: *Handbook of Creativity*. RJ Steinberg, editor. Cambridge University Press.

McMahan UJ, editor. 1990. *Steve: Remembrances of Stephen W. Kuffler*. Sinauer Associates. Sunderland, MA.

Miller AI. 1996. *Insigits of Genius: Imagery and Creativity in Science and Art*. Copernicus. New York.

Miller EK, Cohen JD. 2001. An integrative theory of prefrontal cortex function. Annual Review of Neuroscience 24:167-202.

Orenstein R. 1997. *The Right Mind: Making Sense of the Hemispheres*. Harcourt Brace. New York.

Rabinovici GD, Miller BL. 2010. Frontotemporal lobar degeneration: Epidemiology, pathophysiology, diagnosis and management. CNS Drugs 24(5):375-398.

Ramachandran VS, Hirstein W. 1999. The science of art: A neurological theory of aesthetic experience. Journal of Consciousness Studies 6(6-7):15-51.

Ramachandran VS. 2003. *The Emerging Mind*. The Reith Lectures. BBC in association with Profile Books. London.

Ramachandran VS. 2004. *A Brief Tour of Human Consciousness: From Impostor Poodles to Purple Numbers*. Pearson Education. New York.

Rubin N, Nakayama K, Shapley R. 1997. A brupt learning and retinal size specificity in illusory-contour perception. Current Biology 7:461-467.

Sacks O. 1995. *An Anthropologist on Mars: Seven Paradoxical Tales*. Alfred A. Knopf. New York.

Schooler JW, Ohlsson S, Brooks K. 1993. Thoughts beyond words: When language overshadows insight. Journal of Experimental Psychology 122:166-183.

Schopenhauer A. 1970. *Essays and Aphorisms*. RJ Hollingdale, translator. Penguin Books. London. (Original work published 1851.)

Sherrington CS. 1906. *The Integrative Action of the Nervous System*. Yale University Press. New Haven.

Sinha P, Balas B, Ostrovsky Y, Russell R. 2006. Face recognition by humans: Nineteen results all computer vision researchers should know about. Proceedings of the IEEE 94(11):1948-1962.

Smith RW, Kounios J. 1996. Sudden insight: All-or-none processing revealed by speedaccuracy decomposition. Journal of Experimental Psychology 22:1443-1462.

Snyder A. 2009. Explaining and inducing savant skills: Privileged access to lower level, less processed information. Philosophical Transactions of the Royal Society B 364:1399-1405.

Subramaniam K, Kounios J, Parrish TB, Jung-Beeman M. 2008. A brain mechanism for facilitation of insight by positive affect. Journal of Cognitive Neuroscience 21(3):415-432.

Treffert DA. 2009. The savant syndrome: An extraordinary condition. A synopsis: Past, present, and future. Philosophical Transactions of the Royal Society 364:1351-1357.

Warrington E, Taylor EM. 1978. Two categorical stages of object recognition. Perception 7:695-705.

Yarbus AL. 1967. *Eye Movements and Vision*. Plenum Press. New York.

第三十一章

Akiskal HS, Cassano GB, editors. 1997. *Dysthymia and the Spectrum of Chronic Depressions*. Guilford Press. New York.

Andreasen NC. 2005. *The Creating Brain: The Neuroscience of Genius*. Dana Press. New York.

Baron-Cohen S, Ashwin E, Ashwin C, Tavassoli T, Chakrabarti B. 2009. Talent in autism: Hyper-systemizing, hyper-attention to detail and sensory hypersensitivity. Philosophical Transactions of the Royal Society 364:1377-1383.

Bleuler E. 1924. *Textbook of Psychiatry*, p. 466. AA Brill, translator. Macmillan. New York.

Close C. 2010. Personal communication.

Enard W, Przeworski M, Fisher SE, Lai CS, Wiebe V, Kitano T, Monaco AP, Svante P. 2002. Molecular evolution of FOXP2, a gene involved in speech and language. Nature 418:869-872.

Frith U, Happe F. 2009. The beautiful otherness of the autistic mind. Philosophical Transactions of the Royal Society 364:1345-1350.

Gardner H. 1983. *Frames of Mind: The Theory of Multiple Intelligences*. Basic Books. New York.

Gardner H. 1984. *Art, Mind, and Brain: A Cognitive Approach to Creativity*. Basic Books. New York.

Gardner H. 1993. *Creating Mind: An Anatomy of Creativity Seen Through the Lives of Freud, Einstein, Picasso, Stravinsky, Eliot, Graham, and Gandhi*. Basic Books. New York.

Gombrich E. 1996. The miracle at Chauvet. New York Review of Books 43(18), November 14, 1996.

Gross CG. 2009. Left and Right in Science and Art. In: *A Hole in the Head: More Tales in the History of Neuroscience*. In: Chap. 6, pp. 131-160. With MH Bornstein. MIT Press. Cambridge, MA.

Happe F, Vital P. 2009. What aspects of autism predispose to talent? Philosophical Transactions of the Royal Society 364:1369-1375.

Heaton P, Pring L, Hermelin B. 1998. Autism and pitch processing: a precursor for savant musical ability. Music Perception 15:291-305.

Hermelin B. 2001. *Bright Splinters of the Mind. A Personal Story of Research with Autistic Savants*. Jessica Kingsley. London.

Holton G. 1978. *The Scientific Imagination: Case Studies*. Cambridge University Press. London.

Howlin P, Goode S, Hutton J, Rutter M. 2009. Savant skills in autism: Psychometric approaches and parental reports. Philosophical Transactions of the Royal Society 364:1359-1367.

Humphrey N. 1998. Cave art, autism and the evolution of the human mind. Cambridge Archeological Journal 8:165-191.

Jamison KR. 1993. *Touched with Fire: Manic-Depressive Illness and the Artistic Temperament*. Free Press. New York.

Jamison KR. 2004. *Exuberance: The Passion for Life*. Alfred A. Knopf. New York.

Miller AI. 1996. *Insights of Genius: Imagery and Creativity in Science and Art*. Copernicus. New York.

Mottron L, Belleville S. 1993. A study of perceptual analysis in a high-level autistic subject with exceptional graphic abilities. Brain and Cognition 23:279-309.

Nettelbeck T. 1999. Savant Syndrome—Rhyme Without Reason. In: *The Development of Intelligence*, pp. 247-273. M Anderson,editor. Psychological Press. Hove, UK.

Pugh KR, Mencl WE, Jenner AR, Katz L, Frost SJ, Lee JR, Shaywitz SE, Shaywistz BA. 2001. Neurobiological studies of reading and reading disability. Journal of Communication Disorders 34(6):479-492.

Ramachandran VS. 2003. *The Emerging Mind*. The Reith Lectures. BBC in association with Profile Books. London.

Ramachandran VS. 2004. *A Brief Tour of Human Consciousness: From Impostor Poodles to Purple Numbers*. Pearson Education. New York.

Ramachandran VS, Hirstein W. 1999. The science of art: A neurological theory of aesthetic experience. Journal of Consciousness Studies 6(6-7):15-51.

Richards R. 1999. Affective Disorders. In: *Encyclopedia of Creativity*, pp. 31-43. MA Runco, SR Pritzker, editors. Academic Press. San Diego.

Richards R(ed.) 2007. *Everyday, Creativity and New Views of Human Nature: Psychological, Social, and Spiritual Perspectives*. American Psychological Association. Washington, DC.

Sacks O. 1995. *An Anthropologist on Mars: Seven Paradoxical Tales.* Alfred A. Knopf. New York.

Selfe L. 1977. *Nadia: Case of Extraordinary Drawing Ability in an Autistic Child.* Academic Press. London.

Smith N, Tsimpli IM. 1995. *The Mind of a Savant: Language Learning and Modularity.* Blackwell. Oxford.

Snyder A. 2009. Explaining and inducing savant skills: Privileged access to lower level, less processed information. Philosophical Transactions of the Royal Society B 364:1399-1405.

Treffert DA. 2009. The savant syndrome: An extraordinary condition. A synopsis: Past, present, future. Philosophical Transactions of the Royal Society 364:1351-1357.

Wiltshire S. 1987. Drawings. Introduction by H Casson. JM Dent & Sons. London.

Wolff U, Lundberg I. 2002. The prevalence of dyslexia among art students. Dyslexia 8:34-42.

Zaidel DW. 2005. *Neuropsychology of Art: Neurological, Cognitive and Evolutionary per-spectives.* Psychology Press. Hove, UK.

第三十二章

Berlin I. 1978. *Concepts and Categories: Philosophical Essays.* Hogarth Press. London.

Berlin I. 1997. The Divorce Between Science and the Humanities. In: Berlin I. *The Proper Study of Mankind: An Anthology of Essays*, pp. 326-358. Farrar, Straus and Giroux. New York.

Brockman J. 1995. *The Third Culture: Beyond the Scientific Revolution.* Simon and Schuster. New York.

Cohen IB. 1985. *Revolution in Science.* Belknap Press of Harvard University. Cambridge, MA, and London.

Edelman GM. 2006. *Second Nature, Brain Science and Human Knowledge.* Yale University Press. New Haven.

Gleick J. 2003. *Isaac Newton.* Vintage Books. Random House. New York.

Gould SJ. 2003. *The Hedgehog, the Fox, and the Magister's Pox.* Harmony Books. New York.

Greene B. 1999. *The Elegant Universe: Superstrings, Hidden Dimensions, and the Quest for the Ultimate Theory.* Vintage Books. Random House. New York.

Holton G. 1992. Ernst Mach and the Fortunes of Positivism in America. Isis 83(1):27-60.

Holton G. 1995. On the Vienna Circle in Exile. In: *The Foundational Debate,* pp. 269-292. W. Depauli-Schimanovich et al., editors. Kluwer Academic Publishers. Netherlands.

Holton G. 1996. Einstein and the Goal in Science. In: *Einstein, History, and Other Passions: The Rebellion Against Science at the End of the Twentieth Century* pp. 146-169. Harvard University Press. Cambridge, MA.

Holton G. 1998. *The Advancement of Science and Its Bundens*. Harvard University press. Cambridge, MA.

Johnson G. 2009. *The Ten Most Beautiful Experiments*. Vintage Books. New York.

Newton I. 1687. *Philosophiae Naturalis, Principia Mathematica*. A Motte, translator. 2007. Kessinger Publishing. Whitefish, MT.

Pauling L. 1947. *General Chemistry*. Dover Publications. New York.

Prodo I. 2006. *Ionian Enchantment: A Brief History of Scientific Naturalism*. Tufts University Press. Medford, MA.

Singer T, Seymour B, O'Doherty J, Kaube H, Dolan RJ, Frith C. 2004. Empathy for pain involves the affective but not sensory components of pain. Science 303:1157-1162.

Snow CP. 1959. *The Two Cultures and the Scientific Revolution* 1998. Cambridge University Press. Cambridge.

Snow CP. 1963. *The Two Cultures: A Second Look*. Cambridge University Press. Cambridge.

Vico GB. 1744. *The New Science of Giambattista Vico*. TG Bergin, MH Fisch, translators. 1948. Cornell University Press. Ithaca, NY.

Weinberg S. 1992. *Dreams of a Final Theory: The Scientist's Search for the Ultimate Lawas of Nature*. Vintage Books. Random House. New York.

Wilson EO. 1978. *On Haman Nature*. Harvard University Press. Cambridge, MA.

Wilson EO. 1998. *Consilience: The Unity of Knowledge*. Alfred A. Knopf. New York.

插图来源

❧ ～～ ❧

第一章

1-1.　Klimt, Gustav(1862—1918), *Adele Bloch-Bauer I*. 1907. Oil, sliver, and gold on canvas. This acquisition made available in part through the generosity of the heirs of the Estates of Ferdinand and Adele Bloch-Bauer. Photo: John Gilliland.Location: Neue Galerie New York, N.Y., U.S.A. Photo credit: Neue Galerie New York/Art Resource, N.Y.

1-2.　*Crown Princess Stephanie of Belgium, Consort to Crown Prince Rudolf of Austria* (1858—1889), by Hans Makart(1840—1884), Kunsthistorisches Museum, Vienna, Austria/The Bridgeman Art Library.

1-3.　*Fable,* 1883, by Gustav Klimt(1862—1918), Wien Museum Karlsplatz, Vienna,Austria/The Bridgeman Art Library.

1-4.　*The Auditorium of the Old Castle Theatre*, 1888 (oil on canvas) by Gustav Klimt(1862—1918), Wien Museum Karlsplatz, Vienna, Austria/The Bridgeman Art Library.

1-5.　*The Auditorium of the Old Castle Theatre*, 1888 (oil on canvas) by Gustav Klimt(1862—1918), Wien Museum Karlsplatz, Vienna, Austria/The Bridgeman Art Library.

1-6.　*Déjeuner sur l'Herbe,* 1863 (oil on canvas) by Édouard Manet(1832—1883), Musée d'Orsay, Paris, France/Giraudon/The Bridgeman Art Library.

第二章

2-1.　Permission granted under Creative Commons license; PD-US.

第三章

3-1.　Zuckerkandl Szeps, courtesy Österreichische Nationalbibliothek.

3-2.　Zuckerkandl,Emil;Austrian anatomist and pathologist, 1849—1910. Portrait.Photograph, 1909. Photo: akg-images/Imagno.

3-3.　Klimt, Gustav(1862—1918), *Hope I 1903*. Photo:Austrian Archive. Inv. No.D129. Photo credit: Scala/Art Resource, N.Y.

3-4. *Danaë*, 1907—1908 (oil on canvas) by Gustav Klimt(1862—1918). Galerie Wurthle,Vienna, Austria/The Bridgeman Art Library.

第四章

4-1. Sonia Epstein

4-2. Terese Winslow

4-3. Mary Evans Picture Library

第五章

5-1. Sarah Mack and Mariah Widman

5-2. Terese Winslow

5-3. Terese Winslow

5-4. Sonia Epstein

第六章

6-1. Sonia Epstein

第七章

7-1. Mary Evans Picture Library

第八章

8-1. *The Sleeping Venus*, 1508—1510(oil on canvas)by Giorgione(Giorgio da Castel-franco) (1476/8—1510), Gemaeldegalerie Alte Meister, Dresden, Germany, ©Staatliche Kunstsammlungen Dresden/The Bridgeman Art Library.

8-2. *Venus of Urbino*, before 1538 (oil on canvas) by Titian(Tiziano Vecellio) (c.1488—1576), Galleria degli Uffizi, Florence, Italy/The Bridgeman Art Library.

8-3. *The Naked Maja*, c. 1800(oil on canvas) by Francisco José de Goya y Lucientes (1746—1828) Prado, Madrid, Spain/The Bridgeman Art Library.

8-4. *Olympia*, 1863 (oil on canvas) by Édouard Manet(1832—1883), Musée d'Orsay,Paris, France/ Giraudon/The Bridgeman Art Library.

8-5. Gustav Klimt, Austrian painter, 1862—1918. Portrait. Photograph by Moritz Nähr, ca. 1908, signed by Klimt. Photo: akg-images.

8-6. *Hygieia*, 1900—1907(detail from *Medicine*)by Gustav Klimt(1862—1918), Schloss Immendorf,

Austria/The Bridgeman Art Library.

8-7. Klimt, Gustav(1862—1918) *Medicine*. Destroyed by fire in 1945. Location:Schloss Immendorf, Austria. Photo credit: Foto Marburg/Art Resource, N.Y.

8-8. *The Trinity*, 1427—1428 (fresco) (post restoration) by Tommaso Masaccio(1401—1428), Santa Maria Novella, Florence, Italy/The Bridgeman Art Library.

8-9. *A Banquet of the Officers of the St. George Militia Company*, 1616 (oil on canvas)by Frans Hals(1582/3—1666), Frans Hals Museum, Haarlem, The Nether-lands/Peter Willi/The Bridgeman Art Library.

8-10. *Schubert at the Piano*. Painting, 1899,by Gustav Klimt(1862—1918). (Destroyedin World War II.) Photo: akg-images.

8-11. Albertina,Vienna. Inv. Foto2007/9/2detail.

8-12. Graphische Sammlung der ETH Zurich. Inv. 1959/49.

8-13. Albertina, Vienna. Inv. Foto2007/13/131.

8-14. Albertina,Vienna. Inv. 23538.

8-15. Albertina, Vienna. Inv. Foto2007/13/234a.

8-16. Private collection

8-17. Albertina,Vienna. Inv. Foto2007/13/257.

8-18. Gustav Klimt, *Reclining Half-Nude*, 1914, pencil on paper. Wien Museum, Vienna, inv. 101059.

8-19. Ravenna(Italy), S. Vitale. *The Empress Theodora with Her Entourage*. Apse mosaic,c. 547. Photo: akg-images.

8-20. *The Kiss,* 1907—1908 (oil on canvas) by Gustav Klimt(1862—1918), Österreichische Galerie Belvedere, Vienna, Austria/The Bridgeman Art Library.

8-21. *Adele Bloch-Bauer II*, 1912 (oil on canvas) by Gustav Klimt (1862—1918). Private collection/ Index/The Bridgeman Art Library Nationality/copyright status:Austrian/out of copyright.

8-22. *Judith*, 1901 (oil on canvas) by Gustav Klimt (1862—1918), Österreichische Galerie Belvedere, Vienna, Austria/The Bridgeman Art Library Nationality/copyright status: Austrian/out of copyright.

8-23. *Judith and Holofernes*, 1599 (oil on canvas) by Michelangelo Merisi da Caravaggio (1571—1610), Palazzo Barberini, Rome, Italy/The Bridgeman Art Library Nationality/copyright status: Italian/out of copyright.

8-24. *Death and Life*, c. 1911 (oil on canvas) by Gustav Klimt (1862—1918). Private collection/The Bridgeman Art Library Nationality/copyright status: Aus-trian/out of copyright.

第九章

9-1.　Permission granted under Creative Commons license; PD-US.

9-2.　Deutsche Bank Collection. ©2012 Foundation Oskar Kokoschka/Artists Rights Society(ARS), New York-Prolitteris, Zürich.

9-3.　NORDICO Stadtmuseum Linz, photo Thomas Hackl.

9-4.　Kokoschka, Oskar(1886—1980), ©2012 Foundation Oskar Kokoschka/Artists Rights Society(ARS), New York-Prolitteris, Zürich. *Reclining Female Nude*.Watercolor, gouache, and pencil on heavy tan wove paper. 19087. 31.4 cm × 45.1 cm. Private collection.

9-5.　Illustration for *Die Träumenden Knaben*, 1908 (color litho) by Kokoschka,Oskar(1886—1980). ©2012 Foundation Oskar Kokoschka/Artists Rights Society(ARS), New York-Prolitteris, Zürich. Private collection/The Stapleton Collection/The Bridgeman Art Library.

9-6.　*The Dreaming Boys*, 1908, pub. 1917 (color litho) by Oskar Kokoschka(1886—1980). ©2012 Foundation Oskar Kokoschka/Artists Rights Society(ARS), New York-Prolitteris, Zürich. Scottish National Gallery of Modern Art, Edinburgh, UK/The Bridgeman Art Library.

9-7.　Oskar Kokoschka(sepia photo) by Hugo Erfurth(1874—1948). ©2012 Artists Rights Society(ARS), New York/V-G Bild-Kunst, Bonn. Private collection/The Stapleton Collection/The Bridgeman Art Library.

9-8.　Kokoschka, Oskar(1886—1980), *Self-Portrait as Warrior*. ©2012 Foundation Oskar Kokoschka/Artists Rights Society(ARS), New York-Prolitteris, Zürich.Photograph by Sharon Mollerus, permission granted under Creative Commons license.

9-9.　Franz Xaver Messerschmidt(1736—1783), *The Incapable Bassoonist*, 1771—1777? Tin cast. Private collection, courtesy of Neue Galerie New York.

9-10.　Kokoschka, Oskar(1896—1980), *The Trance Player, Portrait of Ernst Reinhold*. 1909. Royal Museums of Fine Arts of Belgium, Brussels. ©2012 Foundation Oskar Kokoschka/Artists Rights Society(ARS), New York-Prolitteris, Zürich.Inv. no. 6152. Dig. photo: J. Geleyns.

9-11.　Kokoschka, Oskar(1886—1980), ©2012 Foundation Oskar Kokoschka/Artists Rights Society(ARS), New York-Prolitteris, Zürich. *Rudolf Blümner* (WV51), 1910. Oil on canvas. 80 cm × 57.5 cm, Private collection, courtesy Neue Galerie New York. Location: private collection. Photo credit: Neue Galerie New York/Art Resource, N.Y.

9-12.　*Portraitof Auguste Henri Forel*(oil on canvas) by Oskar Kokoschka (1886—1980),Stadtische Kunsthalle, Mannheim, Germany/The Bridgeman Art Library.

9-13.　Oskar Kokoschka(1886—1980), *Ludwig Ritter von Janikowski*, 1909, oil on canvas. Private collection, courtesy of Neue Galerie New York. ©2012 Foundation Oskar Kokoschka/Artists Rights Society (ARS), New York-Prolitteris, Zürich.

9-14. Poster design for the cover of *Der Sturm magazine*, 1911, by Oskar Kokoschka (1886—1980), Museum of Fine Arts, Budapest, Hungary/The Bridgeman Art Library.

9-15. Kokoschka, Oskar(1886—1980),©2012Foundation Oskar Kokoschka/Artists Rights Society(ARS), New York-Prolitteris, Zürich. *Selbstbildnis, die Hand ans Gesicht gelegt*. Oil on canvas(1918—1919), 83.6 cm × 62.8 cm. W. 125. Location:Museum Leopold, Vienna, Austria. Photo credit: Erich Lessing/Art Resource,N.Y.

9-16. Kokoschka, Oskar(1886—1980), ©2012 Foundation Oskar Kokoschka/Artists Rights Society(ARS), New York-Prolitteris, Zürich. *Self-Portrait with Lover (Alma Mahler)*. Coal and black chalk on paper, 1913. Location: Museum Leopold, Vienna, Austria. Photo credit: Erich Lessing/Art Resource, N.Y.

9-17. *The Wind's Fiancée*, 1914 (oil on canvas) by Kokoschka, Oskar (1886—1980), Kunstmuseum, Basel, Switzerland/Giraudon/The Bridgeman Art Library. ©2012 Foundation Oskar Kokoschka/Artists Rights Society(ARS), New York-Prolitteris, Zürich.

9-18. *Self Portrait*, 1917 (oil on canvas) by Oskar Kokoschka(1886—1980), Van der Heydt Museum, Wuppertal, Germany/Giraudon/The Bridgeman Art Library.©2012 Foundation Oskar Kokoschka/Artists Rights Society(ARS), New York-Prolitteris, Zürich.

9-19. *Self Portrait with Bandaged Ear and Pipe*, 1889 (oil on canvas) by Vincent van Gogh(1853—1890). Private collection/The Bridgeman Art Library Nationality/copyright status: Dutch/out of copyright.

9-20. O. Kokoschka, *Child in the Hands of Its Parents(Kind mit den Händen der Eltern)*, Inv. 5548 Belvedere, Vienna. ©2012 Foundation Oskar Kokoschka/Artists Rights Society(ARS), New York-Prolitteris, Zürich.

9-21. Kokoschka, Oskar(1886—1980),©2012 Foundation Oskar Kokoschka/Artists Rights Society(ARS) , NewYork-Prolitteris, Zürich. *Hans Tietze and Erica Tietze-Conrat*. 1909. Oil on canvas, 30-1/8 × 53-5/8" (76.5 cm × 136.2 cm). Abby Aldrich Rockefeller Fund. Location: The Museum of Modern Art, New York, N.Y.,U.S.A. Photo credit: digital image © The Museum of Modern Art/Licensed by SCALA/Art Resource, N.Y.

9-22. *Children Playing*, 1909 (oil on canvas), Kokoschka, Oskar (1886—1980)/Wilhelm Lehmbruck Museum, Duisburg, Germany/©2012 Foundation Oskar Kokoschka/Artists Rights Society(ARS), New York-Prolitteris, Zürich./The Bridgeman Art Library International.

第十章

10-1. Schiele, Egon; Austrian painter, 1890—1918. Portrait. Photograph, ca.1914.Josef Anton Trcka. Photo: akg-images.

10-2.   *Double Portrait of Otto and Heinrich Benesch*, by Egon Schiele(1890—1918). Oil on canvas. Neue Galerie, Linz, Austria/The Bridgeman Art Library.

10-3.   *Gerti Schiele,* 1909 by Egon Schiele(1890—1918). Oil on canvas. Private collection/The Bridgeman Art Library Nationality/copyright status: Austrian/out of copyright.

10-4.   Schiele, Egon, 1890—1918. *Portrait of the Artist Anton Peschka*, 1909. Oil, silver and gold bronze paint on canvas, 110 cm × 100 cm. London, Sotheby's. Lot 25, 31/3/87. ©Sotheby's/akg-images.

10-5.   Schiele, Egon; Austrian painter, drawer; Tulln an der Donau 12.6.1890—Hietzing near Wien 31.10.1918. *Self-Portrait with Striped Protective Sleeves*, 1915. Pencil with covering color on paper 49 cm × 31.5 cm. Vienna, Sammlung Leopold.Photo: akg-images.

10-6.   Egon Schiele(1890—1918), *Self-Portrait, Head*, 1910. Watercolor, gouache, charcoal, and pencil. Private collection, courtesy of Neue Galerie New York.

10-7.   *Self-Portrait Screaming* by Egon Schiele (1890—1918). Private collection/The Bridgeman Art Library.

10-8.   Messerschmidt,Franz Xaver(1736—1783). *The Yawner*, after 1770. Lead,41 cm.N. inv.: 53.655.S3. Photo: Jozsa Denes. Location: Museum of Fine Arts (Szep-muveszeti Muzeum), Budapest, Hungary. Photo credit: © The Museum of Fine Arts Budapest/Scala/Art Resource, N.Y.

10-9.   Schiele, Egon; Austrian painter; 1890—1918. *Kauerndes Mädchen mit gesenktem Kopf(Crouching Female Nude with Bent Head)*, 1918. Black chalk, watercolor,and coating paint on paper, 29.7 cm × 46.2 cm. Vienna(Austria), Collection Leopold. Photo: akg-images.

10-10. Schiele, Egon, 1890—1918. *Liebesakt (Love Making)*, 1915. pencil and gouache on paper, 33.5 cm × 52 cm. Vienna, Leopold Collection. Photo: akg-images.

10-11. *Death and the Maiden(Mann und madchen)*, 1915 by Egon Schiele(1890—1918). Österreichische Galerie Belvedere, Vienna, Austria/The Bridgeman Art Library.

10-12. Schiele, Egon, 1890—1918. *Death and Man(Self Seers II)*, 1911. Oil on canvas, 80.5 cm × 80 cm. Inv no. 451 Vienna, Leopold Museum—Privatstiftung. Photo: akg-images.

10-13. Schiele, Egon, *Eremiten(Hermits) Egon Schiele and Gustav Klimt*. Oil on canvas (1912), 181 cm × 181 cm. L. 203. Location: Museum Leopold,Vienna,Austria.Photo credit: Erich Lessing/Art Resource, N.Y.

10-14. Schiele, Egon(1890—1918), *Cardinal and Nun(Liebkosung)*. 1912. Location: Muscum Leopold, Vienna,Austria. Photo credit: Erich Lessing/Art Resource, N.Y.

10-15. *The Kiss,* 1907—1908 (oil on canvas) by Gustav Klimt(1862—1918), Österreichische Galerie Belvedere, Vienna, Austria/The Bridgeman Art Library.

第十一章

11-1.　Permission granted under Creative Commons license; PD-US.

11-2.　Dirck Jacobsz, Eengroep schutters, 1529. Rijksmuseum, The Netherlands.

11-3.　Courtesy Anna Kris Wolff.

11-4.　Messerschmidt, Franz Xaver(1736—1783). *The Yawner*, after 1770. Lead, 41 cm.N. inv.: 53.655.S3. Photo: Jozsa Denes. Location: Museum of Fine Arts(Szepmuveszeti Muzeum), Budapest, Hungary. Photo credit: © The Museum of Fine Arts Budapest/Scala/Art Resource, N.Y.

11-5.　Messerschmidt, Franz Xaver, 1736—1785. *Ein Erzbösewicht (Arch-Villain)*, after 1770. No. 33 of the series of "Charakterköpfe" (character heads). Tin-lead alloy. Height 38.5 cm. Inv. no. 2442 Vienna, Österr. Galerie im Belvedere. Photo: akg-images.

11-6.　Courtesy Leonie Gombrich

11-7.　*Caricature of Rabbatin de Griffi and His Wife Spilla Pomina*(pen and ink on paper) (photo) by Agostino Carracci(1557—1602). © Nationalmuseum, Stock-holm, Sweden/The Bridgeman Art Library.

第十二章

12-1.　Sonia Epstein

12-2.　Chris Willcox

12-3.　Chris Willcox

12-4.　Sonia Epstein

12-5.　Sonia Epstein

第十三章

13-1.　Sonia Epstein

13-2.　*Montagne Sainte-Victoire*, 1904—1906 (oil on canvas) by Paul Cézanne (1839—1906), Kunsthaus, Zurich, Switzerland/The Bridgeman Art Library.

13-3.　Braque, Georges, 1882—1963. *Le Sacré-Coeur vu de l'atelier de l'artiste (Sacré-Coeur as Seen from the Artist's Studio)*, 1910. Oil on canvas, 55.5 cm × 40.7 cm. © 2012 Artists Rights Society(ARS), New York/ADAGP, Paris. Roubaix, private collection. Photo: akg-images/André Held.

13-4.　Mondrian, Piet(1872—1944), *Study of Trees 1: Study for Tableau No. 2/Composition No.VII*, 1912. Location: Haags Gemeentemuseum, The Hague, Netherlands© Mondrian/Holtzman trust c/o International Washington D.C. Photo: © DeA Picture Library/Art Resource, N.Y.

13-5. Mondrian, Piet (1872—1944), *Pier and Ocean5(Sea and Starry Sky)* (1915) (inscribed 1914). Charcoal and watercolor on paper, 34-5/8 × 44 (87.9 cm × 111.7 cm).© Mondrian/Holtzman Trust c/o HCR International Washington, D.C., Mrs.Simon Guggenheim Fund. Location: The Museum of Modern Art, New York,N.Y., U.S.A. Photo: Digital Image © The Museum of Modern Art/Licensed by Scala/Art Resource, N.Y.

13-6. Brouillet, André (1857—1914), *A Lesson on Hysteria* by Jean-Martin Charcot (1825—1893), pioneer of neurology, at the hospital "la Salpêtrièr". The patient is Blanche Wittmann, held by Babinski, who hypnotized the patients. Sigmund Freud took lessons with Charcot in 1885—1886. Location: Hópital Neurologique,Lyon, France Photo: Erich Lessing/Art Resource, N.Y.

第十四章

14-1.　Sonia Epstein

14-2.　Terese Winslow, Chris Willcox

14-3.　Terese Winslow

14-4.　Terese Winslow

14-5.　Terese Winslow, Chris Willcox

14-6.　Sonia Epstein

第十五章

15-1.　Terese Winslow

15-2.　Sonia Epstein

15-3.　Sonia Epstein

15-4.　Terese Winslow

15-5.　Chris Willcox

15-6.　Sonia Epstein

15-7.　*Mona Lisa*, c. 1503—1506 (oil on panel), Vinci, Leonardo da (1452—1519), Louvre, Paris, France/Giraudon/The Bridgeman Art Library International.

15-8.　Courtesy Margaret Livingstone

15-9.　Courtesy Damien Kuffler

15-10.　Chris Willcox

15-11.　Courtesy Torsten Wiesel

15-12.　Columbia Art Department

15-13.　Sonia Epstein

15-14.　Sonia Epstein

第十六章

16-1.　*Adele Bloch-Bauer II*, 1912 (oil on canvas) by Gustav Klimt (1862—1918). Private collection/ Index/The Bridgeman Art Library Nationality/copyright status: Austrian/out of copyright.

16-2.　*Portrait of Auguste Henri Forel* (oil on canvas) by Oskar Kokoschka (1886—1980)Stadtische Kunsthalle, Mannheim, Germany/The Bridgeman Art Library.

16-3.　Terese Winslow

16-4.　Columbia Art Department

16-5.　Sonia Epstein

16-6.　Photo credit: Eve Vagg. Chris Willcox, Sonia Epstein.

16-7.　Chris Willcox

16-8.　Chris Willcox

16-9.　Chris Willcox

16-10.　Sonia Epstein

16-11.　Chris Willcox

16-12.　Chris Willcox

16-13.　Chris Willcox

16-14.　Sonia Epstein

16-15.　Sonia Epstein

16-16.　*Self-Portrait at the Age of 63*, 1669 (oil on canvas) by Rembrandt Harmensz. van Rijn (1606—1669), National Gallery, London, U.K./The Bridgeman Art Library.

16-17.　Courtesy Charles Stevens

16-18.　*Bull and Horse*, cave painting. Location: Lascaux Caves, Périgord, Dordogne,France. Photo: Art Resource, N.Y.

16-19.　From *Visual Intelligence: How We Create What We See* by Donald D. Hoffman.Copyright © 1998 by Donald D. Hoffman. Used by permission of W. W. Norton & Company, Inc.

第十七章

17-1.　Terese Winslow

17-2.　Terese Winslow

17-3.　*The Vegetable Gardener*, c. 1590(oil on panel)by Giuseppe Arcimboldo(1527—1993), Museo

Civico Ala Ponzone, Cremona, Italy/The Bridgeman Art Library.

17-4.　*Mona Lisa*, c. 1503—1506 (oil on panel) by Leonardo da Vinci (1452—1519). Image modified by Chris Willcox.

17-5.　Terese Winslow

17-6.　Terese Winslow

第十八章

18-1.　Klimt, Gustav(1862—1918), *A Field of Poppies*, 1907. Oil on canvas, 110 cm × 110 cm. Location: Oesterreichische Galerie im Belvedere, Vienna, Austria. Photo:Erich Lessing/Art Resource, N.Y.

18-2.　Courtesy Richard Gregory Estate

18-3.　Chris Willcox

18-4.　Courtesy Richard Gregory Estate, modified by Sonia Epstein

18-5.　Chris Willcox

18-6.　*Head of a Woman* (pen and ink and watercolor on paper) by Gustav Klimt (1862—1918), Neue Galerie, Linz, Austria/The Bridgeman Art Library.

18-7.　*Self-Portrait wiht Felt Hat*, 1887—1887 (oil on canvas) by Vincent van Gogh (1853—1890) Van Gogh Museum, Amsterdam, the Netherlands/The BridgemaArt Library.

18-8.　*Adele Bloch-Bauer II*, 1912 (oil on canvas) by Gustav Klimt (1862—1918). Private collection/ Index/The Bridgeman Art Library Nationality/copyright status Austrian/out of copyright.

18-9.　Klimt, Gustav (1862—1918), *Adele Bloch-Bauer I*. 1907. Oil, sliver, and gold on canvas. This acquisition made available in part through the generosity of the heirs of the Estates of Ferdinand and Adele Bloch-Bauer. Photo: John Gilliland. Location: Neue Galerie New York, N.Y., U.S.A. Photo: Neue Galerie Now York/Art Resource, N.Y.

18-10.　*Judith*, 1901 (oil on canvas) by Gustav Klimt(1862—1918), Österreichische Galerie Belvedere, Vienna, Austria/The Bridgeman Art Library Nationality/ Copyright status: Austrian/out ofcopyright.

18-11.　Kokoschka, Oskar(1886—1980), ©2012 Foundation Oskar Kokoschka/Artists Rights Society(ARS), New York-Prolitteris, Zürich. *Selbstbildnis, die Hand ans Gesicht gelegt*. Oil on canvas (1918—1919), 83.6 cm × 62.8 cm. W. 125. Location: Museum Leopold, Vienna, Austria. Photo: Erich Lessing/Art Resource, N.Y.

18-12.　Kokoschka, Oskar (1886—1980), © 2012 Foundation Oskar Kokoschka/Artists Rights Society(ARS), New York-Prolitteris, Zürich. *Rudolf Blümner* (WV51), 1910. Oil on canvas. 80 cm × 57.5 cm. Private collection, courtesy Neue Galerie New York Location: private collection. Photo: Neue Galerie New York/Art Resource, N.Y. © 2012 Foundation Oskar

Kokoschka/Artists Rights Society (ARS), New York-Prolitteris, Zürich.

18-13.   Oskar Kokoschka(1886—1980), *Ludwig Ritter von Janikowski*, 1909. Oil on canvas. 60.2 cm
× 55.2 cm. Private collection, courtesy of Neue Galerie New York. ©2012 Foundation Oskar
Kokoschka/Artists Rights Society(ARS), New York-Prolitteris, Zürich.

18-14.   *The Wind's Fiancée*, 1914 (oil on canvas) by Kokoschka, Oskar(1886—1980).Kunstmuseum,
Basel, Switzerland/Giraudon/The Bridgeman Art Library.

18-15.   Schiele, Egon, 1890—1918. *Liebesakt(Love Making)*, 1915. Pencil and gouache on paper,
33.5 cm × 52 cm. Vienna, Leopold Collection. Photo: akg-images.

第二十章

20-1.   Kokoschka, Oskar (1896—1980), *The Trance Player, Portrait of Ernst Reinhold.* 1909. Royal
Museums of Fine Arts of Belgium, Brussels. ©2012 Foundation Oskar Kokoschka/Artists
Rights Society(ARS), New York-Prolitteris, Zürich. Inv. no. 6152. Dig. photo: J. Geleyns.

20-2.   Hirshhorn Museum and Sculpture Garden, Smithsonian Institution, Gift of the Joseph H.
Hirshhorn Foundation, 1966. Photo by Lee Stalsworth.

20-3.   Lentos Kunstmuseum Linz, photo: Reinhard Haider.

20-4. through 20-6.   Springer and Plenum, 1967, pp. 179-181, *Eye Movements and Vision*, A.
L. Yarbus, figures 114-117, ©1967 Plenum Press, with kind permission from Springer
Science+Business Media B.V.

20-7.   Kokoschka, Oskar (1886—1980), ©2012 Foundation Oskar Kokoschka/Artists Rights
Society(ARS), New York-Prolitteris, Zürich. *Portrait of the Actress Hermine Korner*, 1920.
Color lithograph. 26 × 18-1/4 in. Minneapolis Institute of Arts, Gift of Bruce B. Dayton,
1955.

20-8.   Kokoschka, Oskar(1886—1980), ©2012 Foundation Oskar Kokoschka/Artists
Rights Society(ARS), New York-Prolitteris, Zürich. *Hans Tietze and Erica Tietze-Conrat*,
1909. Oil on canvas, 30-1/8 × 53-5/8" (76.5 cm × 136.2 cm). Abby Aldrich Rockefeller Fund.
Location: The Museum of Modern Art, New York,N.Y., U.S.A. Photo: digital image © The
Museum of Modern Art/Licensed by SCALA/Art Resource, N.Y.

20-9.   O. Kokoschka, *Child in the Hands of Its Parents(Kind mit den Händen der Eltern)*, Inv. 5548
Belvedere, Vienna. ©2012 Foundation Oskar Kokoschka/Artists Rights Society(ARS), New
York-Prolitteris, Zürich.

20-10.   *Children Playing*, 1909 (oil on canvas), Kokoschka, Oskar(1886—1980)/Wilhelm
Lehmbruck Museum, Duisburg, Germany/ ©2012 Foundation Oskar Kokoschka/
Artists Rights Society(ARS), New York-Prolitteris, Zürich/The Bridgeman Art Library
International.

20-11.　*The Bedroom*, 1888 (oil on canvas) by Vincent van Gogh (1853—1890), Van Gogh Museum, Amsterdam, the Netherlands/The Bridgeman Art Library.

第二十一章

21-1.　Joseph LeDoux, *The Emotional Brain, p.* 51,modified by Sonia Epstein

21-2.　Terese Winslow, Sonia Epstein

21-3.　Sonia Epstein

第二十二章

22-1.　Terese Winslow

22-2.　Terese Winslow

22-3.　Chris Willcox

22-4.　Phineas Gage's skull and tamping iron, photograph, courtesy Woburn Public Library, Woburn, MA.

22-5.　Terese Winslow

22-6.　Terese Winslow

22-7.　Sonia Epstein

22-8.　Terese Winslow, Sonia Epstein

第二十三章

23-1.　Courtesy Eric Kandel

23-2.　*Hygieia*, 1900—1907 (detail from *Medicine*) by Gustav Klimt (1862—1918), Schloss Immendorf, Austria/The Bridgeman Art Library.

23-3.　Egon Schiele(1890—1918), *Self Portrait, Head*, 1910. Watercolor, gouache,charcoal, and pencil. Private collection, courtesy of Neue Galerie, New York,N.Y.

23-4.　Kokoschka, Oskar(1896—1980), *The Trance Player, Portrait of Ernst Reinhold,* 1909. Royal Museums of Fine Arts of Belgium, Brussels. © 2012 Foundation Oskar Kokoschka/Artists Rights Society(ARS), New York-Prolitteris, Zürich.Inv. no. 6152. Dig. photo: J. Geleyns.

23-5.　Oskar Kokoschka (1886—1980), *Ludwing Ritter von Janikowski*, 1909. Oil on canvas, 60.2 cm × 55.2 cm. Private collection, courtesy of Neue Galerie, New York,N.Y.

23-6.　Reprinted from *Journal of Comaparative Neurology*, vol. 493, H. Fisher, A. Arthur, L. L. Brown,"Romantic Love: An fMRI Study of a Neural Mechanism for Mate Choice," p. 59, Oct. 2005, with permission from John Wiley and Sons.

23-7.　Reprinted from *NeuroImage*, vol. 20, J. S. Winston, J. O'Doherty, R. J. Dolan, "Common and Distinct Neural Responses During Direct and Incidental Processing of Multiple Facial Emotions," p. 89, Sept. 2003, with permission from Elsevier.

第二十四章

24-1.　*A Lady at the Virginals with a Gentleman (The Music Lesson)*, c. 1662—1665 (oil on canvas) by Jan Vermeer(1632—1675). The Royal Collection©2011 Her Majesty Queen Elizabeth II/The Bridgeman Art Library.

24-2.　*Las Meninas or The Family of Philip IV*, c.1656 (oil on canvas) by Diego Rodríguez de Silva y Velázquez (1599—1660) Prado, Madrid, Spain/Giraudon/The Bridgeman Art Library.

24-3.　Albertina,Vienna. Inv. 26276.

第二十五章

25-1.　*The Cheat with the Ace of Diamonds*, c. 1635—1640 (oil on canvas) by Georges de la Tour(1593—1652), Louvre, Paris, France/Giraudon/The Bridgeman Art Library.

25-2.　Sonia Epstein

25-3.　Springer and Plenum, 1967, pp. 179-181, *Eye Movements and Vision*, A. L. Yarbus, figures 114-117, © 1967 Plenum Press, with kind permission from Springer Science+Business Media B.V.

25-4.　Used with kind permission from Springer Science & Business Media: *Journal of Autism and Developmental Disorders*,"Visual Scanning of Faces in Autism", 32, 2002, p. 257, Kevin Pelphrey, Figure3. Image courtesy Kevin Pelphrey.

25-5.　Reprinted from *Trends in Cognitive Science*, vol. 2, V. Gallese, A. Goldman, Mirror Neurons and the Simulation Theory of Mind-Reading, p. 494, 1998,with permission from Elsevier.

25-6.　Terese Winslow(assisted by Sonia Epstein)

25-7.　Reprinted from *Encyncolpedia of Consciousness*, vol. 2, R. Saxe in William P. Banks, *Theory of Mind (Neural Basis)*, p. 402, 2009, with permission from Elsevier.

第二十六章

26-1.　Sonia Epstein

26-2.　Sonia Epstein

26-3.　Terese Winslow(assisted by Sonia Epstein)

26-4.　Columbia Art Department

第二十七章

27-1. *The Venus of Hohle Fels*. Photo: H. Jensen. Copyright: Universität Tübingen.

第二十八章

28-1. Oskar Kokoschka, 1886—1980, © ARS, N.Y. *Portrait of Tomas Garrigue Masaryk*, 1935—1936, oil on canvas, 38-3/8 in. × 51-1/2in., Carnegie Museum of Art,Pittsburgh; Patrons Art Fund. ©2012 Foundation Oskar Kokoschka/Artists Rights Society(ARS), New York-Prolitteris, Zürich.

第二十九章

29-1. Reprinted from *Neuron*, 70(2), Stanislas Dehaene, Jean-Pierre Changeux,"Experimental and Theoretical Approaches to Conscious Processing," pp. 200-227, Copyright 2011, with permission from Elsevier

第三十章

30-1. "Neural Activity Observed in People Solving Verbal Problems with Insight," Mark Jung-Beeman, Edward M. Bowden, Jason Haberman, Jennifer L. Frymiare, Stella Arambel-Liu, Richard Greenblatt, Paul J. Reber, John Kounios, *PLoS Biology* 2(4):500-510. 2004. p. 0502&0505.

30-2. "Neural Activity Observed in People Solving Verbal Problems with Insight, " Mark Jung-Beeman, Edward M. Bowden, Jason Haberman, Jennifer L. Frymiare, Stella Arambel-Liu, Richard Greenblatt, Paul J. Reber, John Kounios, *PLoS Biology* 2(4): 500-510. 2004. p. 0502&0505.

第三十一章

31-1. *Nadia:A Case of Extraordinary Drawing Ability in an Autistic Child*, 1977, (ISBN 9780126357509), Selfe ed, p. 24, drawing by Nadia of horse and rider, copyright Elsevier.

31-2. Nicholas Humphrey, "Cave Art, Autism, and the Evolution of the Human Mind," *Cambridge Archaeological Journal*, 8(2), p. 166, reproduced with permission, *Cambridge Archaeological Journal*.

31-3. Nicholas Humphrey, "Cave Art, Autism, and the Evolution of the Human Mind," *Cambridge Archaeological Journal*, 8(2), p. 166, reproduced with permission, *Cambridge Archaeological Journal*.

31-4. Uta Frith, *Autism: Explaining the Enigma*, Wiley-Blackwell Publishing.

鸣　谢

本书的历史可以追溯到"维也纳1900"。我于1929年11月7日出生在维也纳，那是哈布斯堡帝国因第一次世界大战战败而解体后的第十一年。尽管奥地利在自身规模和政治意义上的重要性都面临着根本性的衰落，但其首都，我年轻时代的维也纳，仍是世界最伟大的文化中心之一。

我家住在塞维因葛瑟的第九区。我们房子附近有三个博物馆，我在孩提时代从未参观过它们，其主题后来才让我着迷，现在它们在这本书中也是一个影子般的重要角色。第一个，并且也是离我们公寓最近的，是维也纳医学博物馆，比邻约瑟夫宗教学院，在这里我学到大量关于罗基坦斯基（奥地利病理解剖学家）的知识。第二个是弗洛伊德的公寓，位于帕尔加斯，现在是弗洛伊德博物馆。第三个有点远，在第四区，是上贝尔弗第宫博物馆，这些房子有关于奥地利现代主义画家古斯塔夫·克里姆特、奥斯卡·柯克西卡及埃贡·希勒的世界上最伟大的收藏。

1964年春天，我刚结束历时近一年的巴黎研学交流之旅，其间也回访了维也纳，回到美国之后，我走进波士顿纽伯里街的米尔斯基画廊，我买了一幅1922年柯克西卡创作的青春期女孩的肖像画——《特露德》，它引发了我的想象。当时，我对柯克西卡的早期肖像作品特别迷恋，不仅是因为我被他作为我离开维也纳的有形的物理提醒的图像所打动，而且因为我们对柯克西卡肖像画所体现的非凡才华的印象已被伟大的艺术史学家恩斯特·贡布里希所证实。在哈佛大学的一次简短的会议上——他曾于1951年夏天在那里担任客座教授，贡布里希告诉我，他认为柯克西卡是我们这个时代最伟大的肖像画家。

柯克西卡的《特露德》肖像画后来成为我所收集的维也纳最有代表性的现代收藏作品中的第一幅，我的妻子丹尼斯和我一起经年享受这些作品。我在这里想起，弗洛伊德在一封写给桑德尔·费伦茨（他的匈牙利精神分析同事）的信中曾讨论过，弗洛伊德收藏的相关古董反映出"奇怪而秘密的渴望……完全是另外一种生活状态：童年后期的愿望永远无法实现，而且极不适应现实生活"。

20年后，1984年6月，我接受了维也纳医学院（基于对我在分子生物学研究领域的工作的认可）授予我的荣誉博士学位。医学院院长赫尔穆特·格鲁伯要求我代表我们这些在那天获得表彰的人作出回应。我决定有机会时会详细阐明我早期对维也纳医学院的兴趣，尤其是其对现代科学精神分析疗法的开创性贡献。

2001年，又一次轮到我在纽约市的一个小型学术医学团体从业者协会演讲时，我谈到了我的爱好：研究维也纳现代主义者——克里姆特、柯克西卡和席勒。在准备我的演讲的时候，我第一次发现了维也纳医学院、精神分析学和奥地利现代主义者之间的联系。我成为一名更加坚定的精神决定论者。弗洛伊德的观念认为，在人的精神生活中没有偶然发生的事件。或如我和我的朋友们说的那样，当我敦促他们时，就是在按照自己的方向无意识地引导他们，"潜意识从不说谎"。《思想的年代》一书就起源于那次谈话，而且代表着我将继续迷恋起源于"维也纳1900"的非凡的智力和艺术成就。

我要感谢克林根斯坦基金会和斯隆基金会的资助，让我能够承担起这本书的写作工作。感谢我的代理人卡婷卡和约翰·布鲁克曼，他们帮助我建立写作框架并为这本书提出建议。我也在兰登书屋进一步欠下人情，凯特·麦地那，因为她对这本书的热情和积极的帮助，还有她的同事本杰明·斯坦伯格、安娜·皮托尼克和萨丽勒·麦卡廷的帮助。我也很感谢哥伦比亚大学的心、脑和行为计划愿意将本书作为努力建立跨学科学习的新形式的第一批出版物之一，他们已展现出了对这项工作的支持。同时，我自己的科学研究已经得到了霍华德林斯医学研究所的慷慨支持。

在漫长旅途的许多关键时刻，我非常幸运地在一个又一个学术领域得到了许多比我更有学识的同僚和朋友们的慷慨相助。在对维也纳医学院的讨论中，我从由维也纳医学引发的三个历史学家对前五章深思熟虑的阅读及所作出的评判性评论中获益匪浅，他们分别是索尼娅·霍恩、约瑟夫主任以及哥伦比亚大学巴纳德学院的黛博拉·科恩。我同样很感激索尼娅的同事塔吉娜·巴克拉斯，她以前在英国剑桥大学的历史和科学哲学系工作，现在在新西兰奥克兰大学的里金斯研究所。塔吉娜也让我意识到克里姆特是通过贝尔塔·祖卡坎德尔大沙龙了解生物学的，而且她免费提供给我她在维也纳医学院的尚未发表的作品。

斯坦福大学生物科学系著名的生物学家埃米尔·祖卡坎德尔是贝尔塔和埃米尔·祖卡坎德尔的孙子，他亲切阅读和评论了有关他祖父母的篇章，并且邀请我去他在帕洛阿尔托的公寓。我在那儿亲眼见到了一些来自贝尔塔·祖卡坎德尔大沙龙的纪念品，包括罗丹创作的奥古斯特奇妙的半身像。

马克·索姆安娜·克里斯沃尔夫和克里斯·托格尔给我分享了第四至六章他们所评论的有益之处，这对处理弗洛伊德和精神分析很有帮助。施尼茨勒写作课的学生莱拉·范伯格，为第七章的内容提供了很多有益的建议。

在第八至十章中我们对维也纳现代主义者进行了讨论，五位在这个领域工作的艺术史学家对我提供了慷慨的指导——艾米丽·布劳恩，简·凯利，克劳德·瑟纳斯基，亚历山大·科米尼，安妮·特克因——每个好心人都给我提供了他们的重要见解。此外，在《贝尔塔·祖卡坎德尔大沙龙的饰品和演变：克里姆特和贝尔塔·祖卡坎德尔》（2007）一书中，艾米丽·布劳恩也为我详细整理出了一些问题，特别是关于由伯科莱杰斯引出的关于克里姆特对生物学的兴趣。多亏了简·凯利的《埃贡·席勒全集》（1988）的洞察力，我才厘清了克里姆特关于性行为的观点，尽管按照"维也纳1900"的标准，这可能会被视为代表女性情色生活的一个独特的男性视角。克劳德·瑟纳斯基的《回复/铸造柯克西卡：伦理学和美学、认识论和政治学在19世纪末的维也纳》给我们提供了他对柯克西卡深刻洞察的一面，而且他和亚历山大·科米尼一起向我指出，席勒尝试过用笔和刷子绘制16世纪初风格的裸体画。亚历山人的《埃贡·席勒肖像》（1974）和《古斯塔夫·克里姆特》（1975）也给我提供了对席勒早期作品的新见解。安妮协助我以20世纪欧洲艺术背景的视角来理解这三位艺术家。

我对恩斯特·克里斯和贡布里希之间合作的理解主要得益于与卢·罗斯的

讨论，以及他卓越且丰富翔实的著作（罗斯，2011），在他的书正式出版之前，他大方地提供给我参阅。我特别感谢托尼·牟谢恩在深入阅读书稿后对视觉感知和其他内容在这些章节中的改进提供的建议。我另外要感谢托马斯·奥尔布赖特、米切尔·阿希、查尔斯·吉尔伯特、玛格丽特·利文斯通、丹尼尔·萨尔兹曼和多丽丝·曹对视觉感知章节提供的有益评论。

丹尼尔·萨尔兹曼、凯文·奥克斯纳、伊丽莎白·菲尔普斯和约瑟夫·勒杜阅读并帮我修改了早期版本中关于情感的章节。克里斯·弗里斯和雷·刀勒阅读了移情的章节，奥利弗·萨克斯、约翰·库尼奥斯、马克·荣比曼和南希·安德森阅读了创造力的章节。我非常感激凯瑟琳·辛普森对我关于艺术中的丑陋的讨论的帮助。

很多人对我书中内容的其他部分提供了帮助。我很感激克劳德·盖兹、大卫·安德森、乔尔·布瑞斯罗夫、乔纳森·科恩、阿尼茹达斯、华金·富斯特、霍华德·加德纳、迈克尔·戈德堡、杰奎琳·戈特利布、尼娜和格里·霍尔顿、马克·荣比曼、劳拉·卡恩、约翰·克拉考尔、约翰·库尼斯、彼得·朗、西尔维亚·利斯克、乔治·马卡里、帕斯卡尔·玛马西恩、罗伯托·米克托、沃尔特·米契尔、贝琪·穆雷、大卫·奥兹、凯文·佩尔瑞、斯蒂芬·瑞波特、丽贝卡·萨克斯、沃尔弗拉姆·舒尔茨、拉里·斯旺森和乔纳森·沃利斯。

创造力与艺术研究领域的三位先驱分别是安东尼奥·达马西奥、萨米尔·泽基和维莱亚努尔·拉马钱德兰。他们阅读了本作终稿，并且为改进终稿提出了许多建议。我们试图弥合生物学和艺术之间的分歧，为此我们与斯蒂芬·库夫勒、大卫·休伯尔、托斯坦·威泽尔、萨米尔·泽基和玛格丽特·利文斯通及其学生们围绕他们的作品进行了坦诚的交流，深入了解了由该领域的先驱泽基、拉马钱德兰和利文斯通在他们的神经美学的新领域奠定的基础。这些科学家利用他们丰富的视觉神经科学的知识来探索人类大脑如何认知不同的视觉艺术。利文斯通一直专注于特定的画家如何通过形式和色彩来操纵大脑的不同感知途径。

最后，我的同事和朋友汤姆·杰赛尔阅读了本作初稿和终稿，并且为能够改进的地方作出了重要贡献。

我再次特别感谢布莱尔·波特，她是我的编辑，也是我的朋友，感谢她的创意和对本书几个版本周到细致的编辑。我从布莱尔为我这本书的尽责工作中受益匪浅。此前，在创作《寻找记忆》一书时，我觉得她对那本书细致入微的编辑工作就已经做得好得不能再好了。但目前这本书所涉范围更广泛了，这使得布莱尔在我们的合作上已进入了一个新的维度。

　　我也要感谢我的同事简·内文斯，她是达纳基金会的首席编辑，因为她的帮助可以使本书的文本尤其是科学内容更容易被一般读者接受；感谢杰弗里·蒙哥马利提供了对本作草稿的有益阅读建议；感谢玛利亚·帕利略提供了对进入最后文本的许多草案的深思熟虑的组织建议，更感谢她为我们漂亮地呈现出22幅大脑的图解。我很荣幸有索尼娅·爱普斯坦这样一位有天赋的研究助理能够帮助我整理本作的各个阶段的修改稿；索尼娅总体负责这本书的视觉效果，核实报价和参考书目的准确性，获得了相关艺术作品图片的使用授权，促成了本作文本的顺畅编辑。这项工作后续的环节由克里斯·威尔科克斯接手推进，他是一个有天赋的年轻艺术家，他帮助我们设计出封面图，并且进一步协助编辑完善所有艺术细节，他在协助我们获得艺术作品图片使用授权及报价方面也功不可没。

图书在版编目（CIP）数据

思想的年代：对话维也纳的艺术、思想与科学：
1900年至今/（美）埃里克·R.坎德尔
（Eric R. Kandel）著；杨小虎译. --重庆：重庆大学
出版社，2022.10
书名原文：The Age of Insight: The Quest to
Understand the Unconscious in Art, Mind, and Brain,
from Vienna 1900 to the Present
ISBN 978-7-5689-0024-9

Ⅰ.①思… Ⅱ.①埃… ②杨… Ⅲ.①文化心理学
Ⅳ.①G05
中国版本图书馆CIP数据核字（2020）第037007号

思想的年代：对话维也纳的艺术、思想与科学（1900年至今）
SIXIANG DE NIANDAI: DUIHUA WEIYENA DE YISHU SIXIANG YU KEXUE（1900 NIAN ZHIJIN）

〔美〕埃里克·R.坎德尔　著

杨小虎　译

责任编辑：张家钧　　版式设计：张家钧
责任校对：刘志刚　　责任印制：赵　晟
*
重庆大学出版社出版发行
出版人：饶帮华
社址：重庆市沙坪坝区大学城西路21号
邮编：401331
电话：（023）88617190　88617185（中小学）
传真：（023）88617186　88617166
网址：http://www.cqup.com.cn
邮箱：fxk@cqup.com.cn（营销中心）
全国新华书店经销
印刷：重庆升光电力印务有限公司
*
开本：720mm×1020mm　1/16　印张：33　字数：521千
2022年12月第1版　2022年12月第1次印刷
ISBN 978-7-5689-0024-9　定价：168.00元

THE AGE OF INSIGHT: THE QUEST TO UNDERSTAND THE UNCONSCIOUS IN ART, MIND, AND BRAIN, FROM VIENNA 1900 TO THE PRESENT / Eric R. Kandel.

ISBN 978-1-4000-6871-5

The publication of this book benefited from the interest and support of Columbia University's Mind, Brain and Behavior Initiative. This initiative reflects the University's commitment to linking science and technology with the arts and humanities, through a deeper understanding of neural science.

Grateful acknowledgment is made to the following for permission to reprint previously published material:

ARTISTS RIGHTS SOCIETY (ARS): "The Dreaming Youth" by Oskar Kokoschka as translated by Carl Schorske in *Fin de Siècle Vienna* by Carl Schorske, © 2012 Fondation Oskar Kokoschka/Artists Rights Society (ARS), New York/ProLitteris, Zurich. Reproduction, including downloading of Kokoschka works, is prohibited by copyright laws and international conventions without the express written permission of Artists Rights Society (ARS), New York.

BLACKWELL PUBLISHING, LTD: Excerpts from *Autism: Explaining the Enigma* by Uta Frith, copyright © 1989, 2003 by Uta Frith. Reprinted by permission of Blackwell Publishing, Ltd.

ROWMAN & LITTLEFIELD PUBLISHING GROUP: Excerpts from *Desire and Delusion: Three Novellas* by Arthur Schnitzler, translated by Margaret Schaefer, English translation copyright © 2003 by Margaret Schaefer (Chicago, IL: Ivan R. Dee, Publishers, 2003). Reprinted by permission of Rowman & Littlefield Publishing Group.

THAMES & HUDSON LTD., LONDON: Excerpts from *Oskar Kokoschka: My Life* by Oskar Kokoschka, translated by David Britt, © 1974. Reprinted by kind permission of Thames & Hudson Ltd., London.

版贸核渝字（2013）第 285 号